가족생활교육

류경희 · 노명숙 · 한상금

KNOWLEDGE COMMUNITY 공동체

❙ 머리말 ❙

인생에 사계절이 있듯이 가족생활에도 사계절이 있다. 우리의 가족생활은 끝까지 일직선으로 뻗은 고속도로가 아니라 끊임없는 굴곡을 지나가야 하는 산길과도 비슷하다. 가족생활 속에는 봄의 태어남과 같이 희망도 있고, 여름의 열정과 가을의 풍성함도 있지만 겨울의 황량함도 있다. 그 황량한 겨울을 잘 넘어가면 다시 또 봄의 태어남 같은 새로운 희망이 생기고 그런 과정을 반복하는 삶 속에서 가족은 시련을 견디고 극복해서 결국은 성장의 길로 나아갈 것이라고 믿는다. 가족생활이 성장의 길로 나아가도록 견인하는 역할은 과연 누가 해줄 수 있을까? 우리는 그 해답을 가족생활교육에서 찾고 싶다.

가족생활교육은 20세기 초 미국을 중심으로 결혼과 가족의 중요성이 인식되면서 구체화되기 시작하였다. 국내에서는 1982년에 제정 · 공포된 사회교육법에 가족생활교육 영역이 사회교육의 한 부분으로 명시되면서 초기 제도화가 이루어졌다. 본격적인 가족생활교육 프로그램은 가족학 분야가 주축이 되어서 1990년대 초반부터 다수 개발, 실시되기 시작하였다. 그동안 다양한 주제의 가족생활교육 프로그램을 만들고 실시하면서 가족생활교육은 가족문제 예방, 가족 구성원과 가족의 삶의 질 향상에 효과가 있음이 여러 연구결과들을 통해 발표되고 있다.

지금은 '새로운 가족'이 오고 있는 시대다. 다양한 형태의 가족이 출현하면서 '가족이란 무엇인가?'에 대한 대답은 변화하는 사회 속에서 유동적으로 변하고 있고, 지금은 다양성에 대한 포용성과 융통성을 지녀야 하는 시기이다. 또한 가족은 변화의 역동 속에서 가족 가치의 혼란, 가족 기능의 약화, 가족 관계에서의 갈등과 스트레스의 증가 등 가족 안에서의 어려움들이 대두되고 있다. 이러한 어려움 속에서 올바른 가족문화의 정립, 가족 기능 강화 및 회복의 필요성, 스트레스와 갈등을 극복하기 위한 대처방법과 인간관계 기술의 습득 등이 요구되는 상황이다.

이러한 상황에서 가족생활교육은 가족이 안고 있는 많은 위기와 어려움들을 예방하게 해주는 예방책이며, 많은 가족들이 건강한 가족이 되어 스스로 가족문제를 해결해 나갈 수 있는 자생력을 갖도록 도와준다.

아무리 시대가 달라진다 해도 가족 안에서의 중요한 화두는 '행복'이다. 우리는 행복하기 위해 가족생활을 하는 것이 아니라 가족생활을 하기 위해 행복해야만 한다.

많은 가족들이 가족생활 중에 힘이 들고 어려움이 있어도 오르막길의 끝에는 행복의 정상이 있다는 것, 고난 뒤에 가족의 성장이 있다는 것을 알았으면 좋겠다.

우리에게는 가족이라는 말이 누구에게나 따스함을 주고 정겨움으로 다가오지는 않는다는 슬픈 현실이 있지만, 모든 가족들이 가족의 소중함을 느끼고, 가족이라는 말이 우리에게 힘과 용기를 주고 사랑의 울타리를 만들어 준다고 생각하게 될 때까지 가족생활교육의 사명은 계속될 것이다.

앞으로 가족생활교육은 개인과 가족의 행복과 성장을 위한 필수적인 투자가 되어야 한다. 가족이 행복하면 세상이 행복해지기 때문이다. 가족이 나아가는 길에 '가족생활교육'이 등을 밀어 힘을 실어주고 지지, 격려해 줄 것이다. 이제 가족생활교육은 가족과 함께 걸어가는 동반자이다.

가족생활교육과 함께하는 가족은 이 세상에서 가장 멋진 가족 사랑을 경험하게 될 것이며 이 세상은 살 만한 따뜻한 세상이라는 새로운 인식을 하길 바란다.

이 책은 총 3부 10개의 장으로 구성되어 있다. 제1부는 가족과 가족생활교육의 이해에 해당되는 내용, 즉 제1장 가족생활교육 알고 보자, 제2장 가족생활교육의 나침반으로 구성되어 있다. 제2부에서는 가족생활교육 프로그램 기획부터 실천까지의 완벽 가이드에 해당되는 내용, 즉 제3장 가족생활교육 프로그램 개발을 위한 기초 역량, 제4장 가족생활교육 프로그램 개발, 제5장 가족생활교육 프로그램 홍보의 귀재 되기, 제6장 가족생활교육 프로그램 실행, 제7장 가족생활교육 프로그램 평가로 구성되어 있다. 제3부에서는 집단 활동 기법과 프로그램 사례에 해당되는 내용, 즉 제8장 집단 활동 기법, 제9장 프로그램 시연, 제10장 우리들의 빛나는 프로그램으로 구성되어 있다.

한상금이 제1장과 제2장을, 노명숙이 제3장과 제4장을, 그리고 류경희가 제5장부터 제10장까지, 그리고 부록을 맡아서 집필하였다. 집필하는 과정에서 충분한 피드백을 주고받으며 서로를 배려해 준 한상금 선생님과 노명숙 선생님, 그리고 좋은 자료가 수록되도록 자신들의 소중한 프로그램을 아낌없이 제공, 동의해 준 창원대학교 사회복지학과 학생들, 졸업생들에게 감사를 표한다. 또한 믿음을 가지고 이 책이 나올 때까지 기다려 주신 공동체의 김진경 상무님께도 감사하다.

가족은 인생 최고의 선물이며, 함께 만들어 가는 행복이자 사랑의 시작이라는 이야기가 누구에게나, 어느 가족에게나 해당되는 그날까지 가족생활교육은 함께할 것이다.

2025년 2월

대표저자 류경희

▌차 례▐

PART 2 가족생활교육 프로그램 : 기획부터 실천까지의 완벽 가이드

PART **01**

가족생활교육의 이해

가족은 개인과 사회의 중간에 위치한 체계로 그 역할이 더욱 중요해지고 있다. 가족이 건강하지 않으면 가족 성원의 삶도 행복하지 않을 뿐 아니라, 사회 전체에까지 부정적인 영향을 미치게 된다. 따라서 가족 성원 개개인이 행복한 삶을 살고, 다양한 가족들이 건강한 가족으로 자리매김하기 위한 가족생활교육이 필요하다.

먼저 제1장에서는 가족생활교육을 이해하고자, 가족생활교육을 왜 배우는지, 가족생활교육이 무엇인지, 가족생활교육의 목적, 가족생활교육의 내용, 가족생활교육의 운영원칙에 대해 알아본다. 제2장에서는 가족의 개념, 가족 안에서의 관계들, 다양한 가족, 건강한 가족에 대해 살펴보고자 한다.

CHAPTER **01**

가족생활교육 알고 보자

1. 가족생활교육, 왜 이걸 배우지?

현대사회는 가족 구조와 기능, 가족 가치관의 급격한 변화를 경험하고 있다. 만혼과 비혼, 비혼 출산, 이혼, 국제결혼 등 결혼과 가족을 둘러싼 사회적 현상과 함께 1인 가구 및 다문화 가족, 한부모 가족, 조손 가족 등 다양한 가족이 증가하고 있다.

다양한 가족 유형이 등장하면서 결혼 및 가족에 대한 인식 또한 기존의 전통적 가족 가치관에서 점차 벗어나 가족 구조의 변화가 일어나고 있으며, 단순히 외형적 구조 변화에 그치지 않고, 가족 구성원의 역할, 가족 내 소통 방식, 자녀 양육 방식 등 가족생활 전반에 걸쳐 다각적인 변화를 나타내고 있다.

가족 기능 면에서는 자녀양육, 노인부양 등 가족 돌봄 기능의 약화를 경험하고 있으며, 결혼 및 가족에 대한 인식은 기존의 전통적 가족 가치관에서 점차 벗어나 결혼제도로부터 탈피하는 인식변화가 일어났다.

통계청 인구동향조사(2024)에 따르면, 우리나라 합계출산율은 1970년 4.53명에서 급격하게 감소하여 1983년에는 인구 대체 수준(2.10명) 아래인 2.06명으로 떨어졌다. 2000년대 들어 저출산 현상이 가속화되면서 합계출산율은 2000년 1.48명, 2010년 1.23명, 2023년 0.72명으로 계속 낮아지고 있다. 한국의 합계출산율은 2000년대 진입 이후 홍콩 등을 제외하고 세계적으로 가장 낮은 수준을 유지하고 있다. 이혼율은 최근 통계에 따르면 2023년 이혼 건수는 9만 3천 건으로 전년보다 8.3% 감소했으며, 조이혼율은 1.8건으로 전년과 유사하다. 우리나라는 이미 2019년 OECD 회원국 중 이혼율 9위로(MBN 뉴스, 2024. 11. 15) 세계 평균(2021년 기준 1.97)보다 높으며,

아시아 기준으로는 1위를 차지(폴리스 TV, 2024. 6. 14)하고 있기에, 종합하면 우리나라의 출산율은 하위권이며, 이혼율은 상위권이라고 할 수 있다.

가족은 경제적으로 생계를 함께하는 관계이자, 함께 거주하며 생활을 공유하는 관계로 인식하는 정도가 증가한 반면, 심리적으로 유대감을 느끼는 친밀한 관계로 인식하는 정도는 감소하고 있다(이진숙, 2024).

과거에는 확대가족으로 할아버지, 할머니, 아버지, 어머니, 삼촌, 고모, 이모 등 많은 가족원들과 함께 살면서 가족생활 전반에 걸친 여러 가지를 경험하고 배우며 가정 내에서 부모들이 전수해 온 지혜를 바탕으로 가정교육이 이루어졌다. 하지만 현대사회에서는 핵가족이 되면서 가족원들이 소수이다 보니 많은 경험을 하지 못하며 서로가 함께하는 시간도 줄어들게 되어 가족생활에서 학습하지 못하는 것이 많아지게 되었다.

즉, 가족 구조와 기능, 가족 가치관의 급격한 변화로 가족 간 소통이 줄어들고 친밀감조차 약화되면서 쉽게 가족 해체의 길로 들어서는 가족이 증가하게 되었다. 그러나 가족 구성원들끼리 서로 이해하고 존중하며, 가족생활에 대한 학습이 이루어진다면 가족 간 소통과 친밀감 강화 등 건강한 가족으로 재탄생하게 될 수 있다.

킴(Kim, 2003)은 평생교육이 누구에게나, 어느 때에나, 어느 장소에서든 학습할 수 있는 기회와 장을 제공함으로써 인간의 삶의 질을 향상시키며, 자아실현을 하는 데에 기여한다고 하였다. 그리고 급격한 사회변동에 대하여 효과적으로 대처할 수 있고, 사회발전을 촉진시킬 수 있는 사회의 교육역량 증대를 위해서 평생교육이 필요하다고 주장하였다.

급변하는 경제사회 환경변화와 함께 저출산, 가족 해체 등으로 이어지는 사회현상의 발생으로 전형적인 가족의 모습은 붕괴되고, 부모 자녀의 세대 간 갈등 심화, 이혼율 급증으로 가족 해체의 가속화가 이루어지면서 가족생활교육이 필요해지고 있다.

정현숙(2007)은 사회변화에 따른 가족 가치의 혼란 극복, 가족의 교육기능 약화에 따른 보완, 다양한 스트레스 증가로 인한 개인적 긴장 완화, 새로운 가족규범의 정리 그리고 아동의 사회화 장소로서의 가족역할 강화, 마지막으로 교육을 통한 가족의 삶의 질 증진 등을 위해 가족생활교육이 필요하다고 주장하였다.

정리해 보면, 핵가족화나 1인 가구 증가 등의 구조적 변화와 더불어 돌봄 기능 약화 등의 기능적 변화는 가족으로 하여금 다양한 문제 상황을 접하게 하며, 가족문제는 사회적 문제로 확대되어 사회적 갈등이나 심리적인 불안으로 나타나기도 한다. 가족의 변화로 인해 발생할 수 있는 다양한 문제를 예방할 수 있도록 가족 구성원들의 잠재력을 개발하고 발전시킬 수 있는 것이 가족생활교육이다.

따라서 가족생활교육을 배우는 이유는 급격한 사회변화로 인하여 발생하는 가족가치관의 변화, 다양한 가족의 증가로 인한 가족문제를 해결해 나가기 위해서 개인과 가족의 잠재력을 키워주며, 가족생활 전반에 걸쳐 필요한 다양한 정보와 지식을 습득해 가족과 함께 삶의 질 향상에 기여할 수 있게 되기 때문이다.

활 동

나와 우리 가족이 받고 싶은 가족생활교육은 무엇인가요?

▷ 내가 받은 교육

▷ 내가 받고 싶은 교육

▷ 우리 가족에게 필요한 교육

예시

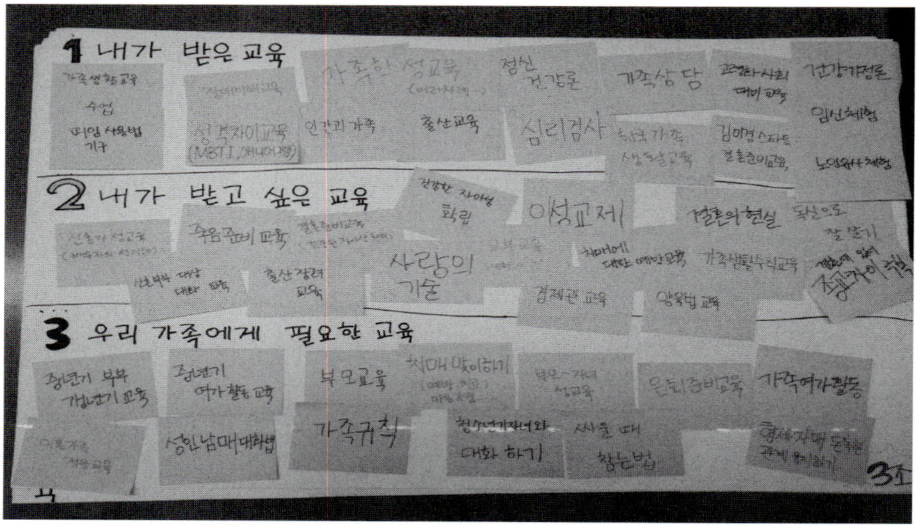

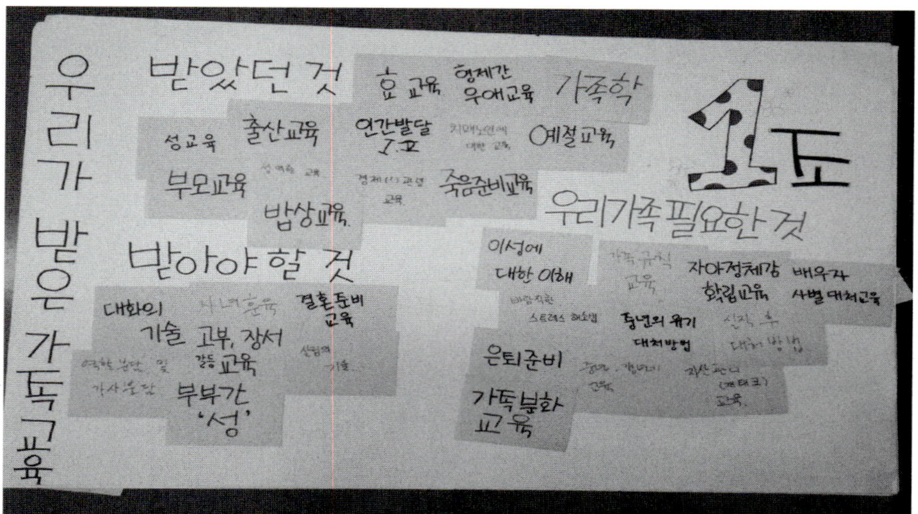

출처 : 창원대학교 가족생활교육 수업활동 자료.

가족생활교육사 자격 규정(부록 1)을 살펴보고 자신은 어떤 부분을 더 충족해야 하는지 토론해 봅시다.

2. 가족생활교육이란 무엇일까?

1) 가족생활교육의 정의

가족생활교육이라는 용어를 정의하기는 쉬운 일이 아니다. 가족생활교육이 학문적으로 체계화되기 이전부터 우리 사회에서 여러 전공자들이 가족생활교육에 해당되는 내용으로 교육을 실시해 왔고, 그 자체가 다차원적인 성격을 지니므로 수없이 많은 정의가 내려져 있지만, 이를 한마디로 정의하기는 어렵다. 실제 우리나라에서 가족생활교육에 대한 개념은 1982년 12월 31일자로 사회교육법이 제정 · 공포(법률 제3648호)되고, 가정생활에 관련된 교육의 개념은 사회교육법 제2조에서 사회교육 및 평생교육에 대한 정의가 내려지고, 이어서 동법 시행령(대통령령 제11230호, 1983. 9. 10. 공포)에서 가족생활교육 영역이 사회교육의 영역 10개 중 네 번째로 명시되면서 제도적으로 국가적인 관심을 나타내기 시작했다고 할 수 있다. 사회교육 10개 영역은 국민생활에 필요한 기초교육과 교양교육, 직업기술 및 전문교육, 건강 및 보건교육, 가족생활교육, 지역사회교육 및 새마을 교육, 여가교육, 국제이해 교육, 국민독서교육, 전통문화이해 교육, 기타 학교교육 등으로 분류되어 있으나, 가정생활에 관련된 교육내용은 가족생활교육에만 한정되지 않고 여타의 교육 분야에도 적용된다는 점에서 중시될 수 있다(유영주 외, 2013).

과거에는 학교 교육기관 외의 많은 단체나 기관에서 평생교육이나 사회교육의 일환으로 교양부문에서 미소하게 다루어져 왔다(유영주 · 오윤자, 1990). 이후 건강가정기본법 제정과 가족정책 전달체계로서 가족센터(구 건강가정지원센터)가 확대 설치되면서 공통필수사업으로 생애주기별 가족생활교육, 가족상담, 가족문화, 가족을 위한 통합 서비스의 네 가지 영역의 프로그램이 운영되었다(여성가족부, 2011). 이를 계기로 가족생활교육에 대한 연구와 실행이 더욱 확대되고 있다.

아쿠스(Arcus, 1990)는 가족생활교육을 가족생활의 질적 극대화를 실현하는 데 도움을 주기 위하여 가족 구성원에게 필요한 자원, 정보, 기술 등을 제공하고 지도하는 과정이라고 하였다. 즉, 가족의 생활을 증진시키고 풍요롭게 하기 위해서 개인이나 가족에게 필요한 지식, 기술, 태도를 습득시켜서 가족 및 가족생활의 문제를 해결하고 예방할 수 있는 잠재력을 키울 수 있도록 고안된 의도적인 교육활동을 의미한다(옥선화, 1997; 이정연, 1998; 정현숙, 2007).

가족생활교육(family life education)이란 건강한 가족에게는 기능성을 더 강화(향상)시켜 주고, 역기능 가족에게는 문제를 해결하고 가족관계를 향상하여 건강한 가족으로 변화시켜 주는 것을 궁극적인 목표로 이루어지는 교육활동이다(신라대학교 가족상담센터, 2007).

이기숙(2010)은 가족생활교육을 가족이 그들의 교육적 임무를 수행하는 데 지원을 해주고, 가족관계를 향상시키며, 가족과 관련된 사회문제를 줄이는 데 기여할 수 있는 가족학의 한 영역이며, 이 교육활동에서 사용하는 주요 도구가 '프로그램(program)'이라고 정의하였다.

가족생활교육사 실무교육에서는 가족생활교육이란 개인과 가족의 복지증진과 강화를 위해 설계된 교육과정이라고 하였으며, 가족생활교육의 목적은 가족이 일상생활에서 접하는 문제를 다루고, 문제예방과 개인과 가족의 잠재력을 증진시키는 것이라고 하였다. 특징으로는 가족생애주기에 걸친 가족과 개인과 관련된 것이며, 개인과 가족의 욕구에 근거하고, 연구영역은 다학제적이며 실천방법에 있어서는 다전문적이고, 매우 다양한 환경에서 제공될 수 있으며, 치료적이라기보다는 교육적이고, 다양한 가족의 가치를 대변하고 존중하며, 가족생활교육의 성공을 위해서는 가족생활교육의 목적을 인식하고 있는 자격을 갖춘 교육자가 반드시 필요하다고 하였다(한국가족관계학회 외, 2016).

정현숙(2021)은 가족생활교육은 사람들에게 문제가 발생하기 전에 미리 준비하도록 돕고, 인간관계와 가족관계의 중요성을 인식하게 하며, 살면서 직면하게 될 다양한 문제에 대한 지식을 통해 어려움을 효과적으로 극복하도록 돕는 예방적 교육이라고 보았다.

미국가족관계학회(NCFR : National Council on Family Relations, 2024)에서는 가족생활교육은 교육, 예방 및 강점 기반 접근 방식을 통해 웰빙을 향상시키고 대인관계를 강화하는 지식과 기술을 개발할 수 있도록 가족 구성원을 준비시키고 권한을 부여하는 전문적인 실천이라고 보았다.

가족생활교육은 다양한 사회적 변화가 개인과 가족에게 부정적인 영향을 미치며 그에 따른 가족문제의 증가, 이러한 변화와 문제에 대한 가족의 역량 부족 등을 인식하게 되면서 발달한 교육적 전문분야이다.

광범위한 가족생활교육의 정의는 초·중등 교육과정의 〈가정〉 교과목이나 다수의 대학교에서 개설하고 있는 교양과목인 〈결혼과 가족〉, 〈부모교육〉 등의 교과목 같은 학교 안 가족생활교육을 포함한다(기쁘다 외, 2024). 그러나 교과목을 이수하기 위하여 의미 없이 과목을 듣는 비자발적인 참여자도 있고 자격증을 취득하고자 또는 꼭 공부해 보고 싶어서 참여하는 자발적 참여자도 있다.

또한 가족생활교육은 가족상담과도 밀접한 관계가 있다. 가족생활교육과 가족상담 및 치료 모두 가족과 가족생활의 건강성을 향상한다는 궁극적인 목적은 같으나 가족생활교육이 개인, 커플, 가족을 교육하여 가족생활을 향상시키는 활동이라면, 가족상담 및 치료는 가족의 관계와 기능상의 문제를 치유하는 활동이라는 차이가 있다(기쁘다 외, 2024).

'가족생활교육사'는 다양한 가족을 대상으로, 그들이 필요로 하는 주제(issue)에 맞게 교육 프로그램을 개발하는 능력이 필요하고, 개발된 프로그램을 다양한 교구·교재를 활용하여 가족들이 바라는 기술(skill)이나 가족가치(family virtues)를 습득 또는 인식할 수 있도록 도와주는 역할을 수행한다.

어떤 전문가이든 그들에게 기대하는 가장 중요한 것은 전문적 업무의 수행능력(competence)이다. 가족전문가는 첫째, 지식 면에서 가족학(family studies) 전반에 걸친 지식을 구비하고 있어야 하며, 둘째, 교사(educator)로서의 자질과 프로그램 개발 및 집행자로서의 소양을 지니고 있어야 한다. 특히 가족생활교육은 대개 성인 대상의 사회교육(학교 밖에서 이루어지는 교육) 내지 평생교육(연령에 국한되지 않고, 전 생애에 걸쳐 필요한 교육)의 특징을 지니고 있으므로, 다양한 교육 대상자의 특성을 지역적 맥락에서 세밀히 파악한 뒤 교육을 통한 예방에 중점을 두는 교육적 접근이 이루어져야 한다. 셋째, 인성 측면에서 건강한 자아와 성숙한 성품을 지녀야 하고 윤리적이어야 한다(신라대학교 가족상담센터, 2007).

〈표 1-1〉 가족생활교육에 대한 국내 · 외 학자의 다양한 정의(연도순)

학자 또는 기관	내 용
Guerney & Maxcon (1990)	가족의 조화와 기능개선을 촉진시키고 가족 구성원의 심리적 · 정서적 · 사회적 복지수준을 향상 강화시키는 것을 목적으로 한 프로그램의 개발, 수행, 평가, 교육, 훈련, 조사를 포함하는 예방적이고 교육적인 활동
Arcus, Schwaneveldt & Moss (1993)	가족이 일상생활에서 접하는 문제를 다루고 문제 예방과 개인과 가족의 잠재력을 증진하는 것을 목적으로 하는, 즉 개인과 가족의 복지증진과 기능강화를 위해 설계된 교육과정
유영주 · 정민자 (1993)	전반적인 삶의 질을 높이고 문제 해결을 돕기 위해 개인의 잠재력을 개발하고 강화시키는 평생발달적 접근
오윤자 (1995)	가족생활의 변화를 위한 의도적인 개입으로서 역기능적이며 문제 있고 혼란된 행동에 대해 어떠한 변화를 강조하는 것이 아니고 오히려 부가적 정보나 지지 또는 필요한 기술을 습득하여 개인과 가족이 잘 기능할 수 있는 것
Bredeholt & Cassidy (1995)	성인이 일상생활의 모든 측면을 효율적으로 대처하는 것을 기능하게 하고, 그러한 능력을 부여하기 위한 교육의 한 형태
한국가족관계학회(1998)	가족의 발달을 돕는 공식적 비공식적인 평생교육 차원의 서비스 활동
미국가족관계학회(NCFR) (2002)	개인과 가족의 복지를 위한 예방적이고 교육적인 프로그램의 개발, 적용, 평가, 훈련 및 연구
김보미 · 정현숙 (2007)	개인과 가족의 삶의 질을 향상시키고 문제해결을 위한 예방적이고 평생 교육적인 활동
정현숙 (2016)	아동에서 노인까지 개인과 가족의 전반적인 삶의 질을 높이고, 가족과 사회에서 나타나는 다양한 문제해결을 돕기 위해 개인과 가족의 잠재력을 개발하고 강화하는 평생교육
기쁘다 · 성미애 · 이재림 (2020)	가족이 경험할 가능성이 있는 문제를 사전에 예방하고 가족의 잠재력을 향상시키는 교육적 활동
NCFR(미국가족관계학회) (National Council on Family Relations)	개인과 가족의 복지를 위한 예방적이고 교육적인 프로그램의 개발, 적용, 평가, 훈련 및 연구(2002) the professional practice of equipping and empowering family members to develop knowledge and skills that enhance well-being and strengthen interpersonal relationship through an educational, preventive, and strengths-based approach(2021)

출처 : 이성희 외(2024).

가족생활교육은 전문적인 개입으로 가족공동의 문제를 공적으로 해결함으로써 가족의 강점을 재구성할 수 있다(김순기 외, 2021).

따라서 가족생활교육의 정의를 정리해 보면 다양한 가족이 경험할 가능성이 있는 문제를 예방하고 가족의 잠재력을 향상시켜 개인과 가족의 역량을 강화하여 문제해결 능력을 돕는 교육적 활동으로서 가족생활 전반에 걸친 지식과 정보를 제공해 주는 교육과정이다.

2) 가족생활교육의 토대 모형

가족생활교육의 토대 모형(The foundations of family life education model)은 달링 등(Darling et al., 2019, 기쁘다 외, 2024 재인용)이 가족생활교육의 기본 원칙과 시간의 흐름에 따라 변화하는 문화, 맥락, 내용, 가족의 복지를 통합적으로 제시한 모형으로 |그림 1-1|과 같다.

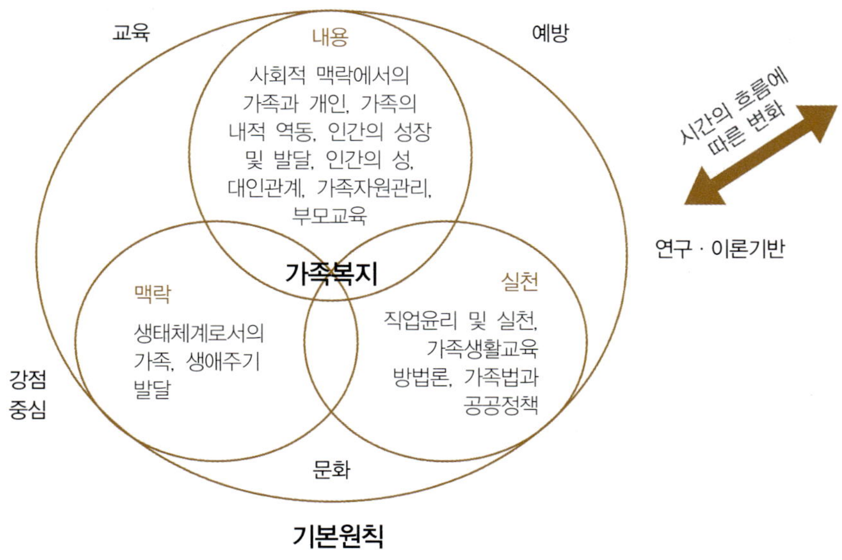

|그림 1-1| 가족생활교육의 기본 원칙

〈표 1-2〉 가족생활교육의 기본 원칙

원 칙	내 용
교 육	개인과 가족이 최적의 상태에서 기능할 수 있도록 가족생활과 관련된 지식과 기술을 가르치는 활동
예 방	미래의 문제를 예방하고, 이미 발생한 문제를 다루며 잠재력을 개발하는 활동
강 점	지식과 기술을 교육함으로써 개인과 가족을 강화하려는 노력
연구 및 이론	인간발달, 양육행동, 가족관계 등 가족생활과 관련된 연구결과나 이론을 토대로 가족생활교육을 설계하고, 학습 · 교육 관련 이론이나 연구 결과를 토대로 교육을 실시하며, 과학적 연구방법을 사용하여 가족생활교육의 효과를 입증하는 것을 의미

가족생활교육의 토대 모형에서 문화는 중요한 배경이다. 문화란 관습, 신념, 가치, 태도, 의사소통 패턴 등 삶의 방식의 총체로서, 한 집단의 특성을 규정하고 구성원들에게 공동의 정체성을 부여하는 역할을 한다. 가족생활교육에서는 문화적 다양성에 대해 옳고 그름, 좋고 나쁨 같은 판단적 관점을 지양한다. 가족생활교육에서는 다양성을 인정하고 차이를 존중한다.

|그림 1-1| 토대 모형 가운데 가족생활교육의 맥락은 개인과 가족이 경험하는 사건이나 상황에 영향을 미치는 배경 정보와 여건, 그리고 사건이나 상황이 서로 연결된 조건을 의미하며, 내용은 어떤 주제를 교육하는가에 대한 것이다. 마지막으로 실천은 가족생활교육을 설계, 실시, 평가하는 것을 의미한다.

|그림 1-1|의 가족복지(family well-being)는 가족생활교육의 목표이며, 시간의 흐름에 따른 변화는 개인, 가족, 사회가 시대에 따라 변화한다는 점을 가족생활교육에서 고려해야 한다는 것이다. 즉, 시대에 따라 가족생활교육 자체도 변화함을 의미한다. 가족생활교육 토대 모형의 모든 구성요소는 시대의 변화에 적응하고 바뀌어 간다.

3) 가족생활교육의 성격

현대사회의 가족은 구조적 · 기능적 · 형태적 측면에서 다양한 변화를 경험하고 있다. 가족생활교육은 부부와 자녀로 이루어진 소위, 전형적 가족(the family)만이 아니라, 다양한 가족들(families)도 가족의 역할을 바람직하게 수행하는 건강한 가족이 될 수 있도록 도움을 준다. 특히 가족의 외형적 모습이 아니라 다양한 가족에 대한 편견을 없애고 그들을 수용할 수 있도록 해야 한다.

아쿠스 등(Arcus et al., 1993)은 가족생활교육의 성격을 다음과 같이 제시하였다(Arcus et al., 1993, 기쁘다 외, 2024 재인용).

- 전 생애에 걸쳐 있는 모든 개인, 커플, 가족에게 적용된다.
- 개인, 커플, 가족, 지역사회가 실제 필요로 하는 인식요구에 토대를 둔다.
- 여러 분야에서 개발한 자료를 활용하며, 다양한 전문분야를 아우른다.
- 치료적이기보다 교육적이다.
- 다양한 장소와 환경에서 이루어진다. 지역사회 워크숍(소규모 또는 대규모)이 있고, 영상 · 인쇄 · 출판물을 활용할 수 있으며, 인터넷에서 이루어질 수 있고, 이 외에 수많은 다른 상황도 가능하다.
- 다양한 가치를 존중한다.
- 자격을 갖춘 가족생활교육사를 필요로 한다.

이재림(2021)은 가족생활교육을 치아 스케일링에 비유하여 '가족학적 스케일링'이라 하였다. 가족생활교육은 첫째, 예방 목적이다. 둘째, 꾸준히 받으면 도움이 되지만 필수는 아니다. 셋째, 연구 토대, 전문가 실시, 국가 지원이 있다는 점에서 치아 스케일링과 유사하다. 그러나 가족생활교육은 의학적 접근이 아닌 교육적 접근이고, 신체적 건강 문제가 아닌 가족생활 문제 예방이며, 예방하려는 문제(교육목표=효과성 지표)가 덜 명확해서 상대적으로 낮은 인지도, 적은 투자, 심증은 많지만 효과 입증이 부족하다는 점에서 치아 스케일링과는 차이점이 있다.

우리나라를 비롯하여 여러 나라에서 스케일링에 의료보험을 적용하고 있다. 구강질환을 사전에 예방하는 시술에 투자함으로써 구강질환으로 발생하는 더 큰 비용을 줄이고자 하는 것으로 보인다. 이와 유사하게 가족생활교육이라는 예방적 활동에 투자하는 것이 비용 대비 이익이 크다는 점에서 가족생활교육을 공적 영역에서 지원하는 국가가 적지 않다(Roblia & Taylor, 2018, 기쁘다 외, 2024 재인용).

가족생활교육은 시대의 변화에 따라, 가족의 욕구 변화에 따라, 기술 발달에 따라 변화해야 한다. 따라서 개인, 가족, 사회의 변화를 반영하여 새로운 정보와 지식에 따라서 가족생활교육도 변화해야 한다.

활 동

지역에서 실시되고 있는 가족생활교육을 인터넷으로 검색하여 프로그램명, 내용, 대상 등을 살펴 보고 토론해 보세요.

참고

- 지역사회에서는 어떤 내용으로 누구를 대상으로 가족생활교육을 실시하고 있는지?
- 자신에게 흥미 있게 다가온 가족생활교육은 어떤 내용인지?
- 만약 다른 사람에게 가족생활교육을 권한다면 누구에게 어떤 내용의 교육을 권하고 싶은지?
- 지역사회에서 필요한 가족생활교육인데 실시되고 있지 않은 교육은 무엇이라고 생각하는지?
- 자신이 가족생활교육 프로그램을 만든다면 누구를 대상으로 어떤 내용의 프로그램을 만들고 싶은지? 등

3. 가족생활교육, 왜 하는가?

1938년에 설립된 미국가족관계학회(NCFR : National Council on Family Relations)의 가족생활교육(약칭 FLE)의 목적은 기술과 지식 영역을 가족 구성원에게 평생 동안 가르치고 긍정적인 개인 및 가족 발달을 촉진하여 가족이 최적으로 기능할 수 있도록 하는 것이다. 건강한 가족 기능에 필요한 기술과 지식으로는 의사소통 기술, 전형적인 인간 발달에 대한 지식, 좋은 의사결정 기술, 긍정적인 자존감, 건강한 대인관계를 들었다.

에이버리와 리(Avery & Lee, 1964)는 가족생활교육의 목적을 "그들이 사는 사회에 적극적으로 기여하는 안정된 가족의 개발"로 보았다. 동시에 그는 이 목적을 달성하기 위하여 네 가지 "가족생활교육의 하위목표", 즉 '나와 타인 이해, 성역할 이해와 조정, 결혼과 가족 이해, 가족생활에 필수적인 기술의 숙달'을 명시했다(Avery et al., 1964, 이기숙, 2010 재인용).

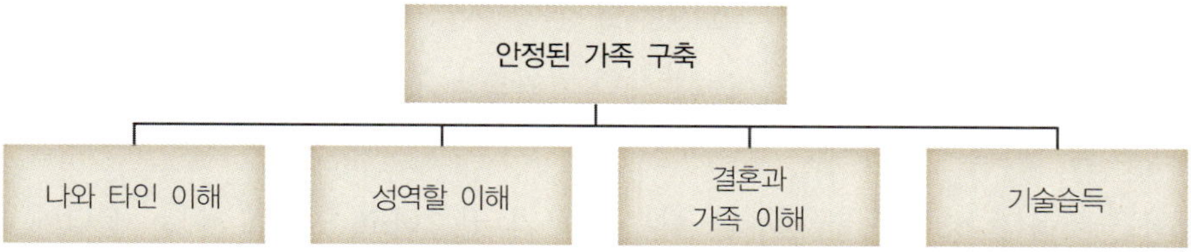

|그림 1-2| 상위목표와 하위목표의 관계

가족생활교육의 목적은 교육을 실시하는 입장에서는 '개인과 가족을 돕는 것'이지만 교육을 받는 입장에서는 '개인과 가족을 강화하는 것'이다. '개인과 가족의 강화'는 측량 가능한 구체적 개념으로 가족의 안정성이 향상되었는가? 가족관계가 증진되었는가? 가족의 기능성 혹은 탄력성이 향상되었는가? 등으로 재표현될 수도 있다(이기숙, 2010).

유영주 등(2013)은 가족생활교육의 목적이 근본적으로는 가족생활을 풍부하게 하고 강화하게 하기 위한 것이지만, 사회문제가 계속 주목을 끌면서 교육 이상의 것으로 확대되고 있는 실정이므로, 가족은 가족생활교육을 통하여 가족생활을 향상시킴과 더불어 가족과 관련된 사회문제 역시 감소시키는 데 주력하여야 한다고 하였다.

문제예방에 초점을 둔 가족생활교육은 가족문제를 미연에 방지하거나 줄일 수 있다고 가정하면서, 가족문제의 발생 빈도, 기간, 강도를 줄이는 것을 목적으로 한다. 또한 가족의 잠재력 개발에 초점을 둔 가족생활교육은 가족생활의 긍정적인 면을 강조하고, 개인과 가족의 능력을 도모하여 개인과 가족생활을 강화 또는 향상시키려는 의도로 이루어진다. 가족학의 여러 하위 영역 중 가족생활교육, 가족상담 및 치료, 가족정책 등은 실천과 응용이 중심이 되는 분야이다. 이 중 가족생활교육은 가족이 경험할 가능성이 있는 문제를 사전에 예방하고 가족의 잠재력을 향상시키는 교육적 활동이다. 가족생활교육을 개인과 가족의 생활을 증진시키고 문제를 해결하고 예방할 수 있는 잠재력을 키울 수 있도록 고안된 의도적이고 평생교육적인 활동이라고 정의할 수 있다(김순기 외, 2021).

가족생활교육의 목적은 개인 차원에서는 가족원의 능력 개발을 통해 잠재력을 발휘하도록 하고, 가족원의 욕구 충족을 도와 개인의 삶의 질 향상에 기여하는 데 있다. 또한 가족 차원에서는 가족원들이 겪는 갈등을 해소하고 문제를 예방하도록 하여 가족의 복지 향상과 안녕을 도모하고 건강한 가족을 유지하는 데 있으며, 사회 차원에서는 가족문제의 예방을 통해 사회의 안정과 건강한 사회를 이룩하는 데 있다(유영주 외, 2021).

최근 마음의 병이 들면 상담을 받는 경우가 급증하고 있는데, 이는 상담에 대한 인식 개선과 홍보 효과가 아닐까 싶다. 가족생활교육은 문제가 발생하기 전에 접종하는 예방주사라고 할 수 있다. 예방 차원에서 가족생활교육을 함으로써 문제를 예방할 수 있고 문제 발생 시 지혜롭게 헤쳐 나갈 수 있다. 즉, 교육을 함으로써 가족문제, 사회문제도 예방하여 국가의 안정까지도 생각해 볼 수 있다. 또한 가족생활교육의 토대 모형에서도 볼 수 있듯이 시간의 흐름에 따라 개인, 가족, 사회가 시대에 따라 변화한다는 점을 가족생활교육에서 고려해야 한다. 즉, 가족생활교육 토대 모형의 모든 구성요소는 시대의 변화에 적응하고 바뀌어 가므로 일회성이 아니라 반복해서 지속적인 교육이 이루어져야 한다.

결론적으로, 가족은 개인과 사회의 중간에 위치한 체계로 가족이 건강하지 않으면 가족 성원 개개인의 행복이 보장되지 않을 뿐 아니라 사회 전체에까지 부정적인 영향을 미치게 된다. 따라서 가족 구성원의 행복과 사회문제 예방을 위해 가족은 사회변화에 부응하는 기능을 수행해야 하는데, 이를 위해서는 가족생활교육이 필요하다. 따라서 개인, 가족의 잠재력을 향상시키고, 삶의 질을 향상시킴과 동시에 나아가 건강한 사회를 만들어 가고자 함이 가족생활교육의 목적이다.

4. 가족생활교육은 어떤 내용인가?

가족생활교육은 교육대상과 주제영역, 가족유형에 따라서 체계화와 구조화가 이루어져야 하며, 전문적이고 다양하게 구성되어야 한다. 가족생활교육의 목적은 개인, 가족의 잠재력을 향상시키고, 삶의 질을 향상시킴과 동시에 나아가 건강한 사회를 만들어 가고자 함이다. 여기서는 가족생활주기별 가족관계 강화 프로그램들과 가족의 발달적 특성을 고려한 가족생활교육 프로그램 내용을 소개한다.

1) 가족생활주기별 가족관계 강화 프로그램

가족관계는 개인과 가족의 삶의 질을 결정하는 중요한 요소이다. 가족은 각 가족이 처한 상황과 가족생활주기에 따라 가족관계는 다양한 의미를 지니며, 건강한 가족관계를 위해 필요로 하는 지원과 교육의 내용이 다르다. 이에 따라 가족생활주기별 특성을 고려한 맞춤형 가족관계 강화 프로그램이 중요해지고 있다. 〈표 1-3〉에서는 미혼기, 신혼기, 아동기 자녀를 둔 가족, 청소년기 자녀를 둔 가족, 중년기, 노년기 가족과 같이 가족생활주기별 가족관계 강화 프로그램들의 예를 소개하고 있으며, 재혼, 이혼, 빈곤 가족과 같이 특수 가족을 위한 예도 소개하고 있다(신라대학교 가족상담센터, 2007).

〈표 1-3〉 가족생활주기별 가족관계 강화 프로그램

1. 미혼기 프로그램(결혼준비교육 프로그램)
- 이성교제에서의 남녀 차이 이해 증진 프로그램 개발 및 평가
- 십대 미혼모를 위한 교육 프로그램
- 청소년기 미혼모의 진로태도 성숙 향상을 위한 집단 프로그램
- 교육학적 관점을 기초로 한 결혼준비교육 프로그램
- 예비부부를 위한 결혼준비교육 프로그램
- 예비부부를 위한 교육 프로그램
- 대학생 성의식 실태 분석을 통한 성교육 프로그램
- 결혼 준비자를 위한 성교육 프로그램

2. 신혼기 부부를 위한 프로그램
- 농촌부부 평등교육 프로그램 개발 및 효과 검증
- 결혼 초기 부부를 위한 부부교육 프로그램
- 부부폭력 가해자교육 프로그램
- 가정폭력 예방 및 대처 프로그램
- 지역사회 기반의 알코올중독자 재발예방을 위한 프로그램
- 부모기 전이기의 예비부모교육 프로그램
- HALS를 적용한 예비부모교육 프로그램
- 맞벌이 가족을 위한 가족생활교육 프로그램
- 젊은 며느리를 위한 고부관계 향상 교육 프로그램
- 부부의사소통교육 프로그램
- 부부대화법 프로그램
- 부부관계 향상 프로그램

3. 아동기 자녀를 둔 부모를 위한 프로그램(유아기 및 학동기)

- 아동의 대인관계 개선 프로그램
- 초등학생 흡연예방교육 프로그램
- 아동의 책임 있는 행동 선택 프로그램
- 입양부모를 위한 부모교육 프로그램
- 정서 지능 향상 교육 프로그램
- 한부모 가정 아동의 자아존중감 및 사회 적응력 향상을 위한 또래집단 프로그램
- 아동소비자의 화폐관리교육 프로그램
- 부모교육 프로그램

4. 청소년기 부모자녀를 위한 프로그램(중 · 고등학생 자녀)

- 폭력청소년의 대인관계 능력 향상을 위한 REBT 집단치료 프로그램
- 청소년 자녀와 부모관계 향상 프로그램
- 청소년 자녀와 어머니를 위한 세대간 이해증진 프로그램
- 청소년 약물남용 예방 · 교육 프로그램
- 비행청소년의 자아성장 프로그램
- 저소득층 가정 청소년의 일탈행동예방 프로그램
- 자녀와의 대화를 위한 부모교육 프로그램
- 청소년 자녀의 부모교육 프로그램
- 여성의 자율성 향상을 위한 어머니교육 프로그램
- 가정과 수업에의 적용 가능성 탐색을 위한 부모 자녀 간 의사소통훈련 프로그램
- 초기 청소년의 건강한 성을 위한 교육 프로그램
- 청소년의 자아존중감 향상을 위한 상상적 청중 감소 프로그램
- 보호처분을 받은 비행청소년을 위한 집단치료 프로그램
- 실직가정 청소년의 적응 유연성 증진을 위한 프로그램
- 청소년 약물남용 재활교육 프로그램
- 초기 청소년을 위한 창의성 증진 프로그램

5. 중년기를 위한 프로그램

- 실직자 가정의 복지지원을 위한 상담 프로그램
- 퇴직자의 사회 적응을 위한 퇴직준비교육 프로그램
- 은퇴준비를 위한 재무계획 프로그램
- 실직자의 심리사회적 대처기능 향상을 위한 위기 개입 프로그램
- 부부의 갈등 해결방식 변화에 따른 의사소통 기술 훈련 프로그램
- 부부 갈등 해결교육 프로그램
- 성인자녀를 위한 노인부양교육 프로그램
- 중년 며느리를 위한 고부관계 향상 프로그램
- 중년 남성 대상 가족생활교육 프로그램
- 노부모 부양가족교육 프로그램
- 중년기 주부 대상 가족생활 프로그램(성인 미혼자녀와의 관계)

– 노부모 부양자교육 프로그램
– 자기 인식 향상을 통한 부부 친밀감 증진 프로그램

6. **노년기를 위한 프로그램**
– 노년기 준비교육 프로그램
– 노인을 위한 가족생활 프로그램
– 노년기 가족관계 향상을 위한 프로그램
– 치매가족 부양 스트레스 관리 프로그램
– 노인기 적응 프로그램
– 치매노인의 심리사회적 재활을 위한 집단 프로그램

7. **특수 가족을 위한 프로그램**
– 재혼준비교육 프로그램
– 이혼 후 적응을 위한 집단 프로그램
– 이혼 적응 단기교육 프로그램
– 이혼 후 적응을 위한 장기교육 프로그램
– 빈곤여성가장 가족의 모-자녀관계 증진 프로그램

출처 : 신라대학교 가족상담센터(2007).

2) 발달적 특성을 고려한 가족생활교육 프로그램 내용

가족의 발달 단계에 따른 특성 및 발달과업을 고려하여 맞춤형 교육을 제공하는 것이 중요하다. 〈표 1–4〉에서는 청년기(미혼기), 신혼기, 자녀출산 및 양육기, 자녀교육기, 중년기(자녀 독립기), 노년기라는 발달 단계에 따른 특징과 발달과업을 고려한 성인 대상 프로그램의 예들을 소개하고 있다(전세경, 2016).

〈표 1–4〉 각 발달 단계별 발달과업 및 이를 바탕으로 한 프로그램의 예

단 계	특 징	가족생활교육 내용으로 고려할 수 있는 발달과업	프로그램 내용의 예
청년기 (미혼기)	• 성숙한 사회의 구성원으로 인정받기 위한 준비 시기 • 직업인, 배우자, 부모가 되기 위한 준비 시기 • 부모자녀관계가 성인 대 성인의 관계로 전환	• 신체적, 심리적, 사회적 성숙 달성 • 친밀한 이성관계의 발달 • 결혼에 대한 현실적이고 구체적인 장기 계획 수립	• 이성교제 및 배우자 선택 • 결혼과 가족생활에 대한 이해 • 성교육 등

신혼기	• 타인과의 친밀한 관계 발달 • 배우자를 비롯하여 타인의 복지를 위해 힘쓰는 심리적 변화를 경험	• 안정된 거주지를 확보하여 가정의 기반을 확립 • 공유되고 만족스러운 소득과 지출의 재정적 체계를 수립 • 상호 수용할 수 있는 역할과 책임 관계의 기준을 수립 • 상호 만족스러운 성적 관계를 형성 • 만족스러운 의사소통과 공정한 갈등해결방식을 수립 • 확대가족, 친척과 원만한 관계 형성 • 자녀의 출산에 대한 계획과 부모역할 결정 • 서로에 대한 헌신의 본질과 의미를 결정	• 성역할 및 가사분담 • 일-가정 양립과 균형 • 의사소통기술 • 새롭게 확대된 가족과의 관계(시댁, 처가)기술 • 재무관리 • 성교육 등
자녀 출산 및 양육기	• 시간, 에너지, 재정적 부담에 적응해야 함 • 부부의 결혼만족도 감소 시작 • 삶을 재평가하고 확고한 인생목표를 다시 설정해야 하는 시기	• 임신과 분만에 따른 신체적 · 생리적 변화와 정서 상태를 이해하여 융통성 있는 부부 상호작용을 발전 • 자녀의 발달을 위한 적절한 자극과 기회 제공 • 부모역할을 학습하고 양육의 역할과 책임 함께 담당 • 가사노동이나 자녀양육에 따른 가족의 시간 관리 재조정 • 자녀 수, 터울 등 가족계획을 세우고 자녀의 성장이나 가족 수의 증감에 따라서 거주 공간을 재분배 • 가족 구성원들 간 의사소통 패턴에 적응하기	• 인간발달 이해교육 • 부모역할교육 • 일-가정 양립 및 균형교육 • 가족여가교육
자녀 교육기	• 결혼생활에 대한 부부의 만족은 최하점 • 중년기로의 변화를 위한 준비에 몰두 • 부부간의 성격이나 결혼생활 기간에 따라 부부 갈등이 존재하기도 함	• 자녀가 안정된 소속감을 가지고 생활할 수 있는 분위기 조성 • 자녀의 신체적 성장을 격려하고 호기심과 창의성 격려, 도덕적 발달 촉진 • 자녀의 성취감을 위해 많은 경험 제공	• 부모역할교육 • 아버지교육 • 의사소통교육 • 자녀진로지도 교육 등

		• 형제자매 및 교우관계를 원만히 형성토록 지도해야 함 • 청소년 자녀와의 의사소통 발달 • 자녀의 적성을 고려한 진로지도 및 조언 • 자녀교육비 등 지출규모를 고려하여 재무계획 수립 • 부모역할교육	
중년기 (자녀 독립기)	• 인생에서 가장 생산적인 시기 • 지위와 소득이 최고 정점에 달하는 시기 • 위기이자 우울의 시기이기도 함 • 은퇴가 이루어지기도 하는 시기	• 자녀의 이성교제 및 배우자 선택을 위한 조언 • 자녀에 대한 정신적 뒷받침 • 중년기의 신체적, 정서적 변화에 대한 준비 • 부부간 상호보완적인 역할 발전 • 부부간 함께 즐기는 공동의 활동 및 독립된 영역 유지 • 노후를 위한 재정적 준비 • 인생관 재정립 및 삶의 철학을 재확립	• 중년기 가족교육 • 아버지교육 • 치매예방교육 • 은퇴준비교육 • 건강관리교육 등
노년기	• 은퇴 후 부부간의 역할 기대와 상호작용의 질이 변화, 역할 적응의 문제를 경험 • 부부갈등이 다시 표출되기도 함 • 건강악화가 부부관계의 변화를 초래하기도 함 • 배우자 사별 후 혼자 지내는 데 적응	• 지출을 합리적으로 관리하여 경제적 계획 세움 • 거주환경에 대한 결정 • 정신적, 신체적 건강을 유지하기 위해 정기 검진 등 예방관리 • 융통성 있는 부부공동협력체제 마련 • 역할의 재조정 필요 • 세대 간 교류, 친족관계 활성화로 정서적, 사회적 지지 마련 • 바람직한 조부모역할 • 죽음에 대한 준비 • 자신의 생애에 대한 통합적 수용과 적응	• 노년기교육 • 죽음준비교육 • 은퇴생활적응교육 • 건강관리교육 등

출처 : 전세경(2016).

가족생활교육은 다양한 주제와 방법에서의 창의적 접근이 필요하며, 발달적 관점에서의 세대 특성과 더불어 사회적 변화와 함께 현대사회에 맞는 특성을 반영하여 이루어져야 한다. 따라서 100세 시대에 맞는 가족 발달 단계 및 가족유형에 따라 가족 성원 개개인이 행복한 삶을 살고, 다양한 가족들이 건강한 가족으로 자리매김하기 위해서는 가족생활교육을 지속적이고 반복적으로 평생 받아야 한다.

5. 가족생활교육의 운영원칙은 무엇인가?

가족생활교육은 급속한 가족변동 사회에서 가족생활교육 서비스를 통하여 가족가치의 다양성, 수용성, 포괄성 등을 바탕으로 가족친화환경(예방, 문제해결)과 사회통합(개인행복, 건강한 가족)을 이루는데, 가족생활교육의 실천적 흐름을 살펴보면 |그림 1-3|과 같다. 가족생활교육 실천현장에서의 전문성 강화는 가족건강성 향상으로서 이는 사회적인 관심 주제이며 당면한 과제로 가족친화적인 환경 조성을 위한 유용한 대안이 되고 가족 내, 가족 간, 사회와의 소통과 교류를 통하여 현대 가족을 지원할 수 있는 전문적인 기제가 되고 있다(김순기 외, 2021).

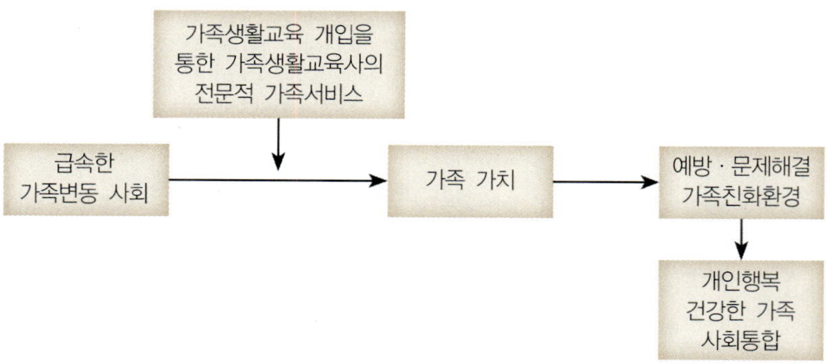

|그림 1-3| 가족생활교육의 실천적 흐름

출처 : 김순기 외(2021).

토마스와 아쿠스(Thomas & Arcus, 1992)는 가족생활교육의 원칙을 다음과 같이 제시하였다.

첫째, 가족생활교육은 그 시대의 사회문제에 대한 관심과 사회변화를 다루면서 인지되는 가족의 부적합성에 대한 관심에서 파생되었다.

둘째, 가족생활교육은 단지 가족문제를 다루는 것만이 아니라 그 예방에 관심을 둔다.

셋째, 가족생활교육은 궁극적으로 개인 및 가족 스스로가 '삶의 안정성 확보'라는 방향을 향해 나아가는 것에 초점을 두고 있다(신라대학교 가족상담센터, 2007).

가족생활교육이 활성화되기 위해서 고려해야 할 요인을 정리하면 다음과 같다(계선자, 2015).

첫째, 가족문제 예방 및 가족의 잠재력 개발에 초점을 맞춘다. 건강한 가정일지라도 가족 구성원 간 소통의 부재로 위기에 직면할 수 있기 때문에 대처할 수 있는 능력이 필요하다. 또한 개인과 가족은 강점이나 잠재력을 가지고 있다. 이를 잘 개발하여 가족 삶의 질을 높여야 한다.

둘째, 건강한 가족생활교육은 실생활에 적용, 실천하는 경험 능력이 필요하다. 일명 마법의 대화인 '사랑해, 미안해, 고마워' 등을 적용할 수 있는 능력을 높여야 행복지수가 올라간다.

셋째, 주요 주제를 중심으로 영역을 확대한다. 일반적인 관심영역은 가족관계 형성을 위한 결혼준비교육, 가족관계 향상을 위한 의사소통교육, 성교육, 부모-자녀관계, 부모교육, 자녀교육, 고부교육 등 주제영역에 대한 폭넓은 영역확대가 필요하다.

넷째, 다양한 프로그램을 개발하고 전문강사의 풀을 구축해야 한다. 각 분야의 전문가로 구성된 위원회 TF회의를 통해 매뉴얼을 구성하고, 시행되고 있는 매뉴얼을 수정·보완하여 완성도를 높여야 한다. 아울러 역량 있는 전문 강사 선발 및 체계적인 보수교육 진행을 통해 강사의 전문성을 강화하고 보다 만족도 높은 교육 진행이 요구된다.

다섯째, 가족생활교육에 대한 인식을 개선하고 시 차원의 다각적인 홍보/네트워크를 구축한다. 가족생활교육은 저절로 이루어지는 것이 아니라는 가족의 인식 전환이 필요하며 이를 위한 대시민 이벤트, 홍보, 옥외 광고 등을 통해 사업 인지도 확산이 절대적으로 필요하다. 그리고 참여자 모집의 활성화를 위해 유관기관과의 업무 협약 체결도 고려되어야 한다.

여섯째 다양한 형태의 가족, 시민의 요구도를 조사한다. 요구도 조사를 통해 교육 및 주제 선정, 참여자 만족도 조사 및 의견을 수렴하여 가족 욕구에 부합하는 교육 내용 구성도 고려되어야 한다.

일곱째, 시 및 구 차원의 가족정책에 대한 지원이 필요하다. 경제적 상황에 따른 삼포세대, N포세대의 증가로 집단 맞선 및 결혼시키기 정책과 함께 결혼준비교육, 소통교육 등 다양한 가족생활교육이 포함될 수 있는 정책적 지원이 필요하다.

가족생활교육은 운영원칙을 토대로 생애주기 전반에 걸친 개인 및 가족들의 욕구에 기초를 두고 보편성, 독자성, 포괄성, 특수성을 고려하여 다양한 장소에서 제공될 수 있어야 한다. 또한 가족생활교육사는 현대사회의 변화에 많은 관심을 가지고 흐름을 이해하고 다양한 가치관을 존중하고 다름을 수용해 개인과 가족 성원에게 잠재력 향상, 스트레스 및 심리적인 불안 해소에도 도움을 주어 가족문제 해결능력을 향상시키고 가족 안정성을 유지할 수 있는 건강한 가족이 되도록 하여야 한다.

활 동

가족생활교육사 자질 척도

나는 가족생활교육사로서 어떤 자질이 있을까요? 다음의 척도를 사용하여 평가해 보세요. 가족생활교육사 자질 척도에서 1(전혀 그러하지 못하다), 2(조금 그러하지 못하다)라고 표시된 항목은 어떻게 하면 개선할 수 있는지 생각하고 나누어 봅시다.

내 용		1 전혀 그러하지 못하다.	2 조금 그러하지 못하다.	3 보통이다.	4 조금 그렇다.	5 매우 그렇다.
지식 면						
1	나는 개인과 가족 발달 단계에 대해 잘 알고 있다.					
2	나는 다양한 가족문제의 대처방안을 제시할 수 있다.					
3	나는 다양한 가족가치를 이해한다.					
4	나는 보편적/특수적 가족의 특성을 잘 안다.					
프로그램 개발능력 면						
5	나는 가족생활의 다양한 주제에 맞는 지식을 가지고 있다.					
6	나는 대상별 상황과 환경, 발달에 맞는 프로그램을 구성할 수 있다.					
7	나는 교육내용에 맞는 다양한 교수기법을 사용할 줄 안다.					
8	나는 프로그램 효과를 평가할 줄 안다.					
역할 면						
9	나는 가르치는 사람으로서 자긍심을 가지고 있다.					
10	나는 집단 활동의 역동성을 향상시키는 촉진자로서 능력을 가지고 있다.					
11	나는 봉사자로서 헌신감을 가지고 있다.					
12	나는 가족의 성장 잠재력을 믿는 가족옹호자이다.					
인성 면						
13	나는 건강한 자아정체감을 가지고 있다.					
14	나는 우수한 감정이입 능력을 가지고 있다.					
15	나는 인간의 다양한 차이를 수용, 존중한다.					
16	나는 윤리/도덕적인 면에서 자부심을 가진다.					

출처 : 정민자(2001). 가족상담/치료 진단평가서 재구성.

CHAPTER **02**

가족생활교육의 나침반

1. 익숙한, 그러나 잘 모르는 가족

1) 가족이란?

'가족' 하면 어떤 모습이 떠오르는가? 일반적으로는 부모와 자녀로 이루어진 가족이 떠오른다. 현대 가족의 모습은 전통적 가족가치관에서 점차 벗어나면서 과거 확대가족에서 핵가족으로 변화하였으며, 1인 가구, 한부모 가족, 조손 가족 등 아주 다양한 가족이 등장하고 있다. 이러한 다양한 형태 변화가 생겨남에 따라 가족에 대한 정의가 달라지고 있다.

미국의 문화인류학자 머독(Murdock, 1949)은 "가족은 공동 거주, 경제적 협동, 재생산이라는 특징을 갖는 집단으로서, 가족은 사회적으로 인정받는 성적인 관계를 유지하고 있는 최소한 2명의 남녀 성인과 1명 이상의 자녀를 포함한다"고 정의하였다(Adams, 1986).

다음은 가족에 대한 의미를 사전적, 고전적, 현대적 정의로 살펴보았다.

〈표 2-1〉 가족의 정의

구 분	학 자	가족의 정의
사전적 정의	한국어 사전	부부를 중심으로 하여 그로부터 생긴 아들, 딸, 손자, 손녀들로 구성된 집단
	한국가족문화대백과	혈연(부모-자녀관계), 인연(부부관계), 입양으로 연결된 인정 범위의 사람들로 구성된 집단
고전적 정의	머독 (Murdock, 1949)	가족은 공동의 거주, 경제적 협동, 생산(재생산)의 특징을 갖고 있는 집단으로 사회적으로 인정받는 성관계를 유지하고 있는 최소한 두 명의 성인 남녀와 한 명 이상의 자녀로 이루어진 사회집단
	레비-스트라우스 (Levy-Strauss, 1969)	가족은 결혼에 의해 형성되고, 부부와 그들에 의한 출생한 자녀로 구성되며 법적 유대, 경제적, 종교적, 그리고 그 외 다른 권리와 의무, 성적 권리와 금지, 다양한 심리적 감정을 공유하는 집단
현대적 정의	기든스 (Giddens, 1992)	가족은 정서적이고 물질적인 지지에 기반을 둔 두 명 또는 그 이상의 사람들이 상호 간에 기대를 갖고 그들의 삶의 유형과 관계없이 상호 책임감과 친밀감, 계속적인 보호를 주고받는 구성체
	세이버트와 윌레트 (Seibert & Willetts, 2000)	동거를 통해 정서적 지지를 유지하거나 법적 혹은 생물학적 결합에 의해 빈번한 접촉을 유지하는 적어도 두 명 이상의 개인들

출처 : 이성희 외(2024).

가족이란 부부와 그들의 자녀로 구성되는 기본적인 사회집단으로서, 이들은 이익관계를 떠난 애정적인 혈연집단이며, 같은 장소에서 생활하는 동거동재(同居同財)집단이고, 그 가족만의 고유한 가풍을 갖는 문화집단이며, 양육과 사회화를 통하여 인격형성이 이루어지는 인간발달의 근원적 집단이기도 하다(유영주 외, 2013).

그러면 가족의 범위는 어디까지인가? 즉, 가족이란 누가 속해 있는가?

가족과 가정의 정의를 민법[1]과 건강가정기본법[2]에서 보면 다음과 같다.

1 시행 2024. 5. 17. 법률 제19409호

2 시행 2024. 9. 27. 법률 제20417호

민법에서의 가족의 범위를 보면 첫째, 배우자, 직계혈족, 형제자매는 생계를 같이 하지 않아도 가족이고, 직계혈족의 배우자, 배우자의 직계혈족 및 배우자의 형제자매는 생계를 같이하는 경우만 가족이다.

민법 제779조(가족의 범위)

① 다음의 자는 가족으로 한다.

1. 배우자, 직계혈족 및 형제자매
2. 직계혈족의 배우자, 배우자의 직계혈족 및 배우자의 형제자매

② 제1항 제2호의 경우에는 생계를 같이하는 경우에 한한다.

건강가정기본법에서는 혼인 · 혈연 · 입양으로 이루어진 사회의 기본단위를 '가족'이라고 정의하고 있으며, '가정'은 가족 구성원이 생계 또는 주거를 함께하는 생활공동체로서 구성원의 일상적인 부양 · 양육 · 보호 · 교육 등이 이루어지는 생활단위라 하였다.

건강가정기본법 제3조(정의)

1. '가족'이라 함은 혼인 · 혈연 · 입양으로 이루어진 사회의 기본단위를 말한다.
2. '가정'이라 함은 가족구성원이 생계 또는 주거를 함께 하는 생활공동체로서 구성원의 일상적인 부양 · 양육 · 보호 · 교육 등이 이루어지는 생활단위를 말한다.

2의2. '1인 가구'라 함은 1명이 단독으로 생계를 유지하고 있는 생활단위를 말한다.

여기서 우리가 생각해 볼 수 있는 것은 가족에 대한 다양성이 인정되고 다양한 가족의 모습이 가족 범위에 포함되는 등 가족에 대한 가치관이 변화하고 있는 현대사회에서 비혼 동거, 비혼 출산 등을 어떻게 바라볼 것인가이다.

이러한 배경하에서는 가족이란, 자신들 스스로 가족으로 생각하면서 친밀감에 기초한 정서적 교류, 돌봄, 노동의 연대, 자원 공유, 공동생활, 동반자 관계 등을 수행하는 사람들의 모임으로 정의하는 것이 세계적인 추세이기도 하다.

활 동

여러분은 다음과 같은 그림 속의 가족의 모습을 보면서 어떤 생각이 드나요? 가족이란 무엇인지 토론해 봅시다.

활 동

〈방문객〉이라는 시를 통해 서로 다른 남이 만나 가족을 이루며 사는 것의 의미는 무엇인지 생각해 봅시다.

방문객(정현종)

사람이 온다는 건
실은 어마어마한 일이다.
그는
그의 과거와
현재와
그리고
그의 미래와 함께 오기 때문이다.
한 사람의 일생이 오기 때문이다.
부서지기 쉬운
그래서 부서지기도 했을
마음이 오는 것이다~그 갈피를
아마 바람은 더듬어볼 수 있을
마음.
내 마음이 그런 바람을 흉내 낸다면
필경 환대가 될 것이다.

출처 : 김용택(2015).

2) 가족 집단의 특성

(1) 가족 규칙

가족 규칙이란 가족 내에 존재하는 여러 가지 규칙을 의미한다. 가족 규칙은 시간을 걸쳐 가족 행동을 제한하는 관계상의 합의로서, 기능적 · 역기능적 규칙을 모두 포함하며, 가족 항상성을 유지하는 기능을 한다. 가족 규칙의 종류로 의식적이고 명백한 '명시적 규칙(explicit rules)'이 있는 반면 무의식적이며 암암리에 이루어지는 '암묵적 규칙(implicit rules)'도 존재한다. 대부분의 규칙은 '…해야만 한다' 혹은 '…하지 말아야 한다'는 유형을 갖고 우리의 행동에 영향을 미치지만, 우리는 규칙의 존재나 기능을 거의 의식하지 못한다. 왜냐하면 이미 그것은 가족이 살아가는 방식의 일부가 되어 버렸기 때문이다(Galvin & Brommel, 2001).

가족의 규칙은 가족원들 간의 약속이다. 다른 가족들은 이해하지 못할 수도 있지만 우리 가족은 지키는 그런 약속이다. 예를 들어, '아버지에게 말대답을 하면 안 된다', '우리 가족은 다른 가족원의 핸드폰을 열고 내용을 보면 절대 안 된다', '어머니는 내가 학교 갈 때 항상 잘 갔다 오라고 안아주신다', '우리 어머니는 꼭 잘 자라고 하면서 안아주시고 잠자리에 든다' 등 다양한 내용들이 있다. 또한 어떤 가족은 교통사고로 세상을 떠난 오빠에 대한 이야기가 나올 것 같으면 가족 모두가 슬픔에 잠기는 바람에 언젠가부터 오빠 이야기는 하지 않는 규칙을 갖게 된 경우도 있다.

사티어에 따르면 대부분의 인간은 비합리적인 규칙에 얽매여 비인간적인 삶을 살고 있으며, 이러한 규칙은 자아존중감에 부정적인 영향을 미친다. 규칙에는 합리적이고 융통성이 있으며 인간적이어서 인간의 성장에 도움이 되는 규칙이 있는 반면, 도움이 되지 않는 규칙도 있다. 부모는 자라면서 자신의 부모에게서 배운 규칙을 현재의 가족에게 사용한다. 그러나 부모는 각기 다른 가정에서 태어나고 자라면서 각자의 가정에서 통용되는 규칙을 배웠고 그 규칙에 익숙해 있으므로 현재 가족에서 자녀를 키울 때는 부부의 규칙이 상치되어 자녀에게 혼란과 갈등을 줄 수도 있다. 어린 자녀가 자랄 때는 규칙을 엄수함으로써 생존이 가능했다. 그러나 성인이 되어서도 비합리적이고, 비현실적이며, 비인간적인 규칙을 준수해야 한다면 이는 성장의 방해물로 작용한다. 그러나 인간은 가족의 규칙에 너무 익숙한 나머지 이 규칙을 자동적으로 참고하거나 사용한다(정문자 외, 2012).

많은 규칙들은 부부의 원가족의 규칙들을 반영하고 있는데, 규칙에 의문이 제기되지 않는 한 그것은 세대에서 세대로 전해진다. 만일 배우자가 상이한 규칙을 지닌 가족에서 자라났다면 새로운 체계가 비교적 안정된 상태에 이를 때까지는 더 많은 노력이 필요하게 된다. 한 개인의 원가족은 의사소통 규칙을 익히는 최초의 출처이고 마침내 새로운 가족체계로 옮겨와 의식적 혹은 무의식적으로 배우자의 규칙과 상호 관련을 맺는다.

가족 규칙(family rule)에서 중요한 개념은 상위 규칙(meta-rule)의 존재다. 상위 규칙은 많은 일반적 규칙 위에 작용하는 규칙을 총괄하는 규칙이다. 이는 가족원이 가족 규칙을 어떻게 유지하고 변화시킬 것인가에 대한 규칙을 의미한다. 역기능적 가족일수록 자신들의 가족 규칙을 어떻게 변화시킬 것인지에 대한 아무런 상위 규칙을 갖고 있지 않다. 경직되고 현상유지의 경향이 강한 가족일수록 가족 규칙을 언급하거나 변경할 수 없다는 강력한 상위 규칙을 가진다(정문자 외, 2012).

가족 규칙 중에서 개인과 가족의 역기능의 원인이 되며 성장에 방해가 되는 것은 수정될 필요가 있다. '엄격한 규칙'을 '가능하면 지키면 좋은 지침'으로 바꾸는 것이다. 또한 가족 구성원들이 함께 규칙을 논의하고 결정하는 과정을 가지는 것도 중요하다. 이렇게 하면 규칙이 강요된 것이 아니라 모두의 의견이 반영된 약속이 되어, 지키려는 의지도 높아진다. 가족 규칙은 유연하고 상황에 맞게 조정될 수 있어야 한다. 너무 엄격하거나 불합리한 규칙은 스트레스와 갈등을 유발할 수 있기 때문이다. 대신 서로를 존중하고 배려하는 원칙을 바탕으로 가족의 행복과 성장을 도와줄 수 있는 방향으로 규칙을 만들어 나가야 한다.

활 동

다음은 대학생 가족이의 상황입니다. 이 상황에서 가족이가 힘들어하는 규칙은 가족이의 성장에도 도움이 되지 않는 것이기에 수정될 필요가 있습니다. 규칙을 지침(제안)으로 바꾸어 가족이가 좀 더 편안하게 가족생활을 하려면 어떻게 수정되는 것이 좋을지 생각해 봅시다.

가족이네 규칙 : 나는 아버지의 말을 꼭 따라야만 한다.

수정된 지침
1단계 : '해야만 한다' → '할 수 있다'로 바꾸기
2단계 : '가끔'을 첨가하여 선택의 폭을 넓히기
3단계 : '~일 때'를 첨가하여 가능성의 폭을 넓히기

1, 2, 3단계를 거쳐서 최종 수정된 지침을 작성해 보십시오.

1단계 : ______________________________

2단계 : ______________________________

3단계 : ______________________________

(2) 가족 경계선

가족원 개인과 하위체계를 둘러싸는 보이지 않는 테두리를 경계선이라고 하는데, 경계선은 직접 보이지 않으나 개인과 하위 체계 간, 또는 가족 간에 허용할 수 있는 접촉의 양과 종류로 파악할 수 있다. 경계선이란 가족 상호작용 과정에 가족 구성원 누군가가 어떤 방식을 참가할 수 있는가에 대한 규칙이다. 그리고 하위체계 간의 역동관계는 이 같은 경계선이 명확한지, 밀착되었는지, 분리되었는지에 따라서 명료한 경계선, 애매한 경계선, 경직된 경계선으로 구별된다. 명료한 경계선을 가진 가족은 정상적인 가족이다. 애매한 경계선을 가진 가족은 가족체계에 참여하는 것에 대한 규칙이 애매하기 때문에, 가족들은 모든 문제에 서로 지나칠 정도로 얽혀서 필요 이상 관여하게 된다. 이러한 가족을 밀착된 가족이라고 부른다. 반대로 경계선이 경직된 가족들은 뿔뿔이 흩어져 버리는데, 이들을 분리된 가족이라고 부른다. 그러나 일반적으로 언급된 3개의 경계선은 가족 내에서 맥락에 따라 적절하게 사용된다. 그런데 어떤 가족의 경계에는 유연성을 상실한 채 가족 간에 밀착된 상태나 분리된 상태를 고수하거나 때로는 양극단을 넘나들기도 한다(김유숙, 2024).

가족 경계는 가족 상호작용 과정에 가족 구성원 누군가가 어떤 방식으로 관여하는지에 대한 규정이며 가족 규칙과 하위체계 간의 관계이다. 가족 경계는 숨겨진 규칙에 의해 결정되고 가족이 서로 얼마나 관여되었는지를 파악하는 개념이며, 가족 구성원 중 누가 누구와 어떤 체계 아래 어떤 식으로 참여하는지를 규정하게 된다. 가족위기 때마다 가족 경계를 점검하는 것은 중요한데, 가족의 개인적 정체감의 강도와 가족의 친밀감의 수준을 알리는 중요한 지표로서 하위체계에 독자성과 기능, 관계의 형태를 보여준다(이현경, 2010). 즉, 경계선은 구성원 간의 친밀 정도, 정보와 에너지, 자원의 교류 정도를 파악할 수 있는 단서가 되는 것으로, 이것이 바로 그 가족의 독특성이 된다.

또한 경계선은 인간의 정체성 확립과 관련된다. 인간은 본질적으로 자율적이고 독립적이고자 하는 욕구를 가지는 한편, 타인과 친밀한 관계를 맺어서 어디에 소속되기를 바라는 욕구를 동시에 갖는다. 이와 같은 개별화와 친밀감 및 소속감에 대한 두 가지 욕구의 적절한 균형과 조화는 개인이나 하위체계의 건강성과 성장에 매우 중요하다. 그러므로 경계선은 개인이나 하위체계 간의 독립과 자율성을 보호하는 기능을 하기도 하며 동시에 구성원 간의 상호교류와 친밀성을 보호하는 기능이 조화를 이루도록 되어야 한다(최규련, 2012).

가족은 시간의 흐름과 같이 움직이는 체계로서 출생, 입양, 결혼에 의해 새로운 구성원이 추가되고 죽음을 통해 체계를 떠난다. 이러한 과정에서 가족의 경계선이 변화하고 하위체계 내의 역할이 끊임없이 재정의된다(McGoldrick et al., 1993). 가족경계선과 밀착 정도는 하위체계 간에 다를 수 있으며, 또한 가족이나 개인의 발달주기에 따라 달라질 수도 있다.

가족 경계는 한 체계와 다른 체계를 구분하는 선으로, 가족 경계는 명확하면서도 융통성이 있는 것이 바람직하다. 가족 경계가 산만한 가족은 규칙이 애매하기 때문에 구성원 간 개입이 지나쳐서 개인의 독립을 보장할 수 없다. 반대로 경계선이 경직된 경우 가족 구성원은 서로 간 정서적 교류가 없고, 응집력이 떨어져서 역기능적일 수 있다. 가족 내 하위체계 사이에서도 나름의 경계가 분명해야 기능적으로 될 수 있다(서혜석 외, 2013).

활 동

다음 내용을 읽어보고 알맞은 경계선을 넣어 봅시다.

보기 애매한 경계선, 명료한 경계선, 경직된 경계선

1. 내가 동생과 싸우고 있는데 엄마는 음악을 크게 틀어 놓고 안방에서 꼼짝도 하지 않는다.
( )
2. 내가 동생과 싸우고 있을 때 엄마가 끼어들어 누가 잘못하고 잘못하지 않았는가 심판을 한다.
( )
3. 내가 동생과 싸우자 엄마는 "너희들이 싸우니 엄마가 참 속상하다. 엄마는 너희들이 사이좋게 지내기를 바라"라고 말씀하셨다.
( )

활 동

다음은 명확환 경계선의 예시입니다. 예시 1, 예시 2를 읽어보고 건강한 경계선에 대해서 토론해 봅시다.

예시 1

함께 있되 거리를 두라!

레바논 태생의 철학자이자 작가인 칼릴 지브란의 〈함께 있되 거리를 두라〉라는 시가 있는데 통섭 경영을 이해하는 데 도움이 될 것 같아 소개한다.

함께 있되 거리를 두라
그래서 하늘 바람이 너희 사이에서 춤추게 하라
서로 사랑하라
그러나 사랑으로 구속하지는 말라
그보다 너희 혼과 혼의 두 언덕 사이에 출렁이는 바다를 놓아두라
서로의 잔을 채워주되 한쪽의 잔만을 마시지 말라
서로의 빵을 주되 한쪽의 빵만을 먹지 말라

함께 노래하고 춤추며 즐거워하되 서로는 혼자 있게 하라
마치 현악기의 줄들이 하나의 음악을 울릴지라도 줄은 서로 혼자이듯이
서로 가슴을 주라. 그러나 서로의 가슴속에 묶어 두지는 말라
오직 큰 생명의 손길만이 너희 가슴을 간직할 수 있다
함께 서 있으라. 그러나 너무 가까이 서 있지는 말라
사원의 기둥들도 서로 떨어져 있고
참나무와 삼나무는 서로의 그늘 속에선 자랄 수 없다

출처 : 최재천(2017).

예시 2

매우 추운 어느 날 밤 고슴도치들은 추위를 피하려고 떼 지어 몰려들었다.
그러나 추위를 피하기 위해 가까이 붙을수록 서로 뾰족한 가시에 찔려 고통스러웠다.
그러나 멀리 떨어지면 견디기 힘든 추위가 엄습했다. 고슴도치들은 붙었다 떨어지기를 여러 번 반복한 끝에 마침내 너무 아프게 찔리지 않으면서도 편안하게 추위를 견딜 수 있는 적당한 거리를 알게 되었다. 이런 거리를 '품위'나 '좋은 매너'라고 부르게 되었다.

출처 : Kerr et al.(1988).

(3) 가족 삼각관계

삼각관계는 가족 내 불안과 긴장을 해소하기 위해 만들어지는 삼인체계의 정서적 역동을 의미하는 것으로, 삼각관계에 가장 중요한 영향을 미치는 것은 불안이다. 만일 관계가 평온하면 오랫동안 안정적 상태를 유지할 수 있지만, 이인관계가 불안정해지면서 불안이 증가하면 긴장을 해소하는 방법으로 삼각관계가 이루어진다(정문자 외, 2012). 즉, 삼각관계는 어떤 두 사람이 자신들의 정서적 문제에 또 다른 한 사람을 끌어들이는 형태를 기술하는 개념이다. 삼각관계를 초래하는 요인은 자아분화[3] 수준과 경험하는 긴장 정도 등이 있다. 즉, 자아분화가 낮고 긴장이 심할수록 삼각관계 현상은 현저하다. 삼각관계의 대상은 사람뿐 아니라 일, 취미, 종교, 술·담배 등의 기호식품, 음식물, 각종 중독이 모두 해당된다.

3 정신 내적인 개념인 동시에 대인관계적 개념으로 사고와 정서를 분리시킬 수 있는 능력을 말한다.

가장 일반적인 예로는 부부갈등이 있을 때, 자녀와 연합하여 삼각관계를 형성하는 경우이다. |그림 2-1|을 보면, 부부갈등으로 인해 생긴 긴장감을 해소하기 위해, 불안을 더 많이 느낀 어머니는 딸과 연합을 시도한다(1). 그 결과 딸은 어머니와 정서적 밀착을 보이게 되어 어머니와 갈등관계에 있는 아버지와 갈등관계가 됨으로써, 부부갈등은 잠시 소강상태가 되고 부부간 긴장과 불안도 감소하게 된다(2)(김순옥 외, 2012).

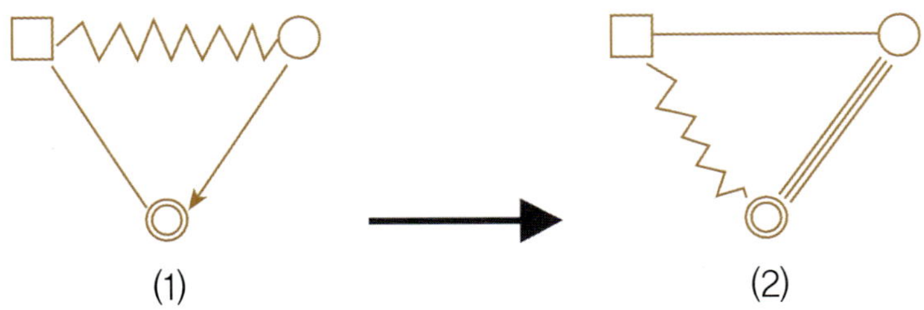

|그림 2-1| 삼각관계 도식

출처 : 김순옥 외(2012).

|그림 2-2|를 살펴보면, 첫 번째 이인관계는 안정된 관계를 보여주는 것이며, 두 번째 그림은 긴장된 이인이 불안을 덜기 위해 관계에서 불편함을 더 많이 느끼는 A(아버지)가 제삼자인 C(아들)를 끌어들이는 과정이다. 세 번째 그림은 삼각관계의 결과로 이인관계의 갈등이 B(어머니)와 C(아들)의 관계로 이동한 것을 볼 수 있으며, 그 결과 A(아버지)와 B(어머니)의 관계는 편해진다.

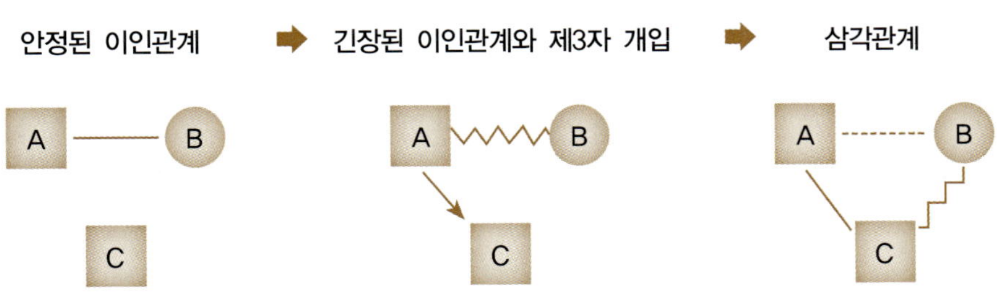

|그림 2-2| 삼각관계 형성과정

출처 : Kerr, M. E., & Bowen, M.(2005).

|그림 2-3|은 한부모 가족의 아들과 그의 외할머니, 그리고 반려견 간의 삼각관계를 볼 수 있다. 즉, 삼각관계는 사람뿐만 아니라 텔레비전이나 반려동물 등이 개입될 수도 있다.

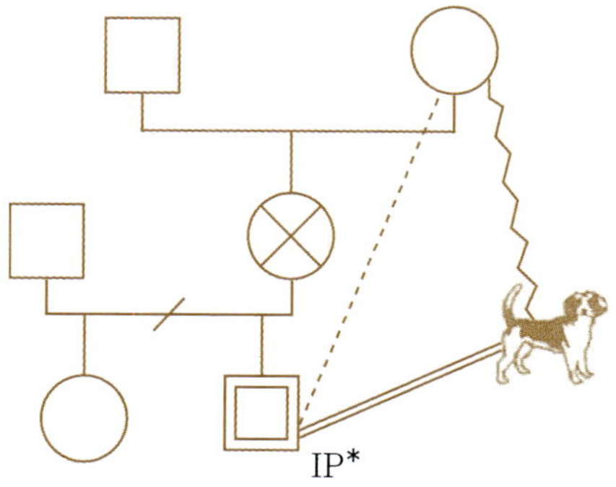

|그림 2-3| 강아지와의 삼각관계

*IP(Identified Patient) : 지목된 내담자로서 가족 중에 문제 증상을 보이는 사람

출처 : McGoldrick, M. et al.(2005).

활 동

우리 가족 내 삼각관계 탐색하기

1. 가족 내에서 있었던 중요한 사건을 떠올려 간단히 기술해 보십시오. 그리고 그때에 개입했던 사람들과 당신의 역할을 찾아보십시오. 갈등 관계에 있는 두 사람 사이에서 중재를 하거나 희생당하는 사람이 있는지 찾아보십시오. 그런 상황에서 여러분은 어떤 역할을 합니까? 아니면 방관자입니까?

2. 위의 작업을 통해 여러분은 어떤 삼각관계에 연루되어 있고 여러분의 역할은 주로 어떤 것인지 알 수 있습니까? 현재의 인간관계에서도 그런 역할이 반복되고 있습니까?

(4) 가족 항상성

항상성은 원래 생물체가 몸을 안정적인 상태로 균형을 유지하려는 작용 또는 성장을 의미한다. 가족체계 역시 다른 생명체와 마찬가지로 끊임없이 변화하는 가족 내·외의 환경에 적응하면서 일관성을 유지하고자 하는 기능을 갖는다.

가족이 어떤 상황에서도 안정성을 유지하려는 속성을 의미하며, 항상성은 가족 내에서 발전시킨 상호작용 유형에 의해 지속된다. 가족 항상성의 개념은 생물학과 체계이론에서 차용한 것으로, 가족이란 내적 기능의 상대적 항상성을 유지하는 동질적 정체단위라고 보았다. 이와 같이 변화에 저항하는 단위로서의 가족을 보는 것이 가족 항상성 개념이다(서혜석 외, 2013).

가족은 서로 영향을 미치면서 전체로서 일정한 모습(항상성)을 유지하려는 경향이 있다. 상담 시 변화하려 하지 않고 저항하는 이유가 여기에 있다. 문제 있는 가족일수록 항상성이 강해 변화하려고 하지 않고 익숙한 대로 하려고 한다. 건강한 가족은 새로운 항상성을 계속 유지하면서 성장을 한다(최규련, 2012).

즉, 가족 항상성이란 가족 기능을 유지하려고 하는 것을 말한다. 그것이 순기능이든 역기능이든 가족은 원래 유지하던 기능, 분위기, 역동, 관계를 항상 유지하려고 한다. 이는 오랜 시간 굳어진 것으로 가족 구성원들은 이를 편하게 생각한다.

가족이 항상성 상태를 유지하려는 노력이 모든 가족 성원에게 언제나 최선의 이익을 제공하는 것은 아니다. 왜냐하면 때로는 가족이 정서적인 균형을 유지하기 위해 어떤 가족 성원에게 해가 되는 역할을 유지하게 함으로써 체계에 원치 않는 변화가 생기는 것을 막으려고 노력할 수도 있기 때문이다.

다음은 가족 항상성으로 설명할 수 있는 가족 이야기들이다.

가족 항상성 예시

예시 1

어머니의 우울한 상태가 가족의 현상을 유지시키는 작용을 하는데, 자녀의 가출행동 후에 어머니의 우울증상행동이 나타나고, 자녀는 어머니를 돌보기 위해 가출행동을 멈추고 어머니의 증상에 관심을 가지게 되는데, 이때 환자의 증상이 가족의 안정을 유지시켜 주는 것이다(서혜석 외, 2013).

예시 2

대학생인 한성공 씨는 아버지의 말에 순종하지 않으면 가족에서 큰 소리가 나고 누구보다도 어머니가 힘들어하시는 모습을 보게 되기 때문에 되도록 아버지의 비위를 맞추기 위해 노력한다. 이제 자신도 대학생 성인인데 귀가 시간, 진로 문제 등으로 너무 간섭하시는 아버지 때문에 힘들고 화가 나서 아버지에게 내 주장을 강하게 하였더니 그 이후로 아버지가 더 강압적으로 나오셔서 한성공 씨는 집안에 더 큰 소리가 나고 어머니가 더 힘들어하실까 봐 다시 예전처럼 아버지의 비위를 맞추며 참기로 했다.

예시 3

5살 여아 부모가 아이가 커도 계속 변함없이 보호하고 돌보는 경우, 즉 돌봄의 수준이 변함없어서 어떤 상태를 유지하려는 상황에서는 아이가 심리적으로 성장하지 못한다. 그 집의 항상성은 유지되나 어떤 구성원은 증상을 가진 지적된 환자가 될 수 있다(예 35세가 되어도 독립하지 못함).

예시 4

부부하위체계가 악화되어 균형이 깨어지려고 할 때 어린 자녀가 갑자기 아픔(희생양)으로써 그들의 관계를 유지시킨다(예 청소년 자녀의 가출). 안정성을 추구하는 힘과 성장하려는 힘이 같이 존재해야 하고, 그것이 균형을 이루어야 한다.

3) 새로 쓰는 가족 이야기

가족은 대부분의 사람들에게 행복한 사회를 위한 출발점으로 여겨진다. 그러나 최근 출산율 저하, 급속한 고령화, 높은 이혼율과 그로 인한 가족 해체 등 사회적 변화와 도전이 지속되면서 다양한 형태의 새로운 가족들이 출현하고 있다.

무자녀 가족, 한부모 가족, 조손 가족, 다문화 가족, 동거 가족 등 현대사회에서는 과거와는 다른 형태의 가족들이 등장하며, 이들은 각기 다른 문제와 도전에 직면하고 있다. 이러한 변화는 가족의 의미를 재정립하게 만들며, 가족이 어떻게 안정적으로 유지되고 문제를 해결하며 살아갈 수 있을지 고민하게 한다.

이에 따라 가족생활교육의 필요성이 더욱 커지고 있으며 가족생활교육은 가족 구성원들이 서로의 역할을 이해하고 소통 능력을 기르도록 돕는다. 또한 가족 내 갈등을 예방하고 해결하는 방법을 교육하며, 다양한 가족 형태에 맞춘 지원과 해결책을 제시한다.

활 동

가족이란 나에게 어떤 의미가 있으며, 내가 정의하는 가족이란 무엇인가요?

가족은 ㅇㅇㅇ이다.
사랑은 ㅇㅇㅇ이다.
부부는 ㅇㅇㅇ이다.
형제자매는 ㅇㅇㅇ이다.
자녀는 ㅇㅇㅇ이다.

활동 예시

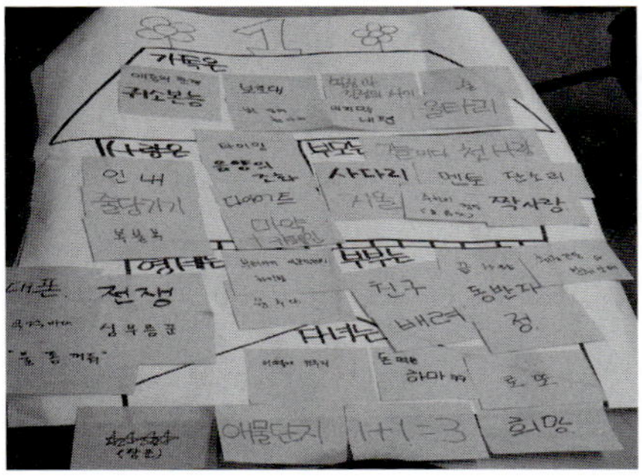

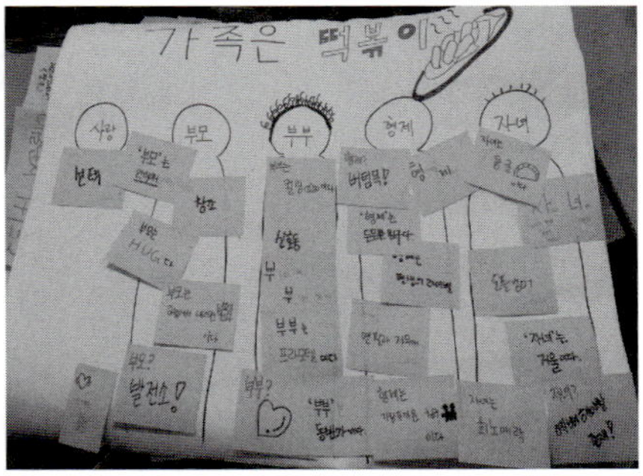

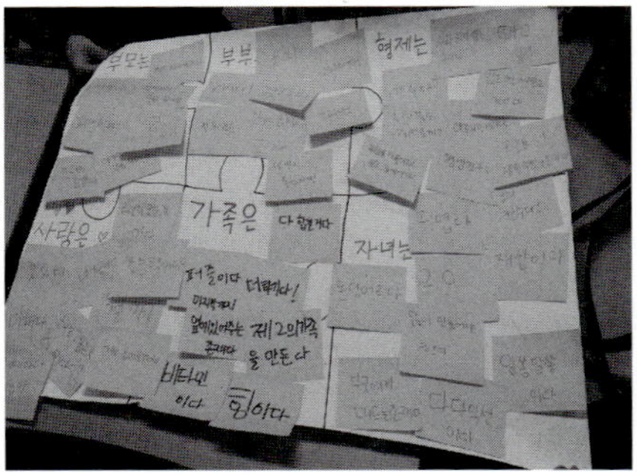

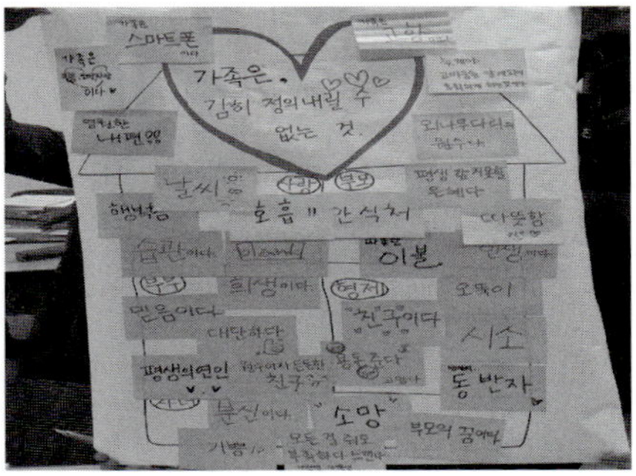

출처 : 창원대학교 가족생활교육 수업활동 자료.

활 동

다음 글을 읽고 가족에 대해 어떤 생각이 드는지 토론해 봅시다.

초등학교 5학년 교실에서 선생님이 수업시간에 질문을 하였다. "가족이란 무엇일까요?" 학생들은 가족이 뭔지 생각을 하고 있었다. 그중에 한 학생이 "필통이요"라고 하였다. 왜 필통이라고 생각하느냐고 선생님이 물어보자, 학생은 이렇게 답변하였다.
"필통에 1년이 되어도 안 쓰는 연필, 자, 칼, 볼펜 등 있는데 꼭 넣어서 가지고 다니게 돼요. 언제 쓸지 모르고 없으면 불안하기도 하고요."

2. 가족 안에서의 관계들

1) 평등한 부부관계

최근 저출산과 고령화 등 급변하는 사회환경 속에서 발생하는 다양한 문제들을 해결하기 위해 양성평등의 가치가 더욱 중요해지고 있다. 현대사회에서는 여성의 경제활동과 사회참여가 크게 증가하였으며, 남성과 여성 모두 직장에서 능력을 발휘하려는 의지가 높아지고 있다. 이에 따라 가족 내 역할도 변화하고 있다. 과거 산업화 시대에는 부부의 역할이 고정적이었지만, 현대사회에서는 맞벌이, 역할 공유 등 양성평등한 역할 수행이 보편화되고 있다.

이러한 변화는 가족의 의사결정 방식과 권력 구조에도 영향을 미쳤다. 기존의 남성 중심적이고 가부장적인 권력 독점이 약화되면서, 가족 구성원 간의 관계는 더욱 민주적이고 수평적으로 변화하고 있으며, 의사소통과 역할 분담 측면에서도 남녀를 동등하게 존중하는 문화가 확산되고 있다.

양성평등(gender equality)이란 특정 성별에 대해 고정관념이나 차별적 태도를 갖지 않고, 생물학적 차이를 사회문화적 차이로 연결하지 않으며 남녀 모두 동등한 존엄과 권리를 누리는 것을 의미한다(박재범, 2020). 즉, 양성평등은 남성과 여성이 성별을 이유로 차별받지 않고 평등하게 대우받는 것을 의미하며, 서로의 차이를 인정하고 배려하는 것이다. 이러한 양성평등의 실현은 개인의 성장을 촉진할 뿐만 아니라 가족 내 갈등을 줄이고, 사회 전체의 건강한 발전을 이끄는 핵심 요소라 할 수 있다.

성평등 의식(gender egalitarianism)은 사회와 역사를 통해 형성된 성에 대한 평등한 사고를 의미한다(이찬민 · 유계숙, 2024). 개인의 성평등 의식은 가정환경과 부모의 가치관에 큰 영향을 받는다. 성역할은 자연스럽게 만들어지는 것이 아니라 성장 과정에서 경험한 환경과 사회문화적 요인에 의해 학습되기 때문이다.

특히 성역할 고정관념은 가족 내에서 무의식적으로 형성될 수 있으며, 사회적 편견이나 불평등한 정보가 이를 강화하기도 한다. 따라서 부모의 양육 방식과 가정환경은 자녀의 양성평등 의식 형성에 중요한 역할을 한다.

평등한 부부관계는 건강한 가정을 만드는 중요한 요소이다. 부부가 권력, 의사결정, 가사노동, 경제적 책임, 자녀 양육을 함께 나눌 때, 부부관계는 더욱 균형을 이루고 결혼생활의 만족도도 높아진다. 이러한 관계에서는 서로를 존중하며 책임을 공유하고, 합리적 의사결정을 통해 갈등을 줄일 수 있다.

평등한 부부관계를 유지하기 위해서는 다음과 같은 노력이 필요하다.

- 서로에게 관심을 보이며, 행복해 한다.
- 서로의 성장과 행복을 위해 책임을 다하며, 서로를 비난하지 않는다.
- 두 사람이 함께 결정을 내리므로, 한 사람이 내리는 결정보다 합리적인 결정을 내릴 수 있다.

부부는 결혼생활에서 자신들이 수행해야 할 역할을 사회 문화적 압력에 의해서가 아니라 개인의 능력과 자질에 따라서 선택해야 한다. 부부가 관계를 개방적이고 평등하게 유지하는 것은 매우 어려운 일이지만, 그것을 이루기 위해 함께 노력하는 것은 자신이나 가족 모두를 위해서 매우 가치 있는 일이다(Olson et al., 2007).

즉, 평등한 부부는 각자 자신들이 원하는 것, 자신들이 편안하게 할 수 있는 것, 자신들이 잘하는 것을 하며, 그리고 함께 협상하여 융통성 있게 역할을 수행한다.

평등한 부부관계는 가족 내 성평등을 실천하는 출발점이며, 이는 건강한 가정과 사회를 만드는 데 중요한 기반이 된다. 서로의 차이를 인정하고 협력하는 노력을 통해 가족 구성원 모두가 행복하고 조화로운 관계를 형성할 수 있다.

활 동

다음 초성을 맞춰보면서 가족생활교육의 방향을 생각해 보세요.

ㅍㄷㅎㅂㅂㄱㄱ ➜

ㄷㅇㅎㄱㅈ ➜

ㄱㄱㄱㅈ ➜

정답 : 평등한 부부관계, 다양한 가족, 건강가족

2) 통하는 부모-자녀 관계

부모–자녀 간 의사소통은 영원한 숙제이다. 의사소통이 잘 되기도 하고 안 되기도 하며 서로를 이해하는 데 많은 어려움이 있다. 일반적으로 자녀의 청소년기는 부모가 갱년기에 있는 시기이기도 한다. 갱년기가 사춘기를 이긴다고 할 정도로 부모의 갱년기는 사춘기보다 힘든 시기이다. 따라서 이 시기에는 의사소통이 원활하게 진행이 되지 않기 마련이다.

청소년기본법(2024) 제3조(정의)[4]에서 "청소년"이란 9세 이상 24세 이하인 사람을

4 시행 2024. 3. 26., 법률 제20420호

말한다. 청소년기는 신체적 변화와 생리적 성장이 이루어지는 시기일 뿐만 아니라 정신적, 정서적, 지적, 사회적 성숙 등 다양한 변화와 발달이 일어나는 시기이다. 청소년기에는 발달상의 급격한 변화에 대한 적응이 필요할 뿐 아니라 최근의 사회적 변화에 적절하게 대처할 수 있는 능력이 필요하다. 이 시기는 미래에 대한 불안과 과중한 학업 부담 등으로 정서적·사회적으로 불안을 경험하기도 하여 예민한 시기라고 할 수 있다.

이러한 청소년들이 사회에 잘 적응하고 살아가기 위해서는 가정환경 및 부모의 양육행동이 중요한 요소가 되기도 한다. 이를 극복하기 위하여 현대사회는 가족생활교육 중 하나인 부모교육을 실시하고 있으나 자녀가 어릴 때는 적극적으로 참여하다가 청소년기 후반으로 갈수록 부모들이 자녀의 학업에 집중을 하거나, 자신들의 바쁜 일정으로 인하여 소홀해지는 경향이 있다. 부모-자녀 상호 간의 원활한 의사소통이 가능해질 때 가족의 유대감이 강화되는데, 이는 가족관계의 유대 증진, 삶의 질적인 향상, 청소년 비행의 감소, 학습기회 증가, 가족 간 의사소통 증진 등의 긍정적인 측면이 있으므로 가족생활교육, 즉 부모교육은 필요하다.

청소년기에 부모와의 의사소통이 중요함은 다양한 연구를 통해서 알 수 있다. 대학생의 부모-자녀 의사소통 정도와 가족탄력성의 관계에서는 부모-자녀 간의 대화시간이 길어질수록 긍정적인 의사소통을 하며, 가족탄력성[5]이 높다(윤숙자 외, 2013). 또한 대학생을 대상으로 부모-자녀 간 의사소통 유형과 행복이 창의적 인성에 미치는 영향은 부모의 의사소통이 개방적일 때, 즉 부모와 자녀 간 신뢰, 지지, 수용, 공감할 때 자녀의 창의적 인성에 긍정적인 영향을 미친다(이병임 외, 2017). 대학생의 부모-자녀 의사소통이 자아존중감과 정서지능을 매개로 대인관계 유능성에 미치는 경로를 살펴본 결과(최은정 외, 2020), 가정 내 의사소통이 긍정적이며 원만한 대인관계의 형성을 위해 중요하다는 사실을 확인할 수 있다. 대학생이 지각한 부모와의 의사소통(개방형, 폐쇄형)이 대인관계 유능성에 미치는 영향에서는, 대학생 자녀가 지각한 부모의 개방형 의사소통은 각각 자기효능감과 대인관계 유능성에 긍정적인 영향을 미친다(이보라 외, 2024).

5 가족이 당면한 위기나 고통을 회피하지 않고 정확하게 인식하면서 그 역경을 관리하고 대응하는 가족의 내적인 힘

이러한 연구결과를 보면 부모–자녀 간 효과적인 의사소통, 긍정적 정서와 자존감을 높일 수 있는 내용을 포함하는 부모교육 프로그램, 즉 가족생활교육의 개발 및 적용이 필요함을 알 수 있다. 또한 가족의 건강성, 부모와의 의사소통, 부모와의 바람직한 관계가 자녀들에게 많은 영향을 미침을 알 수 있다.

다음은 의사소통에 관련된 내용들이다. 부모–자녀 간 의사소통을 할 때 의사소통의 3요소를 적용하고, 공감을 하고, 나–전달법을 사용한다면 관계가 안정되고 가족 간의 역할 수행에도 많은 도움이 된다.

(1) 의사소통의 3요소 : 메러비언의 법칙

인간의 감정과 태도는 말의 내용보다 목소리의 톤이나 몸짓과 같은 비언어적 요소를 통해 더 많이 전달된다. 메러비언(Mehrabian, 1972; 1981)은 면대면 의사소통을 이루는 세 가지 핵심 요소로 언어(Verbal : Words), 목소리(Vocal : Tone of voice), 몸짓(Visual : Body language)을 꼽았다. 연구에 따르면 사람들은 대화를 나눌 때 상대의 감정을 이해하는 데 있어 몸짓이 55%, 목소리가 38%, 말의 내용이 7% 정도의 비중을 차지한다고 한다. 이는 얼굴 표정과 몸짓이 의사소통에서 가장 큰 영향을 주고, 그 다음이 목소리이며, 말의 내용은 상대적으로 적은 영향을 미친다는 의미이다.

이와 같은 비언어적 의사소통의 중요성은 부모와 자녀 간의 관계에서도 두드러진다. 최근 많은 가정에서 부모와 자녀가 한 공간에 있으면서도 각자 스마트폰이나 다른 일에 집중하는 모습이 흔히 나타난다. 대화를 나누지 않고 서로의 얼굴을 보지 않는 상황에서는 상대의 감정을 파악하기 어렵고, 비언어적 신호들이 무시되기 쉽다. 이러한 의사소통의 부재는 가족 간의 오해를 불러일으키고 감정적 거리감을 만들며 관계를 소원하게 할 수 있다.

건강한 부모와 자녀의 의사소통을 위해서는 상대방의 얼굴을 마주하고 감정을 살피는 것이 중요하다. 얼굴 표정과 눈빛, 그리고 목소리의 미세한 변화에 주의를 기울이면 상대방의 감정이나 의도를 더 잘 이해할 수 있다. 또한 대화 중 상대방의 말을 경청하며 온전히 집중하는 태도가 필요하다. 단순한 고개 끄덕임이나 미소 같은 작은 비언어적 신호들도 상대방에게 공감과 이해를 전달하는 강력한 도구가 될 수 있다. 결국, 부모와 자녀가 서로에게 마음을 열고 의사소통을 시도하려는 노력은 비언어적 요소와 언어적 요소를 균형 있게 활용할 때 더욱 효과적이다. 표정, 몸짓, 목소리를 바탕으로 감정을 읽고 표현하는 과정을 통해 가족 간의 신뢰와 유대감을 강화할 수 있으며, 이는 건강한 가족 관계를 유지하는 기반이 된다.

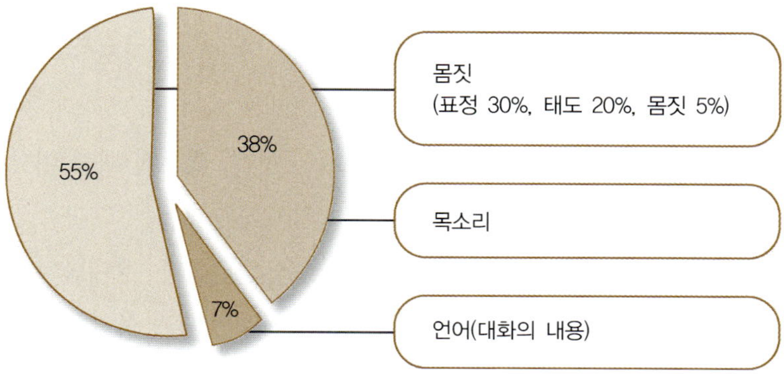

|그림 2-4| 의사소통의 3요소 : 메러비언의 법칙(The Law of Mehrabian)

출처 : Mehrabian, A.(1981).

(2) 공감

공감은 자녀의 경험, 감정, 생각을 이해하고 이를 받아들이려는 태도를 의미한다. 부모가 공감을 표현하는 방법에는 신체적, 음성적, 언어적 방법이 있다. 신체적으로는 자녀의 말을 들으며 고개를 끄덕이는 행동이 공감을 나타내는 좋은 표현이 된다. 음성적으로는 "네~", "음~"과 같은 짧은 반응을 통해 자녀에게 경청하고 있다는 메시지를 전달할 수 있다. 또한 언어적으로는 자녀가 한 말을 반복해 주거나 감정을 대신 표현해 주는 것이 중요하다. 예를 들어, "그랬구나", "힘들었겠네"와 같은 말을 통해 자녀의 감정을 인정해 주고 이해하려는 태도를 보일 수 있다.

이러한 공감의 표현은 자녀가 자신이 이해받고 있다는 느낌을 갖게 하며, 부모에 대한 신뢰를 형성하게 한다. 결과적으로 자녀는 자신의 감정과 생각을 더욱 깊이 있게 부모에게 표현하고 마음을 개방하게 된다. 공감은 단순한 반응을 넘어 자녀와의 소통을 강화하고 건강한 관계를 유지하는 핵심적인 역할을 한다.

(3) 나-전달법(I-message)

나-전달법(I-message)은 다른 사람의 행동을 비난하거나 평가하지 않고, 자신의 감정과 경험을 중심으로 표현하는 의사소통 방법이다. 이를 통해 상대방이 방어적 태도를 취하지 않게 하며, 서로를 더 잘 이해하고 관계를 개선하는 데 도움이 된다. 특히 부모가 나-전달법을 사용하면 자신을 솔직하게 표현하면서도 자녀가 정직하게 마음을 열도록 격려할 수 있다.

나-전달법은 세 가지 구성 요소로 이루어진다. 첫째, 행동에 대해 이야기한다. 자녀의 수용하기 어려운 행동을 비난하거나 해석하지 않고, 있는 그대로 사실만을 표현한다. 둘째, 그 행동이 구체적으로 미치는 영향을 설명한다. 상대방의 행동이 자신에게 어떤 결과를 가져오는지 구체적이고 명확하게 전달하는 것이다. 끝으로, 그 상황에서 느끼는 감정이나 느낌을 솔직하게 표현한다. 자신의 감정을 직접 이야기함으로써 상대방이 더 공감하고 이해할 수 있게 된다. 예를 들어, 자녀가 숙제를 미루고 놀기만 할 때 나-전달법을 사용하면 다음과 같다. "네가 숙제를 하지 않고 계속 놀고 있을 때(행동), 나는 네가 학교에서 혼날까 봐 걱정이 돼(감정). 그러면 나도 마음이 불안하고 불편하단다(구체적 영향)." 이처럼 나-전달법은 비난이나 평가를 최소화하고, 자신의 감정을 진솔하게 표현함으로써 자녀와의 소통을 부드럽게 하고 신뢰를 쌓는 데 기여한다. 나아가 자녀가 자신의 감정을 솔직하게 표현할 용기를 가질 수 있도록 돕는다.

활 동

의사소통을 할 때 상대방을 배려하는지, 의사소통 기술이 있는지에 따라서 결과(관계)가 달라집니다. 다음과 같은 상황에서 어떤 결과가 생기는지 생각해 봅시다.

배려	+	의사소통 기술	=	어떻게 될까요? (결과)
×(배려를 하지 않음)		×(의사소통 기술이 없음)		
○(배려를 함)		×(의사소통 기술이 없음)		
×(배려를 하지 않음)		○(의사소통 기술이 있음)		
○(배려를 함)		○(의사소통 기술이 있음)		

정답 : 언어적 폭력, 오해가 발생하기 쉬움, 상대방을 조정, 효과적인 의사소통

활 동

2인 1조가 되어 상대방의 이야기를 잘 듣고 게임을 해보세요. 게임을 하고 난 후에 소감을 이야기 나누어 봅시다.

- 2인 1조로 색종이를 각각 1장씩 들고 등을 맞댄 상태에서 한 사람은 말하는 역할을 하고, 한 사람은 듣는 역할을 한다.
- 말을 하는 사람은 듣는 사람에게 색종이를 4번을 접고, 4번을 찢도록 자유롭게 말을 한다.
- 듣는 사람은 잘 이해하지 못하였을 경우, 등을 맞댄 상태에서 뒤를 돌아보지 않고 정확하게 이해했는지 말을 한 사람에게 질문할 수 있다.
- 두 사람은 말을 한 사람의 말대로 4번을 접고 4번을 찢은 후에 게임이 끝나면 서로 마주 보고 색종이가 같은 모양이 되었는지 확인한다.

3) 가족발달에 따른 바람직한 관계

가족발달(family development)은 개인이 독립하여 가족을 형성하고, 자녀를 출산하고 양육하며, 자녀가 다시 독립해 새로운 가족을 이루기까지의 과정을 의미한다. 이는

세대 간에 반복되며, 가족은 이러한 과정 속에서 다양한 환경에 적응하고 변화를 겪는다(서혜석, 2013).

인간이 성장하며 각 단계마다 발달과업을 가지는 것처럼, 가족도 일정한 발달 단계를 거친다. 이러한 단계를 시간의 흐름에 따라 묘사하는 용어가 바로 가족생활주기이다(McGoldrick et al., 2015). 가족생활주기의 특정 단계에서 발생한 문제나 과제가 해결되지 않으면 다음 단계로의 이행이 어려워질 수 있으며 가족 전체에 스트레스나 갈등이 발생하기도 한다.

삶의 주기는 순서가 존재하지만 고정된 것이 아니라 지속적으로 변화하는 과정이다. 가족은 안정된 시기와 변화가 필요한 시기를 반복적으로 경험하며 발전해 나간다. 예를 들어, 자녀가 유치원에 입학하거나 사춘기에 접어들 때, 자녀는 새로운 환경에 적응해야 하고 가족 구성원들도 이에 맞게 재적응해야 한다. 이러한 발달의 전환기는 단순히 자녀에게만 영향을 미치는 것이 아니라 부모를 비롯한 가족 전체에 변화를 가져온다.

한 세대의 변화는 다른 세대의 적응에도 영향을 미칠 수 있다. 예를 들어, 아버지가 중년의 위기를 겪는 시기와 자녀의 독립 욕구가 충돌하는 상황이 발생할 수 있다. 중년의 아버지는 직장에서의 역할에서 벗어나 가족과 더 많은 시간을 보내고자 하지만, 이 시기의 자녀는 가족으로부터 독립하려는 욕구를 강하게 느끼게 된다. 이처럼 부모와 자녀 간의 발달과업이나 환경 변화는 서로의 기대와 갈등을 초래할 수 있다.

가족은 평탄하고 점진적인 발달만 경험하는 것이 아니라 때로는 비연속적이고 급격한 변화를 겪기도 한다. 이러한 변화는 가족 내 스트레스의 원인이 될 수 있지만, 동시에 가족 구성원들이 새로운 상황에 적응하고 성장할 수 있는 기회이기도 하다. 가족생활주기는 가족의 성장과 변화를 설명하는 틀이며, 각 단계에서의 과업과 적응은 가족 전체의 발달에 중요한 역할을 한다. 가족이 각 단계에서 발생하는 도전과 전환에 성공적으로 적응할 때, 가족 구성원 모두는 더욱 건강하고 안정된 관계를 유지할 수 있다. 〈표 2-2〉는 가족생활주기의 단계별 주요 원칙과 가족지위의 변화에 대한 내용이다(김영애 외, 2009).

〈표 2-2〉 가족생활주기의 단계

가족생활주기의 단계	전환기의 정서적 과정 : 주요 원칙	발달적으로 필요한 가족지위의 이차적인 변화
가정을 떠남 : 미혼의 젊은 성인	자신에 대한 정서적, 경제적 책임을 수용함	• 원가족의 관계에서 자신을 분화 • 친밀한 동료관계의 발전 • 일과 경제적인 독립에서 자신을 확인
결혼으로 가족에 연합 : 새로운 부부	새로운 체계에 헌신	• 부부관계의 형성 • 대가족과 친구가 배우자를 수용하도록 관계를 재편성
어린 자녀가 있는 가족	체계에 새 구성원을 수용	• 부부체계가 자녀를 받아들이기 위해 적응 • 자녀 양육, 경제, 가사업무를 위해 연합 • 부모와 조부모 역할을 위해 대가족과의 관계를 재조정
청소년 자녀를 둔 가족	자녀의 독립성과 조부모의 노약함을 고려해 가족경계의 융통성을 증가	• 청소년이 체계 안과 밖에서 생활하는 것을 허용하는 부모-자녀 관계로 변화 • 중년 부부와 직업 문제에 다시 초점을 둠 • 노인 세대를 돌보는 변화를 시작
자녀를 떠나 보내기	가족체계로부터 나가고 들어오는 것을 수용	• 부부체계를 두 사람 관계로 재타협 • 성인 자녀와의 관계를 성인 대 성인의 관계로 발전 • 인척과 손자녀를 포함하는 관계의 재조절 • 부모/조부모의 장애와 사망에 대처
말년의 가족	세대 간의 역할 변화를 수용	• 심리적으로 약해지는 단계에서 자신/부부의 기능과 관심의 유지, 가족과 사회의 새로운 역할을 탐색 • 중간 세대가 좀 더 중심적인 역할을 하도록 지지 • 노인의 지혜와 경험을 존중 : 지나치게 관여하지 않으며 노인 세대를 지지 • 배우자, 형제, 친구의 죽음을 다루며 사망을 준비

출처 : 김영애 외 공역(2009).

다양한 가족은 〈표 2-2〉 가족생활주기 단계와 다른 주기를 거친다. 이혼을 하게 되면 부부로서의 관계는 종료되지만, 부모로서의 역할은 지속되어야 한다. 이혼한 부부는 자녀가 있을 경우 새로운 가족 형태로 변화하게 된다. 한 배우자는 1인 가구가 되고, 다른 배우자는 한부모 가족이 되어 자녀를 양육하게 된다. 이혼은 가족 구조에 큰 변화를 가져오며, 이에 따라 가족생활주기도 새롭게 재구성된다.

가족생활주기에서 중요한 것은 각 단계에서 요구되는 발달과업을 잘 수행하는 것이다. 이러한 과업을 성공적으로 해결하고 다음 단계로 넘어간다면 가족 내 갈등과 스트레스는 줄어들고 문제해결 능력은 향상될 수 있다. 그러나 다양한 가족 형태가 등장한 현대사회에서는 기존의 가족보다 더 많은 과업과 도전이 주어진다. 특히 이혼의 경우, 새로운 단계마다 바람직한 관계를 유지하기 위해 부모와 자녀 모두가 끊임없이 노력해야 한다. 가족유형에 상관없이 각 단계에서 적절한 역할을 수행하고 원만한 관계를 유지하는 것이 중요하다. 이를 통해 가족 구성원들은 변화하는 환경에 적응하며 더욱 건강하고 안정된 가족생활을 이어나갈 수 있다.

활 동

가족생활주기에 따른 건강한(바람직) 관계와 건강하지 않은(불균형) 관계를 팀별로 토의하고 관계선으로 나타내 봅시다.

관계선

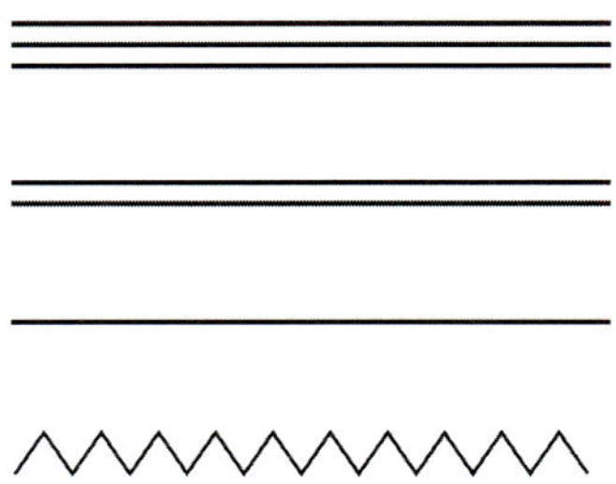

밀착된 관계

친밀한 관계(건강한 관계)

소원한 관계

갈등

신혼기의 가족관계

바람직(균형)	불균형
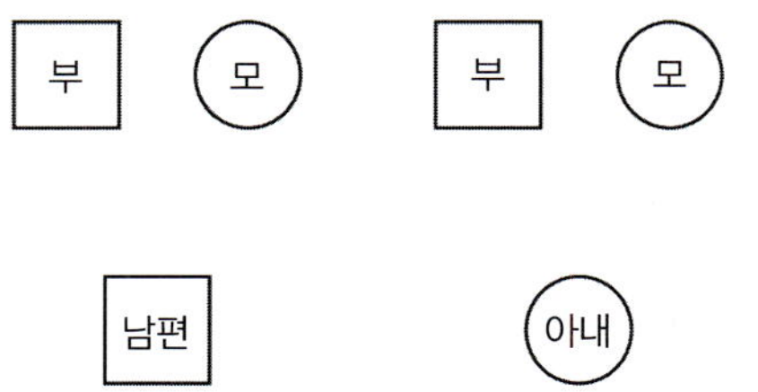	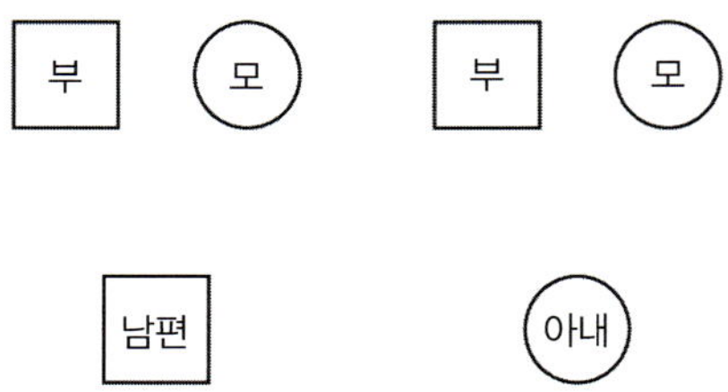

출산기 가족의 가족관계

바람직(균형)

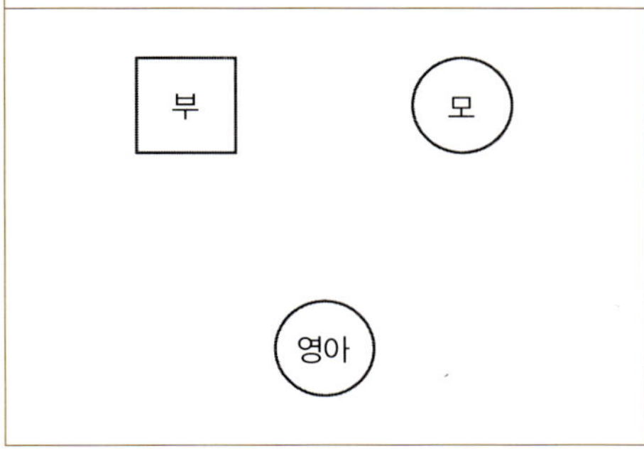

불균형

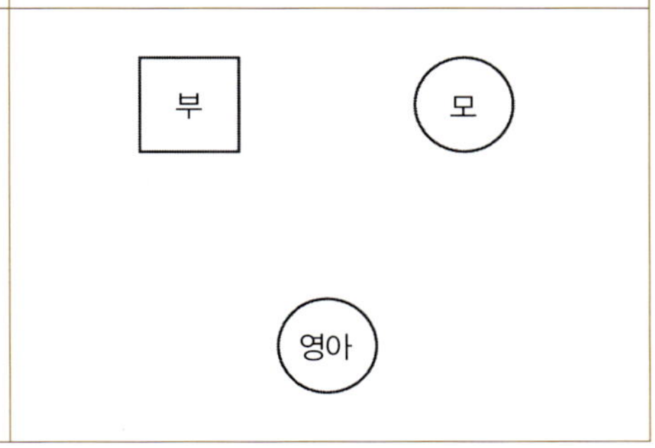

학령기 전기 가족의 가족관계

바람직(균형)

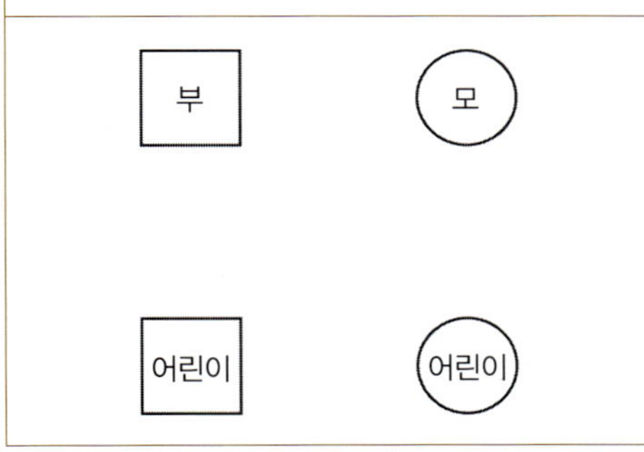

불균형

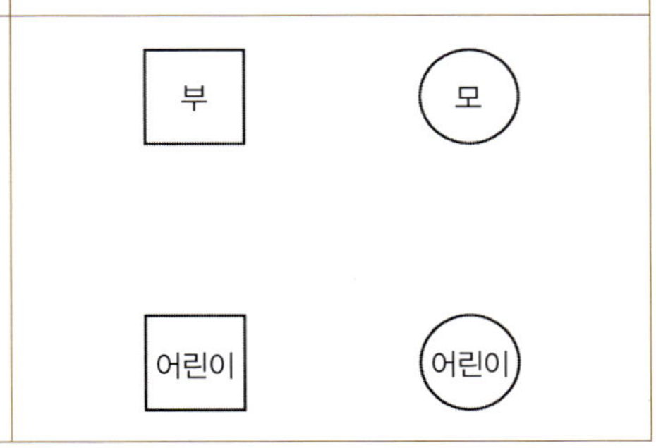

10대 가족의 가족관계

바람직(균형)

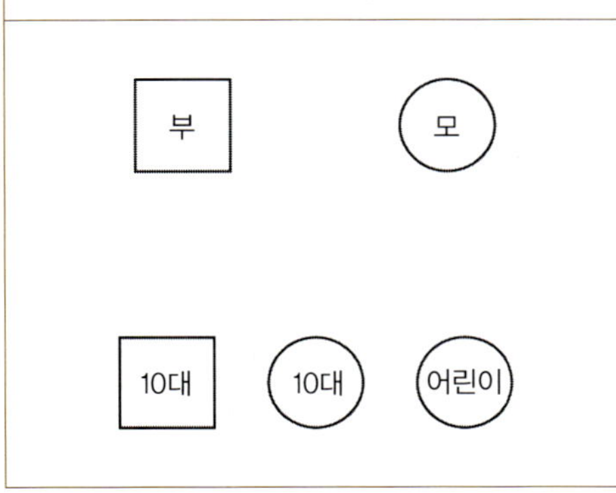

불균형

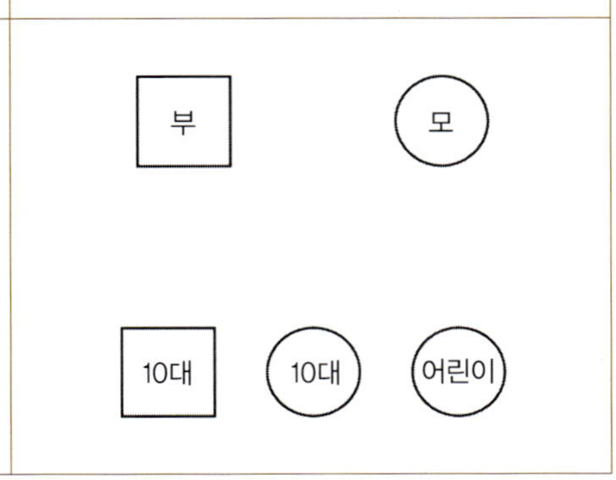

진수기 가족의 가족관계

바람직(균형)

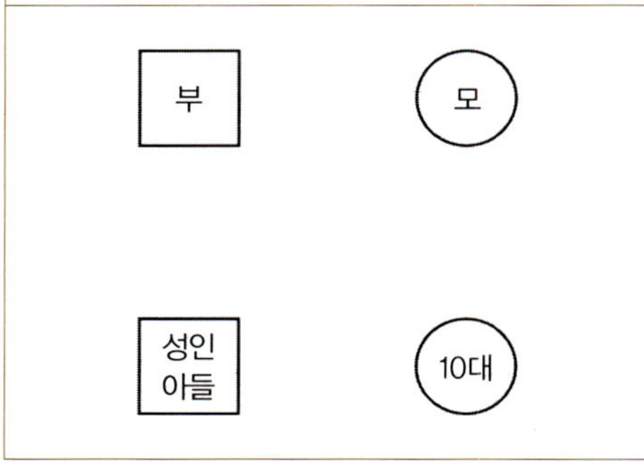

불균형

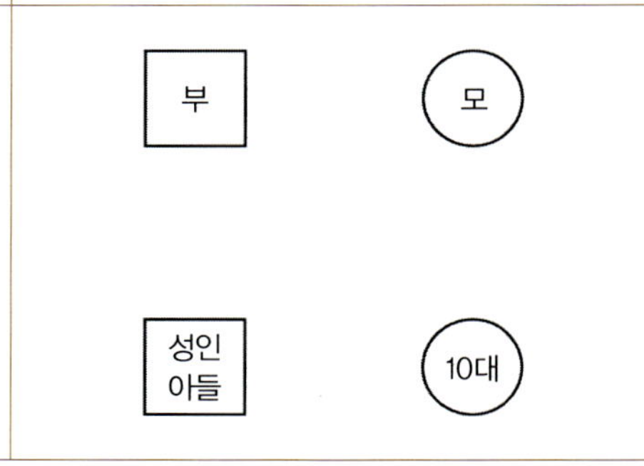

중년기 가족의 가족관계

바람직(균형)

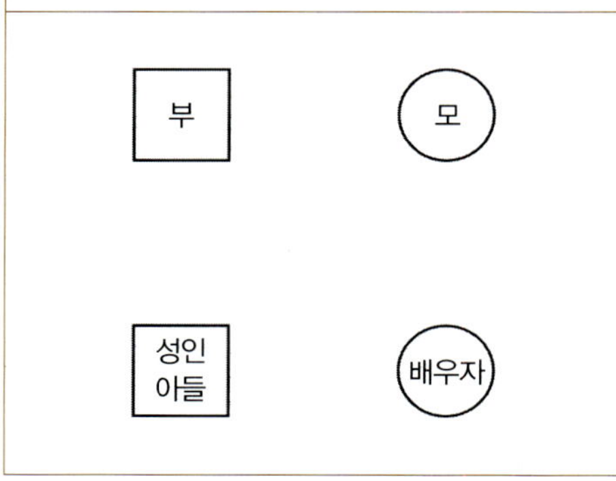

불균형

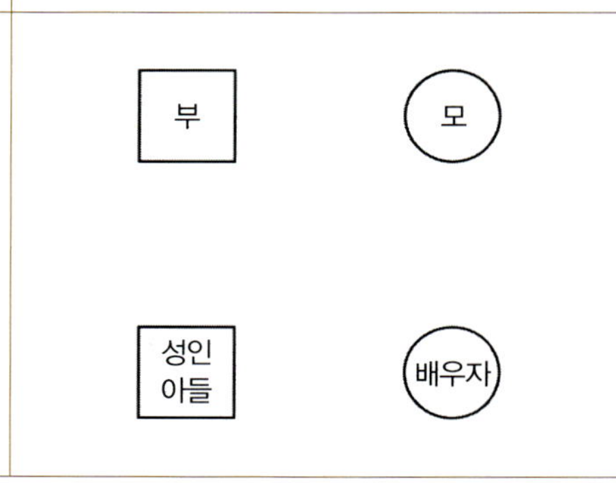

노년기 가족의 가족관계

바람직(균형)

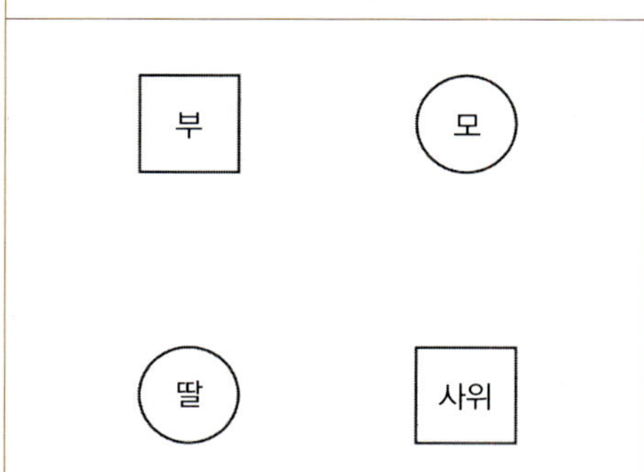

불균형

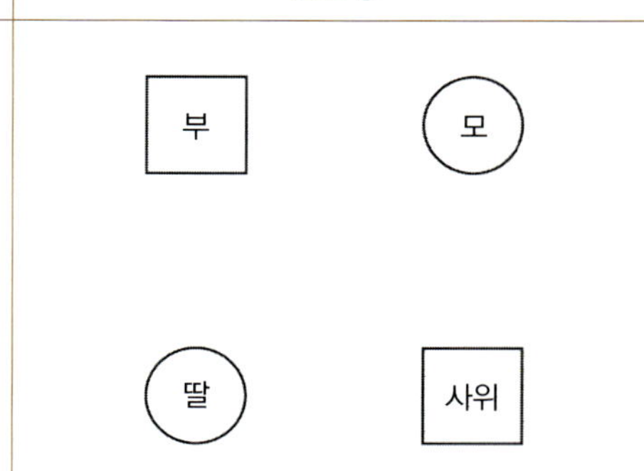

3. 세상 모든 가족과 함께

결혼과 가족에 대한 가치관이 변화하면서 과거의 전통적인 확대가족 형태는 점차 사라지고 부모와 자녀로 이루어진 핵가족 형태가 중심이 되었다. 그러나 현재는 핵가족조차 사회를 대표하는 가족 형태가 아니게 되었다. 이혼이나 사별로 인한 한부모 가족, 미혼 부모와 같은 새로운 형태의 가족이 등장했으며, 비혼자나 독거노인으로 구성된 1인 가구, 자녀를 두지 않는 무자녀 가족, 조부모가 손자녀를 양육하는 조손 가족, 그리고 다양한 문화적 배경을 가진 다문화 가족 등이 늘어나고 있다. 이처럼 가족 형태의 변화는 핵가족 시대를 넘어 다양한 가족생활을 특징으로 하는 사회로의 이행을 의미한다. 이제 핵가족은 여러 가족 형태 중 하나에 불과하며, 이러한 변화는 단순히 가족 구조의 다양화에 그치지 않고 주거 형태와 생활양식에도 큰 영향을 미치고 있다. 가구 규모의 축소와 개별화된 생활양식은 주거 공간의 설계, 사회적 지원 체계, 가족 간의 상호작용 방식까지 변화시키며 현대사회의 중요한 특징으로 자리 잡고 있다.

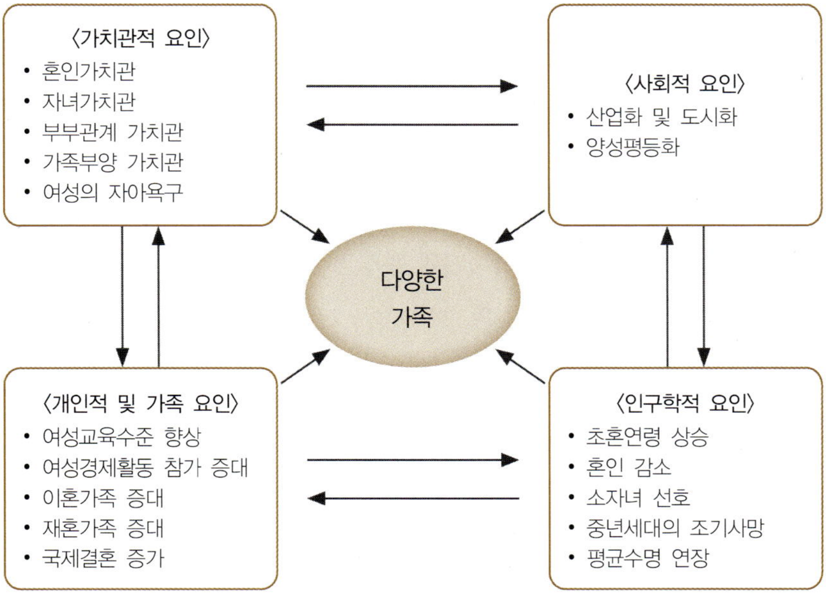

|그림 2-5| 한국 사회 다양한 가족의 출현 과정

출처 : 김승권 외(2004).

한국 사회의 다양한 가족 출현은 |그림 2-5|와 같이 가치관 요인, 사회적 요인, 개인적 및 가족 요인, 인구학적 요인으로 볼 수 있다. 가족 형태의 다양화는 가치관의 변화, 사회적 환경, 개인적 요인, 인구학적 변화가 상호작용한 결과이다. 결혼과 자녀에 대한 가치관이 달라지고 개인주의와 양성평등이 확산되면서 전통적 가족개념은 변화하고 있다.

미래에는 가족 형태가 더욱 다양해질 것으로 예상되며, 특정한 단일 가족 형태가 지속되기는 어려울 것이다. 결혼은 필수가 아닌 선택으로 여겨지고, 가족의 개념도 혼인과 혈연 중심에서 벗어나 친밀감과 공동체적 유대감을 기반으로 의식주와 관심사를 부분적으로 공유하면서도 개인의 자율성과 독립성을 존중하는 유연한 관계로 변화할 것이다.

앞으로 개인과 가족은 핵가족뿐만 아니라 1인 가구, 한부모 가족, 조손 가족, 다문화 가족 등 다양한 형태를 경험하며, 핵가족의 한계를 극복하려는 대안 가족의 모습도 나타날 수 있다. 이제 가족의 형태보다는 가족의 기능과 역할, 가족이 제공하는 삶의 질에 더 주목해야 한다. 가족의 변화는 위기가 아니라 자연스러운 흐름이며, 가족이 제 기능을 수행하지 못할 때 비로소 문제가 된다. 이를 해결하기 위해 국가와 사회는 다양한 가족에 대한 인식 개선과 현실적 지원을 위한 정책, 교육, 매체 홍보를 강화해야 한다. 또한 다양한 가족 스스로도 건강한 가족을 이루기 위해 노력해야 한다. 국가나 민간이 제공하는 가족 관련 프로그램에 참여하고 자조집단을 구성하여 서로의 경험과 정보를 나누는 것이 필요하다. 이러한 노력을 통해 다양한 가족은 강점을 발견하고 잠재력을 발휘하며, 사회의 부정적 편견을 극복하고 건강한 가족으로 자리매김할 수 있을 것이다(김순기 외, 2021).

활 동

다음 그림에서 무엇이 보이나요?

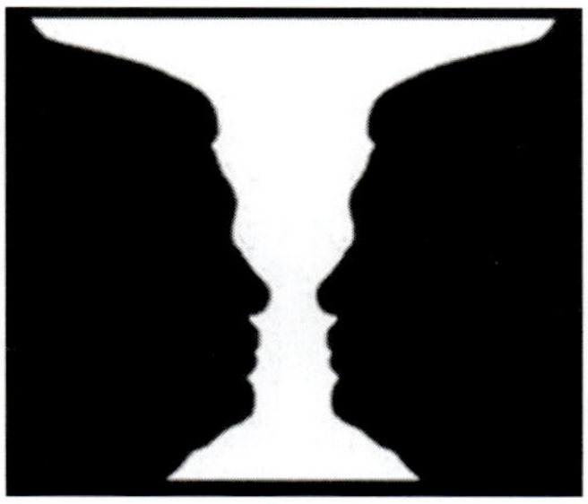

- 불완전한 자신의 눈으로 타인을 보며, 오해하지는 않았는지 자신의 생활을 되돌아본다.
- 자신이 보는 것이 전부가 아니며 눈으로 보는 것만으로 다른 사람을 판단하지 않는다.
- 자신이 보는 것이 전부가 아님을 알고, 타인의 의견을 수용하는 태도를 갖는다.

출처 : 네이버 지식백과(https://m.terms.naver.com/entry.naver?docId=5673398&cid=62841&categoryId=62841).

4. 건강한 가족을 찾아서

1) 건강가족의 개념

건강가족(healthy family)은 강한 가족(strong family), 기능적 가족(functional family), 탄력적 가족(resilient family), 최적의 가족(optimal family), 균형 있는 가족(balanced family), 건강가정 등의 다양한 용어로 표현하지만 모두 같은 개념으로 사용되고 있다(이성희 외, 2024).

건강가족은 가족의 외적 구조에 중점을 두는 것이 아니라 가족 성원 상호 간의 내적 과정에 중점을 둔다. 부부간의 관계에서 도저히 동반자로서 긍정적 관계를 이어가기 어렵고 각 개인의 자아 성장 및 발달에 저해가 된다고 판단되어 이혼한 이혼 가족, 불의의 사고를 당하여 아버지 혹은 어머니를 잃게 된 한부모 가족, 자녀를 갖지 않기로 한 무자녀 가족 또는 재혼 가족 등 외형적으로는 다양한 형태를 보인다 해도 그들 가족 간의 관계가 긍정적이고 평안을 유지할 때는 이들을 건강가족이라 한다. 또한 난관을 극복하고 가족의 위기–심리적 관계의 위기뿐만 아니라 경제적 기초의 붕괴, 신체적 외상(外傷), 질병 등의 고통–를 기회로 재도약하는 가족도 건강가족이다. 이러한 가족을 회복력이 강한 가족(resilient family)이라고 한다(유영주 외, 2013).

가족이 인간 개개인의 사랑과 안정, 소속감의 욕구를 충족시키는 전문적 기능을 갖고 그 욕구가 인간 본질의 욕구와 부합되는 한 가족은 계속 유지될 것이고, 인간의 건전한 성장을 위해서는 건강한 가족은 필수적인 것이다.

건강가족의 특성은 다음과 같다.

첫째, 가족원 개개인의 욕구 충족

둘째, 가족원 내의 관계가 상호 만족스러움

셋째, 가족의 대내, 외적 기능을 잘 수행

〈표 2–3〉 건강가족의 정의

학 자	건강가족의 정의
유영주(2001)	가족원 개개인의 건강한 발달을 도모하고 가족원 간의 상호작용이 원만하여 집단으로서의 가족체계를 잘 유지하는 가족
이선형 · 임춘희(2009)	위기 앞에서도 가족의 건강성을 유지하거나, 더 강화하거나, 혹은 일시적으로 약화되었다가 다시 건강성을 회복하는 가족
건강가정기본법(2024)	가족 구성원의 욕구가 충족되고 인간다운 삶이 보장되는 가정
공통적인 의견	가족원 개개인의 욕구가 충족되고 가족 내에서의 관계가 상호 만족스러우며 가족의 대내 · 외적 기능을 잘 수행하는 가족

국내에서 건강가족에 대해 선구적인 연구를 한 유영주(2001)는 건강가족을 가족원 개개인의 건강한 발달을 도모하고 가족원 간의 상호작용이 원만하여 집단으로서의 가족체계를 잘 유지하는 가족으로 정의하였다. 2005년부터 시행되고 있는 건강가정기본법에서는 건강가정을 '가족 구성원의 욕구가 충족되고 인간다운 삶이 보장되는 가정'이라 명시하고 있다. 이들은 공통적으로 가족원 개개인의 욕구가 충족되고 가

족 내에서의 관계가 상호 만족스러우며 가족의 대내·외적 기능을 잘 수행하는 가족을 건강가족으로 정의하고 있다.

그러므로 건강가족 여부는 가족의 형태나 외형적 구조가 아니라 가족원 간의 내적 관계와 가족이 수행하는 기능을 기준으로 판단해야 한다. 건강한 한부모 가족, 건강한 재혼 가족, 건강한 다문화 가족, 건강한 조손 가족 등 다양한 유형의 건강가족이 가능한 이유도 이 때문이다.

또한 어느 시점에는 건강가족이라 하더라도 가족갈등이나 실직 등 크고 작은 위기나 스트레스를 겪게 되면 가족의 건강성이 약화될 수 있는데, 이러한 위기 상황에서 그 가족이 건강한지 아닌지를 알 수 있다. 즉, 위기 앞에서도 가족의 건강성을 유지하거나, 더 강화하거나, 혹은 일시적으로 약화되었다가 다시 건강성을 회복하는 가족이야말로 건강가족이다(이선형 외, 2009). 가족탄력성이 좋은 가족이야말로 건강가족이다. 따라서 가족갈등이 심하거나 가족 기능이 약해진 가족이라도 가족 공동의 노력으로 얼마든지 다시 건강한 가족이 될 수 있다.

2) 건강가족의 기능

가족기능이란 가족집단이 가족성원이나 사회에 대하여 행하는 지속적인 작용 또는 작용관계로서 가족이 수행하는 역할, 행위로서의 가족행동을 의미하며, 가족 구성원들의 의사소통, 상호작용 방식, 문제해결 방법, 역할분담 등 다양한 요소가 포함된다. 가족의 기능은 시대나 그 사회문제가 개인 및 집단에게 요구하는 가치에 따라 달라진다(김혜숙 외, 2012).

기능적 가족과 역기능적 가족의 개념을 살펴보면 다음과 같다.

- **기능적 가족** : 가족성원들이 서로의 개별성을 인정하고 외부상황을 통제·조정할 수 있으며, 가족 간의 친목을 도모하고 가족의 사회성을 고무하는 가족
- **역기능적 가족** : 가족원의 의식, 태도, 가치관, 이해관계가 대립되어 상호작용이 결여되고 갈등과 불화가 발생하며 가족기능상에 장애가 있는 가족

〈표 2-4〉 가족의 기능적 · 역기능적 특성

기능적 특성	역기능적 특성
• 가족 구성원들은 관심과 온정 및 부드러움을 경험한다. • 가족 구성원들은 감정이입적이고 서로 신뢰하며 솔직하다. • 서로의 개별성을 인정하고 다른 사람의 견해를 존중한다. • 서로 유머와 즐거움을 나눈다.	• 가족 구성원들은 서로 경계하거나 적대적이다. • 가족 구성원 간에 거리감이 있다. • 통제감을 느끼며 수동적이고 힘이 없다. • 가족 구성원들의 행동과 견해에 융통성이 없다. • 가족체계 안에서 가족규칙이 일관성이 없다. • 가족 구성원 간에 힘의 구조가 수시로 바뀐다. • 가족 구성원에게 무관심하거나 대화가 없다. • 가족 구성원 간에 분화감이 없다.

출처 : 이기숙(2010).

2005년 건강가정기본법이 시행되면서 지난 20년 동안 건강가정기본계획은 우리나라 가족정책 및 사회 환경에 변화를 가져왔다. 건강가정기본법의 목적은 건강한 가정생활의 영위와 가족의 유지 및 발전을 위한 국민의 권리 · 의무와 국가 및 지방자치단체 등의 책임을 명백히 하고, 가정문제의 적절한 해결방안을 강구하며 가족 구성원의 복지증진에 이바지할 수 있는 지원정책을 강화함으로써 건강가정 구현에 기여하는 것을 목적으로 한다.

3) 건강가족의 특성

여러 학자들의 건강가족의 특성을 살펴보면 다음과 같다.

(1) 큐란(Curran, 1983)

- 의사소통이 잘 되고 상대방의 말을 잘 들어준다.
- 서로 긍정적이며 협조적이다.
- 타인에 대하여 존경심을 갖는다.
- 서로 신뢰한다.
- 놀이와 유머에 대한 감각이 있다.
- 공동의 책임의식을 갖는다.
- 옳고 그름에 대한 인식을 가르친다.

- 의식과 전통을 존중하는 가족 관념을 가지고 있다.
- 구성원들 간에 균형 잡힌 상호작용이 있다.
- 공통적인 종교가 있다.
- 서로의 개인생활을 존중해 준다.
- 타인들에게 봉사하는 것을 귀하게 여긴다.
- 가족들이 같이 식사하는 시간과 이야기하는 시간을 갖는다.
- 여가 시간을 같이 즐긴다.
- 문제가 생기면 이웃끼리 서로 도와주고 도움을 받는다.

(2) 드프레인과 스티넷(DeFrain & Stinnett, 2002)

- 감사와 애정이 있다.
- 헌신하고 의무를 수행한다.
- 긍정적인 의사소통을 한다.
- 함께 즐거운 시간을 보낸다.
- 정신적 안녕을 누린다.
- 스트레스와 위기를 성공적으로 관리한다.

(3) 벡바르와 벡바르(Becvar & Becvar, 2003)

- 강한 부모/부부로서 연합과 적절한 세대 간 경계를 가진 위계구조
- 개인차와 성장·발달을 지지하는 온화한 분위기
- 예측 가능하고 안정적, 융통성 있는 가족규칙
- 가족의 공동목표/개인목표 달성을 위해 주도성, 호혜성, 협동심 발휘
- 효과적 의사소통, 개방적 감정표현
- 발달적 변화와 위기에 적응력 발휘
- 초월적 가치체계와 공유된 목표, 신념
- 가족의례와 행사
- 낙관적 사고와 유머
- 활용 가능한 지지망

〈표 2-5〉 건강한 가족의 특성을 의미하는 용어들

감사와 애정	헌신과 의무 수행
▸ 서로를 돌봄 ▸ 우정 ▸ 개인적 존중 ▸ 유머	▸ 신뢰 ▸ 정직 ▸ 의존 ▸ 믿음 ▸ 나눔
긍정적 의사소통	**시간공유**
▸ 감정 공유하기 ▸ 칭찬하기 ▸ 비난 피하기 ▸ 타협할 수 있음 ▸ 차이를 인정하기	▸ 많은 시간을 잘 보내기 ▸ 좋은 일로 시간 갖기 ▸ 가족원들의 친구와 즐기기 ▸ 단순하고 좋은 시간 ▸ 같이 하는 즐거운 시간
정신적 안녕	**스트레스와 위기관리 능력**
▸ 희망 ▸ 믿음 ▸ 연민 ▸ 하나됨	▸ 적응력 ▸ 위기를 도전과 기회로 생각 ▸ 변화에 대한 개방적 태도 ▸ 회복력

출처 : DeFrain, J. & Stinnett, N.(2002).

활 동

1. 건강한 가족이란? ______________________________다.
2. '건강한 가족' 하면 떠오르는 것은 무엇인가요?
3. 건강가족이 되려면 필요한 것은 무엇일까요?
4. 건강가족이라고 생각되는 사례를 검색하여 건강가족이 되는 요소들을 찾아보고 토론해 보세요.

PART **02**

가족생활교육 프로그램 : 기획부터 실천까지의 완벽 가이드

제2부에서는 프로그램을 성공적으로 개발하고 운영하기 위한 체계적인 가이드를 제공한다. 먼저, 프로그램 개발의 기초가 되는 역량과 기술을 익혀 탄탄한 기반을 마련한다. 이를 바탕으로 가족의 필요와 요구를 분석하고, 효과적인 교육 프로그램을 설계하는 창의적이고 체계적인 방법을 다룬다. 또한 프로그램의 가치를 더 많은 사람들에게 알리고 참여자를 유치할 수 있는 홍보 전략과 도구를 소개한다. 설계된 프로그램을 실제로 운영하고 관리하는 실행 과정에서는 원활한 진행을 위한 실질적인 팁과 노하우를 제공한다. 마지막으로, 프로그램의 효과를 평가하고 이를 기반으로 발전 가능성을 모색하여 더욱 완성도 높은 프로그램으로 개선하는 방법을 안내한다. 제2부는 초보자부터 전문가까지 누구나 활용할 수 있는 실질적이고 유용한 정보를 담아, 가족생활교육 프로그램 기획력 향상에 실질적인 도움을 줄 것이다. 이제 가족의 행복을 돕는 첫걸음을 이 책과 함께 내디뎌 보자.

CHAPTER **03**

가족생활교육 프로그램 개발을 위한 기초 역량

1. 프로그램의 기본과 핵심 : 정의에서 유형까지 한눈에 이해하기

1) 프로그램의 정의

프로그램이라는 용어는 주로 특정 기능을 수행하기 위한 코드나 소프트웨어를 의미하는 '컴퓨터 프로그램'에서 많이 사용된다. 그러나 이와 더불어, 프로그램은 교육, 이벤트, 훈련, 사회복지 서비스 등 일상 사회 활동의 체계적 계획을 나타낼 때도 쓰인다.

프로그램의 주요 특징 중 하나는 체계적인 구조와 명확한 목표를 가진다는 점이다. 프로그램은 달성하고자 하는 목표를 미리 설정하고, 이를 실현하기 위한 활동과 과정을 단계적으로 계획한다. 또한 참여자들이 목표를 효과적으로 달성할 수 있도록 시간, 장소, 참여 방법 등을 구체적으로 설계한다. 예를 들어, 초등학생들을 대상으로 한 방학 영어 캠프 프로그램을 생각해 보자. 이 프로그램의 목표는 영어 실력을 향상시키는 것이며, 이를 위해 하루 몇 시간씩 영어로 말하기, 듣기, 쓰기 활동을 포함한 일정을 세운다. 이처럼 프로그램은 목표를 실현하기 위해 체계적으로 구성된 종합적인 계획이라고 할 수 있다.

프로그램의 범위는 좁은 의미와 넓은 의미로 나눌 수 있다. 좁은 의미의 프로그램은 특정 교과과정이나 학습과정을 가리킨다. 반면 넓은 의미의 프로그램은 특정 시설이나 기관의 후원 아래 참여자들이 경험하는 모든 것을 포괄한다. 결국, 프로그램이란 어떤 목적을 달성하기 위한 상호의존적인 활동의 집합체로 정의할 수 있다.

2) 프로그램의 성격

프로그램은 여러 가지 독특한 성격을 가진다. 먼저, 실생활과 긴밀하게 연결되어 있어 참여자들이 실제로 활용할 수 있는 내용으로 구성된다. 이를 통해 프로그램은 현실적이고 실질적인 문제를 해결하는 데 도움을 준다. 프로그램은 다양한 수준으로 설계될 수 있어 초급부터 고급까지 각기 다른 요구와 능력을 갖춘 참여자들을 아우를 수 있다. 이는 프로그램이 유연하게 적용될 수 있는 기반을 제공한다.

더불어, 프로그램은 장기적인 목표와 계획을 중심으로 하면서도 이를 실현하기 위한 단기적 활동 계획을 포함한다. 이러한 특징은 장기적인 방향성을 유지하면서 구체적이고 실천 가능한 단계를 통해 목표를 점진적으로 달성할 수 있도록 돕는다. 마지막으로, 프로그램은 위계적 구조를 바탕으로 구성된다. 상위 목표에서 하위 활동으로 이어지는 단계적 설계는 체계적이고 논리적인 실행을 가능하게 하며, 참여자들에게 프로그램의 흐름과 목표를 명확히 이해할 수 있도록 도움을 준다. 이처럼 프로그램은 실질성과 체계성을 동시에 갖추어 효과적인 실행과 목표 달성을 지원한다.

프로그램과 커리큘럼은 설계 방식과 초점에서 명확한 차이를 보이며, 이 차이는 실생활에서의 활용 방식에서도 드러난다. 프로그램은 학습자의 개인적인 요구와 문제 해결에 초점을 맞추는 것이 특징이다. 예를 들어, 지역 도서관에서 진행되는 '청소년 독서 클럽 프로그램'을 생각해 볼 수 있다. 이 프로그램은 청소년들의 독서 습관 형성을 목표로 하며, 참여자들이 흥미를 느낄 수 있는 도서를 선정하고, 읽기와 토론 활동을 통해 문제해결 능력과 창의적 사고를 키우는 것을 목적으로 한다. 프로그램은 비학점화된 경우가 많고, 학습자와 교육자가 협력해 설계되며, 문제와 과제 중심으로 활동이 구성된다. 학습자의 개인적 경험을 최대한 활용해 즉각적인 요구를 충족시키는 유연성을 가지고 있다.

반면 커리큘럼은 학문적인 접근과 체계적 설계를 기반으로 한다. 예를 들어, 대학에서 제공하는 '가족생활교육론' 과목을 떠올릴 수 있다. 이 커리큘럼은 전문가와 자문위원들이 학습자의 전반적인 지식 기반을 고려해 설계하며, 가족생활교육의 개념, 프로그램 설계, 사례 등을 체계적으로 가르친다. 학점화된 구조를 가지며, 학습내용이 명확히 제시되고 계열적으로 조직되어 있다. 커리큘럼은 학생들이 학문적 기초를 다질 수 있도록 명확한 목표와 체계적 과정을 제공한다.

따라서 프로그램은 개인 맞춤형 활동과 즉각적인 요구 충족에 강점을 가지며, 커리큘럼은 체계적이고 학문적인 내용 전달을 중점으로 한다. 이러한 차이는 각각의 학습 환경과 목적에 따라 적절히 선택되고 활용될 수 있다.

〈표 3-1〉 프로그램과 커리큘럼의 비교

구 분	프로그램	커리큘럼
주요 관심	개인적인 문제와 요구	교과목 위주
학 점	비학점화	학점화
설계자	학습자와 교육자	선정된 전문가와 자문위원
주 제	학습자의 특정한 요구나 문제해결에 도움이 되는 것	전문가에 의해 학습자에게 필요하다고 판단되는 지식 · 태도 · 기술 · 가치 등
초 점	문제 · 과제 중심	내용 중심
장 점	학습자의 개인적 경험을 최대한 이용하며 이를 통해 요구에 즉각 부응함	학습목표나 활동이 명백히 제시되며, 학습내용이 체계적이고 조직화된 계열성을 지님

출처 : 김순기 외(2011).

3) 프로그램의 조건

효과적인 프로그램을 운영하기 위해서는 여러 조건을 충족해야 한다. 첫째, 접근성이 중요하다. 프로그램은 참여자가 쉽게 접근할 수 있어야 하며, 이를 위해 장소의 위치, 비용, 필요한 서비스 제공 여부, 시간적 용이성을 충분히 고려해야 한다. 예를 들어, 지역 주민을 대상으로 하는 프로그램은 교통이 편리한 장소에서 운영되어야 한다. 둘째, 지속성도 중요한 요소이다. 프로그램이 안정적으로 유지되기 위해서는 일관된 전달체계를 갖추고, 관련 기관이나 조직 간의 협력이 이루어져야 한다. 이를 통해 서비스가 중단 없이 지속적으로 제공될 수 있다. 셋째, 대상의 특성과 필요를 철저히 분석하여 이를 반영하는 것이 중요하다. 예를 들어, 청소년 진로 프로그램은 현실적인 진로 탐색 기회를 제공할 수 있어야 한다. 넷째, 프로그램은 포괄성을 갖추어야 한다. 다양한 관점과 방법을 활용하여 폭넓은 서비스를 제공해야 하며, 단일 분야에 국한되지 않는 종합적인 접근이 필요하다. 예를 들어, 건강 증진 프로그램은 신체 건강뿐 아니라 정신 건강까지 다룰 수 있어야 한다. 다섯째, 개별 프로그램이 서로 협력하고 연계되면 참여자들이 다양한 서비스를 통합적으로 경험할 수 있다. 예를 들어, 취약계층 지원 프로그램은 교육, 의료, 직업 지원 프로그램이 함께 이루어질 때 효과가 극대화된다. 여섯째, 공평성, 즉 균등성도 프로그램 설계 시 중요한 요소이다. 프로그램은 모든 참여자가 동등한 혜택을 받을 수 있도록 설계되어야 하며, 각 개인의 필요를 고려해 서비스가 제공되어야 한다. 일곱째, 프로그램은 비용의 적절성도 고려해야 한다. 금전적인 부담뿐만 아니라 심리적 · 사회적 비용까지 포함해 참여자들에게 부담이 최소화될 수 있도록 해야 한다. 여덟째, 과학성이 확보되어야 한다. 프로그램은 객관적이고 체계적인 연구와 조사를 기반으로 설계되어야 하며, 이를 통해 효과를 검증하고 개선점을 찾을 수 있어야 한다.

4) 프로그램의 구성요소

대상은 프로그램의 서비스를 받는 수혜자이자 참여자로, 이들의 필요와 요구를 중심으로 프로그램이 설계된다. 또한 프로그램의 목적과 목표는 프로그램이 달성하고자 하는 의도와 방향성을 제시하며, 이를 바탕으로 구체적인 실행 계획이 세워진다.

프로그램에서 제공되는 활동 내용은 참여자들이 경험할 구체적인 활동으로, 목적에 맞으면서도 참여자의 흥미와 요구를 충족할 수 있도록 설계된다. 이와 함께, 실행 방법과 공학 매체는 프로그램의 실행 방식을 포함하며, 필요한 기술적 도구나 매체를 활용해 효과적인 진행을 지원한다.

평가 활동은 프로그램의 효과성과 효율성을 검증하기 위한 단계로, 이를 통해 성과를 점검하고 개선 방향을 설정할 수 있다. 또한 실행 장소와 시설은 프로그램이 이루어지는 물리적 조건으로, 적합한 장소와 시설은 성공적인 운영을 위해 필수적이다.

실행 시기와 기간은 프로그램이 실행되는 시점과 목표를 달성하는 데 필요한 시간적 범위를 포함한다. 끝으로, 예산은 프로그램 운영에 필요한 재정 자원으로, 적절한 예산 계획은 프로그램의 범위와 질을 결정짓는 핵심 요소이다. 프로그램의 구성요소들은 각각의 역할을 가지며, 상호 유기적으로 결합하여 프로그램의 목표를 실현하는 데 기여한다.

5) 프로그램의 유형

(1) 개발 주체에 따른 유형

프로그램은 개발 주체에 따라 국가 수준 프로그램과 기관 수준 프로그램으로 구분된다. 먼저, 국가 수준 프로그램은 정책적 성격을 가지며, 사회적으로 중요한 가족생활과 관련된 필수적이고 바람직한 활동을 중심으로 개발된다. 이 프로그램은 국가에서 직접 설계하고 관리하기 때문에 내용과 교육방법이 체계적이고 표준화되어 있다. 예를 들어, '건강한 가족생활 교육' 프로그램은 부모교육과 자녀 양육 방법을 국가 주도로 개발하여 전국적으로 보급한다. 이러한 프로그램은 다양한 계층과 지역에 적용될 수 있으며, 사회적 문제를 예방하거나 해결하기 위한 공익적 목적을 지닌다. 또한 대중이 쉽게 접근할 수 있도록 설계되며, 실행 과정에서 지역적 여건에 따라 수정과 보완이 가능하다.

반면 기관 수준 프로그램은 특정 기관이 자체적으로 개발하며, 사업적 성격을 지닌다. 이러한 프로그램은 기관의 이념과 목표를 반영해 독창적인 내용을 포함하며, 현장 상황에 맞게 설계된다. 예를 들어, 지역 복지관에서 운영하는 '한부모 가족 지원 프로그램'은 해당 지역의 요구를 반영하여 상담, 자녀 교육 지원, 정서적 지지 활동을 포함하도록 설계된다. 또 다른 예로, 비영리 단체가 주최하는 '아동 방과 후 학습 지원 프로그램'은 지역의 학습 지원이 필요한 가정을 대상으로 맞춤형 교육 서비스를 제공한다.

각각의 유형은 사회적 요구와 참여자들의 필요를 충족시키기 위해 설계되고 실행된다.

(2) 구성범위에 따른 유형

① 단일 프로그램

단일 프로그램은 특정한 목적과 목표를 성취하기 위해 설계된 독립적인 프로그램으로, 주로 짧은 기간 동안 실행된다. 이 프로그램은 다른 프로그램과 유기적인 연계가 거의 없으며, 한 번의 활동으로 구성되는 것이 특징이다. 가족생활교육의 사례로는 '부모와 자녀 간의 긍정적 의사소통 교육' 워크숍이 단일 프로그램에 해당한다.

이 워크숍은 부모와 자녀가 더 나은 의사소통기술을 배우는 것을 목표로 하며, 단 하루 혹은 몇 시간 동안 진행되는 활동으로 구성된다. 또 다른 예로는 '가족 갈등 해결을 위한 대화법 교육'이 있다. 이 프로그램은 가족 구성원들이 갈등을 해결하는 구체적인 방법을 배우는 데 초점을 맞추며, 단일 세션으로 진행된다.

② 연속 프로그램

연속 프로그램은 하나의 주제를 여러 세부 주제로 나누어 순서에 따라 실행되며, 각 세션이 연결된 구조를 가진 것이 특징이다. 연속 프로그램의 중요한 특성은 각 회기가 이전 회기의 내용을 기반으로 설계되어 선·후 내용 간의 위계적 체계를 형성한다는 점이다. 모든 회기를 순서대로 이수해야 프로그램의 목적과 목표를 달성할 수 있다. 가족생활교육의 사례로는 〈표 3-2〉 '학습코칭 부모교육 프로그램'이 있다. 이 프로그램은 자녀의 학습을 코칭하기 위한 부모역할을 체계적으로 배우는 과정이 포함된다. 1회기에서는 부모의 자녀학습코칭 역할을 이해하고, 2회기에서는 부모 학습코칭 대화법을 공부하고, 3회기에서는 부모 학습코칭 요소를 배우고, 4회기에서는 부모 학습코칭 전략을 익힌다.

〈표 3-2〉 학습코칭 부모교육 프로그램 개요

회기	주 제	목 표	내 용
1	'학습코치로서의 부모' 세우기	부모의 자녀학습코칭 역할 이해	• 사전 : 부모의 학습지원행동과 자녀의 자아효능감 · 자기주도적 학습능력 검사 • 강의 : 학습지원행동 설명, 부모역할의 변화, 자녀 목표 유형, 코칭의 기본 개념과 철학 • 활동 : 자녀학습코치 사명서
2	학습코칭 대화	부모 학습지원행동 능력 향상 – 학습 선택권 부여	• 강의 : 학습코칭대화법(경청과 공감), 의사소통의 중요성, 잘못된 대화방식의 영향 • 활동 : 공감하기 실습, 학습목표 대화실습
3	학습코칭 요소	부모 학습지원행동 능력 향상 – 민주규칙 제공 – 적정성과 추구	• 강의 : 학습코칭 대화법(질문하기, 칭찬하기, NVC로 말해주기), 학습코칭 요소(공부의 당위성, 긍정적 자아개념, 동기부여, 자아효능감, 외적 환경) • 활동 : 칭찬하기, NVC로 말해주기, 공부의 당위성 실습

4	학습코칭 전략	부모 학습지원행동 능력 향상 – 정보제공	• 강의 : 학습코칭전략(시간관리, 예복습, 기억원리, 목표와 계획, 수업, 시험 다루기, 보상, 과목별 학습전략, 집중력) • 활동 : 텀스케줄, 자녀목표와 계획표 작성 연습 • 사후 : 부모의 학습지원행동 자녀의 자아효능감 및 자기주도적 학습능력 검사

출처 : 노명숙 · 김순옥(2011).

이처럼 연속 프로그램은 체계적이고 단계적인 접근을 통해 참여자들이 점진적으로 목표를 달성할 수 있도록 설계된다. 이는 단일 프로그램과는 달리 주제를 심층적으로 다룰 수 있는 장점이 있다.

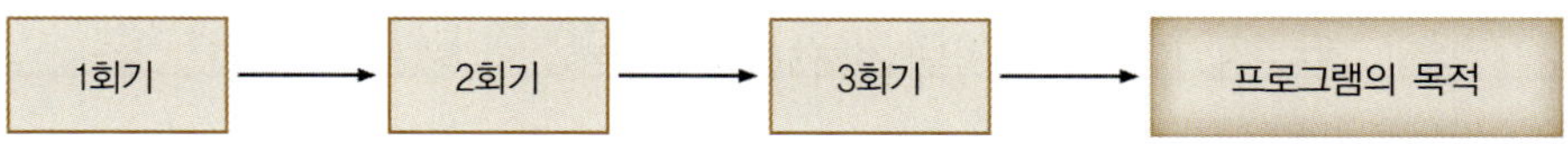

|그림 3-1| 연속 프로그램

③ 통합 프로그램

통합 프로그램은 비슷한 성격의 여러 활동을 하나의 체계로 연결해 하나의 프로그램으로 구성한 것이다. 통합 프로그램에서 각 활동이나 회기는 독립된 개별 프로그램으로 구성되며, 서로를 보완하고 강화하는 수평적 관계를 형성한다. 이를 통해 참여자들은 프로그램의 다양한 측면에서 학습과 경험을 쌓을 수 있다.

〈표 3-3〉 금성 자녀와 통하는 화성 부모 프로그램 개요

프로그램명		금성 자녀와 통하는 화성 부모	
회기	주제영역	제 목	내 용
1	부모-자녀 간 효과적인 대화방법	자녀와 통하는 부모대화	1. 부모자녀 간 의사소통의 중요성 2. 부모가 흔히 행할 수 있는 잘못된 대화방법의 인식 3. 들을 때와 말할 때의 구분 4. 듣기, 공감하기, 말하기의 효과적인 방법
2	자녀의 학습 진로 및 지도방법	공부 · 진로 코치로서의 부모	1. 자녀를 둘러싼 시대적 상황의 인식 2. 자녀의 공부와 진로를 코칭해야 하는 부모역할 인식 3. 코칭 역량의 강화 4. 코칭 실천 방안 탐색

3	자녀의 컴퓨터 중독 예방방법	컴퓨터! 통하는 부모, 즐기는 아이	1. 컴퓨터 중독 예방에서 부모의 역할 인식 2. 컴퓨터 사용에 관한 자녀의 입장 이해 3. 컴퓨터 중독에 대한 부모로서의 효과적인 대처방법
4	자녀의 소비생활 지도방법	부자 아이 만드는 부자 부모 되기	1. 자녀의 역할모델로서 부모의 경제생활 기본 개념과 원리 이해 2. 청소년들의 소비문화 이해 및 공감대 형성 3. 효과적인 자녀의 용돈관리 및 경제교육 지도
5	자녀의 생활설계 지도방법	스스로 삶의 주인공이 되는 자녀와 부모	1. 이전 프로그램의 연계와 통합 2. 자녀를 북돋우는 부모로서의 자신감 형성 3. 생활의 의미와 삶의 주인공이 되어야 하는 주체성 인식 4. 인생주기단계 안에서의 자신의 단계 이해 및 생활 진단 5. 장/단기 생활목표 및 표준의 설정과 실천

출처 : 김순옥 외(2008).

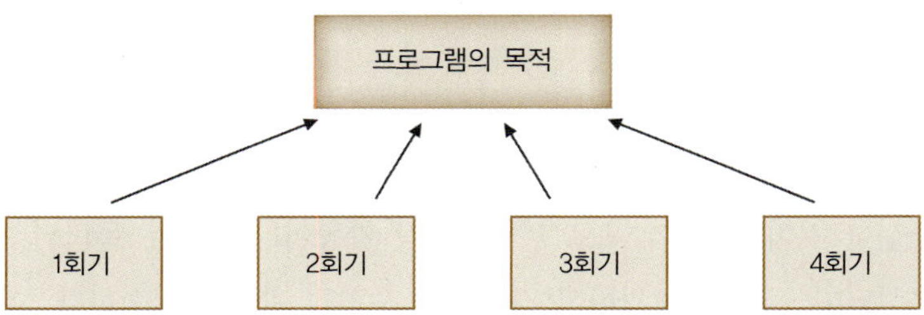

|그림 3-2| 통합 프로그램

④ 종합 프로그램

종합 프로그램은 여러 영역의 활동을 한데 모아 종합적으로 운영하는 형태의 프로그램이다. 각각의 활동은 독립적인 목표를 가지고 있으면서도 전체 프로그램의 방향성과 조화를 이루어 하나의 체계 안에서 통합적으로 진행된다. 예를 들어, 시군구 가족센터에서 특정 주제를 가진 가족을 대상으로 운영하는 교육, 상담, 문화 프로그램이 종합 프로그램의 대표적인 사례이다. 이러한 프로그램은 가족 구성원들이 개별적으로 각자의 필요를 충족하는 동시에, 가족 전체가 함께 성장하고 변화할 수 있도록 돕는다.

(3) 보일(Boyle, 1981)의 프로그램 유형

보일이 제시한 프로그램 유형은 개발 프로그램, 기관 프로그램, 정보 프로그램으로 구분된다.

〈표 3-4〉 보일(Boyle)의 프로그램 유형

단 계	개발 프로그램	기관 프로그램	정보 프로그램
주요 목표	개인, 집단, 지역사회의 문제 파악과 해결	개인의 지식, 기술, 기초능력의 신장과 발달	정보 교환
목표의 원천	주로 고객의 욕구나 문제로부터 개발	교과나 지식영역, 교육자로부터 개발	연구결과, 개정된 법률 또는 규정으로부터 출발
지식의 사용	문제 해결에 사용	교육내용이나 지식 숙달에 사용	즉시 쓰일 수 있는 내용 전달에 사용
학습자 참여	문제나 욕구, 프로그램의 범위와 성격 결정에 참여	수업에 참여	정보획득자로서 참여
프로그래머의 역할	욕구분석에서 평가에 이르기까지 전 교육과정을 촉진·홍보	수업과정을 통해 지식을 보급하는 역할	정보요구에 대해 해답을 제공하는 역할
효율성의 기준	문제해결의 질과 개인, 집단, 지역사회의 문제해결 모색 정도에 따라 결정	교육내용에 대한 학습자의 숙달 정도에 따라 결정	참여자 수와 정보 보급량에 따라 결정

출처 : 송정아 외(1998).

2. 프로그램 개발모형

1) 프로그램 개발의 개념

가족생활교육 프로그램은 가족 구성원들의 잠재적 문제를 해결하고, 그들의 흥미와 욕구에 맞춘 교육적 기회를 제공하는 실천적 가족복지 서비스다. 그러므로 프로그램을 개발할 때에는 가족, 개인, 그리고 지역사회의 변화를 지향한다.

롱(Long, 1983)은 프로그램 개발이란 기획(planning), 실행(implementation), 평가(evaluation)의 활동이 체계적이고 논리적으로 연결된 과정이라고 설명하였다.

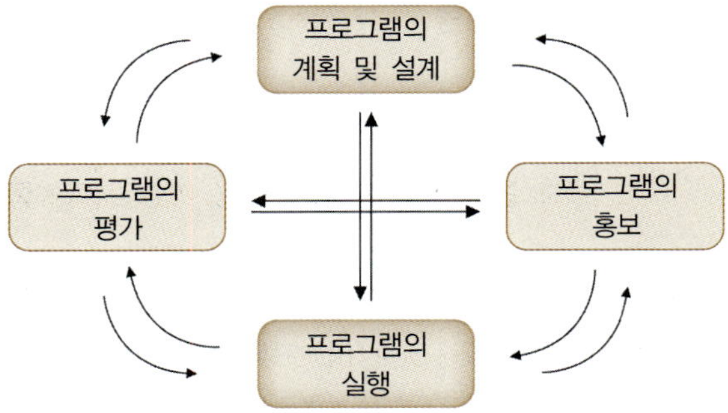

|그림 3-3| 프로그램 개발 과정과 단계들 간의 상호작용

〈표 3-5〉 통합적 접근에 의한 가족생활교육 프로그램 개발 과정

개발 단계	프로그램 개발		프로그램 홍보	프로그램 실행	프로그램 평가
	요구조사 및 흥미분석	프로그램 계획 및 설계			
주요 내용	요구분석 방법 요구분석 실시 요구분석 평가	목적, 목표, 설계 내용선정 조직 교육방법 선정 평가의 기본계획	잠재적 학습자 홍보내용 및 문구 작성 홍보지 작성 홍보매체 선정	실행방법 실행 준비 단계 도입 단계 전개 단계 종결 단계	평가방법 평가 프로그램 자체평가 프로그램 효과평가 교육자 평가 수정, 보완 후속 조치

2) 프로그램 개발의 성격

프로그램 개발은 지역사회의 필요와 문제를 해결하기 위해 설계되는 전략적 접근을 포함한다. 이혼 가정을 대상으로 한 '가족 회복과 의사소통 개선 프로그램'은 가족 간 갈등을 줄이고 건강한 관계를 회복하는 것을 주요 목적으로 삼는다. 이를 통해 프로그램은 실행 가능성을 높이며, 다양한 지역적 특성과 요구를 반영한다. 다문화 가정을 위한 '문화적 차이 이해와 융합 프로그램'은 지역사회 대표자들과의 협력을 통해 다문화 가족의 특수한 요구를 충족하는 내용을 포함한다.

부모와 자녀를 대상으로 한 '부모-자녀 상호작용 강화 프로그램'은 부모와 자녀 각각의 세부 활동과 더불어, 가족 단위의 협력적인 활동을 포함하여 통합적인 효과를 추구한다.

3) 프로그램 개발의 원리

프로그램 개발의 원리는 참여자들의 특성과 환경을 고려해 설계와 실행 과정에서 중요한 기준을 제공한다. 첫째, 프로그램은 참여자의 욕구와 특성을 반영해야 한다. 예를 들어, 맞벌이 부모를 위한 '시간 관리와 가족 간 유대 강화 프로그램'은 부모의 바쁜 일정을 고려해 저녁 시간이나 주말에 운영되도록 설계된다.

둘째, 프로그램의 실행과 관련된 모든 여건을 충분히 고려해야 한다. 참여비용, 실행 장소, 시간 등은 참여자들의 접근성을 높이는 데 중요한 요소다. 예를 들어, 저소득층 가족을 위한 '가족 재정 관리 워크숍'을 시군구 가족센터에서 무료로 주관하되, 접근이 쉬운 지역 복지관에서 진행한다.

셋째, 프로그램은 참여자들이 주도적으로 참여할 수 있도록 설계되어야 한다. 단순히 정보를 전달하는 방식이 아니라, 참여자들이 자신의 경험을 공유하고 문제를 해결하는 데 기여할 수 있는 구조를 가져야 한다. 예를 들어, 부모교육 프로그램에서는 부모들이 자신의 양육 경험을 바탕으로 서로 의견을 나누고, 이를 통해 구체적인 해결 방안을 도출하도록 지원한다.

넷째, 프로그램은 참여자의 발달 단계에 적합하게 구성되어야 한다. 예를 들어, 청소년 자녀를 둔 부모를 위한 '청소년 이해와 효과적인 지도법'은 청소년기의 발달적 특성을 기반으로 설계된다.

다섯째, 프로그램은 다양한 주제를 포괄적으로 다루어야 한다. 예를 들어, '가족 건강과 관계 증진 프로그램'은 신체적 건강뿐 아니라 정서적 안정과 가족 간 유대감을 포함하는 활동으로 구성된다.

마지막으로, 프로그램은 변화하는 환경에 유연하게 대응할 수 있어야 한다. 예를 들어, 팬데믹 상황에서는 대면 중심의 '부모-자녀 의사소통 향상 프로그램'을 온라인으로 전환하여 지속적으로 운영할 수 있어야 한다.

이와 같이 가족생활교육 프로그램은 지역사회의 발전과 가족의 안정성을 목표로 설계되며, 참여자의 요구를 반영한 포괄적이고 유연한 접근 방식을 통해 실행된다. 이러한 원칙과 성격을 기반으로 프로그램은 개인과 집단, 나아가 지역사회 전체에 긍정적인 변화를 만들어 낼 수 있다.

4) 프로그램의 개발과 가족생활교육자의 자질

프로그램 개발과 가족생활교육자의 자질은 가족생활교육 프로그램의 성공적인 운영과 실질적인 변화를 끌어내기 위해 필수적이다. 가족생활교육자는 단순히 프로그램의 기획과 실행에 그치지 않고, 참여자와 지역사회가 긍정적인 변화를 경험할 수 있도록 돕는 핵심 역할을 수행한다. 이를 위해 교육자는 다음과 같은 자질과 역량을 갖추어야 한다.

먼저, 가족생활교육자는 변화와 발전을 유도하는 능력을 갖추어야 한다. 프로그램은 참여자들의 행동 변화뿐만 아니라, 지역사회 내에서의 발전을 목표로 한다. 예를 들어, '부모-자녀 대화법 개선 프로그램'은 부모와 자녀 간의 의사소통을 원활하게 하고, 가족 구성원 간의 관계를 개선하는 것을 목표로 한다. 이 과정에서 교육자는 부모와 자녀가 새로운 대화방식을 습득하도록 이끌고, 프로그램 이후에도 지속적인 변화를 유지할 수 있도록 지원해야 한다.

둘째, 교육자는 구성원 및 외부 전문가들과 협력할 수 있는 능력이 필요하다. 가족생활교육 프로그램은 여러 분야의 전문가와 협력하여 완성도를 높일 수 있다. 예를 들어, 다문화 가정을 위한 '문화적 이해와 융합 프로그램'은 심리학자, 언어치료사, 사회복지사 등 다양한 전문가와의 협력을 통해 다문화 가족의 특수한 요구를 반영하고, 실질적인 도움을 제공할 수 있도록 설계된다. 교육자는 이러한 협력 과정에서 중심 역할을 하며, 전문가들의 의견을 조율해 프로그램에 반영한다.

셋째, 교육자는 이론적 근거를 기반으로 프로그램을 설계해야 한다. 프로그램이 효과적으로 작동하려면 체계적이고 신뢰할 수 있는 이론적 기반이 필요하다. 예를 들어, '결혼 전 예비부부 스트레스 관리 프로그램'은 가족체계이론과 스트레스 대처이론을 활용해 가족 구성원들이 스트레스 요인을 인식하고, 이를 효과적으로 극복하는 기술을 익히도록 돕는다. 이러한 이론적 기반은 프로그램의 신뢰성을 높이고 참여자들에게 실질적인 도움을 줄 수 있다.

넷째, 교육자는 의사결정자의 역할을 수행해야 한다. 프로그램 실행 과정에서 예상치 못한 상황이 발생할 수 있으며, 이러한 상황에 적절히 대응할 수 있는 판단력이 중요하다. 예를 들어, '청소년 부모교육 프로그램'을 진행하는 도중 참여자들이 추가적인 주제를 요청한다면, 교육자는 기존의 계획을 조정하거나 새로운 활동을 포함할 수 있는 유연성을 발휘해야 한다.

다섯째, 교육자는 기획, 실행, 평가, 보고의 기술을 갖추어야 한다. 프로그램 개발은 단순히 활동을 설계하는 것 이상으로, 전체 과정을 체계적으로 관리하고 성과를 분석하는 능력을 요구한다. 예를 들어, '한부모 가정을 위한 자녀 양육 지원 프로그램'은 초기 단계에서 참여자의 요구를 분석하고, 실행 후에는 프로그램의 효과를 평가하며, 이 결과를 보고서로 작성해 다음 단계의 프로그램 설계에 반영하는 과정을 포함한다.

이러한 자질은 가족생활교육자가 프로그램의 효과성을 높이고, 참여자들의 삶에 긍정적인 변화를 가져오는 데 필수적이다. 예를 들어, '가족 건강 증진 프로그램'은 부모와 자녀가 함께 건강한 생활습관을 배우고 실천하는 활동을 포함한다. 교육자는 참여자들에게 프로그램의 목표와 활동의 중요성을 명확히 전달하고, 이들이 학습한 내용을 실생활에 적용할 수 있도록 지원해야 한다.

결론적으로, 가족생활교육자는 참여자와 지역사회의 변화를 끌어내는 촉진자로서의 역할을 수행한다. 협력적이고 이론적으로 뒷받침된 체계적인 접근을 통해 프로그램을 설계하고 실행함으로써, 교육자는 참여자들에게 실질적인 도움을 제공하고 지역사회의 발전을 돕는다. 이러한 자질을 바탕으로 교육자는 가족 구성원과 지역사회가 지속 가능한 변화를 경험하도록 하는 데 중요한 기여를 할 수 있다.

5) 타일러(Tyler) 모형

'타일러 모형(Tyler, 1948)'은 교육(프로그램)이 학습자의 행동에 의미 있는 변화를 가져온다는 가정에 따라 프로그램 개발과정을 네 가지 연속 단계로 설명한다.

1단계는 교육 목적 및 목표의 설정이다. 프로그램 개발을 위한 첫 번째는 목표를 제시하는 것이다. 즉, 프로그램 참여자의 행동을 어떻게 변화시킬 것인가에 대한 진술로 학습 결과가 된다. 2단계는 내용과 학습 경험의 명시이다. 학습자의 특성과 주제를 고려하여 교육내용과 학습경험을 선택하는 것이다. 즉, 프로그램 개발자의 전문성과 기관의 특성, 참여자의 요구도 수준 등에 의해 프로그램 주제와 내용을 정한다. 3단계는 지도계획의 윤곽 설정과 교육방법 제시이다. 효과적인 교수를 위한 학습 경험을 조직하는 것이다. 즉, 내용과 경험이 어떻게 효율적으로 구성될 수 있는가에 대한 구체적 교육방법과 기법을 제시한다. 4단계는 평가 전략의 구체화이다. 목표 달성 정도를 평가하는 것이다. 즉, 목표가 달성되었는지를 아는 것으로, 학습 결과로 생긴 새로운 행동의 습득을 검사하는 단계이다(신라대학교 가족상담센터, 2007). 평가 결과는 다음 교육의 목표에 반영되어 프로그램을 수정해 나가는 순환적인 과정으로 이루어진다.

최근 들어 가족생활교육의 모델이 전통적인 학문중심 모형(traditional academocentric model : 가족연구자 → 프로그램 운영자 → 가족집단으로 지식 전달이 일방적으로 이루어지는 모형)에서 합동적인 모형(collaborative model : 가족연구자, 프로그램 운영자, 가족집단들이 상호 호혜적으로 순환하면서 지식 전달이 이루어지는 모형)으로 바뀌면서 학습활동이 서로의 경험을 나누어 서로 배우는 형식에 초점을 두게 되었고(Doherty, 2003), 이런 흐름이 가족생활교육 영역에서도 나타날 상황들이 조성되고 있다.

타일러 모형에서는 프로그램의 지속적인 개선을 위해 목표를 명확히 설정하는 것을 강조하였다. 교육목표 설정의 기준으로 학습자와 사회에 관한 연구결과와 전문가의 견해 등을 제시하였고, 교육 철학 및 학습심리의 원천과 시사점에 따라 교육목표는 더욱 구체화된다.

목표를 결정한 후 목표 달성을 위해 필요한 학습경험을 선정한다. 이때 타일러 모형에서 강조하는 원리 다섯 가지는 다음과 같다.

- 학습경험은 기대된 행동을 실천할 기회를 제공하는가?
- 행동을 수행함으로써 얻는 만족감이 있는가?
- 기대된 반응을 얻을 수 있는가?
- 여러 가지 학습 경험들이 목표를 충족시킬 수 있는가?
- 하나의 학습 경험으로부터 여러 가지 결과를 얻을 수 있는가?

3. 프로그램 요구분석

1) 요구분석의 개념

학습자의 문제와 요구를 살펴서 이를 프로그램에 반영하는 것은 프로그램 개발 과정에서 매우 중요하다. 프로그램에 대한 학습자의 요구가 제대로 반영될 때 프로그램의 효율성도 높아질 수 있고, 참여자들의 학습 참여 의지에도 영향을 줄 수 있기 때문이다.

프로그램을 설계하기 위한 전 단계로서 잠재적인 학습자들을 대상으로 그들의 교육 요구를 명확히 파악하기 위한 체계적인 요구분석 과정이 필요하다. 교육 요구도는 현재 잠재적 학습자들의 실제 학습능력 수준과 기대되는 학습능력 수준 사이의 차이를 의미한다.

요구분석은 이러한 차이를 파악하고, 학습자들이 어떤 것을 필요로 하는지, 지역사회에서 실행해야 할 특별한 교육내용이 무엇인지 등에 관한 다양한 자료를 조사하고 분석하여 프로그램에 반영할 정보를 얻는다.

바라는 상태 (What should be)		현재의 상태 (What is)		요구 (Need)
개인이나 조직(사회)이 바라고 요구하는 학습능력과 수준	−	개인이나 조직(사회)이 현재 갖추고 있는 학습능력과 수준	=	둘 사이에 존재하는 차이

|그림 3-4| 교육 요구의 도식화

출처 : 한국청소년개발원(1994), p. 59 일부 수정.

프로그램 개발에 선행하여 잠재적 학습자가 어떠한 요구를 가지고 있는지 파악하고 분석해야 하며, 그러한 분석을 기초로 하여 프로그램을 계획해야 한다. 여기서 요구란 개인 및 가족이 느끼고 있는 무엇인가의 결핍상태를 충족시키는 데 필요로 하거나 원하는 상태를 의미하는 것이기도 하면서 현재 상태와 바람직한 상태 사이에 존재하는 차이나 조건을 의미하는 것이기도 하다(한국가족관계학회, 1998).

요구도 분석은 교육목표 설정에 기초자료로 쓰이므로, 요구도 조사와 분석을 통해 참여자의 현재 상황과 이상을 결정하는 데 적절한 기초를 마련하고 바람직한 목표에 도달하기 위해 학습자에게 일어나야 하는 변화를 인식하고 파악한다(송정아 외, 1998).

2) 욕구분석이란?

(1) 심리적 욕구

심리적 욕구는 개인 내부에서 발생하는 결핍 또는 과잉 상태로 인해 나타나는 욕구로, 이는 행동을 유발하고 삶의 방향성을 결정하는 중요한 역할을 한다. 이러한 심리적 욕구는 개인의 정서적 안정과 심리적 균형을 유지하기 위해 충족되어야 하며, 특히 가족이라는 환경에서 크게 영향을 받을 수 있다. 가족생활교육에서는 이러한 심리적 욕구를 이해하고 이를 충족하기 위한 적절한 교육과 활동을 제공하는 데 초점을 맞춘다.

윌리엄 글래서(William Glasser)는 인간 행동의 동기를 설명하는 데 있어 선택이론(Choice Theory)을 제안하며, 인간의 심리적 욕구를 다섯 가지로 구분했다. 그는 이 욕구들이 인간 행동의 핵심 동기로 작용한다고 보았으며, 이 이론은 개인의 행동과 선택을 이해하는 데 중요한 틀을 제공한다.

활 동

나와 상대방의 욕구강도 프로파일

이 프로파일은 객관적인 정답을 나타내고 있는 것은 아닙니다. 원한다면 여러 번 다시 해보고 수정할 수도 있습니다. 중요한 점은 욕구강도 프로파일을 잘 이해할수록 상대방과의 관계를 더 잘 이해할 수 있게 된다는 점입니다. William Glasser 박사는 주관적으로 자신과 상대방의 욕구를 잘 분석해 보고 생각해 볼 기회를 갖기를 권장하고 있습니다.

다음 질문에 대해 대답을 해보고 다음과 같이 점수를 주어보세요. (나 / 상대방)

전혀 그렇지 않다 : 1　　별로 그렇지 않다 : 2
때때로 그렇다 : 3　　자주 그렇다 : 4　　언제나 그렇다 : 5

1. 돈이나 물건을 절약하는가?

2. 돈으로 살 수 있는 것에 각별한 만족을 느끼는가?
3. 자신의 건강유지에 관심을 가지고 있는가?
4. 균형잡힌 식생활을 하려고 노력하는가?
5. 성적인 관심을 많이 지니고 있는가?
6. 매사에 보수적인 편인가?
7. 안정된 미래를 위해 저축하거나 투자하는가?
8. 부득이한 경우가 아니면 모험을 피하고 싶은가?
9. 외모를 단정하게 가꾸는 데 관심이 있는가?
10. 쓸 수 있는 물건은 버리지 않고 간직하는가?
11. 사랑과 친근감을 많이 필요로 하는가?
12. 다른 사람의 복지에 관심이 있는가?
13. 타인을 위한 일에 시간을 내는가?
14. 장거리 여행 때 옆자리의 사람에게 말을 거는가?
15. 사람들과 함께 있는 것을 좋아하는가?
16. 아는 사람과 가깝고 친밀하게 지내는가?
17. 상대방이 내게 관심을 가져주기 바라는가?
18. 다른 사람이 나를 좋아해 주기 바라는가?
19. 다른 사람들에게 친절하게 대하는가?
20. 상대방이 나의 모든 것을 좋아해 주기 바라는가?
21. 내가 하는 가사나 직업에 대해 사람들로부터 인정받고 싶은가?
22. 다른 사람에게 충고나 조언을 잘하는가?
23. 다른 사람에게 무엇을 하라고 잘 지시하는가?
24. 경제적으로 남보다 잘살고 싶은가?
25. 사람들에게 칭찬 듣는 것을 좋아하는가?
26. 내 밑에서 일하는 사람이 문제가 있을 때 쉽게 해고하는가?
27. 내 분야에서 탁월한 사람이 되고 싶은가?
28. 어떤 집단에서든 지도자가 되고 싶은가?
29. 자신을 가치 있는 인간이라고 느끼는가?
30. 내 성취와 재능을 자랑스럽게 여기는가?
31. 사람들이 내게 어떻게 하라고 지시하는 것이 싫은가?
32. 내가 원하지 않는 일을 하라고 하면 참기 어려운가?
33. 다른 사람에게 어떻게 살아야 한다고 강요하면 안 된다고 믿는가?
34. 누구나 다 인생을 살고 싶은 대로 살 권리가 있다고 믿는가?
35. 인간의 자유로운 선택능력을 믿는가?

36. 내가 하고 싶은 일을 하고 싶을 때 하고 싶은가?
37. 누가 무어라고 해도 내 방식대로 살고 싶은가?
38. 인간은 모두 자유롭다고 믿는가?
39. 상대방의 자유를 구속하고 싶은 생각이 없는가?
40. 나는 열린 마음을 지니고 있다고 믿는가?
41. 큰 소리로 웃기 좋아하는가?
42. 유머를 사용하거나 듣는 것이 좋은가?
43. 나 자신에 대해서도 웃을 때가 좋은가?
44. 뭐든지 유익하고 새로운 것을 배우는 것이 즐거운가?
45. 흥미 있는 게임이나 놀이를 좋아하는가?
46. 여행하기를 좋아하는가?
47. 독서하기를 좋아하는가?
48. 영화 보러 가기를 좋아하는가?
49. 음악 감상하기를 좋아하는가?
50. 새로운 방식으로 일하거나 생각해 보는 것이 즐거운가?

욕구강도 프로파일 답안지

20 년 월 일 작성 나 : (남, 여) 상대방 :

Survival Need		Love & Belonging Need		Power Need		Freedom Need		Fun Need	
문항	나 / 상대방	문항	나 / 상대방	문항	나 / 상대방	문항	나 / 상대방	문항	나 / 상대방
1	/	11	/	21	/	31	/	41	/
2	/	12	/	22	/	32	/	42	/
3	/	13	/	23	/	33	/	43	/
4	/	14	/	24	/	34	/	44	/
5	/	15	/	25	/	35	/	45	/
6	/	16	/	26	/	36	/	46	/
7	/	17	/	27	/	37	/	47	/
8	/	18	/	28	/	38	/	48	/
9	/	19	/	29	/	39	/	49	/
10	/	20	/	30	/	40	/	50	/
평균	/	평균	/	평균	/	평균	/	평균	/

1~10번 : 생존의 욕구
11~20번 : 사랑과 소속의 욕구
21~30번 : 힘과 성취의 욕구
31~40번 : 자유의 욕구
41~50번 : 즐거움의 욕구
평균 : (각 욕구에 대한 점수들의 합) ÷ 10으로 계산합니다.

나와 상대방의 프로파일 점수 기록

	Survival Need		Love & Belonging Need		Power Need		Freedom Need		Fun Need	
	나	상대방	나	상대방	나	상대방	나	상대방	나	상대방
점수										

출처 : 윌리엄 글래서(2013).

활 동

여러분들은 인간의 다섯 가지 욕구를 어떻게, 어떤 방법으로 충족시키고 있는지 적어보고 나누어 봅시다. 예 자유의 욕구 충족–스키 타기, 여행하기, 공상 즐기기 등

 생존의 욕구 survival	
 사랑과 소속의 욕구 love & belong	

<table>
<tr><td>
힘의 욕구
power</td><td></td></tr>
<tr><td>
자유의 욕구
freedom</td><td></td></tr>
<tr><td>
즐거움의 욕구
fun</td><td></td></tr>
</table>

(2) 사회적 욕구

사회적 욕구란, 개인의 욕구가 다수의 욕구로 확대되는 것을 말한다. 브래드쇼(Bradshaw)는 1972년 자신의 논문 「A Taxonomy of Social Need」에서 사회적 욕구를 규범적 욕구(Normative Needs), 인지된 욕구(Perceived Needs), 표현된 욕구(Expressed Needs), 상대적 욕구(Relative Needs)의 네 가지로 분류하며, 이를 통해 다양한 사회적 문제를 분석하고 해결할 수 있는 접근 방식을 제시했다. 네 가지 욕구는 다음과 같다.

첫째, 규범적 욕구(Normative Needs)는 전문가가 특정 기준을 설정하여 정의한 욕구를 말한다. 이는 일정한 표준에 미치지 못하는 상태를 욕구로 간주하며, 객관적이고 계량화 가능한 목표를 설정할 수 있다는 장점이 있다. 예를 들어, 아동의 성장 발달 표준에 미달하는 영양 상태는 규범적 욕구로 간주할 수 있다. 규범적 욕구는 서비스 제공의 기준을 설정하고 구체적인 목표를 제시하는 데 유용하지만, 기준이 전문가의 판단이나 시간의 흐름에 따라 변동될 수 있다는 한계를 가진다.

둘째, 인지된 욕구(Perceived Needs)는 개인이 스스로 인식하고 느끼는 욕구를 의미한다. 이는 주관적이며 개인의 상황과 경험에 따라 다양하게 나타난다. 예를 들어, 한부모 가정의 부모가 자녀 양육에 대한 도움이 필요하다고 느끼는 경우, 이는 인지된 욕구로 간주한다. 이러한 욕구는 참여자 중심의 프로그램 설계에 유용하지만, 기준이 불안정하고 상황에 따라 변동될 수 있다는 한계가 있다.

셋째, 표현된 욕구(Expressed Needs)는 개인이나 집단이 실제 행동으로 나타낸 욕구를 말한다. 이는 서비스 수요를 기반으로 정의되며, 구체적이고 측정 가능한 특성을 가진다. 예를 들어, 지역사회에서 방과 후 돌봄 프로그램에 대한 높은 참여율은 표현된 욕구를 보여준다. 표현된 욕구는 실질적인 서비스 제공의 근거를 제공하지만, 행동으로 표현되지 않은 잠재적 욕구를 파악하기 어렵다는 단점이 있다.

마지막으로, 상대적 욕구(Relative Needs)는 다른 사람이나 지역과의 비교를 통해 확인되는 욕구를 의미한다. 이는 지역사회 간의 서비스 수준 격차를 파악하는 데 유용하다. 예를 들어, 한 지역의 학습 지원 프로그램이 다른 지역보다 부족하다면, 이는 상대적 욕구로 간주할 수 있다. 그러나 상대적 욕구는 두 지역의 특성을 고려하지 않고 단순히 비교할 경우 욕구를 왜곡할 가능성이 있다는 한계를 가진다.

결론적으로, 브래드쇼(Bradshaw)의 사회적 욕구 분류는 사회복지와 가족생활교육 프로그램 설계에서 중요한 이론적 틀을 제공한다. 각 욕구 유형은 서로 다른 특성과 장단점을 가지며, 이를 종합적으로 고려할 때 개인과 지역사회의 문제를 효과적으로 해결할 수 있는 프로그램을 설계할 수 있다.

(3) 욕구조사의 내용

욕구조사는 지역사회의 필요를 체계적으로 분석하고, 이를 바탕으로 효과적인 프로그램을 설계하기 위한 기초 작업이다. 이를 통해 지역사회 구성원의 요구를 명확히 하고, 이를 충족시킬 수 있는 전략과 자원을 확보할 수 있다. 욕구조사의 주요 내용은 다음과 같이 정리할 수 있다.

첫째, 기초자료는 지역사회의 전반적인 특성을 파악하기 위해 수집된다. 이는 인구 구조, 경제 상황, 생활환경, 문화적 특성 등 지역사회의 일반적 특성에 대한 정보를 포함한다. 예를 들어, 특정 지역에 고령 독신 가구가 많다면, 이 데이터를 기반으로 독거노인 복지 프로그램을 기획할 수 있다. 이러한 자료는 지역사회의 전반적인 맥락을 이해하고, 특정 집단의 필요를 명확히 규정하는 데 중요한 역할을 한다.

둘째, 기존 서비스에 대한 평가와 새로운 서비스 개발에 필요한 자료는 현재 지역사회에서 제공되고 있는 서비스의 실효성을 분석하고, 새로운 요구를 충족할 방안을 탐색하기 위한 데이터를 포함한다. 예를 들어, 지역사회에서 운영 중인 부모교육 프로그램이 참여자들로부터 낮은 만족도를 보인다면, 이를 개선하거나 대체할 새로운 프로그램의 필요성을 파악할 수 있다. 이러한 평가는 기존 서비스의 장단점을 이해하고, 더욱 효과적인 대안을 모색하는 데 필수적이다.

셋째, 지역사회의 활용 가능한 자원에 대한 정보는 프로그램 실행 가능성을 높이는 데 매우 중요한 요소이다. 물리적 자원(예 지역 시설과 공간), 인적 자원(예 전문가와 자원봉사자), 정치적 자원(예 지역 지도자의 지원과 정책적 기반) 등이 여기에 포함된다. 예를 들어, 지역 공공기관이 제공하는 시설을 활용하면, 프로그램 운영비용을 줄이고 참여자들이 쉽게 접근할 수 있는 환경을 조성할 수 있다.

이처럼 욕구조사는 지역사회의 특성과 자원을 종합적으로 이해하고, 이를 기반으로 구체적이고 실행 가능한 계획을 세우는 데 중추적인 역할을 한다. 이를 통해 지역사회의 문제를 해결하고, 구성원들의 삶의 질을 향상시킬 수 있는 프로그램이 설계될 수 있다. 욕구조사는 단순히 정보를 수집하는 데 그치지 않고, 이를 분석하여 실질적인 변화를 끌어내는 전략을 마련하는 과정이라는 점에서 그 중요성이 크다.

(4) 욕구조사의 방법

욕구조사는 개인이나 지역사회의 필요를 파악하기 위해 설문조사, 면접, 관찰 등의 방법을 활용하는 과정이다. 특정 조건에 맞는 집단이나 전문가를 대상으로 심층적인 조사를 진행하거나, 기존 통계 데이터를 분석하여 정보를 도출하기도 한다. 또한 GIS와 같은 도구를 활용해 지역사회의 자원과 욕구 분포를 시각적으로 분석함으로써 부족한 부분을 확인할 수 있다. 이러한 조사는 사례 분석을 통해 개인과 집단의 문제를 깊이 이해하고, 이를 기반으로 효과적인 해결책을 설계하는 데 큰 도움을 준다.

① 직접적인 욕구조사 방법

- **일반 인구조사 방법** : 지정된 지역 내 주민들 가운데 표본을 추출하고, 이들을 대상으로 면접이나 설문지를 통해 자료를 얻고, 이 자료를 근거로 욕구를 측정하는 것이다. 이 방법으로 한 지역에서 사용된 조사 방법과 조사 도구(설문 척도)를 다른 지역에서도 수정 보완하여 사용하기도 한다. 개개인이 인정하는 문제 파악, 문제를 가진 개인들과 이들의 특성 파악, 지역주민이 이용하고자 하는 서비스나 프로그램 정보 등을 얻고자 할 때 주로 많이 사용되는 방법이다.
- **표적 인구조사 방법** : 일반인구 중에서 어떤 특성을 가진 사람들을 표적 집단으로 대상 선정하고, 이 대상에게 설문조사를 실시하는 것이다. 표적 인구조사를 통해 표적 인구의 문제, 원하는 서비스나 프로그램 등을 보다 구체적으로 파악할 수 있다. 표적 집단은 일반집단 중 여러 요건(소득, 나이, 성별, 지리적 위치 등)을 층하하여 나눈 집단을 말한다.
- **면접법** : 조사대상 집단 중에서 정보를 제공해 줄 수 있는 주요 인물을 다양한 형태로 표본을 뽑아 심층적으로 면접하는 방법이다. 집단의 크기는 8~12명 정도가 적당하며, 심층 면접에 참여할 대상자는 여러 가지를 고려하여 선정한다. 면접 시 질문 내용을 사전에 어느 정도 구조화해놓느냐에 따라 비구조화, 반구조화, 구조화 면접법으로 나눌 수 있다. 비구조화 면접은 큰 주제만 대략 정해놓고, 구조화된 질문이나 응답의 형식 없이 자유롭게 면접을 수행한다. 반면에 구조화 면접은 면접을 위한 사전 질문과 응답을 예상하여 정형화된 면접 질문 틀을 갖추는 것이다. 반구조화 면접은 질문 형식 구조화를 중간 정도로 하는 경우를 의미한다(정주석 외, 2024).

사 례 **면접을 통한 욕구 조사**

제목 : 정 할머니의 고민

평소 소극적이고 매사에 부정적이며 자신감이 없는 정 할머니는 딸의 권유로 집 근처 노인복지관 프로그램에 참여하게 되었다. 그곳에서 비슷한 또래의 최 씨, 윤 씨와 친해지게 되었다. 복지관 프로그램 참여가 처음인 정 할머니는 수업 내용을 따라가는 것이 힘들었지만 오랫동안 복지관 수업을 들은 최 씨와 윤 씨의 도움을 받으며 잘 적응할 수 있다. 정 할머니는 최

씨와 윤 씨가 항상 밝고 긍정적이며, 꾸준한 운동으로 건강한 삶을 유지하고 있는 것 같아 부러웠다.

어느 날 정 할머니는 최 씨와 윤 씨의 노후에 대한 구체적인 계획을 듣게 되면서 '나도 저렇게 늙어가야 할 텐데….'라는 생각을 하였다. 그러나 정 할머니는 남은 인생을 어떻게 보내야 할지 막막할 뿐이었다. 사실 정 할머니는 옛날부터 넉넉하지 않은 가정형편 때문에 자녀들을 키우면서 계속 일을 해야만 했다. 남편도 일용직 노동자로 지금도 일을 하고 있었는데 얼마 전 남편이 일을 하다가 다치는 바람에 예전만큼 일을 하지도 못하고 있다. 자신의 처지가 이렇다 보니 남은 노후에 대한 생각은 전혀 해본 적 없던 정 할머니가 최 씨와 윤 씨와 같이 남은 노후에 대한 계획을 가진 노인들을 보니 부럽기도 하고 저들처럼 남은 노후를 계획하지 못하고 있는 자신이 답답하고 속상하기까지 하였다.

그런데 시간이 지나서 알게 된 것은 최 씨는 교사 출신이기 때문에 금전적인 걱정이 없어 노후에 대한 계획들을 세우는 것이 별로 어렵지가 않았다. 그래서 남은 인생을 어떻게 즐길까를 생각하는 것이 당연하게 여겨졌지만 윤 씨의 사정은 달랐다. 윤씨는 오래전 남편과 사별을 하고, 홀로 3자녀를 키우며 안 해본 일이 없다고 하였다. 또한 윤 씨는 일하는 아들 부부를 대신해 어린 손자들까지 돌보고 있었다. 그리고 노후에 쓸 돈도 없는 것 같았다. 지금도 국가에서 나오는 기초노령연금과 자녀들이 주는 용돈으로 겨우 생활을 유지하고 있었다. 하지만 윤 씨는 자신의 이야기를 하면서도 전혀 비관적이지 않았고, 오히려 자신은 매우 가치로운 존재이기 때문에 남은 인생을 우울하게 보낼 수 없다며 오히려 더 긍정적으로 남은 노후를 보내려고 하였다.

이런 이야기를 들은 정 할머니는 자신보다 더 어려운 상황에 속해 있는 윤 씨가 그것을 불만으로 여기지 않고 부정적으로 생각하지 않았으며 오히려 더 남은 노후는 더 나아질 것이며 재밌게 살 것이라고 이야기하는 것을 듣고 자신이 부끄럽게 여겨졌다. 그리고 정 할머니는 자신의 상황을 돌아보며 '나는 어떻게 하면 남은 노후를 보다 더 긍정적이고 가치롭게 보낼 수 있을까?'라는 생각을 하게 되었다.

욕구 인식하기

- 정 할머니의 고민은 무엇인가요?
- 정 할머니의 바람은 무엇인가요?
- 정 할머니의 성공적 노화를 방해하는 장애물은 무엇이었나요?
- 정 할머니가 가진 장애물을 해결하는 방법은 무엇이 있을까요?

출처 : 정주은(2014).

- **델파이 방법** : 이는 전문적인 지식을 갖춘 주요 정보 제공자들을 활용하는 방법이다. 관련 전문가들을 선정하여 주요 관심사에 대한 설문지를 발송한 후 회수된 응답 내용을 합의되지 않은 부분과 합의된 부분으로 구분하여 정리한다. 합의되지 않은 내용에 대해서는 이유와 함께 2차 설문지를 발송하여 의견을 묻고 계속 같은 방식으로 어느 정도의 합의점에 도달할 때까지 설문 결과를 참고하여 다시 응답하게 하는 절차를 반복한다.
  참가자를 익명으로 할 수 있어 발언권이 세고 우세한 참가자의 영향력으로 인한 편향을 줄일 수 있다. 개인의 이권 행사로부터 오는 부정적 영향을 최소한으로 줄일 수 있고, 익명이기에 집단의 압력을 크게 줄일 수 있으며, 응답자는 스스로 응답 시간을 통제하기 때문에 효율적으로 시간을 쓸 수 있다.
- **FGI(Focus Group Interview)** : FGI는 특정 주제에 대해 참가자들의 심층적인 의견을 수집하기 위해 소규모 그룹으로 진행되는 인터뷰 방법이다. 이는 집단 내 상호작용을 통해 다양한 관점을 끌어낼 수 있다는 점에서 유용하며, 특히 가족생활교육 프로그램 개발에 있어 참가자들의 경험과 요구를 구체적으로 파악하는 데 효과적이다. FGI를 통해 얻은 자료는 프로그램의 방향성과 내용 설계에 실질적인 도움을 줄 수 있으며, 참여자 간 논의를 통해 새로운 아이디어와 통찰을 얻는 데 기여한다. 이러한 장점으로 인해 FGI는 가족생활교육 연구 및 실천에서 중요한 데이터 수집 방법으로 활용될 수 있다.
- **관찰법** : 관찰자가 개인 · 집단 · 지역사회 등 조사대상의 행동이나 사회현상을 현장에서 직접 보거나 들어서 필요한 정보나 상황을 정확히 알아내는 방법이다. 사람이 직접 행하고 말하는 것을 관찰하는 방법[예 어린이집에서 아동 행동(또래와의 상호작용)을 관찰자가 직접 관찰]과 사람들에게 자신과 타인의 행동에 대하여 질문하게 하는 방법[예 아동 행동(또래와의 상호작용)에 대해 부모에게 질문하는 방법]이 있다.
- **지역사회 공개토론회(공청회) 개최** : 공개토론회는 지역 주민들의 의견을 수집하는 데 효과적인 방법이다. 예를 들어, "부모와 자녀 간 가장 큰 의사소통 장애는 무엇인가요?"와 같은 주제를 가지고 부모와 자녀 모두가 참여하는 토론회를 개최한다. 부모들은 자녀의 스마트폰 사용 문제를 주요 이슈로 제기할 수 있고, 자

녀는 부모의 과도한 간섭에 대한 불만을 표할 수 있다. 이러한 정보를 바탕으로 프로그램의 구체적인 목표와 방향을 설정할 수 있다.

- **소그룹 대화와 집단 토의** : 잠재적인 참여자들과 소규모로 대화하며 공통의 문제를 도출한다. 예를 들어, 부모 그룹과 자녀 그룹을 각각 구성해 그들의 어려움과 기대를 들어보는 시간을 갖는다. 부모들은 자녀의 감정을 이해하는 데 어려움을 호소할 수 있고, 자녀들은 부모와의 대화에서 자신의 의견이 무시된다고 느낀다는 점을 호소할 수 있다. 이를 통해 프로그램은 부모와 자녀의 요구를 통합적으로 반영하여 기획할 수 있다.
- **척도 활용** : 척도는 대상자의 현재 상태를 평가하는 데 유용한 도구다. 부모와 자녀의 대화 빈도, 긍정적인 상호작용 여부, 갈등 상황에서의 대처 방식 등의 설문지 척도를 통해 프로그램 설계에 반영할 구체적인 의견이나 개선 방향을 도출할 수 있다. 프로그램 개발에 활용될 수 있는 척도로서 '공동모금회 배분사업 성과측정을 위한 척도집(사회복지공동모금회, 2018)'이 있다. 총 7개 영역(① 자아개념 및 개인의 인식과 태도, ② 건강, ③ 사회적 기능, ④ 가족, ⑤ 사회적 관계망, ⑥ 커뮤니티 임팩트, ⑦ 그 밖의 척도들)으로 구분하여 다음과 같이 제시하였다.

〈표 3-6〉 영역별 주제와 관련 척도

	영역별 주제	관련 척도	
1	자아개념 및 개인의 인식과 태도	• 자기효능감 척도 • 자아통합감 척도 • 삶의 만족도 척도	• 자아존중감 척도 • 성역할 태도 척도 • 노인 생활 만족도 척도
2	건강	• 스트레스 척도 • 한국어판 Beck의 무망감 척도 • 한국판 단축형 노인 우울 척도 • 청소년 자살 생각 척도 • 신체건강행동 측정 척도 • 한국판 청소년 도박중독 진단 척도	• 경제적 스트레스 척도 • 우울 척도 • 아동 · 청소년 우울척도 • 한국판 일반정신건강 척도 • 음주심각성 척도 • 성인용 스마트폰 중독 척도
3	사회적 기능	• 문제해결능력 척도 • 사회적 책임감 척도 • 청소년용 탄력성 척도 • 학교생활 적응 척도 • 한국판 단축형 자기통제 척도 • 사회불안 척도 • 한국형 수단적 일상생활수행능력 척도	• 사회성 척도 • 한국판 사회적 유능성 척도 • 학교적응 유연성 척도 • 충동적 공격성 척도 • 자기조절 척도 • 한국형 일상생활수행능력 척도 • 성인용 애도 척도

4	가족	• 가족의사소통 척도 • 가족 사정 척도 • 축약형 가족관계 척도 • 부부 친밀감 척도 • 자녀용 부모자녀관계 척도 • 부모역할 만족도 척도 • 한국형 청소년용 부모양육태도 척도 • 양육행동 척도 • 양육협력 척도 • 양육스트레스 척도 • 방임 척도	• 가족 적응성 및 응집성 평가 척도 • 가족 자원 척도 • 부부 적응 척도 • 결혼 만족도 척도 • 갈등 전술 척도 • 아버지 역할 척도 • 부모 양육태도 척도 • 어머니 양육행동 척도 • 부모 · 동료애착 척도 • 양육불안 척도 • 부양부담 척도
5	사회적 관계망	• 사회적 지지 척도 • 사회참여 태도 척도 • 사회적 차별 척도 • 대인관계 유능성 척도 • 또래관계 질 척도 • 청소년 외로움 척도 • 학교폭력 가해행동 척도	• 사회참여 척도 • 사회적 안녕감 척도 • 사회불안 척도 • 또래관계 척도 • 대인관계 조화 척도 • 또래 괴롭힘 척도
6	커뮤니티 임팩트	• 네트워크 필요성 인식 척도 • 네트워크 지원수준 척도 • 지역사회 자본 척도 • 사회자본 척도 • 이웃 유대 척도 • 지역공동체 의식 척도 • 사회통합 척도 • 동네 애착 척도 • 집합적 효능감 척도 • 동네 무질서 척도 • 사회복지사 지역사회조직사업 역할수행 척도	• 네트워크 체계적 요인 척도 • 네트워크 효과성 인식 척도 • 사회적 자본 척도 • 지역사회 문제해결 능력 척도 • 마을 만들기 참여 척도 • 공동체 의식 척도 • 동네응집력 척도 • 정신장애인 지역사회통합 척도 • 지역사회 역량강화 척도 • 기업사회공헌활동 척도
7	그 밖의 척도들	• 문화적응 스트레스 척도 • 청소년 다문화 인식 척도 • 노화태도 척도 • 지각된 노인 낙인 척도 • 장애 정체감 척도 • 정신장애인 전반적 사회기능 척도 • 한국형 고용 희망 척도 • 자원봉사활동 참여동기 척도 • 사회복지서비스 이용자 만족도 척도 • 지역사회복지관 서비스품질관리 척도 • 정신사회 재활서비스 사정 및 성과평가 척도	• 학교 다문화 분위기 척도 • 성공적 노화 척도 • 노인의 사회적 가치 평가 척도 • 노인학대 척도 • 장애 수용 척도 • 자활 의지 척도 • 자원봉사활동 만족도 척도 • 감정노동 척도

출처 : 사회복지공동모금회(2018).

② 간접적인 욕구조사 방법

- **사회지표 분석** : 간접적인 욕구조사 방법은 대상자에게 직접 접촉하지 않고, 2차 자료를 활용하는 방법이다. 욕구조사를 위한 직접적인 자료 수집이 아니라 기존 수집된 자료를 이용한다. 사회지표란 '지역이나 인구집단을 특징적으로 나타내는 표준화된 수치'를 말한다. 신뢰성과 타당성이 있어야 하며 실제로 욕구를 파악할 수 있는 공인된 지표 자료여야 한다. 각종 정부기관이나 연구기관에서 정기적·비정기적으로 발표하는 실태조사로서, 인구 변화, 성비, 출산율, 가구원 수, 소득분포 등의 자료가 활용된다. 대표적인 사회지표로서 경제(소득수준 등), 고용(근무연한, 직업군, 실직자 수 등), 가정생활(부모–자녀 관계, 이혼율 등), 교육(교육 정도, 학교 중퇴율 등), 주택(주택 상태, 협소 정도 등), 신체·정신 건강(질병 발생률, 사망원인 등), 가정관리(아동 양육, 주택 수리 등), 레크리에이션(여가, 운동 등), 일상생활 만족(자기평가 정도 등), 사법(범죄율 등) 지표가 활용된다.
- **사례조사** : 대상 집단을 직접 상대하거나 관계하고 있는 제삼자를 접촉하여 증언을 듣는 방법이다. 프로그램 운영자/서비스 제공자 조사, 주요 정보 제공자 조사, 서비스 통계를 이용하여 사례를 조사한다.
  - 프로그램 운영자/서비스 제공자 조사 : 서비스를 직접 제공하거나 프로그램을 직접 운영하는 사람을 만나 이용자(대상자)와 관련된 여러 가지 상황들을 알아보는 것이다. 이는 사회적으로 잘 알려지지 않았거나 다루기 어려운 문제들(예 미혼모 문제, 마약 중독, 가정폭력 등)에 관한 정보를 얻을 수 있는 장점이 있다. 그러나 증언을 통해 파악한 문제가 대상 인구집단의 실제 문제라기보다 제공자의 개인적 편견일 수도 있다. 제공자들은 주로 수혜자만을 상대하기 때문에 수혜자에 관한 자료만을 제공할 수 있으며, 자신들의 기관에서 제공하는 또는 제공하게 될 서비스나 프로그램으로 충족될 수 있는 욕구에 관해서만 관심을 가질 수 있는 단점이 있다.
  - 주요 정보 제공자 조사 : 직접적으로 프로그램 운영이나 서비스 전달에는 참여하지 않지만, 지역사회 사정을 잘 알고 대상자의 의견을 대변할 수 있는 사람들(자문단, 공직자, 전문직 종사자 등)로부터 대상 집단의 욕구나 서비스 이용실태를 파악하는 것이다. 이는 주민 대다수 문제, 지역적인 관심사, 논의

대상이 될 가능성 있는 문제를 제시해 주는 장점이 있다. 비용도 적게 들고, 기존 조사 방법(예 델파이기법, 면접법)을 이용할 수 있다. 그러나 직접 제공자들을 만나 면접을 해야 해서 많은 면접자가 있어야 하고 주요 정보 제공자가 개인적 · 편파적인 의견을 제시할 수 있는 점을 간과할 수 없다.

– 서비스 통계 이용 조사 : 기존 서비스 기관의 서비스 이용 통계를 분석하는 것으로 주민들의 표현된 욕구를 파악할 수 있는 유용한 방법이다. 어떤 프로그램에 대기자가 많거나 반대로 신청자가 너무 적거나 하는 것으로, 필요 서비스가 충분히 공급되지 못하고 있거나 적절한 프로그램이 공급되지 않고 있음을 파악할 수 있다. 서비스 기관이 클라이언트에 관한 이용실태 자료를 모아놓은 것을 사용한다. 모니터링, 인테이크(접수면접지), 인구 사회학적 정보 자료, 욕구 조사 자료, 서비스 개입 종류 · 빈도 · 지속 기간 등에 관해 기관이 수집해놓은 자료들이다.

- **지역사회 욕구/자원 지도** : 지역사회의 지도를 세부 구역들로 나누고, 해당 지표의 자료 값들을 입력해서 대조해 보는 것이다. 이를 통해 지역사회의 욕구와 자원에 대한 분포를 시각적으로 분명하게 파악할 수 있다. 예를 들어, GIS(공간 지리 정보시스템)를 이용하여 지역사회 경로당이 있는 위치를 표시하고, 해당 지역 노인의 수를 표시하여 비교함으로써 지역사회 노인 인구 대비 경로당의 수가 어느 지역에 적은지 · 많은지를 파악할 수 있다(정주석 외, 2024).

〈표 3-7〉 설문지 만들기 tips

• 목적 정하기 : 먼저 설문지를 왜 만드는지, 어떤 정보를 얻고 싶은지 생각해야 한다. 예를 들어, 가족생활교육 프로그램에 대한 의견을 묻고 싶다면, 프로그램에 관한 구체적인 의견이나 개선점을 얻는 것이 목적이 될 수 있다. • 질문 유형 정하기 : 설문지에는 여러 가지 질문 유형이 있다. 예/아니요로 대답하는 폐쇄형 질문, 구체적인 답변을 적게 하는 개방형 질문, "매우 동의함"부터 "매우 동의하지 않음"까지 선택할 수 있는 척도형 질문 등이 있다. 목적에 맞게 여러 유형을 적절히 섞어서 구성한다. • 질문 작성하기 : 질문은 간단하고 명확하게 작성하는 게 중요하다. 너무 길거나 어려운 단어를 사용하면 답변하는 사람이 혼란스러울 수 있으므로, 이해하기 쉽게 쓰는 게 좋다. • 순서 정하기 : 설문지의 첫 부분은 가벼운 질문으로 시작하는 게 좋다. 응답자가 편안하게 시작할 수 있도록 쉬운 질문부터 시작하고, 점점 주제에 맞는 심도 있는 질문으로 넘어가면 된다.

- 사전 테스트 : 설문지를 다 만들었으면 주변 사람들에게 먼저 보여주어 잘 이해할 수 있는지, 답하기 쉬운지 확인해 보는 것도 필요하다. 이런 사전 테스트는 설문지의 질을 높이는 데 도움이 된다.
- 설문지 배포 : 온라인 설문 도구(예 구글 설문지)를 사용하면 쉽게 설문을 배포하고 결과를 모을 수 있다. 온라인을 통해 결과분석을 바로 할 수 있기에 편리한 방법이다.

〈표 3-8〉 구글 설문지 만드는 방법

1. 구글 계정으로 로그인한다 : 먼저, 구글 계정이 필요하다. 구글 계정이 없다면 **"구글 계정 만들기"**에서 새로 만든다.
2. 구글 설문지에 접속한다 : 로그인한 후, 웹 브라우저에서 구글 설문지에 접속한다.
3. 새 설문지를 만든다 : 페이지 상단의 **"+"** 버튼을 클릭하여 새로운 설문지를 시작한다.
4. 설문지 제목과 설명을 입력한다 : 상단에 있는 **"제목 없는 설문지"** 부분을 클릭하여 설문지의 제목을 입력하고, 그 아래에 설문지에 대한 간단한 설명을 추가한다.
5. 질문을 추가한다 :
   - 첫 번째 질문이 자동으로 생성되어 있다. **"질문"** 부분을 클릭하여 질문 내용을 입력한다.
   - 오른쪽에 있는 드롭다운 메뉴를 클릭하여 질문 유형을 선택할 수 있다. 예를 들어, 객관식, 체크박스, 단답형 등 다양한 유형이 있다.
   - 추가 질문을 만들려면 오른쪽에 있는 **"+"** 버튼을 클릭한다.
6. 설문지 디자인을 꾸민다 : 상단의 팔레트 아이콘을 클릭하여 설문지의 테마 색상이나 배경 이미지를 변경할 수 있다.
7. 설문지 설정을 한다 : 상단의 톱니바퀴 아이콘을 클릭하여 응답 수집 방법, 응답자에게 결과 표시 여부 등을 설정할 수 있다.
8. 설문지 미리보기를 한다 : 상단의 눈 모양 아이콘을 클릭하여 설문지가 어떻게 보이는지 미리 확인할 수 있다.
9. 설문지를 보낸다 : 상단의 **"보내기"** 버튼을 클릭하여 설문지를 공유할 수 있다. 이메일로 보내거나, 링크를 복사하여 공유하거나, 웹사이트에 삽입할 수 있다.
10. 응답을 확인한다 : 설문지를 공유한 후, 응답이 수집되면 상단의 **"응답"** 탭에서 응답 내용을 확인할 수 있다. 스프레드시트 아이콘을 클릭하여 응답 데이터를 스프레드시트로 볼 수도 있다. 이렇게 하면 구글 설문지를 쉽게 만들고 공유할 수 있다.

활 동

1. 기관의 가족생활교육 프로그램 조사

기관 3곳을 선택하여 프로그램 실시 기관, 대상, 기간, 제목, (회기)내용 등을 조사해 봅시다.

2. 나의 가족생활교육사 능력 정도 검토해 보기(활동지 참조)

한국가족관계학회 사이트의 가족생활교육사 자격기준을 참조하여 본인이 가족생활교육사가 되기 위해 현재 어떤 요건을 갖추고 있으며, 앞으로 어떤 것을 보완해야 하는지 이야기 나누어 봅시다.

활 동

나의 가족생활교육사 능력 정도 점검

다음 각각에 대해 자신의 가족생활교육사로서의 능력의 정도를 표시해 봅시다.		많은 노력이 요구됨	어느 정도 노력 요구됨	평균 적임	평균 이상	능력 충분함
일반적인 지적 수준	정보를 모으고 읽고 이해하는 능력과 그것을 어떤 주제와 집단의 욕구에 맞게 연결시키는 능력	1	2	3	4	5
자아 인식	자신의 의견, 태도, 문화적 가치를 다른 사람들의 의견이나 태도, 가치를 사칭하지 않고 인식하고 표현할 수 있는 능력	1	2	3	4	5
정서적 안정성	적절한 방법, 시간에 정서를 표현하는 능력, 위기나 저항의 순간 안정을 유지하고, 타인의 언어, 신체적 공격을 참는 능력	1	2	3	4	5
성숙	자신의 실수와 약점을 인정하고, 타인을 비난하지 않을 능력. 과거의 슬픔을 극복하고 개인 가치와 잠재력을 볼 수 있는 능력	1	2	3	4	5
감정이입	타인의 입장에서 볼 수 있는 능력. 타인의 느낌을 반영하기	1	2	3	4	5

효과적인 사회적 기술	타인과 즐기고 안정을 느낄 수 있는 능력	1	2	3	4	5
자신감	개인적 대화와 집단 앞에서 대화하고 확고하게 말하는 행동능력. 모욕감을 주지 않고 개인 생각에 대한 도전을 받아들이는 능력	1	2	3	4	5
유연성	변화된 상황에 맞게 계획을 조정할 수 있는 능력. 변화가 필요한 시기를 인식하고 새로운 시도를 기꺼이 하는 태도	1	2	3	4	5
다양성에 대한 이해와 이에 대한 존중	타인의 가치, 태도, 생활 스타일 차이를 인정하는 능력	1	2	3	4	5
언어적 및 쓰는 의사소통 능력	정확하고 설득적이고 명확하게 말할 수 있는 능력	1	2	3	4	5
모든 연령, 집단과 1:1 상호작용할 수 있는 능력	다른 사람이나 집단을 비난하지 않고 대화할 수 있는 능력. 유머와 공유의 가치를 인식하기	1	2	3	4	5

출처 : Powell, L., & Cassidy, D.(2001).

CHAPTER 04

가족생활교육 프로그램 개발

1. 성공하는 팀의 비밀 : 창의적 팀 빌딩과 협력의 기술

1) 팀 구성하기

(1) 팀 구성하기의 중요성

팀 구성은 팀의 성과와 협력을 좌우하는 중요한 과정이므로 철저한 계획이 필요하다. 가장 먼저 명확한 목표를 설정해야 한다. 목표는 팀의 방향성을 정해주며, 모든 구성원이 이를 기반으로 협력할 수 있도록 돕는다. 예를 들어, "기한 내에 제안서를 완성한다"라는 구체적인 목표는 팀원들이 각자의 역할을 명확히 이해하고 효율적으로 움직일 수 있는 기준이 된다.

그다음으로는 팀원들의 강점과 특징에 맞는 역할을 배정하는 것이 중요하다. 각자의 능력에 따라 적절한 역할을 맡기면 팀의 생산성을 높이고, 개인의 책임감도 강화할 수 있다.

다양성을 고려하는 것도 필수적이다. 구성원들의 배경이나 관점이 다양할수록 창의적이고 혁신적인 아이디어가 나오기 쉽다. 이를 위해 나이, 성격, 관심사 등 다양한 요소를 조합해 균형 잡힌 팀을 구성하는 것이 바람직하다.

또한 팀의 협력과 소통을 강화하기 위해 팀 빌딩 활동을 포함하는 것이 효과적이다. 이런 활동은 구성원들이 서로를 이해하고 신뢰를 쌓을 기회를 제공하며, 문제해결 능력을 키우는 데도 도움을 준다.

마지막으로, 각 구성원의 역할과 책임을 분명히 정의해야 한다. 명확한 역할 설정은 의사소통을 원활하게 하고, 무임승차나 불필요한 갈등을 예방한다. 이를 통해 구성원들이 자신의 책임에 집중하고 목표 달성에 기여하도록 할 수 있다.

이처럼 목표 설정, 역할 분담, 다양성, 팀 빌딩, 책임 명확화 등의 원칙을 충실히 따른다면, 구성원 간의 협력과 신뢰를 바탕으로 성공적인 팀을 구축할 수 있다.

2) 효과적인 팀 구성 방법

(1) 학습 스타일별 팀 나누기

학생들에게 간단한 설문이나 자기 평가를 통해 학습 스타일(시각적, 청각적, 읽기/쓰기, 체험적)을 파악하고, 다양한 스타일을 가진 사람들을 한 팀으로 구성한다. 이렇게 하면 서로 다른 방식으로 접근하고 배울 수 있어서 팀 과제에 강점이 될 수 있다.

(2) 전공이나 관심사에 따라 팀 나누기

같은 학과 내에서도 세부 전공이나 관심사가 다양할 수 있다. 예를 들어, 어떤 학생은 자료 조사에 강하고, 어떤 학생은 프레젠테이션에 능숙할 수 있다. 설문이나 간단한 자기소개를 통해 각자의 강점이나 관심사를 파악한 후, 조화를 이루도록 팀을 구성하는 것이다.

(3) 무작위 팀 나누기(추첨 방식)

무작위로 팀을 구성하는 것도 좋은 방법이다. 다양한 사람들과 협력하면서 새로운 관점을 배울 기회가 될 수 있기 때문이다. 학생들에게 번호표를 나누거나, 앱을 활용해 랜덤으로 팀을 정하는 것도 재미있게 해볼 수 있다.

(4) 역할 분담을 고려한 팀 구성

과제를 수행하는 데 필요한 역할(리더, 조사자, 발표자, 자료 정리자 등)을 미리 정하고, 각 역할에 적합한 사람들을 모집해서 팀을 구성하기도 한다. 예를 들어, 팀을 나누기 전에 역할을 소개하고, 자신의 성향에 맞는 팀으로 들어가도록 하면 팀 내에서 각자 강점을 발휘할 수 있다.

(5) 문제해결 게임을 통해 자연스럽게 팀 나누기

문제해결을 위한 간단한 게임이나 퀴즈를 통해 자연스럽게 팀을 나누는 방법도 있다. 예를 들어, 미리 정해진 주제에 대해 퀴즈를 풀고 비슷한 답을 찾은 사람들끼리 모아 팀을 구성하는 것이다. 이렇게 하면 유사한 사고방식을 가진 사람들끼리 팀이 되면서, 과제 수행 시 아이디어를 더 효과적으로 공유할 수 있다.

이 외에도 과제의 성격이나 학생들의 스타일에 맞는 방법을 선택하여 팀을 구성하여 팀워크도 좋아지고 과제 성과도 높일 수 있도록 다양한 시도를 해보는 것이 좋다.

〈표 4-1〉 팀 명칭 사례

① 가온누리 – "세상의 중심"이라는 뜻, "모든 '가'족들이 세상의 중심이 되어 '온'갖 복지를 '누리'며 잘 살아갈 수 있는 사회를 만들자!"라는 의미를 담았다. ② 서유기 – 손오공과 삼장법사, 저팔계, 사오정처럼 서로 다르지만, 가족이 될 수 있고 함께 살아갈 수 있다는 의미를 담았다. ③ 위플래쉬(we-flash) – Whiplash 영화의 제목에서 가져온 단어이다. 본래의 뜻은 채찍질이며 영화는 최고 드럼연주자가 되고 싶은 앤드류와 그를 한계까지 몰아붙이며 가르치는 플레처 교수에 관한 이야기를 다루고 있다. 이 영화를 두고 사람들은 "학대다" 혹은 "교육이고, 스승이다"라는 의견이 나뉜다. 가족관계에서도 관점에 따라 애정이 어린 관심일 수도, 혹은 지나친 간섭이 될 수도 있다. 이러한 양면성에 감명을 받아 위플래쉬라는 이름을 팀명으로 정하게 되었다. 본래 단어의 뜻인 채찍질은 부정적인 의미를 내포하고 있어 we-flash, 즉 빛나는 우리라는 이름으로 바꾸어 보았다. 이는 가족프로그램을 통해 빛나게 될 가족관계, 그리고 함께 활동하며 친밀해질 우리를 뜻하기도 한다. ④ 가정사 – 각 가족의 다양한 가정사에 따라 가족의 욕구와 상황을 잘 파악하고, 프로그램을 통해 가족의 상황을 개선해 행복한 가정을 이룬다는 의미를 담았다. ⑤ 연푸른지 – 연푸른+도화지의 줄임말로 구름 한 점 없는 연푸른 하늘처럼 넓고 큰 우리의 꿈을 그려나가자는 취지가 담겨 있다. ⑥ 어쩌다 가족 – 어쩌다 한 팀이 된 저희가 '어쩌다 가족'이 된 모든 가족을 위해 함께 프로그램을 만들겠다는 의미를 담았다. ⑦ 자갈자갈 – 여럿이 모여서 나직한 목소리로 지껄이는 소리로 모든 조원이 동등하게 서로의 의견을 공유하고 존중하며 목표를 향해 나아간다는 의미를 담았다. ⑧ 가자미 – '가'족의 '자'립심과 행복한 '미'래를 그려나갈 수 있도록 지원하겠다는 취지를 담았다.

출처 : 2018~2022년 창원대학교 가족생활교육 수강생 활동 자료.

3) 팀 빌딩 활동

팀 빌딩 활동은 팀 구성원들 간의 소통과 협력을 강화하고, 서로에 대한 이해를 높여 팀의 목표를 효과적으로 달성할 수 있도록 돕는다. 첫째, 팀 빌딩 활동을 통해 서로를 이해하고 신뢰를 쌓게 된다. 팀 빌딩 활동을 통해 팀원들이 서로의 강점, 성격, 일하는 스타일을 알아 가면서 신뢰를 쌓을 수 있다. 팀워크의 가장 기본은 팀원에 대한 서로의 신뢰이기 때문이다. 둘째, 팀 빌딩 활동은 의사소통 능력을 강화한다. 팀이 효과적으로 일을 하기 위해서는 명확하고 원활한 소통이 필수적이다. 팀 빌딩 활동을 통해 소통 방식과 피드백을 주고받는 법을 배우면서, 팀 내 갈등을 줄이고 서로의 의견을 존중할 수 있게 된다. 셋째, 팀 빌딩 활동은 협력과 문제해결 능력을 향상한다. 함께 목표를 달성하거나 문제를 해결하는 것을 목표로 하므로, 협력 능력과 문제해결 능력을 기를 수 있게 된다. 특히 다양한 성향을 지닌 사람들과 함께하면서 서로 다른 관점을 이해하고 창의적인 해결책을 찾는 훈련이 되기도 한다. 넷째, 팀 빌딩 활동은 동기부여와 팀의 목표를 공유하는 기회가 된다. 팀 빌딩을 통해 팀의 목표를 명확히 하고, 각 팀원이 그 목표를 향해 함께 노력하도록 동기 부여할 수 있다. 목표를 명확히 하고 서로가 기여할 부분을 알게 되면 팀의 에너지가 더 집중되기 때문에 성과가 높아질 가능성이 커진다. 결론적으로 팀 빌딩 활동은 팀원들이 서로를 이해하고 믿으며 함께 성장할 수 있는 기반을 만들어 주는 역할을 하므로 모둠 활동을 시작할 때 의도적으로 진행하는 것이 좋다.

① 이런 사람 어디 없어요? 인간 빙고 게임

- **개요** : 모임의 첫 시간에 참석한 모든 사람을 자연스럽게 만나게 하는 아이스 브레이크 게임입니다. 옆에 앉은 파트너나 팀끼리 아이스 브레이크가 필요하기도 하지만 모임의 목적이나 진행상 전체가 짧은 시간에 상호교류가 일어나도록 분위기를 조성해야 할 때, '인간 빙고 게임'은 훌륭한 활동입니다. 다음의 내용을 인원수에 맞게 빙고 용지에 기록하여 참가자들이 돌아다니며 빈칸을 채워 갑니다.

[빙고 게임 활동지 1]

- 외국어 회화가 가능한 사람
- 마라톤(42.195km)을 완주한 사람
- 오락으로 밤을 지새운 적이 있을 것 같은 사람
- 시(時)를 외우는 사람
- 낚시꾼이라고 생각하는 사람
- 최근 1주일 이내에 영화를 본 사람
- 아버지를 존경하는 사람
- 해외여행(중동, 아프리카, 중앙아시아) 경험이 있는 사람
- 현재 함께 사는 식구가 7명 이상인 사람
- 몸에 큰 수술을 한 흔적이 있는 사람
- 최근에 한숨도 안 자고 밤새도록 책을 읽은 사람
- 악기를 다룰 줄 아는 사람
- 정말로 수영을 잘하는 사람
- 현재 열애 중인 사람
- 인라인스케이트를 즐겨 타는 사람
- 수집 중독 경험이 있는 사람
- 최근 6개월 내 이력서가 바뀐 사람
- 행운의 부적 같은 것을 가지고 다니는 사람
- 섬 여행에 전문가인 사람
- 경비행기를 타 본 사람
- 책을 출판한 경험이 있는 사람
- 통장계좌가 7개 이상인 사람
- 별장/펜션/리조트를 가지고 있는 사람
- 자녀와 함께 1박 2일 이상 캠프에 참가해 본 사람
- 지진/홍수/화재 등의 재난을 직접 경험해 본 사람

출처 : 이영민(2017).

- 진행방법

1. A4용지에 25칸 정도 다음과 같이 표를 만들어 제공합니다(빙고 게임 활동지 2). 교육장을 돌아다니면서 참가자 중 각 항목에 관련된 사람을 찾아내서 서로 인사하고, 활동지의 해당란에 서명을 받게 합니다(서명은 정확한 이름을 적게 해야 나중

에 확인할 수 있습니다). 약 7분에서 10분 정도면 충분히 참석한 전체를 가볍게 인터뷰하며 만나게 되고 인상 깊었던 기억에 남는 사람들도 있게 됩니다. 주요 내용을 시작하기 전에 아주 짧은 시간이지만 정말 다양한 경험을 가진 재미있는 학습자들을 자연스럽게 만나게 되는 아이스 브레이크 시간이 만들어집니다.

2. 가장 먼저 사인받기가 끝난 사람에게 상품을 시상하기로 약속을 하면 참가자들이 전체적으로 역동적이고 열정적으로 참여하는 분위기가 연출됩니다.
3. 빙고 게임은 X 빙고, 7 빙고, 0 빙고 등으로 사람들의 이름을 지워가며 게임을 시작합니다. 한 게임에 하나의 빙고 방법을 정하고 시작해야 합니다(이번에는 x 빙고로 하겠습니다).
4. 단, 2개 이상의 항목이 한 사람과 관련되어 있을지라도 오직 한 칸만을 서명받아야 합니다.

[빙고 게임 활동지 2]

외국인 회화 가능한 사람	마라톤(42.195km)	오락으로 밤을 지새운 적이 있는 사람	시를 외우는 사람	낚시꾼이라고 생각하는 사람
현재 함께 살고 있는 식구가 7명 이상인 사람	수집 중독 경험이 있는 사람	최근 6개월 내 이력서가 바뀐 사람	섬 여행에 전문가인 사람	최근 1주일 이내에 영화를 본 사람
정말로 수영을 잘하는 사람	아버지를 존경하는 사람	별장/펜션/리조트를 가지고 있는 사람	행운의 부적 같은 것을 가지고 다니는 사람	책을 출판한 경험이 있는 사람
현재 열애 중인 사람	최근에 한숨도 안 자고 밤새도록 책을 읽은 사람	지진/홍수/화재 등의 재난을 직접 경험해 본 사람	해외여행(중동/아프리카/중앙아시아) 경험이 있는 사람	인라인 스케이트를 즐겨 타는 사람
악기를 다룰 줄 아는 사람	몸에 큰 수술을 한 흔적이 있는 사람	경비행기를 타 본 사람	자녀와 함께 1박 2일 이상의 캠프에 참가해 본 사람	통장계좌가 7개 이상인 사람

② 재미있는 자기소개

- **목적** : 참가자들에게 자신을 보는 시각과 타인이 자신을 보는 시각이 얼마나 다른지를 알게 합니다.
- **시간** : 9분
- **준비물** : A4용지(같은 색)
- **진행방법**

1. 먼저 A4용지에 자신을 나타낼 수 있는 형용사 5~7가지 정도를 적어보도록 합니다(외적인 것, 내적인 것 포함).
2. 각자 적은 후 맨 위에 이름을 쓰고 다른 사람이 볼 수 없게 하여 진행자에게 제출하도록 합니다.
3. 다 제출하면 취합된 자료에서 골라 각 형용사만 먼저 3가지를 말한 후 누구를 나타내는 표현인지 참가자에게 질문합니다.
4. 먼저 첫 번째 형용사에서 누구인지 밝혀진 사람에 대해 생각해 보고 누구나 다 그 사람을 표현하는 데 공통으로 생각하고 있는 것들에 대해 논의합니다.
5. 5~7가지 모두를 표현했는데도 못 알아맞힌 사람에 대한 문제점은 무엇인지 논의해 보고 왜 그렇게 되었는지를 알아봅니다.
6. 자신은 몇 번째 어떤 표현에서 다른 사람들이 공감하고 자신의 존재를 알아맞혔는지 생각해 봅니다.

③ 상호이해 & 친밀감 형성을 위한 자기소개

1. 나는 (　　　)에서 근무하는 (　　　)이다.
2. 나는 어제 저녁 10시에 (　　　)에서 (　　　)을 하고 있었다.
3. 사람들은 나를 (　　　)하는 사람으로 알고 있다.
4. 나의 보물 1호는 (　　　)이다.
5. 나의 정년 후의 꿈은 (　　　)을 하는 것이다.
6. 나의 취미는 (　　　)이다.
7. 내가 10살 때 살던 곳은 (　　　)이다.
8. 어릴 적에 내 별명은 (　　　)이었다.

9. 지금 나의 가장 중요한 목표는 (   )이다.
10. 내가 우리 팀에서 도움이 될 수 있는 것은 (   )이다.

움직이면서 활동적으로 서로를 알아 가는 것을 즐기는 사람들이 있는가 하면, 앉아서 조용히 자기 이야기하는 것을 좋아하는 사람들도 많습니다. 빈칸을 채우면서 자기를 멋지게 소개할 문장을 완성해 봅시다. 이 아이스 브레이킹은 개인별로 3~5분 정도 시간을 주어 문장을 완성하게 한 후에 팀 전체가 돌아가면서 한 사람씩 문장을 읽어 나가게 합니다. 읽고 난 후 하나하나를 다시 설명하려고 하면 한 사람이 시간을 독점하게 되므로 10개의 문장을 기록한 대로 읽어 나가는 것을 원칙으로 하고 모든 사람이 철저히 지키도록 해야 합니다. 10개의 문장을 다 읽으면 나머지 사람들이 손뼉을 쳐 주는 것도 좋습니다.

④ 블라인드 빌딩 게임

- **목적** : 신뢰와 소통 능력 향상을 통해 협력의 가치를 배울 수 있습니다.
- **방법** : 한 명은 눈을 가리고, 다른 팀원이 설명을 통해 눈을 가린 사람에게 블록이나 레고 등을 조립하도록 도와줍니다. 설명을 통해 소통하고 신뢰를 쌓아야 하므로 팀워크에 도움이 됩니다.

⑤ 롤러코스터 마시멜로 챌린지

- **목적** : 창의적 문제 해결과 협동 능력이 강화됩니다.
- **방법** : 팀마다 스파게티 면과 마시멜로, 테이프 등 제한된 재료를 주고, 가장 높은 구조물을 만드는 도전을 해보는 것입니다. 제한된 시간 내에 재료를 활용하여 협력하고 창의적인 해결책을 찾는 경험을 쌓을 수 있습니다.

⑥ 신뢰의 원(Trust Circle)

- **목적** : 팀원 간 신뢰를 쌓고 서로를 지지하는 분위기를 만드는 데 좋습니다.
- **방법** : 한 사람이 원의 가운데 서고, 다른 팀원들이 주변을 둘러쌉니다. 가운데 있는 사람이 살짝 뒤로 넘어갈 때 주변의 팀원들이 그를 받쳐주는 방식으로 진행합니다. 신뢰를 통해 서로를 지지하는 느낌을 얻을 수 있습니다.

⑦ 스토리 이어가기 게임

- **목적** : 창의적인 사고와 협동심을 기를 수 있습니다.
- **방법** : 첫 번째 팀원이 이야기를 시작하고, 이어서 두 번째 팀원이 이야기를 이어나가는 방식으로 진행합니다. 모든 팀원이 돌아가며 이야기의 흐름을 이어가면서, 각자 역할을 맡아 함께 하나의 이야기를 완성하게 되는 것입니다. 팀워크와 상상력을 키울 수 있는 재미있는 활동입니다.

⑧ 침묵의 동작 게임(Silent Task)

- **목적** : 비언어적 소통 능력을 키우고 협력의 중요성을 배울 수 있습니다.
- **방법** : 팀원들끼리 말없이 주어진 과제를 해결해 보는 것입니다. 예를 들어, 일정한 모양을 함께 만들거나 간단한 퍼즐을 풀어야 하는 과제인데, 단 한 마디도 말할 수 없게 합니다. 손짓과 눈빛으로 소통하면서 협력을 연습하게 되는 것입니다.

2. 잠자는 기획력 깨우기 : 프로그램 기획

1) 프로그램 계획(Program Planning)의 개념

프로그램 계획은 구체적인 프로그램을 설계하기 전 어떤 목적으로, 언제, 어디서, 어떤 내용으로, 어떻게 교육할 것인지에 대해 장기적 · 단계적 활동을 개략적으로 수립하는 것으로, 도달하고자 하는 성과를 예견하고 그것을 실현하기 위한 일련의 수단을 준비하는 과정이다. 교육목적을 달성하기 위하여 모든 과정을 마칠 때까지 요구되는 교육내용의 선정과 조직, 시설, 자원, 지원체제, 기간 등의 물리적인 환경뿐만 아니라 프로그램의 실행과 평가 등에 관한 전체적인 계획을 포함한다(유영주 · 오윤자, 1998).

프로그램 기획은 여러 가지 중요한 장점이 있다. 먼저, 프로그램 기획은 추후 진행될 서비스의 구체적인 방향과 구조를 제시함으로써 실행 과정에서 혼란을 줄이고 일관성을 유지할 수 있도록 돕는다. 또한 기획 단계에서 조직의 이념과 목표에 부합하는 계획을 수립함으로써 프로그램이 조직의 본래 취지와 일치하도록 한다. 더 나아가, 가족생활교육과 같은 영역에서는 복지 기능과 다른 기능 사이에서 발생할 수 있는 잠재적인 갈등을 사전에 조율하고 완화하는 데 기여한다. 마지막으로, 프로그램 기획은 다양한 이해관계자들의 요구를 충분히 반영하여 실제로 필요한 서비스를 효과적으로 제공할 수 있게 한다. 이처럼 프로그램 기획은 명확한 청사진을 제공하고, 조직의 목표와 조화를 이루며, 잠재적 갈등을 줄이고, 요구를 충족시키는 데 있어 중요한 역할을 한다.

가족생활교육 프로그램은 계획과정에서 실행, 평가에 이르기까지 다음의 세 가지 원리에 철저히 연관되어야 한다. 첫째, 사회 변화로 인해 가족이 적응하지 못하는 다양한 현상에 주목해야 한다. 즉, 지금 나타나고 있는 가족문제가 무엇이고, 어떤 사회적 · 개인적 원인으로 인해 그런 문제가 발생하며, 그 문제는 어떻게 가족에 연결되고 있고, 가족들이 어떤 과정을 거치면서 그런 문제를 지속해서 가족 문제화하고 있는가에 대한 성찰이다. 그러므로 우리는 가족을 침해하는 사회문제, 즉 가족문제를 지속적으로 찾아야 한다. 둘째, 가족생활교육은 그런 제반 가족문제들이 어떻게 하면 사전에 예방될 수 있는가에 관심을 가져, 교육활동을 통한 구체적 예방 방안을 모색하여야 한다. 부모자녀 갈등, 청소년 자녀 비행, 부부 갈등이나 별거 등의 문제들을 사전에 감소시킬 방안을 모색하는 것이 가족생활교육 프로그램이어야 한다. 셋째, 개인적, 가족적으로 제반 변화와 생활 사건에 대처할 수 있는 능력, 즉 잠재력을 함양시키는 교육목표에 일관되어야 한다. 가족생활교육은 궁극적으로 개인 및 가족 스스로가 '삶의 안정성 확보'라는 방향을 향해 나아가는 것에 초점을 두고 있다. 가족생활교육은 개인 및 가족이 스스로 잘할 수 있도록 하되, 그 방법은 원래 가족이 가지고 있는 어떤 것, 즉 그들 가족의 잠재력을 개발해 주어야 한다(Arcus, 1993).

2) 프로그램 계획의 필요성 및 기본방향

프로그램 계획은 추후 전개될 서비스에 대한 청사진을 제공한다. 객관적인 자료에 근거하여 합리적으로 프로그램의 목적을 수립하게 함으로써 프로그램의 수행과 운영에 안전을 기할 수 있다. 프로그램의 효율성과 효과성을 증진한다. 조직이나 프로그램의 정당성을 제시할 수 있는 책임성이 증대한다. 개발자뿐 아니라 프로그램에 관련된 전문가, 교육대상자 등이 함께 참여하게 되므로 프로그램에 대한 적극적인 관심을 불러일으키게 되고 학습자들의 요구에 맞는 프로그램을 개발할 수 있다.

프로그램 상황분석은 효과적인 프로그램 개발을 위한 핵심적인 초기 단계로, 다음과 같은 요소들을 포함한다. 먼저, 프로그램의 개발이 필요하고 실행 가능한지에 대한 판단이 이루어져야 한다. 이를 통해 프로그램이 실제로 제공할 가치와 실현 가능성을 평가할 수 있다. 또한 프로그램의 구체적인 방향을 설정하기 위해 창의적이고 실행 가능한 아이디어를 발굴하는 작업이 필요하다. 다음으로, 프로그램의 외부 환경을 분석해야 한다. 지역사회의 정치적, 경제적, 문화적, 심리적 요인을 포함한 환경 분석은 프로그램의 성공적인 실행을 위한 외부 조건을 이해하고 조정하는 데 도움을 준다. 마지막으로, 프로그램이 누구를 대상으로 하는지 명확히 정의하는 것이 중요하다. 이를 통해 대상 집단의 특성과 요구를 충족할 수 있는 맞춤형 프로그램을 설계할 수 있다. 이러한 상황분석 과정은 프로그램 개발의 방향성을 명확히 하고, 실행 가능성과 효과성을 높이는 데 기여한다.

3) 프로그램 계획의 과정

프로그램 개발 각 단계에서 검토해야 할 기본적인 과제들은 다음과 같다(이연숙, 1998).

- 계획의 단계에서 : 교육의 목표를 어디에 둘 것인가?
  교육내용에 있어서 강의와 실습의 비중을 어떻게 할 것인가?
  몇 회로 구성할 것인가?
- 실행의 단계에서 : 교육대상 집단을 어떻게 모집할 것인가?
  동질적인 집단으로 구성할 것인가? 아니면 혼합집단으로 구성할 것인가?
  교육단위는 몇 명으로 할 것인가?
  시청각 교재로는 무엇을 사용할 것인가?
  어느 때 실시할 것인가?
  교육자는 어떠한 자질을 갖추어야 할 것인가?
- 평가의 단계에서 : 어떤 내용을 평가할 것인가?
  평가내용을 어떠한 방법으로 조사할 것인가?
  평가도구는 어떻게 구성할 것인가?
  평가시기는 언제로 할 것인가?

3. 프로그램 설계

1) 프로그램의 목적과 목표 설정

(1) 목적과 목표 설정의 의미

교육목표는 학습자들에게 바람직한 변화가 있도록 하려는 것이다. 그것이 행동의 변화이든 인지과정의 변화이든, 중요한 것은 학습자들에게 어떠한 변화를 가져왔는가로 측정된다. 따라서 가족생활교육을 통하여 어떤 변화를 가져오도록 할 것인가, 그 교육활동으로부터 기대되는 바람직한 결과는 무엇인가를 밝혀야 하는데 이러한 작업이 교육의 목표를 설정하는 일이다(이연숙, 1998).

여러 과정을 거쳐 선별된 요구는 프로그램의 목표로 전환된다. 확인된 욕구들 가운데 프로그램의 목적과 목표로 전환될 욕구를 선정하는 데는 그 긴급성, 중요성, 파급성 및 성취 가능성 등의 기준을 적용하여 그 우선순위를 결정해야 한다. 무엇을 성취할 것인가를 결정하는 과정이 바로 프로그램의 목적과 목표 설정 단계이다. 프로그램 목표는 프로그램 결과를 가시화하고 평가 기준을 제시한다. 프로그램 결과로 기대되는 활동이 목표로 기술되며, 그 목표가 보다 분명하고 정교할 때 효과적인 결과를 얻을 수 있다.

프로그램 목표가 어느 정도 달성되었는지에 대해서 평가하기 때문에 프로그램 목표는 다음과 같은 네 가지 요소가 구비되어야 한다(황성철, 2005).

첫째, 목표 설정 시 반드시 프로그램 참여자에게 적합한 목표가 설정되어야 한다.

둘째, 목표 설정 시 기관의 목적 또는 프로그램 목적과 논리적으로 연관성을 유지해야 한다.

셋째, 목표는 교육 대상자들이 달성할 수 있는 성취 가능한 형태, 즉 긍정적인 방향으로 설정되어야 한다.

넷째, 목표는 가능한 한 측정할 수 있도록 설정하는 것이 바람직하다.

'타일러(Tyler) 모형'에서는 프로그램 개발의 네 단계 중 첫 번째가 목표 제시이다. 이는 프로그램 참여자의 행동을 어떻게 변화시킬 것인가에 대한 진술로 학습 결과가 된다. 목표 제시에 이어 내용과 학습 경험의 명시(프로그램 개발자의 전문성과 기관의 특성, 참여자의 요구도 수준에 의해 프로그램 주제가 정해짐), 지도계획의 윤곽 설정과 교육방법의 제시(내용과 경험이 어떻게 효율적으로 구성될 수 있는가에 대한 구체적 교육방법과 기법 제시), 평가 전략의 구체화(목표가 달성되었는지를 아는 것으로, 학습 결과로 생긴 새로운 행동의 습득을 검사하는 단계)에 기초를 두고 프로그램을 개발해야 한다(신라대학교 가족상담센터, 2007).

(2) 목적과 목표의 개념

프로그램 목적(program goals)은 프로그램의 궁극적인 지향점을 제시해 준다. 이는 국가나 지역사회가 중요하게 여기는 올바르고 적절한 가치, 행동 기준, 규범들을 반영해야 한다. 목적은 거시적, 포괄적, 일반적, 이념적, 추상적, 상위개념, 장기적 방향의식의 특성을 가진다. 프로그램 목적은 누구의 어떤 문제를 어떻게 변화시킬 것인가로 압축된다. 즉, 구체적인 대상의 어떤 문제를 어떻게 바람직하게 변화시킬 것인가로 표현된다. 예를 들어, 청소년 자녀와 부모와의 관계 향상을 위한 프로그램이 필요하다면 프로그램의 목적은 "청소년과 그 어머니를 대상으로 의사소통 교육을 통한 관계 향상을 목적으로 한다"라고 제시될 수 있다. 그래서 프로그램의 목적 진술에는 구체적인 표적집단(누구), 현재의 문제 영역(어떤 문제), 바람직한 미래 상태(어떻게 변화)가 잘 드러나야 한다. 프로그램의 목표(program objectives)는 프로그램 목적의 하위개념으로 논리적 진술로 분화된다. 프로그램 목적이 측정되기 어려운 상태로 진술된 것이라면 프로그램 목표는 프로그램 목적의 측정지표이다. 모든 프로그램의 목표는 교육 대상자에게 초점을 두고 기술되어야 한다. 목표는 목적을 달성하는 데 필요한 단기적이고 구체적인 교육 활동을 단계적으로 설정한 것이다. 목적을 실현하기 위해 이루어지는 활동으로 설명되며, 이를 보다 구체적이고 심화된 형태로 나타낸 것이다. 또한 목표는 교육에 참여하는 사람들이 수행 과정에서 달성해야 할 행동 특성을 포함하는 개념이다. 목표는 미시적, 부분적, 구체적, 하위개념, 특수성, 단기적 방향의식의 특성을 갖는다.

(3) 목적과 목표의 설정

목적의 설정 기준은 다음과 같다.

- 추상적, 포괄적이어야 함

- 문제해결의 관점에서 설정
- 클라이언트가 달성할 결과의 입장에서 설정
- 현실적인 수준에서 설정
- 명료하고, 관찰/측정이 가능하도록 설정
- 반드시 표적 집단을 명시해야 함
- 긍정적으로 설정

목표의 설정 기준은 다음과 같다.

- 목적과 논리적으로 연관되어 있어야 함
- 참여자(클라이언트)에 대한 성과목표들을 포함
- 성취수준을 측정할 수 있도록 설정
- 명확한 평가 준거를 내포
- 시간 연계적이어야 함
- 현실적이어야 함
- 긍정적으로 설정

(4) 목표 · 목적의 진술방법

타일러 모형은 교육목표를 설정하고 학습 경험을 설계하며, 평가를 통해 목표 달성 여부를 확인하는 데 초점을 둔 교육과정 개발모형이다. 목표 설정 단계에서 중요한 것은 참여자(누가), 내용(무엇을), 행동(어떻게)의 세 가지 요소를 명확히 정의하는 것이다.

〈표 4-2〉 타일러 모형의 목표 설정 방법

- 참여자 정의 : 교육 프로그램의 대상자를 명확히 한다. 예를 들어, 프로그램이 가족생활과 관련된 경우, 참여자는 부모, 자녀, 혹은 전체 가족일 수 있다.
- 내용 명확화 : 대상자가 학습해야 할 구체적인 주제나 문제를 정의한다. 예를 들어, 의사소통, 갈등 해결, 시간 관리와 같은 가족생활에서 중요한 주제를 선정한다.
- 행동 진술 : 참여자가 교육 프로그램을 통해 성취해야 할 구체적인 행동을 기술한다. 이는 측정 가능하고 관찰 가능한 형태여야 한다.

〈표 4-3〉 가족생활교육 프로그램의 목표 예시

주 제	목표 요소		목표 진술
가족 의사소통 개선	참여자	부모와 자녀	• 부모와 자녀가 상호 존중하는 대화 기술을 배우고, 이를 통해 가족 내 갈등 상황에서 긍정적인 해결책을 찾는다. • 부모가 자녀와 대화할 때 비난을 피하고 경청하며, 자녀는 자신의 감정을 명확히 표현한다.
	내용	효과적인 의사소통 기술 습득	
	행동	• 부모가 열린 질문을 활용해 자녀의 의견을 존중한다. • 자녀가 부모의 피드백을 수용하고 자신의 감정을 긍정적으로 표현한다.	
가족 갈등 해결 전략	참여자	가족 전체	• 가족 구성원이 갈등 상황에서 서로의 관점을 이해하고, 합의에 기반한 문제 해결 방식을 실천한다. • 부모는 자녀의 감정을 공감하고, 자녀는 부모의 조언을 수용하며 협력적인 태도를 보인다.
	내용	갈등 상황에서의 문제 해결 방법	
	행동	• 가족 구성원이 각자의 의견을 명확히 전달하고 상대방의 입장을 이해한다. • 공동으로 합리적인 해결책을 모색하고 실행한다.	

타일러 모형을 활용한 목표 설정은 가족생활교육 프로그램의 효과를 높이는 데 중요한 역할을 한다. 명확히 정의된 목표는 학습자의 기대 행동을 구체화하며, 이를 기반으로 적절한 교육 활동과 평가 기준을 마련할 수 있다.

목표 진술은 '내용 + 행동'으로 제시한다. 학습자의 행동은 명시적 동사로 제시되어야 한다. 목표진술에서 유용하게 사용될 수 있는 동사들은 '증가한다, 첨가한다, 발전한다, 확장한다' 등의 긍정적 표현, '감소한다, 줄여나간다, 소멸시킨다' 등의 부정적인 것의 최소화 또는 소거와 관련된 표현, '시작한다, 창조한다, 발휘한다, 주도한다, 건설한다' 등 무엇을 시작하고 만들어 나가는 표현이어야 한다. 목표작성 시 가족생활교육을 통해서 얻고자 하는 것을 구체적으로 기록하고, 학습자가 학습할 내용과 실천해야 할 행동이 모두 포함되도록 해야 한다.

〈표 4-4〉 가족생활교육 프로그램 목적과 목표 예시 ①

1. 주제	초등학생 자녀의 인터넷 사용 지도를 위한 부모교육 프로그램
2. 프로그램 목적	초등학생 자녀를 둔 부모들이(대상-누구의) 자녀들에게 올바른 인터넷 사용 지도를 할 수 있도록 도와(어떤 문제/요구를) 인터넷 사용 지도에서의 부모 효능감을 높인다(어떻게 변화시킬 것인가).
3. 교육방법 및 내용	초등학생 자녀를 둔 부모들이 바람직한 의사소통을 통해 자녀와 건강한 관계를 맺는 방법을(교육내용) 교육한다(교육방법).
4. 프로그램 목표	1) 인터넷 사용 지도에 있어서 바람직한 부모 유형을 학습한다. 2) 자녀와의 효율적인 의사소통 기술을 실천한다. – 자녀에게 효율적으로 부모의 의견을 전달할 수 있도록 말하기 기술을 익힌다. – 자녀를 이해할 수 있도록 효과적인 듣기 기술을 익힌다.

출처 : 류경희(2009).

〈표 4-5〉 가족생활교육 프로그램 목적과 목표 예시 ②

목적	• 프로그램의 궁극적 지향점 제시 • 구체적인 표적집단(누구의), 현재의 문제영역(어떤 문제를), 바람직한 미래상태(어떻게 바람직하게 변화시킬 것인가?)
	예 중년기 주부(누구의)와 자녀 간의 성숙한 관계 맺기(어떤 문제)를 도와 가족화합을 이룩하여 가족생활의 질을 향상(어떻게 바람직하게 변화)시킨다 – 중년기 주부 대상 '성인 자녀와의 관계 향상을 위한 가족생활교육 프로그램'의 목적 예시
목표	• 최종 기대되는 상태나 행동 • 변해야 하는, 개선되어야 할 상황에서 제시되며 실행 가능한 것이어야 하며, 합리적 과정을 거쳐 제시 • 회기목표, 학습목표, 세부목표로 표현되며, 최소 단위시간(한 회기)에 참여자 개인이 도달해야 하는 결과 진술 • 프로그램 목표는 프로그램 목적의 측정지표
	예 (자녀와의 관계에서) 부모가 문제를 소유했을 때(조건), 나-전달법을 이용하여(기준) 부모 자신의 의사를 전달할 수 있다(도착점 행동).

2) 프로그램명과 프로그램 주제 선정

프로그램의 목표가 수립되면 그다음의 구체적인 작업 단계는 프로그램이 어떤 내용으로 구성될 것인가이다. 프로그램 내용 구성안을 계획할 때에는 첫째, 프로그램 내용은 목표가 지시하는 바로 그 내용이어야 하고, 다양한 하위목표가 달성될 수 있어야 하며, 둘째, 프로그램의 내용은 교육 대상자의 욕구가 충족되는 수준이어야 하고, 셋째, 실제 프로그램 실행 단계에서의 지도 가능성이 검토되면서 내용 수정이 되어야 하며(가족생활교육사의 전문능력과 기술도 중요하지만, 학습자의 능력이나 선수학습 능력, 시설 설비 등에 대한 점검도 필요), 넷째, 교육 참여자가 사는 지역적 특성, 가족형태, 가족의 사회문화적 여건 등이 고려되어야 한다.

(1) 프로그램명 정하기

프로그램명 작성 시 고려할 점은 다음과 같다.

- 단위 사업의 내용을 표현할 수 있도록 함축성 있는 단어를 사용한다.
- 프로그램의 대상, 목적, 방법이 표현되어야 한다.
- 독창적이고, 참신해야 한다.
- 짧고 기억하기 쉬우며 말하기 쉬워야 한다.
- 이용자들이 거부감을 느끼고 참여를 꺼리는 용어는 피해야 한다.

〈표 4-6〉 프로그램명 예시

프로그램명	프로그램명 설명
청포도	• **청**소년 입양 자녀를 둔 가족의 **포**근한 일상을 위한 **道**(길) • 입양 청소년 가족의 가족관계 개선을 위한 가족친화 프로그램 • 여러 개의 포도알이 모여 포도 한 송이를 이루듯 건강한 가족 구성원이 하나의 건강한 가정을 이룬다는 의미
아기자기 프로그램	• **아**기천사를 **기**다리며 **자**라나는 예비부부의 **기**쁨 • 자녀계획이 있는 부부의 임신 · 출산 및 육아 지식 향상 프로그램
예비 맞벌이 부부를 위한 백신주사	• 예비 맞벌이 부부를 위한 가사분담 공평성 인식 향상 프로그램 • **백** 년 만년 **신**혼처럼 서로의 **주**인공이 되는 **사**이
빈틈없는 빈둥지기	• 중년기 부부를 위한 빈둥지기 극복 프로그램 • 부부관계 증진 프로그램
영양갱	• 갱년기 중년 여성을 대상으로 하는 가족생활교육 프로그램 • **영양** 가득한 **갱**년기 극복 프로그램
'배우자'를 배우자	• 은퇴 후 5년 이내 부부를 대상으로 한 부부관계 증진을 위한 교육 프로그램

위(We)대한 짝꿍	• 이혼 부자가정의 가족 기능 향상을 위한 가족생활교육
예비부모 첫걸음	• 출산을 앞둔 예비부모를 위한 부모 양육 효능감 향상 프로그램
이야기	• 결혼 이주 여성 한국 적응 프로그램 • 이주 여성이 한국 사회에 잘 정착할 수 있도록 마련한 야심찬 기회라는 의미

출처 : 2018~2022년 창원대학교 가족생활교육 수강생 활동 자료.

(2) 프로그램 내용선정

가족생활교육은 가족의 문제 해결보다는 가족의 잠재력을 키우고 강점을 강화하는 데 중점을 둔다. 모든 가족은 성장 가능성을 지니고 있다는 전제를 바탕으로, 개인과 가족이 스스로 문제를 해결할 수 있는 능력을 키우며 문제를 예방할 수 있도록 돕는 것을 목표로 한다. 또한 가족생활교육은 가족의 건강한 발전이 사회 안정과 발전에 기여한다는 점에 주목한다. 예를 들어, 건전한 시민 의식을 함양하거나 자원봉사 활동을 통해 지역사회에 참여함으로써 공동체 의식을 키우는 데 기여한다. 이를 통해 건강한 가족은 더 나아가 건강한 사회를 만드는 기반이 될 수 있다.

가족생활교육에서는 다양한 주제를 다루며, 신라대학교 가족상담센터(2007)가 제시한 제1장의 〈표 1-3〉은 이러한 주제들을 구체적으로 보여준다. 이 주제들은 가족생활교육에서 활용할 수 있는 교육 내용으로, 가족 구성원 간의 관계 증진, 개인의 성장과 발달, 가족의 역할과 책임, 갈등 해결, 그리고 건강한 의사소통 등의 영역을 포함한다. 이러한 가족생활교육 프로그램을 통해 가족은 보다 조화롭고 안정적인 관계를 형성하고, 개인과 가족 모두의 삶의 질이 향상될 수 있다.

가족생활교육 프로그램의 내용을 선정할 때는 몇 가지 원칙을 준수해야 한다.

첫째, 프로그램의 목적과 목표에 부합해야 한다. 교육내용은 프로그램이 설정한 방향성과 일치해야 하며, 목표 달성을 위해 필요한 핵심 요소를 포함해야 한다.

둘째, 학습자의 능력과 흥미에 적합해야 한다. 특히 성인 대상의 교육에서는 학습자들의 필요와 관심을 반영한 내용일 때 교육 효과가 극대화될 수 있다. 이를 위해 학습자들의 욕구를 분석하고, 이를 바탕으로 흥미와 요구에 맞는 내용을 선정해야 한다.

셋째, 실행 가능성을 고려해야 한다. 아무리 유익한 내용이라도 실제 교육 환경에서 실행할 수 없다면 적절하지 않다. 따라서 학습자의 수준, 교육기관의 자원, 교육시설 등의 조건을 자세히 검토하여 실행 가능한 내용을 선택해야 한다.

넷째, 한 가지 경험으로 여러 목표를 달성하는 원칙을 적용해야 한다. 하나의 활동이 다목적의 효과를 가져 오는 경우 학습 효율이 높아진다. 예를 들어, '가족에게 편지쓰기'는 가족애 강화, 자기 성찰, 목표 설정 등 여러 긍정적 결과를 도출할 수 있다.

다섯째, 실용적인 내용을 제공해야 한다. 교육을 통해 얻는 지식과 기술이 학습자들의 실제 생활에 적용할 수 있고, 개인 및 가족, 사회의 요구를 충족시키는 것이 중요하다.

여섯째, 지역성을 반영해야 한다. 학습자들이 거주하는 지역의 특성을 고려하여 욕구와 능력에 맞는 교육 내용을 선정함으로써 교육 효과를 극대화할 수 있다.

가족생활교육 프로그램의 내용을 조직할 때는 몇 가지 고려할 사항이 있다.

첫째, 계속성을 확보해야 한다. 주요 내용이나 기술은 한 번만 가르치지 않고 반복적으로 다루어 학습자들이 충분히 이해하고 적용할 수 있도록 해야 한다.

둘째, 계열성을 갖추어야 한다. 내용이 순차적으로 구성되어 학습자가 점진적으로 심화된 내용을 학습할 수 있도록 해야 하며, 이전에 학습한 내용을 기반으로 새로운 내용을 연결해야 한다. 단순하고 쉬운 주제에서 복잡하고 어려운 주제로 발전하는 방식이 적절하다.

셋째, 통합성을 고려해야 한다. 프로그램의 내용은 서로 독립적으로 나열되지 않고 상호 연결되고 유기적으로 통합되어야 한다. 각 단계에서 제공된 활동과 지식이 의미 있게 결합되어 학습자들이 교육목표를 달성할 수 있도록 해야 한다.

교육내용의 선정과 조직에서 이러한 원칙을 충실히 반영하면, 가족생활교육 프로그램은 학습자의 요구와 관심을 효과적으로 반영할 수 있다. 동시에, 프로그램의 설계와 운영이 목적에 부합하고 체계적으로 이루어질 수 있어 교육 효과를 극대화할 수 있다. 결과적으로, 학습자들에게 실질적인 도움을 제공하고, 교육목표를 성공적으로 달성하는 데 기여하게 된다.

(3) 프로그램 내용의 조직 방법

프로그램의 내용을 조직할 때는 교육의 목표와 학습자의 특성에 따라 다양한 방식이 활용될 수 있다.

먼저, 수직적 조직 방법은 가장 일반적으로 사용되는 방식으로, 기초적인 프로그램에서 시작해 중간 수준의 프로그램을 거쳐 고차원적인 프로그램으로 점진적으로 발전하도록 내용을 구성한다. 이러한 방식은 학습자들이 단계적으로 깊이 있는 학습을 할 수 있도록 돕는다.

다음으로, 수평적 조직 방법은 기초, 중간, 고차원적인 프로그램을 동일한 시간대에 병행하여 조직하는 방식이다. 이 방법은 학습자들이 다양한 수준의 내용을 동시에 경험할 수 있도록 설계되어 폭넓은 학습 기회를 제공한다.

또한 대각선 조직 방법은 수직적 조직 방법과 수평적 조직 방법을 결합한 형태로, 학습자들이 기초적인 내용과 심화된 내용을 통합적으로 학습할 수 있도록 한다. 이를 통해 학습 내용 간의 연계성을 높이고 학습의 효율성을 극대화할 수 있다.

마지막으로, 나선형 조직 방법은 동일한 내용을 반복적으로 학습하면서도 점점 더 심화되고 확대되도록 구성하는 방식이다. 이를 통해 학습자는 반복적인 학습을 통해 점진적으로 더 깊고 넓은 이해를 쌓아갈 수 있다.

이처럼 각 조직 방법은 교육목표와 내용의 특성, 학습자의 필요에 맞게 선택하거나 조합하여 활용될 수 있다.

(4) 프로그램 방법 선정

교육내용 선정 이후에는 이를 효과적으로 전달할 교육방법을 신중히 결정해야 한다. 교육방법은 학습자의 특성, 집단의 크기, 활동의 목표와 내용, 가용 자원, 교육자의 역량 등 여러 요인에 따라 달라질 수 있다. 이를 고려해 적합한 교육방법을 선정할 때 다음과 같은 원칙들을 염두에 두어야 한다.

첫째, 현실성의 원리를 따르는 것이 중요하다. 교육방법은 사회적 · 문화적 맥락에 부합해야 하며, 실제 생활에서 학습자들이 바로 적용할 수 있는 실용성을 갖추어야 한다.

둘째, 다양성의 원리를 고려해야 한다. 다양한 학습자들의 감각과 흥미를 자극하기 위해 시청각 자료나 여러 교육 매체를 활용하는 등 다양한 방법을 병행하여 교육 효과를 극대화할 필요가 있다.

셋째, 적절성과 효율성의 원리를 반영해야 한다. 시간적 · 경제적 자원을 효율적으로 활용할 수 있는 방법을 선택해, 제한된 조건에서도 최상의 결과를 얻도록 해야 한다.

넷째, 자발성의 원리를 중시해야 한다. 학습자들이 능동적으로 참여할 교육방법을 활용해야 하며, 강의에만 의존하기보다는 토론, 실습, 역할극 등 참여 중심의 활동을 포함하는 것이 바람직하다. 이러한 원칙들을 적용하면 교육방법이 학습자의 요구와 교육 목적에 맞으면서도 효과적이고 현실적인 방식으로 설계될 수 있다.

3) 대상자 선정

가족생활교육 대상자 구분은 프로그램을 효과적으로 설계하고 제공하는 데 필요하며, 대상자들의 특성과 상황에 따라 구분한다. 일반적으로 다음의 〈표 4-7〉과 같이 일반집단, 위험집단, 표적집단, 참여자(클라이언트)[1] 집단으로 유형화할 수 있다.

〈표 4-7〉 가족생활교육 대상자 구분

대상자	특 징
일반집단 (Universal Group)	• 특정 사회문제나 위험에 노출되지 않은, 프로그램과 관련된 전체 인구를 포함 • 건강증진 캠페인, 지역사회 봉사활동 등 특정한 문제와 관계없이 모든 사람이 혜택을 받을 수 있는 프로그램 • 예방적 접근을 통해 사회 전체의 삶의 질을 향상하고, 포괄적인 서비스를 제공함
위험집단 (At-Risk Group)	• 사회적 문제나 위험 요소에 노출되어 취약한 상태에 있는 집단으로, 프로그램이 주로 초점을 맞추는 대상 • 저소득층 가정, 학대 피해 가능성이 큰 아동, 실업 상태에 있는 성인 등 • 위험 요소를 줄이고 문제를 예방하며, 더 심각한 상황으로 발전하지 않도록 지원함

1 가족생활교육에서의 참여자나 학습자는 사회복지 서비스 맥락에서 클라이언트로 불리며, 프로그램의 직접적인 수혜자로서 교육과 지원을 통해 변화를 경험하는 대상이다.

표적집단 (Target Group)	• 위험집단 중에서도 특정 조건을 만족하여 프로그램의 혜택을 받을 적격성이 있는 핵심 대상 • 저소득 가정 중에서도 정부 보조를 받을 수 있는 소득 기준을 충족하는 가구, 학대 가능성이 크다고 판단된 특정 아동 등 • 프로그램의 목적에 맞으며, 제한된 자원을 효율적으로 사용할 수 있도록 대상자를 명확히 정의함
참여자(클라이언트) 집단 (Client Group)	• 표적집단 중 실제로 사회복지 프로그램이나 서비스에 참여하는 사람들을 의미 • 복지관에서 제공하는 상담 프로그램에 등록한 사람, 긴급 생계비 지원 신청서를 제출하고 혜택을 받는 사람 등 • 실질적으로 서비스를 제공하고, 프로그램 효과를 경험하게 하는 대상

가족생활교육 프로그램에서 대상자를 구분할 때는 프로그램의 목표와 특성에 따라 다음과 같은 집단 유형을 고려할 수 있다. 첫째, 일반집단은 프로그램과 관련된 전체 인구를 포함한다. 예를 들어, 가족생활교육에서 부모교육 프로그램을 운영한다면, 일반집단은 모든 부모를 포함한 포괄적인 대상이 될 수 있다. 이 집단은 특정 문제나 상황과 관계없이 프로그램의 혜택을 받을 가능성이 있는 광범위한 대상자들이다. 둘째, 위험집단은 사회문제에 노출되어 있거나 취약한 상태에 있는 사람들로 구성된다. 가족생활교육의 경우, 예를 들어 가정 내 갈등이나 이혼 위기에 있는 가정을 위험집단으로 정의할 수 있다. 이들은 프로그램이 직접적으로 해결하려는 문제와 관련이 깊은 대상이다. 셋째, 표적집단은 위험집단 중에서 프로그램의 혜택을 받을 적격성이 있는 사람들이다. 예를 들어, 위험집단 중에서도 자녀와의 의사소통 문제를 겪고 있어 부모교육 프로그램의 도움을 받을 수 있는 부모들이 표적집단에 해당할 수 있다. 마지막으로, 클라이언트 집단은 표적집단 중에서 실제로 프로그램에 참여하는 사람들이다. 가족생활교육에서는, 예를 들어 부모교육 프로그램에 등록하고, 교육 활동과 워크숍에 참여하는 부모들이 클라이언트 집단이 된다.

랩(Rapp)과 포트너(Poertner)의 대상자 결정 모형(MAPP)은 사회복지 프로그램에서 대상자를 체계적으로 구분하는 방법을 제시한다. 이 모형은 프로그램의 최종 수혜자인 클라이언트 집단을 결정하기 위해 일반집단-위험집단-표적집단-클라이언트집단과 같은 단계를 거친다(John Poertner & Charles A. Rapp, 2007).

프로그램의 적용대상 결정(매핑, mapping)은 프로그램의 잠재적 학습자 집단을 체계적으로 정의하고, 이들의 필요와 특성을 프로그램 설계와 연결하는 중요한 과정이다. 이 과정은 프로그램이 대상자의 실제 요구에 맞도록 설계되고 실행될 수 있게 함으로써, 효과성과 목표 적합성을 높이는 데 핵심적인 역할을 한다. 먼저, 매핑의 첫 단계는 대상자 분석이다. 이 단계에서는 프로그램의 주요 대상이 누구인지 명확히 정의하고, 이들의 인구 통계적 특성(예 나이, 성별, 소득 수준)과 심리적, 사회적 특성을 파악한다. 이를 통해 프로그램이 누구를 위해 설계되는지에 대한 기본 윤곽이 형성된다. 다음으로, 욕구 파악 단계에서는 대상자들의 구체적인 욕구와 문제를 조사한다. 설문조사, 면담, 관찰과 같은 다양한 방법을 통해 데이터를 수집하며, 이를 바탕으로 프로그램이 해결해야 할 주요 과제와 지원 방식을 결정한다.

세 번째는 자원 및 환경 분석으로, 대상자의 삶에 영향을 미칠 수 있는 환경적 요인(예 지역사회, 가족 관계, 정책적 상황)과 프로그램 실행에 필요한 자원(예 예산, 인력, 장소 등)을 검토한다. 이 과정은 프로그램이 실행 가능한 조건에서 운영될 수 있도록 보장한다. 마지막으로, 프로그램의 적합성 평가를 통해 수집된 정보를 바탕으로 프로그램이 대상자의 요구를 충족시킬 수 있는지, 그리고 프로그램 목표와 대상자 간의 일치 여부를 검토한다. 이 단계는 프로그램 설계와 실행의 효과성을 높이는 데 중요한 역할을 한다.

매핑은 단순히 대상자를 확인하는 단계를 넘어, 프로그램과 대상자 사이를 연결하는 다리 역할을 한다. 이를 통해 프로그램이 대상자의 실제 요구와 상황에 맞게 설계되고, 참여자의 만족도와 성과를 극대화할 수 있다. 따라서 매핑은 성공적인 프로그램 개발과 실행을 위한 필수적인 과정이라 할 수 있다.

4) 제안서 작성

프로그램 제안서 작성 시 고려사항은 다음과 같다.

- 각 회기 : 도입–전개(심화/발전)–종결(정리) 단계로 진행
- 도입 단계 : 학습동기를 유발하고 본회기 활동에 대한 소개
- 전개 및 심화 단계 : 교육목표를 달성하기 위한 강의 또는 활동
- 정리 단계 : 교육 및 활동의 핵심 요약, 평가, 과제 제시나 다음 회기 예고

한 회기의 적정 시간은 1~2시간 사이로, 도입 부분은 10분 내외로 하는 것이 좋다.

성인학습자들의 학습능률을 높이기 위해서는 시간적 배려를 충분히 하고, 시간 배분과 회기 진행은 지도안에 따르지만, 학습자들의 상태, 수업 분위기 등을 고려하여 교육자가 융통성 있게 조정 가능하다.

제안서 양식은 본 장의 마지막에 나와 있는 한국가족관계학회 〈가족생활교육 프로그램 공모전 제안서 양식〉을 활용한다.

활 동

팀별로 차근차근 프로그램 제안서를 작성해 봅시다.

- **프로그램 제안서 작성 과정**

1단계 : 팀별 프로그램 주제 영역 정하기, 참여대상자 선정, 프로그램의 목적과 목표 정하기
2단계 : 프로그램의 대략적인 전체 회기(개요) 구성하기
3단계 : 전 과제에서 작성한 대략적인 전체 회기(개요) 구성에서 각 회기별로 세부 프로그램 내용 작성
4단계 : 작성한 제안서를 바탕으로 교수자 피드백, 현장기관 피드백, 동료 피드백 받기
5단계 : 팀별 프로그램 최종 제안서 작성 / 자체 평가 및 소감

- **프로그램 제안서 작성 단계별 예시**

<입양 청소년 가족 관계 개선을 위한 가족 적응 프로그램 : 청포도>[2]

1. 1단계 : 프로그램명, 목적과 목표 정하기
2. 2단계 : 대략적인 전체 회기 개요 구성
3. 3단계 : 각 회기별 세부추진계획 세우기
4. 4단계 : 교수자 피드백, 현장 기관 피드백, 동료 피드백 받기
5. 5단계 : 팀별 프로그램 최종 제안서 작성 / 팀 자체 평가 및 소감

2 2021년 창원대학교 사회복지학과(2023년 이전 가족복지학과) 가족생활교육 수강생 문혜정, 김수빈, 박혜진, 전해빈 학생 팀의 프로그램으로 동의를 구하고 수록함

1. 1단계 : 프로그램명, 목적과 목표 정하기

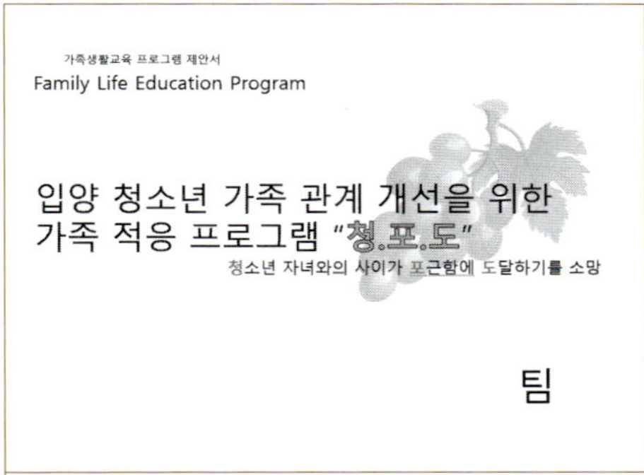

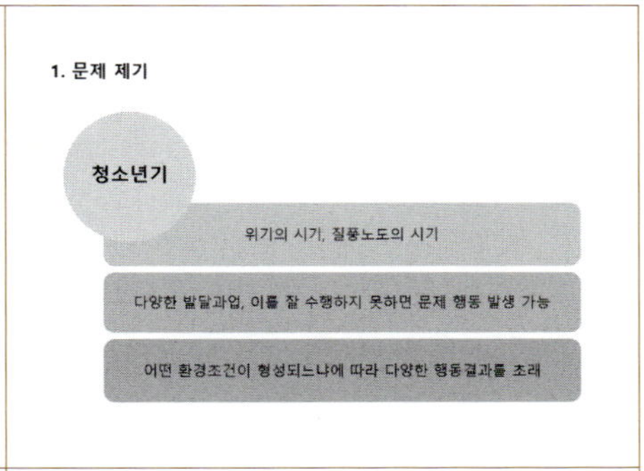

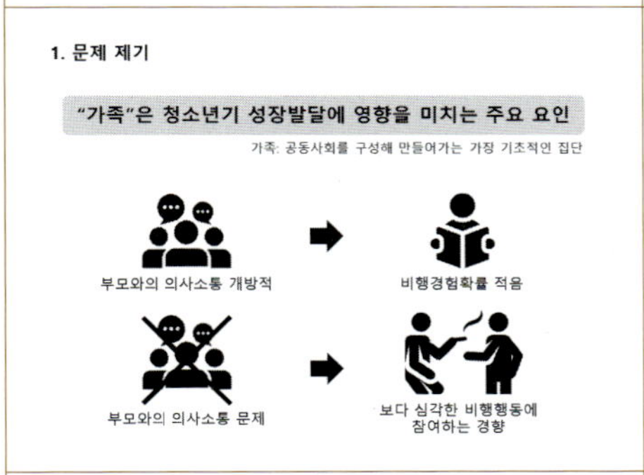

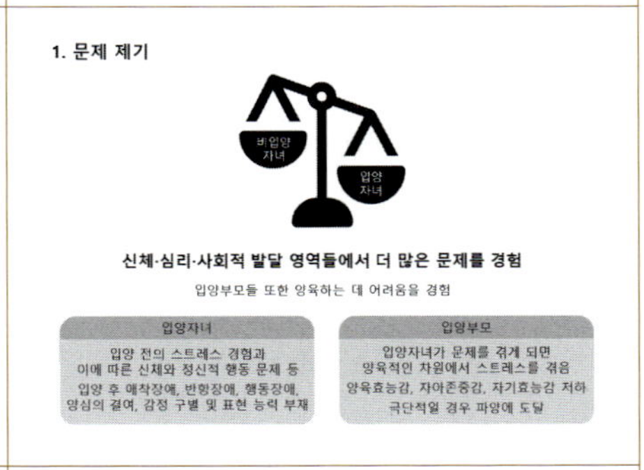

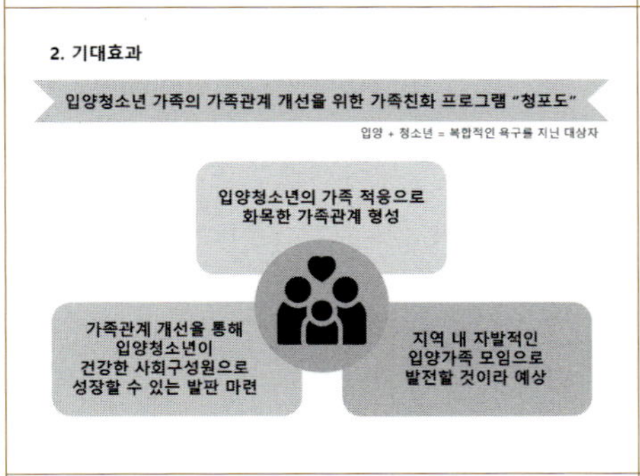

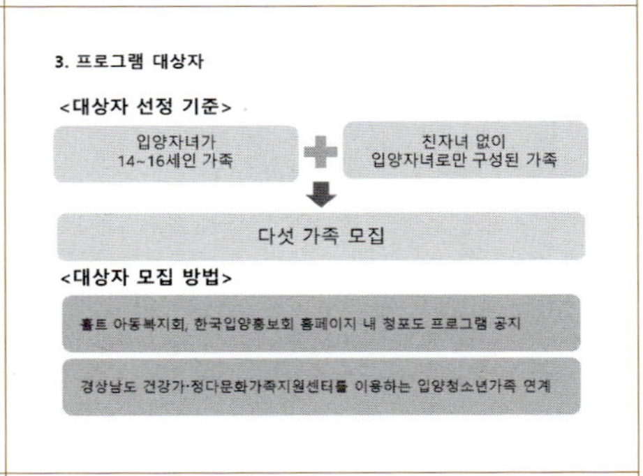

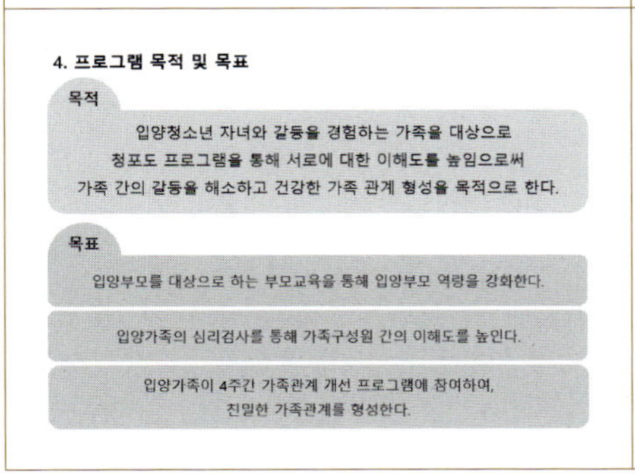

2. 2단계 : 대략적인 전체 회기 개요 구성

6. 프로그램 세부 추진계획(요약)

회기	회기 명	목표	프로그램 내용	준비물
1회기	우리 가족 알아가기 : 묘목 심기	성격검사를 실시하여 가족 개개인의 특성을 이해하고 가족 프로필을 만들어 각각의 가족을 소개하여 가족 상황을 인지하도록 한다.	성격검사를 통해 가족 구성원의 특성을 알아보고 가족 프로필을 만들어 자신의 가족을 서로에게 소개한다.	전지, 매직, 사인펜, 색연필, 가족 사진
2회기	우리 가족 친해지기 : 물 주기	발야구를 통해 협동심을 기르고, 이를 통해 가족 구성원 간의 친목을 도모한다.	가족별로 팀을 구성하여 토너먼트 식으로 발야구를 진행한다. 이후, 식사시간을 마련해 가족 간에 소통할 수 있는 시간을 가진다.	발야구공, 접시콘, 베이스, 도시락
3회기	우리 가족 이해하기 : 꽃 피우기	KFD 검사와 부모교육, 가족영화 관람을 통해 가족구성원으로서 역량을 강화한다.	자녀와 부모가 함께 동적가족화검사(KFD)를 실시한 뒤, 해석을 진행한다. 이후 부모는 부모교육을, 자녀는 가족영화를 관람하는 시간을 가진다.	A4용지, 연필, 지우개

6. 프로그램 세부 추진계획(요약)

회기	회기 명	목표	프로그램 내용	준비물
4회기	우리 가족 친해지기 : 열매 맺기	음식을 통해 가족에 대한 감정을 표현하고 서로의 마음을 이해한다.	푸드 테라피에 대해 소개하고 가족들 얼굴을 주제로 또띠아 피자와 샐러드를 만든다.	또띠아, 피자 재료, 샐러드 재료, 샐러드 볼, 집게, 접시, 포크, 숟가락
5회기	건강한 우리 가족 : 수확하기	프로그램을 마무리하며 건강한 가족관계를 형성한다.	다시 쓰는 프로필을 작성하고 5회기 동안 진행했던 프로그램에 대한 간단한 소감 및 만족도 조사를 진행한다.	전지, 매직, 사인펜, 색연필

3. 3단계 : 각 회기별 세부 추진계획 세우기

1회기 프로그램 세부 추진계획 [1회기] 우리 가족 알아가기 : 묘목 심기

각 가족 구성원의 특성을 파악하고 가족에 대한 이해도를 높인다.

MBTI 성격 검사를 통해 가족 개개인의 성향을 파악한다.

가족 프로필 작성을 통해 가족 관계를 인지하고 가족에 대한 이해도를 높인다.

1회기 프로그램 세부 추진계획 [1회기] 우리 가족 알아가기 : 묘목 심기

활동내용			
순서	세부내용		준비물
도입	오리엔테이션(20분)	① 인사 및 출석체크 ② 프로그램 내용 소개 - 5회기 동안 진행할 프로그램들을 간략하게 설명한다. ③ 개인정보 동의서 작성하기 ④ 사전검사 - 가족관계척도 검사를 진행한다.	출석부, 프로그램 소개 PPT, 프로그램 안내 유인물 개인정보 동의서, 가족관계 척도 검사지 볼펜
전개	가족 간 성향 파악하기(20분)	① MBTI 검사 소개 ② MBTI 검사지 분배 및 실시 ③ MBTI 검사 결과 설명 - 가족구성원의 MBTI 검사결과를 확인한다.	MBTI 검사지, MBTI PPT
	쉬는 시간(10분)		

1회기 프로그램 세부 추진계획 [1회기] 우리 가족 알아가기 : 묘목 심기

활동내용			
순서	세부내용		준비물
전개	가족 프로필 작성(40분)	① 가족 프로필 작성 - 가족에 대한 기본적인 정보를 작성한다. - 우리 가족을 표현할 수 있는 내용을 작성한다. - 가족에 대한 나의 생각을 작성한다.	4절지, 사인펜, 매직, 색연필, 가족 사진
종결	회기 마무리(10분)	① 회기 소감 나누기 ② 다음 회기 안내	

3회기 프로그램 세부 추진계획 [3회기] 우리 가족 이해하기 : 꽃 피우기

활동내용			
순서	세부내용		준비물
전개	영화 관람(1시간 30분)	입양가족에 관한 내용을 담은 '나는 아들을 사랑하지 않는다' 영화를 관람한다.	영화 파일 준비
	부모교육 마친 후, 강의실 이동(5분)		
종결	회기 마무리(5분)	① 회기 소감 나누기 ② 다음 회기 안내	

4회기 프로그램 세부 추진계획 [4회기] 우리 가족 힐링하기 : 열매 맺기

'푸드테라피'를 통한 감정표현 활동으로 가족구성원의 내면을 파악하고 건강한 감정표현 방법을 배우며 가족관계를 개선한다.

4. 4단계 : 교수자 피드백, 현장 기관 피드백, 동료 피드백 받기

1) 교수자 피드백

1. 프로그램 목적

프로그램 목적도 전반적으로 잘 수정되었는데 가족과 갈등(어려움)을 경험하는 입양 청소년 가족을 대상으로 한다고 한 부분은 다시 한 번 잘 생각해 보기 바랍니다.

가족과 갈등을 경험하고 있는 가족으로 명시한다면 참여하려는 가족들에게 선입견을 줄 수 있습니다. 또한 갈등의 정도가 어느 정도인지 가정마다 다 다를 수 있는데 교육 프로그램에 참여하기 어려운 수준의 갈등이 있는 경우에는 상담으로 나아가는 것이 더 바람직하다고 봅니다. 실제 갈등이 있다면 부모는 몰라도 청소년들은 부모와 함께 교육 받으러 오는 것 자체를 거부하리라 여겨지네요. 가족생활교육의 목적도 예방에 초점을 둔 것이라 가족과 갈등이 있는 가족으로 한다고 하기는 어려울 것 같습니다.

2. 프로그램 요약 제시 부분이나 홍보지 등에서 회기별 내용을 요약해 놓았는데 이 부분에서는 회기별 소주제도 같이 넣어주면 참여자들의 관심과 흥미를 더 끌 수 있다고 봅니다.
즉, 1회기 우리 가족 알아가기 : 묘목 심기
2회기 우리 가족 이해하기 : 물주기
3회기 우리 가족 친해지기 : 꽃 피우기
4회기 우리 가족 힐링하기 : 열매 맺기
5회기 건강한 우리 가족 : 수확하기

3. 회기별 내용 피드백

- 1회기 내용 : 첫 회기에서부터 다른 가족에게 바라는 점을 작성하게 하기보다는 가족에게 평소에 고마웠던 점을 작성하고 그러고 나서 바라는 점을 작성하게 하면 더 좋겠습니다.
  폴라로이드 사진 하단에 소감을 작성하기보다는 앨범에 사진을 날자별로 붙여 놓고 앨범 여백에 그날그날 활동사진을 보면서 간단히 소감(소감도 그냥 자신의 소감도 좋지만 활동하는 다른 가족원의 모습을 보면서 다른 가족원에게 해주고 싶은 말을 함께 적도록 하는 것으로 하면 좋을 것 같아요)을 작성하게 하는 것도 좋을 것 같습니다. 그러다 보면 나중엔 가족 앨범이 완성되겠네요.

- 2회기 내용 : 가족상황 문답 활동을 한다고 하였는데 3가지 사항을 제시하기보다는 참여자들이 다루고 싶은 가족 상황 3가지를 만들어서 현재 가족에서 그 상황에서 어떻게 의사소통되고 있는지 대본을 만들어 보게 하고 역할극을 하게 한 뒤, 무엇이 어떻게 변화되면 좋을지 서로 나누고 대본을 이상적인 의사소통 상황으로 수정하게 한 다음 다시 역할극을 해보게 하면 좋겠습니다. 그러면서 바람직한 의사소통에 대해 체험을 통해 배울 수 있고 다른 가족 구성원의 입장에서도 생각해 보는 시간이 될 것 같네요.

- 3회기 내용 : 친해지기 활동으로 스포츠 마사지 활동은 접촉을 통해서 좋은 감정을 전달할 수 있어 적합한 활동이라 생각이 드네요.

- 4회기 내용 : 푸드테라피를 통해 가족이 힐링하는 시간이 될 수 있겠네요. 감정 토핑을 통해 가족에 대한 감정을 표현하게 하는 시간으로 활용하니 더 좋을 것 같습니다. 그런데 긍정적 감정 토핑과 부정적 감정 토핑이 나올 텐데... 만약 대부분 부정적 감정 토핑이 나온다면 힐링하는 시간이 오히려 무거워질 수도 있겠어요. 프로그램에 가족이 함께 참여하면서 상대방에게 감사의 마음을 전할 수 있는 피자를 서로 만들어 주는 것으로 하고 감사의 감정을 전달할 수 있는 토핑으로 하면 좋겠습니다.

– 5회기 내용 : 앞에서 이야기한 것처럼 가족상황 문답 활동을 '가족 구성원에 대한 새로운 발견'이라고 해서 칭찬과 장점 찾아주는 방향으로 나아가도 좋고, 첫 회기에서 바라는 점을 작성한 것을 토대로 프로그램 기간 동안 다른 가족 구성원을 위해 자신이 노력한 점, 다른 가족 구성원이 노력한 점을 이야기하면서 칭찬과 격려의 시간을 갖는 것도 좋겠고요.
목적에 제시한 것처럼 입양가족 자조모임 조직을 목적으로 한다고 하였으니 종결 부분에서 자조모임을 어떻게 구성하고 기관에서 어떤 도움(장소 제공, 다과 제공 등)을 줄 수 있는지 가이드라인을 주어야 할 것 같습니다. 종결 부분에서는 자조모임 구성에 대해 안내를 하면 좋겠네요.

2) 현장 기관 피드백 : 현장 전문가 인터뷰를 통한 피드백

<table>
<tr><td rowspan="6">1</td><td rowspan="2">1</td><td>계획서의 프로그램의 구성이 대상에 적절합니까?</td></tr>
<tr><td>프로그램의 체계는 잘 구성하였습니다. 하지만 현재, 입양의 수요가 낮아 입양가족이 ㅇㅇ시 인구 103만 명에서 얼마나 차지할지 의문이 듭니다. 사전에 입양가족의 지역분포도 조사를 진행하고, 이들을 대상으로 요구도 조사를 진행하는 것도 필요합니다.</td></tr>
<tr><td rowspan="2">2</td><td>이 프로그램들은 가족관계 개선에 도움이 될까요?</td></tr>
<tr><td>입양 가족은 조심스럽게 다가가야 하는 대상이기 때문에 가족관계 개선에 부담감을 느낄 수도 있어 프로그램을 기획할 때 주의해야 합니다. 특히 청소년은 어디로 튈지 모르는 시기인데 입양이라는 요소까지 포함하고 있는 이들을 대상으로 프로그램을 진행할 때는 조심스럽게 개입해야 합니다. 프로그램 초기에는 부모 · 자녀의 그룹 상담이나 레크리에이션과 같은 활동을 통해 라포를 형성할 수 있는 활동이 좋습니다. 예를 들어, 점토를 이용하여 프로그램의 시그니처인 청포도를 만드는 활동을 통해 포도알에 가족의 약속이나 희망, 규칙 등의 의미를 담아 만들기 활동을 하는 것도 좋을 것 같습니다.</td></tr>
<tr><td rowspan="2">3</td><td>단발성 프로그램만으로 프로그램을 구성한 것 같은데 이 구성이 효과적일지 궁금합니다.</td></tr>
<tr><td>기획 의도는 좋지만 예민하고 조심스러운 입양 청소년 가족을 대상으로 전체적으로 너무 많은 활동을 담고 있는 것 같습니다. 하지만 조금 수정하고 프로그램 외 시간에도 참여자들 간에 어울릴 수 있도록 만든다면, 이들이 프로그램 종료 후에도 자조 모임을 가져 장기적으로 이어질 수 있다고 생각합니다.</td></tr>
<tr><td rowspan="5">2</td><td>1</td><td>계획서의 프로그램이 통일성이 있습니까?</td></tr>
<tr><td rowspan="2">2</td><td>프로그램의 통일성을 높이려면 어떻게 구성하는 것이 좋을까요?</td></tr>
<tr><td>가족관계를 중심으로 프로그램이 연결되어 통일성을 보입니다. 프로그램을 구성할 때 프로그램명을 기반하여 첫 회기에 청포도 나무를 심어서 각 가족의 이름을 정하고, 마지막 회기에 가족 나무를 나누어 줘도 좋을 것 같습니다. 또는 프로그램 참여 인원을 자녀 10명, 부모 10명 정도로 하여 문제예방 차원의 가족 상담을 중심으로 소규모로 진행해도 좋을 것 같습니다.</td></tr>
<tr><td rowspan="2">3</td><td>이 프로그램이 대상자들에게 흥미를 유도할 수 있을까요?</td></tr>
<tr><td>푸드테라피 프로그램은 참여자의 흥미가 높을 것 같습니다.
발야구 프로그램은 참여자의 흥미가 낮을 것 같습니다. 또한 스포츠 활동은 결과적으로 승패를 가리게 되므로, 가족 간의 불화를 일으킬 수 있어 적절하지 못한 활동이라고 생각합니다.</td></tr>
</table>

	4	**프로그램 일정이 바쁜 편인가요?**
		프로그램 일정은 주 1회라서 괜찮은데, 회기별 프로그램을 한 활동에 집중할 수 있도록 수정하면 좋을 것 같습니다.
3	1	**○○센터 홈페이지를 보면 입양가족에 대한 프로그램은 찾기 어려운데 어떤 이유로 진행되지 않고 있는 건지 알 수 있을까요?**
		입양가족의 수가 적고 찾기가 힘들기 때문입니다.
	2	**입양가족과 관련된 논문들을 찾아봤을 때 입양가족 보호자들에게 지역사회 네트워크를 통해 입양가족에 대한 정보들을 알고자 하는 욕구가 있음을 확인할 수 있었습니다. 입양가족들의 이러한 욕구를 충족하는 프로그램이 부족한 이유가 무엇이라고 생각하시나요?**
		논문을 통해 그러한 욕구를 확인하셨군요. 그러나 앞서 말씀드렸다시피 입양가족은 공개를 꺼리고 그 수요가 적기 때문에 프로그램을 기획하는 데에 어려움이 따릅니다.
	3	**프로그램 계획 당시 지역사회 네트워크를 조직하고자 하였는데 그 목적이 저희 프로그램을 통해 실현될 수 있을까요?**
		지역사회 네트워크가 가족 사이의 네트워크를 말하고자 했던 것이라면, 네, 실현될 것입니다.
4		**동적가족화검사를 계획하고 있는데 검사를 진행할 별도의 전문가가 필요한가요?**
		당연히 필요합니다. 모든 일을 사회복지사가 진행하기란 무리가 있는 데다, 심리검사는 반드시 임상적 경험이 많은 전문가의 진행과 해석이 있어야 합니다.
5		**3회기의 프로그램 진행 시간이 너무 긴데 동적가족화검사를 1회기 MBTI와 함께 넣는 것과 3회기에 그대로 넣는 것 중 어떤 것이 좀 더 적절한지 조언 부탁드립니다.**
		프로그램 기획에 있어서 MBTI 성격검사를 삭제하고 동적가족화검사를 진행하는 것을 추천합니다.
6		**프로그램은 입양 청소년 대상인데 프로그램 내용을 봤을 때 일반 청소년들을 위한 프로그램으로 써도 될 정도로 입양가족에 특화된 프로그램이라고 보기는 힘들 것 같습니다. 입양가족에 대한 프로그램은 어떤 방향으로 구성해야 할지 조언 부탁드립니다.**
		6가족을 모집하는 것은 적절해 보이고, 중고등학생으로 대상을 잡았다고 하셨는데 두 연령대의 차이점도 고려하면 나이 차는 3살 정도가 적절합니다. 그리고 만약 운동을 넣는다면 자원봉사 스탭도 함께 활동에 참여하는 것이 인원을 맞추는 데에 적절하겠습니다.

3) 동료 피드백

가온누리팀의 피드백
1. 대상자 1) 선정 입양가족에서도 구성원이 다양하기 때문에 확실한 기준이 없다면 대상자들을 모집할 때 어려움이 있을 것이라 생각된다. 또 입양의 경우 대략 3세일 때 가장 많이 이루어진다고 언급했는데 대상이 입양 청소년이라면 오랜 시간이 지난 뒤라고 본다. 입양 청소년 가정이 겪는 다수의 문제가 사실상 비입양 가족과 크게 다르지 않을 수도 있을 것 같다는 생각이 들었다. 이런 점을 볼 때 교수님의 말씀대로 대상을 더 명확히 선정하면 더 좋지 않을까라는 생각이 들었다.

2) 홍보

청소년을 대상으로 한 프로그램은 대상자를 모집할 때 참여율 저조 등 많은 어려움이 있을 것으로 생각된다. 특히 감수성이 풍부한 청소년 시절의 경우 낙인이라는 걱정으로 인해 자신이 입양 자녀라는 걸 드러내고 싶지 않을 가능성도 존재한다고 생각한다. 대상자들을 어떻게 모집하고 홍보할 것인지 생각하는 것이 필요할 거라고 본다.

2. 목적

갈등 해소와 가족의 관계개선이 목적이라면, 예방보다는 치료에 가깝지 않을까, 라는 생각이 들었다.

3. 좋았던 점

1) 입양 청소년 가족을 대상으로 프로그램을 만드는 것은 희소성이 있지 않나 하는 생각이 들어서 좋았다.
2) 입양 청소년 가족을 대상으로 한 독특하고 참신한 프로그램명이 호기심을 유발하는 점이 좋았고, 회기별 프로그램명까지 이어져 프로그램의 취지를 이해할 때도 도움이 되었다.
3) 1회기 가족 프로필 작성이 마지막 회기와 연계하여 어떤 변화가 생겼는지 알 수 있는 좋은 구성이다.

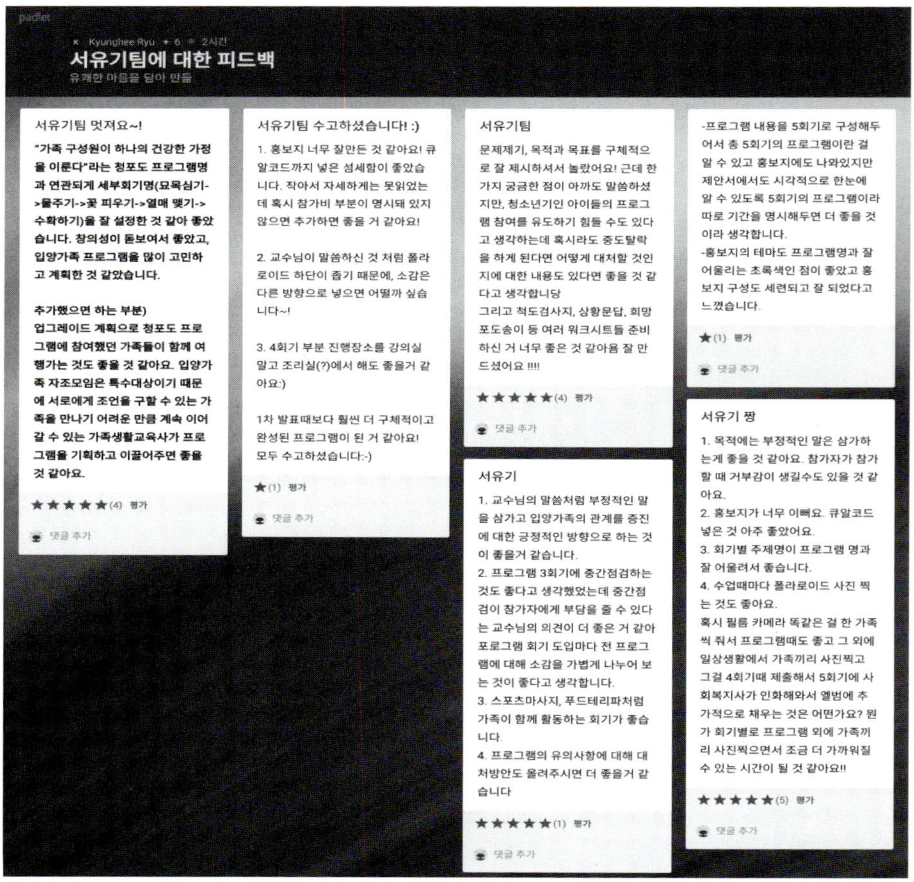

5. 5단계 : 팀별 프로그램 최종 제안서 작성 / 자체 평가 및 소감

1) 프로그램 제안서 최종 완성

가족생활교육 프로그램 제안서

Family Life Education Program

입양 청소년 가족 관계 개선을 위한
가족 적응 프로그램 "청.포.도"

청소년 자녀와의 사이가 포근함에 도달하기를 소망

팀

목차

Summary

프로그램 명	입양청소년 가족의 가족관계 개선을 위한 가족친화 프로그램 "청포도"	
프로그램 목적	가족관계를 향상하고 싶은 입양 청소년 가족을 대상으로 청포도 프로그램을 통해 갈등을 해소하고 건강한 가족 관계 형성 및 지역사회 내 입양가족 네트워크 조직을 목적으로 한다.	
프로그램 목표	1. 입양가족의 역할극 활동을 통해 효과적인 의사소통 방법을 배우고 가족구성원 간의 이해도를 높인다. 2. 입양가족의 정서적 안정을 도모할 수 있는 힐링 프로그램을 통해 부모-자녀 간의 소통을 증진하여 친밀한 가족관계를 형성한다. 3. 비슷한 환경적 조건을 가진 다른 가족들과 함께 프로그램에 참여함으로써 입양 가족 간 자조모임 형성의 기반을 마련한다.	
프로그램 활동 내용	1회기 우리 가족 알아가기: 묘목 심기	레크레이션, 희망 포도알 교환
	2회기 우리 가족 이해하기: 물 주기	가족 상황 문답
	3회기 우리 가족 친해지기: 꽃 피우기	가족 스포츠 마사지, 다과회
	4회기 우리 가족 힐링하기: 열매 맺기	푸드 테라피
	5회기 건강한 우리 가족: 수확하기	우리 가족 칭찬해~, 가족 앨범 만들기
프로그램 기대효과	1. 입양청소년의 가족 적응으로 화목한 가족관계 형성 2. 가족관계 개선을 통해 입양청소년이 건강한 사회구성원으로 성장할 수 있는 발판 마련 3. 지역 내 자발적인 입양가족 모임으로 발전할 것으로 예상	

1. 문제 제기

청소년기

위기의 시기, 질풍노도의 시기

다양한 발달과업, 이를 잘 수행하지 못하면 문제 행동 발생 가능

어떤 환경조건이 형성되느냐에 따라 다양한 행동결과를 초래

1. 문제 제기

"가족"은 청소년기 성장발달에 영향을 미치는 주요 요인

가족: 공동사회를 구성해 만들어가는 가장 기초적인 집단

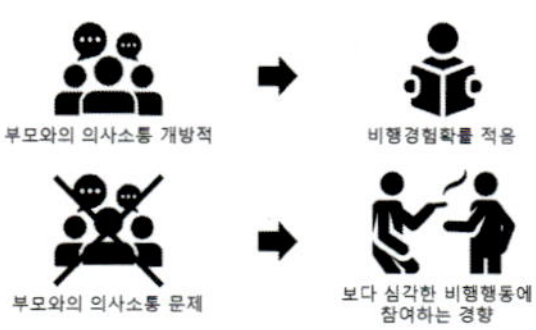

1. 문제 제기

신체·심리·사회적 발달 영역들에서 더 많은 문제를 경험

입양부모들 또한 양육하는 데 어려움을 경험

입양자녀	입양부모
입양 전의 스트레스 경험과 이에 따른 신체와 정신적 행동 문제 등 입양 후 애착장애, 반항장애, 행동장애, 양심의 결여, 감정 구별 및 표현 능력 부재	입양자녀가 문제를 겪게 되면 양육적인 차원에서 스트레스를 겪음 양육효능감, 자아존중감, 자기효능감 저하 극단적일 경우 파양에 도달

1. 문제 제기

국내 아동 입양 연령

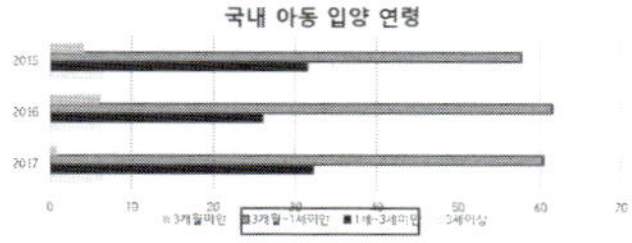

3개월~3세 미만 아동의 비율 가장 높음

출처: 사단법인 한국입양홍보회

1. 문제 제기

2009~2011년 3세 미만 아동	→	2021년 청소년 (12세~15세)

현재 이들에 대한 프로그램, 연구 부족

2. 기대효과

입양청소년 가족의 가족관계 개선을 위한 가족친화 프로그램 "청포도"

입양 + 청소년 = 복합적인 욕구를 지닌 대상자

- 입양청소년의 가족 적응으로 화목한 가족관계 형성
- 가족관계 개선을 통해 입양청소년이 건강한 사회구성원으로 성장할 수 있는 발판 마련
- 지역 내 자발적인 입양가족 모임으로 발전할 것이라 예상

청.포.도(道)

청소년 입양자녀를 둔 가족의

포근한 일상을 위한

道(길)

청.포.도

여러 개의 포도알이 모여
포도 한 송이를 이루듯
건강한 가족 구성원이
하나의 건강한 가정을 이룬다

3. 프로그램 대상자

<대상자 선정 기준>

입양자녀가 14~16세인 가족 + 친자녀 없이 입양자녀로만 구성된 가족

↓

다섯 가족 모집

<대상자 모집 방법>

- 홀트 아동복지회, 한국입양홍보회 홈페이지 내 청포도 프로그램 공지
- 경상남도 건강가·정다문화가족지원센터를 이용하는 입양청소년가족 연계

4. 프로그램 목적 및 목표

목적

가족관계를 향상하고 싶은 입양 청소년 가족을 대상으로
청포도 프로그램을 통해 가족 간 이해도와 친밀감을 증진하고
건강한 가족 관계를 형성하며, 지역사회 내 입양가족 네트워크를 조직한다.

목표

- 입양가족의 역할극 활동을 통해 효과적인 의사소통 방법을 배우고 가족구성원 간의 이해도를 높인다.
- 입양가족의 정서적 안정을 도모할 수 있는 힐링 프로그램을 통해 부모-자녀 간의 소통을 증진하여 친밀한 가족관계를 형성한다.
- 비슷한 환경적 조건을 가진 다른 가족들과 함께 프로그램에 참여함으로써 입양 가족 간 자조모임 형성의 기반을 마련한다.

5. 프로그램 활동 시간

주 1회

90분 ~ 100분

6. 프로그램 세부 추진계획 [1회기] 우리 가족 알아가기 : 묘목 심기

참여자들 간의 라포를 형성하고, 가족 간의 소통과 친밀감을 증진한다.

↓

레크레이션을 통해 참여자 간 긴장을 해소하고
프로그램에 대한 흥미를 키운다.

가족 구성원 간에 고마운 점과 바라는 점을
희망 포도알에 작성함으로써
가족의 욕구를 확인하고, 이를 실천하며 프로그램 참여를 유도한다.

6. 프로그램 세부 추진계획 [1회기] 우리 가족 알아가기 : 묘목 심기

활동내용			
순서	세부내용		준비물
도입	오리엔테이션(20분)	① 인사 및 출석체크 ② 담당자 및 참여자 소개 ③ 프로그램 내용 소개 - 5회기 동안 진행할 프로그램들을 간략하게 설명한다. ④ 개인정보 동의서 작성하기 ⑤ 사전검사 - 가족관계척도 검사를 진행한다.	출석부, 프로그램 소개 PPT, 프로그램 안내 유인물 개인정보 동의서, 가족관계 척도 검사지, 볼펜
전개	레크레이션(30분)	① 레크레이션 진행 - 가족 팀명과 구호를 정한다. - 참여 가족들과 아이스 브레이킹 게임을 진행한다. ② 활동 중 폴라로이드 사진 촬영	아이스 브레이킹 PPT, 폴라로이드
	쉬는 시간(10분)		

6. 프로그램 세부 추진계획

[1회기] 우리 가족 알아가기 : 묘목 심기

활동내용			
순서	세부내용		준비물
전개	희망 포도알 교환식(30분)	① 가족 간에 고마운 점과 바라는 점을 3개씩 포도알 워크시트에 작성하고 서로 교환한다. ② 각자의 워크시트에 적힌 내용을 확인한 뒤, 프로그램을 진행하는 기간 동안 가정에서 이를 실천한다. ③ 활동 중 폴라로이드 사진 촬영	포도알 워크시트, 볼펜, 폴라로이드
종결	회기 마무리(10분)	① 회기 소감 나누기 - 활동 중 찍은 사진을 가족에게 나눠주고 가족 앨범에 붙여 활동을 하면서 가족원에게 전하고 싶었던 말과 활동 소감을 여백에 간단히 기록한다. - 참여자 간 활동 소감을 나눈다. ② 다음 회기 안내	폴라로이드 사진, 가족 앨범, 네임펜

6. 프로그램 세부 추진계획

[2회기] 우리 가족 이해하기 : 물 주기

가족 상황 문답 작성과 역할극을 수행하며
역지사지의 입장으로 서로를 헤아려
가족의 이해도를 높이고 건강한 의사소통 법을 익힌다.

6. 프로그램 세부 추진계획

[2회기] 우리 가족 이해하기 : 물 주기

활동내용			
순서	세부내용		준비물
도입	오리엔테이션(10분)	① 인사 및 출석체크 ② 희망 포도송이 확인 - 일주일 간 실천한 희망 포도알을 확인하고 그 경험을 나눈다. ③ 2회기 활동 소개	출석부
전개	가족 상황 문답 작성하기(20분)	① 가족 상황 문답 활동지를 배부한다. ② 참여자 가족이 다루고 싶은 가족 상황 세 가지를 정한다. ③ 가족 상황 문답을 작성한다. - 세 가지 상황에 대한 우리 가족의 모습을 대본으로 작성한다. - 문답 내용에 대한 자신의 생각을 간략히 작성한다.	가족상황 문답 활동지, 연필, 지우개
	쉬는 시간(10분)		

6. 프로그램 세부 추진계획

[2회기] 우리 가족 이해하기 : 물 주기

활동내용			
순서	세부내용		준비물
전개	가족 상황 문답 역할극(30분)	① 가족 상황 문답지를 바탕으로 역할극을 진행한다. - 세 가지 상황문답 중 한 가지를 선택하여 역할극으로 표현한다. ② 대본을 바람직한 의사소통 방법으로 수정한다. - 다른 가족 구성원의 입장에 대해 생각해보고, 기존 의사소통 방법에서 변화해야 할 부분에 대해 공유한다. ③ 수정한 대본으로 역할극을 진행한다. ④ 활동 중 폴라로이드 사진 촬영	가족상황 문답 활동지, 연필, 지우개, 폴라로이드
종결	회기 마무리(10분)	① 회기 소감 나누기 - 활동 중 찍은 사진을 가족에게 나눠주고 가족 앨범에 붙여 활동을 하면서 가족원에게 전하고 싶었던 말과 활동 소감을 여백에 간단히 기록한다. - 참여자 간 활동 소감을 나눈다. ② 다음 회기 안내	폴라로이드 사진, 가족 앨범, 네임펜

6. 프로그램 세부 추진계획

[3회기] 우리 가족 친해지기 : 꽃 피우기

자연스럽게 스킨십을 유도하는 스포츠 마사지 활동을 통해
가족과 단합하여 유대감을 쌓고 친밀감을 형성한다.

6. 프로그램 세부 추진계획

[3회기] 우리 가족 친해지기 : 꽃 피우기

활동내용			
순서	세부내용		준비물
도입	오리엔테이션(10분)	① 인사 및 출석체크 ② 희망 포도송이 확인 - 일주일 간 실천한 희망 포도알을 확인하고 그 경험을 나눈다. ③ 3회기 활동 소개 ④ 활동 진행 강사 소개	출석부
전개	스포츠 마사지 활동(40분)	① 스포츠 마사지 설명 ② 스포츠 마사지 동작 배우기 - 전문가의 시범을 보고 배운다. ③ 스포츠 마사지 진행하기 - 배운 스포츠 마사지를 가족에게 시행한다. (예시: 자녀는 부모에게 손발 마사지를, 부모는 자녀에게 두뇌 마사지를 해준다.) ④ 활동 중 폴라로이드 사진 촬영	마사지 젤, 타올 프로그램 활동 PPT, 폴라로이드
	쉬는 시간 및 활동 도구 정리(10분)		

6. 프로그램 세부 추진계획

[3회기] 우리 가족 친해지기 : 꽃 피우기

활동내용			
순서	세부내용		준비물
종결	다과회 및 회기 마무리(30분)	① 다과회 진행 - 프로그램의 중반부를 맞아 참여자 간 소통을 통해 친목을 다지고 유대감을 형성한다. - 마시지를 해주면서 상대방에게 전달하고자 한 마음을 나눈다. ② 회기 소감 나누기 - 활동 중 찍은 사진을 가족에게 나눠주고 가족 앨범에 붙여 활동을 하면서 가족원에게 전하고 싶었던 말과 활동 소감을 여백에 간단히 기록한다. - 참여자 간 활동 소감을 나눈다. ③ 다음 회기 안내	다과, 종이컵, 일회용 접시, 폴라로이드 사진, 가족 앨범, 네임펜

6. 프로그램 세부 추진계획

[4회기] 우리 가족 힐링하기 : 열매 맺기

활동을 하며 가족에게 느낀 고마운 감정을
'푸드 테라피'라는 감정표현 활동을 통해 표현하고
가족과 가까워지는 시간을 가진다.

6. 프로그램 세부 추진계획 [4회기] 우리 가족 힐링하기 : 열매 맺기

활동내용			
순서	세부내용		준비물
도입	오리엔테이션(10분)	① 인사 및 출석체크 ② 희망 포도송이 확인 - 일주일 간 실천한 희망 포도알을 확인하고 그 경험을 나눈다. ③ 4회기 활동 소개	출석부
전개	푸드테라피 아이디어 구상 및 만들기(60분)	① 푸드테라피 설명하기 ② 재료 준비하기 ③ 피자 토핑으로 감정 표현하기 - 프로그램에 참여하면서 가족에게 느낀 감사한 마음을 생각하며 표현 방법 구상하기 ④ 피자 굽기 및 청포도 에이드 만들기 간단히 주변 정리 ① 내가 만든 피자 소개 - 가족에 대한 마음을 표현한 피자를 소개하며 감사함을 전달하기 ② 피자 시식하기 ③ 활동 중 폴라로이드 사진 촬영	프로그램 설명 PPT, 활동지, 볼펜, 또띠아, 페퍼로니, 올리브, 파프리카, 양파, 치즈, 토마토 소스, 청포도 에이드 시럽, 탄산수 조리도구, 일회용 식기 도구, 드레싱, 종이 호일, 폴라로이드

6. 프로그램 세부 추진계획 [4회기] 우리 가족 힐링하기 : 열매 맺기

활동내용			
순서	세부내용		준비물
종결	회기 마무리(20분)	① 마무리 정리 ② 회기 소감 나누기 - 활동 중 찍은 사진을 가족에게 나눠주고 가족 앨범에 붙여 활동을 하면서 가족원에게 전하고 싶었던 말과 활동 소감을 여백에 간단히 기록한다. - 참여자 간 활동 소감을 나눈다. ③ 다음 회기 안내	쓰레기 봉투, 폴라로이드 사진, 가족 앨범, 네임펜

6. 프로그램 세부 추진계획 [5회기] 건강한 우리 가족 : 수확하기

프로그램을 활동을 마무리 하며, 건강한 가족관계를 형성할 수 있다.

↓

'우리 가족 칭찬해~' 활동을 통해
변화된 가족의 모습을 확인하고, 이를 바탕으로 서로를 칭찬하고
격려하는 시간을 가짐으로써 가족의 결속력을 강화한다.

희망 포도송이의 완성도를 확인하여
희망 포도알의 실천 정도를 파악하고, 앞으로의 다짐을 나눈다.

6. 프로그램 세부 추진계획 [5회기] 건강한 우리 가족 : 수확하기

활동내용			
순서	세부내용		준비물
도입	오리엔테이션(5분)	① 인사 및 출석체크 ② 마지막 회기 안내	출석부
전개	우리 가족 칭찬해~ (30분)	① 활동 설명하기 ② '우리 가족 칭찬해' 워크시트 작성하기 - 프로그램을 통해 발견한 가족의 새로운 점과 변화한 모습에 대해 작성하고, 서로 칭찬하고 격려하는 시간을 가진다. ③ 희망 포도송이 확인 - 프로그램 기간동안 실천한 희망 포도알 경험과 노력한 점에 대해 공유하는 시간을 가진다. - 가족별로 완성한 포도송이를 확인하고, 성취감을 느낀다. - 포도송이를 완성하지 못한 가족은 어떻게 희망 포도알을 실천할 것인지 다짐을 나누는 시간을 가진다.	우리 가족 칭찬해 워크시트, 희망 포도알 워크시트, 볼펜

6. 프로그램 세부 추진계획 [5회기] 건강한 우리 가족 : 수확하기

활동내용			
순서	세부내용		준비물
	쉬는 시간(5분)		
전개	가족 앨범 만들기 (45분)	① 활동 중 촬영한 사진 전달 ② 가족 앨범 꾸미기 - 각 회기에 활동사진을 붙이고 소감을 적은 가족 앨범을 꾸미고 완성한다. ③ 가족 앨범으로 프로그램 돌아보기 - 완성한 가족 앨범을 전시하여 참여자들과 살펴보고 그동안의 추억을 돌아본다. ④ 베스트 컷 선정 및 발표	폴라로이드 사진, 가족 앨범, 매직, 색연필, 사인펜, 꾸미기용 스티커

6. 프로그램 세부 추진계획 [5회기] 건강한 우리 가족 : 수확하기

활동내용			
순서	세부내용		준비물
종결	활동 마무리(20분)	① 프로그램 소감 및 가족 상장 전달 - 다섯 회기에 걸쳐 진행한 청포도 프로그램 참여에 대한 소감을 나눈다. - 5회기 동안 가족의 강점을 파악한 가족생활교육사가 각 가족의 특성을 살린 가족 상장을 수여한다. ② 자조모임 안내서 배부 - 입양가족이 자조모임을 형성할 수 있도록 안내서를 배부하여 자조모임 형성에 도움을 제공한다. ③ 사후검사 - 프로그램 만족도를 조사한다. - 가족관계척도 검사를 진행한다.	만족도 조사지, 가족관계 척도 검사지, 가족상장, 입양가족 자조모임 안내서

6. 프로그램 세부 추진계획(요약)

회기	회기 명	목표	프로그램 내용	준비물
1회기	우리 가족 알아가기 : 묘목 심기	참여자들 간의 라포를 형성하고, 가족 간의 소통과 친밀감을 증진한다.	참여 가족과 레크레이션을 진행하고, 가족 간 희망 포도알 작성 및 교환식을 진행한다.	프로그램 안내 유인물 개인정보 동의서, 가족관계 척도 검사지, 레크레이션 PPT, 희망 포도알 워크시트
2회기	우리 가족 이해하기 : 물 주기	가족 상황 문답 작성과 역할극을 수행하며 역지사지의 입장으로 서로를 헤아려 가족의 이해도를 높이고 건강한 의사소통 법을 익힌다.	세 가지의 가족상황에 대한 우리 가족의 모습을 대본으로 작성하고, 그 중 하나를 선택하여 역할극으로 표현한다. 이후, 기존의 대본을 바람직한 의사소통으로 수정하고 다시 역할극을 진행한다.	가족상황 문답 워크시트, 연필, 지우개
3회기	우리 가족 친해지기 : 꽃 피우기	자연스럽게 스킨십을 유도하는 스포츠 마사지 활동을 통해 가족과 유대감을 쌓고 친밀감을 형성한다	가족이 함께 할 수 있는 스포츠 마사지를 배우고 가족에게 마사지를 하는 시간을 가진다.	마사지 젤, 타올, 프로그램 PPT, 다과

6. 프로그램 세부 추진계획(요약)

회기	회기 명	목표	프로그램 내용	준비물
4회기	우리 가족 힐링하기 : 열매 맺기	활동을 하며 가족에게 느낀 고마운 감정을 '푸드 테라피'라는 감정표현 활동을 통해 표현하고 가족과 가까워지는 시간을 가진다.	푸드 테라피에 대해 소개하고 가족에 대한 나의 감정을 주제로 또띠아 피자와 청포도 에이드를 만든 뒤, 피자를 소개하고 해석한다.	또띠아, 피자 재료, 청포도 시럽, 탄산수, 집게, 접시, 포크, 숟가락, 컵 등
5회기	건강한 우리 가족 : 수확하기	프로그램을 활동을 마무리 하며, 건강한 가족관계를 형성할 수 있다.	'우리 가족 칭찬해~' 활동을 진행하고, 희망 포도송이의 완성도를 확인한다.이후, 가족 앨범을 완성하고, 5회기 동안 진행했던 프로그램에 대한 간단한 소감을 발표한다. 또한, 입양가족의 자조모임 형성에 도움을 줄 안내서를 제공하고 만족도 조사를 진행한다.	만족도 조사지, 가족관계척도 검사지, 폴라로이드 앨범, 꾸미기 도구, 가족상장, 가족앨범, 입양가족 자조모임 안내서 등

7. 프로그램 평가 및 모니터링 계획

평가

만족도 조사지

매 회기 활동 마무리 후 참여자들이 작성한 소감을 바탕으로 질적 평가

모니터링

회기 별 워크시트 점검

매 회기 출석부 점검 및 폴라로이드 사진 및 소감 분석

3회기 다과회 시간에 참여자들을 대상으로 간단한 질의응답으로 질적 평가

사후 평가

희망 포도알 워크시트를 일주일에 한 번씩
창원시 마산 건강가·정다문화가족지원센터 밴드에 업로드

8. 프로그램 유의사항

<참여자 유의사항>

1. 1회 이상 청포도 프로그램 불참 시, 해당 참여자 가족은 중도탈락 된다.
2. 중도탈락 가족 발생 시, 인원 보충 없이 프로그램 진행한다.
3. 중도탈락 된 대상자는 해당 기관의 다른 프로그램 참여 시 불이익이 있을 수 있다.

<가족생활교육사 유의사항>

1. 사전에 프로그램에 대한 내용을 충분히 숙지한다.
2. 참여자의 특성을 고려하여 언행을 주의한다.
3. 프로그램 기간 동안 폴라로이드로 사진 찍을 것을 대비하여, 사전에 참여자의 초상권 동의서를 받는다.
4. 초청한 전문가와 사전에 프로그램 목적 및 취지, 주의점에 대해 정보를 제공하고 활동내용에 대한 합의 및 점검을 하는 시간을 가진다.

9. 부록

가족관계척도 검사지

9. 부록

희망 포도알 워크시트 및 희망 포도송이(과제 수행 정도 자가 체크지)

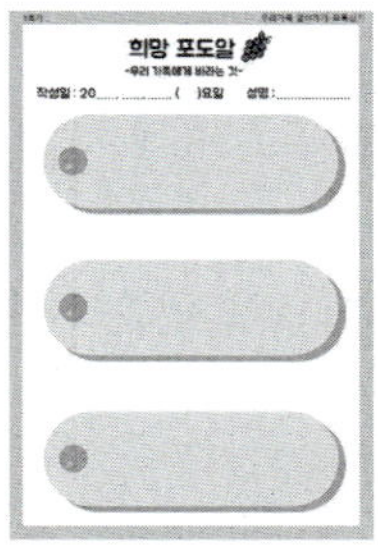

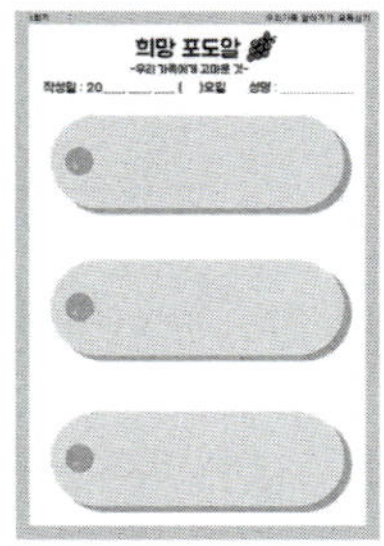

9. 부록

희망 포도알 워크시트 및 희망 포도송이(과제 수행 정도 자가 체크지)

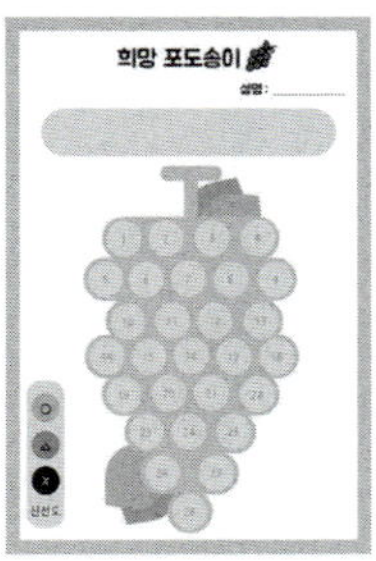

9. 부록

가족 상황 문답 워크시트

9. 부록

가족 상황 문답 워크시트

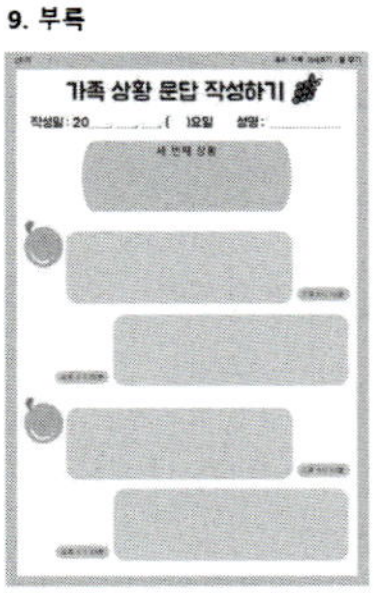

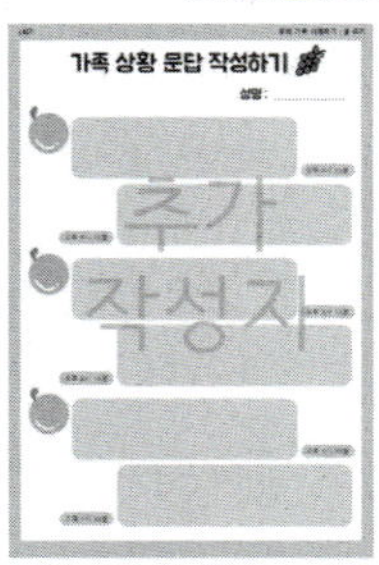

9. 부록

우리 가족 칭찬해 워크시트

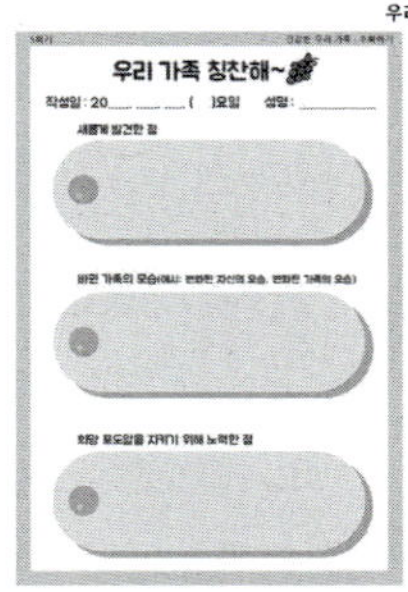

9. 부록 가족 상장

상 장

오월의 농부 상 ○○가족
김○○

위 가족은 청포도 프로그램에
참여하는 동안 가장 싱싱한
포도송이를 키워냈기에
이 상장을 수여함

20○○년 06월 ○○일

건강가정
다문화가족지원센터
센터장 김○○

9. 부록 청포도 프로그램 홍보지

9. 부록 자조모임 가이드라인 안내서

입양가족 자조모임 가이드라인

1	주 2회 기관 내 자조모임 장소와 다과를 제공한다.
2	자조모임의 활성화를 위해 기관 홈페이지와 SNS를 이용하여 입양가족 자조모임에 대해 홍보를 한다.
3	담당자는 월 1회 자조모임에 참여하여 자조모임 과정에 대한 피드백을 준다.
4	자조모임 통해 발견된 욕구와 문제를 고려하여 기관 내 진행하는 프로그램이나 사업에 대한 정보를 제공한다.

참고문헌

- 안재진, 권지성, 변미희, 최운선 (2010). 공개입양가족의 입양 관련 의사소통에 관한 탐색적 연구. 한국아동복지학. 한국아동복지학회, 31호. 143-171.
- 변미희, 권지성, 안재진, 최운선 (2015). 입양아동의 적응을 위한 입양부모의 대처과정에 관한 연구. 한국아동복지학. 한국아동복지학회, 52호. 105-138.
- 이나경, 안권순 (2014). 청소년이 지각한 가족관계와 자율적 행동동기와의 관계: 가족구조, 긍정적 부정적 자동적 사고의 매개효과. 한국청소년학회. 청소년학 연구, 21. 243-273.
- 보건복지부 네이버 블로그, "입양부모교육", https://blog.naver.com/mohw2016/221053501553
- 한국입양홍보회, 국내외 입양통계 http://www.mpak.org/board/bbs/board.php?bo_table=5_data_3&wr_id=14
- 더나은 복지세상, 사회복지업무양식/서식, 가족관계척도 http://www.welfare24.net/ab-3816-322?category_1=C

2) 자체평가 및 소감

〈현장 방문 및 자문 활동에 대한 평가〉

자문으로 알게 된 사실 중 가장 기억에 남은 것은 우리가 프로그램 개발을 위한 사전 조사가 충분히 이루어지지 않았다는 사실이었다. 신중한 대상자 선정을 위해서는 사회적인 이슈에 관심을 가질 뿐만 아니라 욕구 조사와 대상자의 인구분포 또한 알아야 함을 알 수 있었다.

자문 이후 우리 스스로 생각한 보완점으로는 질문지에 대한 것이 있었는데, 질문지를 만들 당시에는 질문을 세부적으로 나누면 답변을 받기에 더 수월하리라 여겼으나 자문 활동 이후 이런 질문지 구성은 비슷한 주제의 반복으로 중복 질문이 될 뿐이라는 것을 깨달았다.

선생님과 대화를 통해 다음에는 이런 점을 보완하여 마지막 기관방문 전에 서면으로 먼저 피드백을 받아볼 수 있게 되었는데 프로그램 참여자에 대한 조사를 충분히 하고 프로그램 구성을 수정하여 더욱 발전된 프로그램 제안서를 보일 수 있도록 노력하자고 다짐하게 되었다.

〈피드백 후 소감〉

교수님과 다른 팀으로부터 유의미한 피드백을 받을 수 있었는데, 그 내용은 다음과 같다.

첫째, 대상자 관련 피드백이다. 프로그램 참여자는 조건이 비슷한 집단으로 구성해야 하기 때문에 명확한 대상자 설정이 필요하다. 그리고 자녀가 청소년인 점, 입양 자녀인 것을 밝히고 싶지 않을 가능성을 고려해 보았을 때 공개 입양 가족이 아니라면 대상자를 모집하는 데에 어려움이 있을 것이다. 이에 우리 팀은 친자녀가 없고 입양자녀로만 구성되어 있으며, 그 자녀가 14~16세인 것으로 대상자를 구체화시켰다. 또한 대상자 모집에 대해 홀트와 ㅇㅇ건강가정지원센터를 통한 프로그램 홍보와 대상자 연계를 생각해 보았다.

둘째, 개인정보 관련 피드백이다. 자조 모임의 경우 어려운 점을 공유하고 지지와 격려를 얻을 수 있다는 장점이 있지만, 타인에게 자신이 입양가족이라는 것을 밝혀야 한다는 단점이 존재하여 참여자가 거부감을 가질 수 있을 것이다. 그러나 프로그램 5회기 동안 함께 활동하는 사이이기에 각 가족 서로 간 충분한 라포가 형성되었을 것이라고 판단된다. 따라서 자조 모임의 경우 원활히 이루어질 것이라 예상된다.

셋째, 목적 관련 피드백이다. 갈등 해소와 가족관계 개선의 목적을 살펴보면 예방보다는 치료적 성격이 강한 것 같다. 또한 갈등 해소를 목적으로 하는 것은 달성하기 어려우므로 목적 수정의 필요성이 보이고, 목적과 프로그램 간에 연결이 되는지 확인이 필요하다. 이에 우리 팀은 대상자의 욕구를 충족시키면서도 달성할 수 있는 목적을 재설정하였고, 목적과 목표를 중심으로 프로그램을 재구성하였다.

넷째, 문제 제기 관련 피드백이다. 청소년 입양 자녀에 관한 선행 연구와 ㅇㅇ지역에 대한 입양가족의 통계 자료의 추가가 필요하다고 생각되며, 추후 자료를 찾아보고 이에 대한 적합한 자료가 있을 시 반영할 예정이다.

다섯째, 프로그램 제목 관련 피드백이다. 세부 프로그램 내용이 일회성의 성격을 띠는 것이 아니라 전체적으로 연결된 부분이 좋다고 생각한다. 회기별 제목에 청포도의 성장 의미를 부여하여 물주기, 열매 맺기와 같이 제목을 정한 것이 특색있었다. 하지만 그 순서를 '알아가기–이해하기–친해지기–힐링하기–건강한 우리 가족'의 순으로 수정하는 것이 적절할 것 같다.

여섯째, 프로그램 내용 관련 피드백이다. 청포도 에이드 만들기처럼 청포도라는 상징을 나타낼 수 있는 프로그램을 계획한 점이 좋았다. 또한 1회기의 가족 프로필 활동을 마지막 회기와 연계함으로써 참여자의 변화된 점을 직접적으로 확인할 수 있다는 점이 의미가 있으며, 이는 프로그램의 평가지표로도 사용될 수 있을 것 같다. 반면에, 전체적으로 전문가를 필요로 하는 프로그램이 많아, 가족생활교육사가 직접 진행할 수 있는 활동을 시행하고, 프로그램의 창의성을 높이는 것이 좋겠다. 이에 우리 팀은 전문가보다는 가족생활교육사가 진행할 수 있는 새로운 프로그램을 개발하여 대상자의 흥미와 참여도를 높일 수 있도록 수정할 예정이다.

〈총 수행 결과 평가〉

두 번의 교수님과 기관 선생님들의 피드백, 학과 동기들의 피드백을 거친 결과 입양 청소년을 위한 가족 친화 프로그램이 완성되었다.

우선 문제 제기에서의 입양아동에 대한 구체적인 수치를 조사하여 우리 팀이 이 조사를 통해 어떠한 문제를 발견하였는지, 그 문제를 해결하기 위해 프로그램을 어떻게 나아가고자 할 것인지를 명확히 하였다. 그 결과 입양아동이 폭발적으로 증가하였던 2009~2011년에 입양된 3세 이전의 나이인 아동들이 각 가정에서 어떻게 살고 있는지, 이들이 가정에서 겪는 문제는 어떤 것이 있는지에 대해 파악한 뒤 프로그램을 통해 해결하고자 하였다.
이러한 입양 청소년 가족 친화 프로그램의 목적은 가족 관계를 향상하고 싶은 입양 가족들을 대상으로 가족 내 친밀감 증진과 가족 간 이해를 도모하여 건강한 가족 관계를 형성하는 것이다. 또한 이러한 가족들이 모여 지역사회 내 입양가족 네트워크를 조직하여 더 많은 입양 가족들이 정보를 교류하고 연대감을 쌓는 것이었다. 그러기 위해서 본 프로그램에서는 프로그램을 통해 참가자들은 효과적인 의사소통을 배우고 가족 간 이해도를 높이는 것을 목표로 하였다. 또한 정서적 안정을 제공하는 힐링 프로그램을 통해 소통을 증진하여 더욱 친밀감을 높이며 이러한 활동을 통해 만난 비슷한 환경적 조건을 가진 다른 가족들과의 교류를 활발히 하여 자조 모임의 기반을 마련하고자 하였다.
전반적으로 프로그램을 평가하고 모니터링하는 시간 역시 필요하여 이를 계획하였다. 평가는 개인별 프로그램 만족도 조사지를 통해 매 회기 활동 마무리 후 작성하고자 하였다. 그리고 회기 출석부 점검과 워크시트를 통해 각 가정의 활동 현황에 대해 파악하고 소감을 분석하며 질의응답을 통해 질적 평가를 하고자 한다. 사후 평가로는 희망 포도알 워크시트를 일주일에 한 번씩 ㅇㅇ센터 밴드에 올림으로써 이후에도 각 가정에서의 참여자들의 모습을 통해 사후 평가를 하고자 하였다.
프로그램의 개선 방향은 다음과 같다.
청포도 프로그램 이후에도 입양가족을 대상으로 한 프로그램이 기획된다면 정확하게 입양 청소년들이 가정에서 가지고 있는 문제점, 그들의 욕구와 그 가족들의 욕구에 대한 명확한 파악이 이루어져야 할 것이다. 명확하게 대상자들의 욕구 파악을 통해 프로그램을 구성하였으면 한다. 또한 될 수 있다면 대상을 세분화하여 청소년이라도 성별에 따라 욕구의 차이가 나타날 수 있으니 이를 고려하여 프로그램을 기획한다면 더욱 완성도 높은 프로그램이 기획될 수 있으리라 기대할 수 있겠다.

〈가족생활교육 프로그램 공모전 제안서 양식〉[3]

2000년 한국가족관계학회

가족생활교육 프로그램 공모전

프로그램명

주제어(Keywords) : 5개 내외

제출일 : 2000년 0월 0일

제출자 : 소속 및 이름(팀의 경우 팀명과 이름)

마지막 슬라이드에 있는 제안서 작성 요강을 반드시 참고하시기 바랍니다.

목차 ※ 팀 혹은 프로그램 특성에 따라 목차 및 세부내용의 일부 변경 가능

- 참가신청서
- 요약
- 프로그램의 필요성
- 프로그램의 목적 및 목표
- 프로그램 세부 추진방법
- 프로그램 평가방법
- 참고문헌
- 별첨

3 가족생활교육 프로그램 제안서 양식은 한국가족관계학회 〈가족생활교육 프로그램 공모전〉 양식임.

참가신청서

<table>
<tr><td>부문</td><td colspan="4">☐ 대학생 ☐ 대학원생 ☐ 기관(센터)</td></tr>
<tr><td>프로그램명</td><td colspan="4"></td></tr>
<tr><td rowspan="7">인적사항</td><td>성명</td><td>소속 및 직위</td><td>연락처(휴대폰/이메일)</td><td>역할</td></tr>
<tr><td></td><td></td><td></td><td></td></tr>
<tr><td></td><td></td><td></td><td></td></tr>
<tr><td></td><td></td><td></td><td></td></tr>
<tr><td></td><td></td><td></td><td></td></tr>
<tr><td></td><td></td><td></td><td></td></tr>
<tr><td></td><td></td><td></td><td></td></tr>
<tr><td colspan="5">본 팀은 20○○년 한국가족관계학회 가족생활교육 프로그램 공모전 참여를 신청합니다.

년 월 일
신청인 : (인)</td></tr>
</table>

요약(1~2페이지 이내 작성)

※ 아래와 같은 내용 등이 포함되도록 Summary 작성 • 프로그램명 • 프로그램 목적과 목표 • 프로그램 세부 추진방법 • 프로그램 평가방법

1. 프로그램의 필요성

※ 아래와 같은 내용 등이 포함되도록 작성 • 해당 프로그램이 필요한 배경(예방하려는 문제 규정, 요구 조사, 이론 및 문헌 고찰 등) • 프로그램을 통해 창출되는 가치

2. 프로그램의 목적 및 목표

프로그램 목적(goal) 프로그램을 통해 궁극적으로 달성하고자 하는 성과에 대한 추상적, 일반적 진술로, 표적집단(target audience) 명시 **프로그램 목표(objective)** 프로그램 참여자의 지식 수준, 태도, 가치, 행동, 기술, 포부 등이 어떻게 '변화'할 것인지에 대한 구체적 진술로, 달성 여부를 평가할 수 있는 형식이어야 함

3. 프로그램 세부 추진방법

※ 아래와 같은 내용 등이 포함되도록 작성 • 시간 : 소요기간, 회기수, 회기별 소요시간 등 • 형식 : 대면, 비대면, 혼용 등 • 참여자 : 모집기준, 모집방법, 유지전략 등 • 인력 : 강사, 실무자 등 • 회기별 세부내용 : 주제, 활동별 세부사항, 시간배분, 준비물 등(표 형식 권장) • 기타 고려사항 • 이미 실시한 프로그램은 교육자료, 사진(초상권 주의) 등 첨부 가능 • 여러 페이지에 걸쳐 작성 가능

4. 프로그램 평가방법

※ 아래와 같은 내용 등이 포함되도록 작성 • 운영 측면 평가방법 • 효과 측면 평가방법 • 평가결과 환류방법 • 평가결과가 있는 프로그램의 경우, 결과를 첨부할 수 있음

5. 참고문헌

※ 한국가족관계학회지 참고문헌 형식을 활용하여 작성할 것

제안서 작성 요강

- **형식** : 제공된 슬라이드 내용 포함
  - 저작권 문제가 없는 이미지(그림, 사진 등) 및 폰트 사용
  - **애니메이션** 효과와 **동영상**은 **활용하지 않도록** 함
  - PPT나 PDF로 제출 가능(단, PPT 제출 시 글꼴을 포함하여 제출하며, 슬라이드 노트 사용 불가)

- **분량** : 슬라이드 20페이지 이내

- **글자크기** : 가독성을 고려하여 14pt 이상으로 함. 부연 설명이 길어질 경우 슬라이드 노트를 활용(PPT로 제출할 경우, 슬라이드 노트가 존재한다는 것을 슬라이드 메모나 각주표시를 통해 안내할 것)

- **참고문헌** : 반드시 포함(한국가족관계학회지 편집규정 형식으로 정리)

심사 기준

평가 항목	배점
주제의 시의성 및 참신성	10점
문제 규정, 프로그램이 필요한 배경의 적절성	20점
목적-목표-실시-평가의 유기적 연결	20점
프로그램 세부내용의 적절성	30점
프로그램 실현 가능성	20점

CHAPTER **05**

가족생활교육 프로그램 홍보의 귀재 되기

1. 프로그램을 알린다는 것은?

개발한 프로그램을 실행하기에 앞서서, 개발한 프로그램의 목적, 내용 등을 다양한 매체를 활용하여 잠재적인 학습자에게 알리고 참여를 촉진시키는 제반 활동을 해야 한다. 프로그램을 잘 만들어도 홍보가 제대로 되지 않아 교육이 실시되지 않는다면 프로그램은 그 의미를 잃게 된다.

홍보의 사전적 정의는 "널리 알림 또는 그 소식이나 보도"를 말한다(국립국어원, 2015). 프로그램의 홍보는 프로그램의 계획 및 설계를 포함하여 실제 프로그램이 실행되어 서비스가 잠재적 학습자에게 제공되기까지의 전 과정을 포함하고 있다.

또한 프로그램에 참여할 가능성이 있는 잠재적 학습자 외에도 일반 시민들에게 가족생활교육 프로그램을 운영하는 기관에 대한 홍보도 함께 병행된다는 면에서 의미가 있다.

프로그램을 운영할 기관 차원에서 홍보를 하는 이유는 홍보가 일반 대중들로부터 지지를 얻기 위해 설득할 수 있는 하나의 방법이기 때문이다. 또한 잠재적 학습자들이 해결하고자 하는 문제나 욕구를 정확히 파악하고 해결하기 위한 방안이며, 원하는 것이나 선호 또는 욕구가 어떠한 과정을 거쳐서 어떻게 해결될 수 있는지에 대한 정보를 제공할 수 있기 때문이다(김제선 외, 2015).

한편 프로그램을 알린다는 것은 적극적으로 잠재적 학습자에게 프로그램이 있다는 것을 인식하게 하는 데서 그치는 것이 아니라 참여를 촉진시키는 여러 활동도 함께 하여 참여하도록 영향을 미치는 것이다. 그래서 홍보란 참여를 적극적으로 유도하고 촉진시키는 방법에 대해 연구, 분석, 판단하는 포괄적인 개념이다(김진화, 2001). 프로그램에 대한 자세한 정보를 주민에게 알리고, 프로그램에 참여를 유도하며, 프로그램을 새롭게 개선하기 위해 홍보를 활용한다.

프로그램에 참여하도록 하는 데 영향을 미치는 중요 변인은 4P(Product, Promotion, Price, Place)이다(Lenz, 1980).

〈교육 참가에 영향을 미치는 중요 변인(Lenz, 1980)〉

- 교육프로그램(Product) : 관련 조직에 의해 창출된 프로그램이나 서비스
- 진흥(Promotion) : 다양한 커뮤니케이션 기법을 사용하는 것. 신문, 라디오, 포스트 등 이용
- 장소(Place) : 접근성이 용이한 곳
- 비용(Price) : 프로그램을 이용하는 대가로서 부담하는 비용

프로그램 계획 및 설계 과정을 통해 학습자의 요구와 필요에 부합하는 가족생활교육 프로그램(Product)을 개발했을 것이다. 현재 개발된 교육 프로그램은 미래 잠재적 학습자의 변화하는 요구와 필요를 충족시키기 위해서 앞으로 새롭게 프로그램이 개정될 가능성은 얼마든지 있지만, 현재 만들어진 프로그램이 잠재적 학습자들에게 매력적이어야 한다. 잠재적 학습자들은 자신들의 시간과 돈, 노력, 가치 등을 내놓게 되기에 이에 상응하는 질 좋은 교육 프로그램이 제공되어야 한다.

진흥(Promotion)은 프로그램을 잠재적 고객에게 알리고 다양한 커뮤니케이션 기법을 사용하는 것으로, 여기에서 활용될 수 있는 매체는 라디오나 텔레비전, 신문, 현수막, 포스터, 게시판, 전화 등 다양하다. 프로그램에 대한 잠재적 학습자의 인지를 증대시키고 학습자의 참여를 유도하려는 데 보다 적극적으로 알릴 필요가 있다.

장소(Place)는 개발된 프로그램을 어느 장소에서 운영하느냐는 잠재적 학습자의 직접적인 참여에 상당한 영향을 끼친다. 잠재적 학습자들이 프로그램에 가장 많이 접근할 수 있도록 중심적인 장소를 결정해야 한다.

비용(Price)이란 수강료와 같이 잠재적 학습자들이 지불하는 비용을 결정하는 것을 의미한다. 적절한 가격이 매겨진 매력적인 상품이 구매 가치가 높듯이 프로그램 참여에 적절한 비용이 결정되면 학습자의 참여를 유도하는 데 매우 효과적이다.

그럼 이제는 프로그램에 참여하도록 하는 데 영향을 미치는 네 가지 변인, 즉 교육 프로그램, 진흥, 장소, 비용 등을 고려하면서, 프로그램에 포함시킬 내용이 무엇인가? 어디에, 어떻게 이것이 전달되어야 하는가? 어떻게 잠재적 학습자가 프로그램에 대해 알도록 할 것인가? 어떻게 참석하라고 동기 부여할 것인가? 비용은 얼마나 할 것인가? 등 프로그램을 홍보하기에 앞서 이런 질문들을 던져보고 고민해야 한다.

2. 프로그램 홍보의 의의

가족생활교육 프로그램을 홍보한다는 것은 전달자와 잠재적 학습자 간의 의사소통과 협력관계를 도출하기 위한 여론 형성 과정이며, 교육 프로그램 개설의 전제 조건인 학습자 확보를 위한 수단이다.

프로그램 홍보가 주는 의의는 다음과 같다(조용하, 1996).

첫째, 잠재적 학습자에게 잠재되어 있는 학습 욕구와 문제의식에 자극을 줌으로써 학습 욕구를 촉발하고 학습 동기를 자극한다.

둘째, 프로그램이 안내하고 있는 제목이나 개괄적인 내용의 홍보는 잠재적 학습자가 막연하게 가지고 있었던 관심분야를 구체적인 학습 과제로 전환시켜 준다.

셋째, 프로그램 홍보는 학습기회를 구체적으로 제공함으로써 잠재적 학습자의 입장에서 자신의 잠재적 교육 욕구를 실제 학습참여로 전환시켜 주는 정보원으로서 중요한 의미를 갖는다.

3. 시선을 사로잡는 홍보 내용 및 문구 작성하기

잠재적 학습자의 시선을 사로잡는 홍보 내용 및 문구를 작성하기 위해 다음과 같은 사항을 점검해 보자.

1) 홍보문구를 작성하기 전에 참여 대상자들을 정확하게 파악하기

- 홍보 대상자들은 누구인가?
- 홍보 대상자들의 생활 스타일 및 특성은 어떠한가?

활 동

제5장 마지막에 제시되어 있는 8개의 홍보지를 보면서 홍보 대상자들은 누구이고, 그들의 생활 스타일 및 특성은 어떠할지 논의해 봅시다.

2) 잠재적 학습자들의 요구를 반영하기

- 가족생활교육 홍보지의 내용은 이들 요구를 충족시키는가?
- 목표 집단의 요구를 홍보 문구에 포함시킨다.

활 동

제5장 마지막에 제시되어 있는 8개의 홍보지를 보면서 홍보 대상자들의 요구가 홍보지 내용 중에 잘 반영되어 있는지, 그들의 요구가 홍보 문구에 어떻게 포함되어 있는지 논의해 봅시다.

3) 학습 참여를 통해 얻을 수 있는 혜택과 수혜를 제시하고 강조하기

- 참여를 통해 획득하는 혜택을 작성해 보고 가장 핵심적인 혜택들을 선정해 홍보 문구에 포함시키자. 신뢰감을 떨어뜨리는 과대 이득과 수혜의 홍보는 삼간다.
- 이러한 혜택들이 참여자에게 가치 있는 것으로 인식되도록 정확히 제시한다.

활 동

제5장 마지막에 제시되어 있는 8개의 홍보지를 보면서 학습 참여를 통해 얻을 수 있는 혜택과 수혜가 어떻게 제시되었나 논의해 봅시다.

4) 홍보자료를 보는 순간 3~4초 내에 시선을 포착하게 하기

- 프로그램 제목이 잠재적 학습자에게 감(feel)이 오는가? 그리고 자극하는가?
- 프로그램 설명은 가급적 단순하며 흥미롭고 간단명료해야 한다. 명확한 내용을 쉬운 표현을 사용하여 친숙하게 설명해야 한다.

활 동

제5장 마지막에 제시되어 있는 8개의 홍보지를 보면서 시선을 포착하게 하는 문구는 무엇이었나 논의해 봅시다.

5) 잠재적 학습자가 즉각 참여하도록 하기

- 홍보문구는 즉각적으로 독자가 참여하고 싶은 마음을 불러일으키는가?
- 홍보문구는 참여 신청을 활동적으로 권고하고 있고, 참여 신청이 용이한가?

활 동

제5장 마지막에 제시되어 있는 8개의 홍보지를 보면서 잠재적 학습자가 참여하고 싶은 마음을 불러일으킬지, 참여 신청은 용이할지 논의해 봅시다.

6) 잠재적 학습자의 참여를 독려하는 강력한 단어와 문구, 학습 결과를 강조하는 메시지를 사용하기

- 홍보문구에 활동적이고 강력한 단어를 사용하자.
- 홍보의 각 페이지마다 강력한 문구가 있는가?
- 프로그램 제목이나 설명에서 학습결과를 강조하는가?

활 동

제5장 마지막에 제시되어 있는 8개의 홍보지를 보면서 잠재적 학습자들의 시선을 끄는 강력한 단어, 문구가 있는지 논의해 봅시다. 또한 프로그램 제목이나 설명에서 학습 결과를 어떻게 강조하고 있는지 논의해 봅시다.

7) 홍보 내용에 프로그램 제목, 프로그램의 목적, 내용, 방법, 시간, 장소, 대상 등을 육하원칙에 맞게 제시하기

- 홍보 내용에 반드시 들어가야 할 기본적인 사항들이 들어가 있는지 점검하고 또 체크한다.
- 교육 실시 시기의 적합한 타이밍을 포착하고, 유사한 프로그램의 개강 시기를 고려해서 겹치지 않게 실시 시기를 정한다.

활 동

제5장 마지막에 제시되어 있는 8개의 홍보지를 보면서 육하원칙에 맞게 홍보 내용이 제시되어 있는지 논의해 봅시다.

한편 홍보의 기능이 제대로 발휘되기 위해서는 다음과 같은 아이도마(AIDOMA) 기법이 활용되어야 한다(김영숙 외, 2002).

아이도마(AIDOMA)의 법칙(김영숙 외, 2002)

- 주의(Attention) : 사람들의 주의를 불러일으키고 눈길을 끈다.
- 관심(Interest) : 사람들에게 더 많은 관심을 갖게 한다.
- 요구(Desire) : 사람들의 요구를 불러일으켜 충동을 유발시킨다.
- 기억(Memory) : 사람들에게 기억시켜 그들의 관심이 요구(need)가 되도록 한다.
- 행동(Action) : 사람들로 하여금 실제로 행동(프로그램에 참여)하도록 한다.

4. 홍보지 작성하기

시설이나 기관 등에서 제작하는 홍보물은 정확한 홍보의 대상과 목적에 따라 다양하게 나뉜다. 특히 최근에는 잠재적 학습자의 욕구가 다양화되면서 홍보물도 세분화되고 전문화되는 경향이 있다.

홍보물의 종류에는 인쇄물, 현수막, 동영상 등을 들 수 있다. 인쇄물에는 브로슈어(제품이나 서비스에 대한 상세한 정보를 제공), 카탈로그(다양한 프로그램을 한눈에 비교하고 선택할 수 있도록 도움), 포스터(특정 이벤트나 프로모션을 알리는 데 효과적) 등 다양한 형태가 있다. 복지서비스 및 프로그램 등을 이용하는 사람들을 위해 기관 내에 인쇄물을 배치하거나 현수막 등을 비치 또는 게시해 놓기도 한다. 또한 홍보 비디오, 홍보 CD 등과 같은 동영상을 만들어 홍보에 활용하기도 한다. 이 중 인쇄물과 현수막은 프로그램을 홍보하는 데 가장 많이 사용되는 것 중의 하나이다.

가족생활교육 프로그램을 홍보하기 위해 가장 많이 사용되는 인쇄물로 홍보지를 만들어 활용해 보자.

프로그램 안내서에 포함되어야 하는 내용(김순기 외, 2011)

- 프로그램명 : 단순하고 외우기 쉽고, 인상적인 것으로 정한다.
- 개요 : 강사 이름, 교육장소, 기간, 시간, 비용, 교재비 등을 제시한다.
- 과정설명 : 처음 몇 단어를 읽어보고 더 읽을 것인가를 결정하므로 첫 한두 단락은 특히 매력적이고 흥미로워야 한다.
- 강사 : 강사의 약력 등을 제시한다.

홍보지 제작 시 다음과 같이 내용 구성 측면, 디자인 측면, 창의성 측면, 홍보효과 측면 등을 고려한다.

1) 내용 구성 측면

- 홍보지 구성에 필요한 구성요소 첨부하기 : 대상, 일시, 장소, 프로그램 내용, 신청기간, 참가비 등
- 프로그램 효과 첨부

- 프로그램 각 회기의 소주제와 내용들을 간략히 소개
- 홍보 내용은 정확하고, 알기 쉽고, 친숙한 내용으로 구성

2) 디자인 측면

- 주제에 맞는 이미지 사용
- 눈에 띄는 디자인과 색상
- 교육내용을 한눈에 보이도록 표 등으로 깔끔하게 정리

3) 창의성 측면

프로그램명과 각 회기별 주제명 등을 창의성 있게 기술

4) 홍보효과 측면

- 부담 없는 참가비
- 교육 참가 신청 방법을 쉽고 다양하게
- 추가적인 정보를 얻을 수 있도록 전화번호, 주소 넣기
- 쉽고 친숙한 단어 사용
- 강사의 약력 사용으로 신뢰감 증대

참 고 **다음은 가족생활교육을 실시하는 가족센터에서 어떻게 프로그램을 홍보하는지 경남에 있는 가족센터 실무자와 인터뷰한 내용이다.**

질문) 기관에서 프로그램을 홍보하는 방법은?

대상자 기준에 해당하는 집단(예 학교) 혹은 기업체에 부탁해서 홍보하는 경우가 많으며, 네이버 밴드와 같은 SNS를 활용하기도 한다. 또는 프로그램 대상자들이 주로 거주하는 지역의 도로 전광판을 사용하여 직접 홍보하는 경우도 있다. 프로그램 전에는 언론 보도가 되지 않으나, 프로그램이 종결된 후에는 미래 예비 참가자에게 홍보하기 위해서 기사를 뿌린다.

질문) 홍보에서 중요시해야 하는 것은 무엇인가?

홍보방법도 중요하지만 홍보 대상을 어떻게 할 것인지도 중요하다. 불특정 다수에게 홍보를

할 경우 홍보 효과가 떨어질 수 있어 표적 집단이 있는 곳에서 홍보 활동을 하는 것이 좋다. 예를 들어, 다문화가족을 대상으로 하는 프로그램의 경우에는 출입국 관리 사무소, 출신 커뮤니티와 같은 기관과 연계해서 홍보하는 것도 하나의 방법이라고 볼 수 있다.

질문) 프로그램 진행 시 참여자 모집 방안은?

기존의 가족센터 홈페이지와 직접 센터에 방문하는 사람들 대상으로 홍보를 진행하는 것은 소극적 홍보에 속한다. 요즘은 맘카페나 인스타그램, 페이스북, 밴드, 카카오톡 플러스 채널과 같이 SNS 홍보가 많이 이루어지고 있다. 또한 지역아동센터나 아파트 관리사무소, 학교 내 Wee class나 시청 홈페이지를 활용하는 것도 좋은 홍보 방법이 될 수 있다.

5. 효과적인 홍보매체 선정하기

다양한 정보가 넘쳐나는 시대에서 효과적인 홍보를 위해서는 적절한 매체 선택이 중요하다. 누구를 대상으로 하는 프로그램인지, 얼마의 예산을 투자할 수 있는지, 무엇을 달성하고 싶은 것인지 등등을 다시 한 번 생각해 보아야 한다.

홍보 매체는 크게 시각적 매체, 청각적 매체, 시청각적 매체로 나눌 수 있는데, 이들 매체는 각각 고유한 특징과 장단점을 가지고 있고 효과도 다르기 때문에 특정한 목표달성을 위해 가장 효과적이라 판단되는 매체를 선택해야 한다(황성철 외, 2012).

홍보의 시각적 매체는 단순히 정보를 전달하는 것을 넘어, 강렬한 인상을 심어주고 기억에 오래 남는 효과적인 홍보 도구이다. 복잡한 정보를 간결하고 명확하게 시각적으로 표현하여 전달하고, 텍스트보다 더 오래 강한 기억력을 남기며, 이미지, 색상, 디자인 등을 통해 감성을 자극하는 매체이다.

청각적 매체는 시각적인 요소만큼이나 홍보에서 매우 중요한 역할을 한다. 소리, 음악, 목소리 등을 활용하여 감성을 자극하고 귀에 익숙한 멜로디나 특정 소리는 오랫동안 기억에 남으며, 시각적인 요소와 함께 청각적인 요소를 활용하면 더욱 풍부한 경험을 제공하여 몰입도를 높일 수 있다.

홍보의 시청각 매체는 시각과 청각의 완벽한 조화로 더욱 생생하고 현실감 넘치는 경험을 제공하며, 시각적인 이미지와 함께 음악, 효과음, 내레이션 등을 활용하여 다양한 정보를 효과적으로 전달할 수 있다. 즉, 눈과 귀를 통해 동시에 메시지를 전달하여 더욱 강력한 인상을 심어주고, 잠재적 학습자들의 몰입도를 높이는 효과를 준다.

가족생활교육 프로그램을 홍보하는 데 있어서도 시각적, 청각적인 다양한 매체들을 조합한 최적의 시청각적인 매체들을 사용하여 최적의 홍보 전략을 수립해야 한다.

홍보 매체들을 소개하면 다음과 같다(기영화, 2001; 김영숙 외, 2002; 김진화, 2001; 김진화·정지웅, 2000; 문철수, 1999; 박기순 외, 2008; 송연주, 2000).

1) TV 광고, 유튜브 광고, SNS 영상 광고

대중적인 매체로 다양한 형태의 영상 광고를 통해 시각과 청각을 동시에 활용하여 강력한 인상을 남긴다. 짧고 임팩트 있는 영상으로 소셜 미디어에서 빠르게 확산되며 잠재적 학습자들의 주의를 끌 수 있다. 넓은 잠재적 학습자들에게 도달할 수 있지만, 높은 제작비용과 경쟁이 치열하다는 단점이 있으며, 복잡한 현실을 짧은 내용으로 압축해야 하는 시간적 제약성을 갖는다(문철수, 1999).

2) 라디오 광고

이동 중에도 청취가 가능하여 이동성이 높고, 비교적 저렴한 비용으로 홍보할 수 있다. 주로 음악이나 이야기를 활용하여 친근한 이미지를 형성한다. 이 외에도 라디오의 장점은 불특정 다수의 대중에게 다량의 메시지를 전파할 수 있다는 동시 확산성 및 어떤 매체의 전파력과도 비교할 수 없는 신속성, 그리고 메시지를 내보내기 위하여 별다른 사전 준비가 필요치 않은 간편성이 있다(문철수, 1999).

3) 신문 광고, 잡지 광고

이들 매체는 특정 분야에 관심 있는 잠재적 학습자들에게 상세한 정보 전달이 가능하다. 신문의 장점은 쉽게 접할 수 있다는 것과 동시에 신문의 독자는 일정한 교양 및 생활수준을 갖춘 중상층인 경우가 많아서 프로그램에 참여 대상자의 특성을 고려하여 홍보한다면 잠재적 학습자 확보에 도움을 줄 수 있다. 그러나 신문은 신뢰도가 높지만, 홍보 수명이 짧고, 다른 매체에 비해 시각적인 효과가 떨어질 수 있으며, 제작 기간이 길고, 광고비용이 비교적 높다. 그래서 회사, 기관의 사보나 신문을 활용하는 것도 좋은 방법이다. 한편 잡지는 신문에 비해 접하기가 쉽지 않을 수 있지만, 열독 효과가 크므로 공감의 깊이가 훨씬 깊은 홍보 매체이다(송연주, 2000).

4) 다양한 디지털 매체

멀티미디어 정보화 시대에 맞는 PC 통신과 인터넷을 통한 사이버 홍보 전략 등 새로운 홍보의 패러다임이 창출되고 있다. 현대에 있어서 가장 중요한 홍보 매체로 등장한 것은 PC 통신, 인터넷 등 정보통신 매체이다. 잠재적 학습자들은 관심을 가지고 있는 정보를 구하기 위해 인터넷에서 스스로 여기저기를 찾아다니기 때문에 그들은 자발적인 정보 탐색자이다. 잠재적 학습자들을 애써서 찾아갈 필요 없이 사람들이 스스로 찾아와 홍보물을 읽고 볼 뿐만 아니라 많은 사람들에게 홍보하면서도 추가 비용이 거의 들지 않는다. 그러나 인터넷 홍보는 저절로 되는 것은 아니다. 인터넷 웹사이트의 수는 기하급수적으로 증가하고 있어서 사이트를 방문하도록 하기 위해서는 그 사이트를 알리기 위한 적절한 노력이 함께 요구된다(송연주, 2000).

(1) 검색 엔진 홍보

효과적인 홍보를 위한 가장 기본적인 작업이 홈페이지를 검색 엔진에 등록하는 일이다. 또는 검색 엔진 상단에 광고를 노출시켜 잠재적 학습자에게 직접적인 노출이 가능하게 한다. 인터넷을 이용한 배너 광고, 키워드 광고나 스폰서 광고는 신문 · 잡지 · 방송처럼 단발성 광고로 끝나는 것이 아니라 사용자가 인터넷에 접속해서 해당 사이트에 들어갈 때마다 언제든지 볼 수 있기 때문에 시간이나 공간의 제약을 받지 않는다. 더군다나 동영상을 게재하거나 광고 관련 사이트를 상호 링크시킬 수 있어 사용자 확보의 도구로도 활용되고 있다.

(2) 소셜 미디어 홍보

페이스북, 인스타그램, 유튜브 등 다양한 소셜 미디어를 활용하여 잠재적 학습자와 직접 소통하고 참여를 유도할 수 있다.

(3) 이메일 홍보

기존 학습자나 잠재적 학습자에게 맞춤형 메시지를 전달하기 위해서는 메일의 내용에 관심을 가질 잠재적 학습자의 명단을 확보하는 일이 아주 중요하다. 목표 대상의 이메일 주소 목록을 얻을 수만 있다면 순식간에 가족생활교육 프로그램 내용의 편지를 수많은 사람들에게 얼마든지 보낼 수 있다. 인쇄비, 우표 값, 발송비도 필요 없고, 사람들이 그 편지에 답장을 보낼 수도 있어서 홍보에 대한 반응을 즉각적으로 알 수 있다(송연주, 2000). 그러나 인터넷이 생활화되면서 수신하는 이메일의 수가 크게 증가하고 있어 낯선 발송자의 복잡하고 긴 메시지는 읽지 않고 지울 확률이 높기에 메시지는 간단하고 명확해야 한다. 또한 스팸 메일로 인식되지 않도록 주의를 하여야 한다(박기순 외, 2008).

(4) 모바일 홍보

스마트폰을 통해 언제 어디서든 잠재적 학습자에게 접근할 수 있다. 앱, SMS, 모바일 웹 등 다양한 채널을 활용할 수 있다.

(5) 콘텐츠 홍보

블로그, 유튜브 등을 통해 유용한 콘텐츠를 제공하여 프로그램의 인지도를 높이고, 잠재적 학습자와의 관계를 형성한다. 장기적인 관점에서 효과를 볼 수 있지만, 꾸준한 콘텐츠 제작이 필요하다.

5) 우편물, 전화, 구두

우편물, 전화, 구두 홍보는 전통적인 마케팅 방식이지만 여전히 많이 활용되고 있다. 각각의 매체는 고유한 특징과 장단점을 가지고 있으며, 효과적인 홍보를 위해서는 이를 잘 이해하고 활용해야 한다.

(1) 우편물 홍보

우편물 홍보는 직접적으로 잠재적 학습자에게 메시지를 전달할 수 있는 가장 직접적인 방법 중 하나이다. 수신자가 직접 우편물을 열어보기 때문에 다른 매체에 비해 높은 집중도를 기대할 수 있으며, 이미지, 디자인 등 시각적인 요소를 활용하여 강렬한 인상을 남길 수 있다. 잠재적 학습자의 이름이나 관심사를 반영한 맞춤형 메시지를 전달할 수도 있다. 반면 인쇄 및 발송 비용 등이 발생하여 비교적 높은 비용이 소요된다. 또한 스팸 메일 증가로 인해 우편물 개봉률이 낮아지는 경향이 있는 것도 단점으로 들 수 있다. 그리고 종이 낭비 등으로 인한 환경적인 문제도 제기될 수 있다.

(2) 전화 홍보

전화 홍보는 실시간으로 잠재적 학습자와 소통하며 정보를 전달할 수 있는 장점이 있다. 또한 실시간으로 잠재적 학습자의 반응을 확인하고 즉각적인 피드백을 제공할 수 있다. 또한 질문에 즉시 답변하고, 맞춤형 상담을 제공할 수 있다. 직접적인 대화를 통해 잠재적 학습자를 설득하고 참여를 유도할 수 있다. 반면 원하지 않는 전화는 잠재적 학습자에게 불쾌감을 줄 수 있고, 많은 잠재적 학습자에게 전화를 걸어야 하므로 시간과 인력이 많이 소요된다. 전화에 불응률이 높아 효과적인 홍보를 위해서는 이 외에도 다양한 노력이 필요하다.

(3) 구두 홍보

매체도 중요하지만, 그것보다 사람들을 만나고, 사람들과 이야기하며 배우는 관계 안에서 홍보를 하게 되는 구두 홍보도 중요하다. 구두 홍보는 직접적인 대면을 통해 이루어지는 홍보 방식으로, 신뢰도를 높이고 즉각적인 피드백을 얻을 수 있다. 직접적인 대면을 통해 신뢰감을 형성하고 궁금증을 해소할 수 있으며, 상황에 맞춰 자유롭게 정보를 전달하고 질문에 답변할 수 있다. 잠재적 학습자의 반응을 바로 확인하고 홍보 전략을 수정할 수 있다. 반면 많은 사람들에게 직접 홍보하기 위해서는 시간과 비용이 많이 소요되며, 특정 지역에 국한되어 광범위한 홍보가 어렵다는 단점이 있다.

각 홍보 매체마다 장단점을 가지고 있기 때문에 효과적인 홍보 매체 선정을 위해 다음과 같은 사항을 고려해야 한다(김순기 외, 2011).

첫째, 홍보매체의 특성을 감안하여 주 매체를 선정하고 그 매체의 단점을 보완할 수 있는 보조 매체를 다각적으로 활용한다.

둘째, 홍보내용이 간단한 것은 "눈보다는 귀", 복잡한 내용은 "귀보다는 눈"을 활용하는 홍보 매체를 선택한다.

셋째, 프로그램의 내용을 고려하여 학습자의 수준과 특성을 고려하여 시각 및 청각 매체를 적절히 활용한다.

넷째, 광범위하게 홍보할 수 있는 매체를 선택한다.

다섯째, 내용을 정확하게 전달할 수 있는 매체를 선택한다.

여섯째, 빠르게 정보 전달이 가능한 동시성이 있는 매체를 선택한다.

일곱째, 적은 경비로 최대의 효과를 얻을 수 있는 매체를 선택한다.

한편 루드와 홀(Rudd & Hall)은 성인학습자의 학습활동 참여 증진 요소를 주제의 타당성, 편리성, 개인적 관여, 프로그램의 질 네 가지로 이야기하고 있다. 주제의 타당성(relevance)은 프로그램 선정 및 계획 시 지역사회 성원의 가치를 고르게 반영하는 것이다. 일반 대중 대상의 평범한 프로그램보다 특정 대상의 요구가 반영된 주제, 즉 조부모 교육, 다문화 부부 교육, 한부모 교육, 1인 가구 교육, 맞벌이 가족 교육과 같이 이들의 요구가 반영된 직접적이고 세부적인 내용으로 제작된 프로그램의 경우 참여율이 높다. 또한 편리성(convenience)은 학습자의 상황을 고려하여 시간, 장소 등을 정하고, 교육 시 자녀를 돌봐주는 편의를 제공하면 참여율이 높다. 교육은 1~2주 간격으로 진행하는 것이 좋다. 개인적 관여(personal involvement)는 학습자가 프로그램에 참여하는 정도와 프로그램의 참여율은 정적 상관관계가 있어서 프로그램 계획 시 직접 참여한 사람들이나 그룹에서 특정 과업을 맡은 사람의 참여율이 높다. 프로그램 참여율을 높이기 위해서는 집단 내에서 친밀감과 편안함을 느끼도록 배려해야 한다. 프로그램의 질(quality)은 프로그램 참여율과 관계가 있지만, 어떤 프로그램을 질 좋은 프로그램으로 생각하는가는 개인마다 반응이 다를 수 있다. 학습자가 프로그램을 가치 있다고 여기지 않거나, 성인 대상 교육의 교수법이 청소년 대상 교육과 같거나 성인학습자를 학생처럼 대할 때, 교육내용이 이미 익숙한 내용인 경우에 참여율이 낮아진다(김순기 외, 2011).

활동

팀별로 다음 8가지의 가족생활교육 프로그램 홍보지와 홍보방법 사례를 살펴보고 평가, 분석해 봅시다. 홍보지의 내용 구성, 디자인, 창의성, 홍보 효과 차원에서 분석하면서 좋은 점, 보완할 점을 토의해 봅시다. 또한 홍보지를 통해서 알게 된 정보를 바탕으로 프로그램을 홍보하는 방법의 좋은 점과 보완할 점을 토의해 봅시다.

■ 홍보지와 홍보방법 분석표

분석영역	좋은 점	보완할 점
홍보지 내용구성 측면		
홍보지 디자인 측면		
홍보지 창의성 측면		
홍보지 홍보효과 측면		
홍보 방법		

■ 홍보지와 홍보방법 사례[1]

① 결혼은 처음이라

홍보매체	'결혼은 처음이라' 홍보방법
결혼정보회사	결혼정보회사에서 맺어지는 커플들에게 홍보지 배부 도움요청
결혼박람회	결혼 박람회에 찾아오는 커플들을 대상으로 부스운영/홍보지 배부
웨딩숍	웨딩숍에 찾아오는 커플들에게 홍보지 배부 도움요청
인터넷카페	예비부부가 많이 찾는 인터넷카페에 홍보글 게시
홈페이지/SNS	기관 홈페이지 및 SNS(페이스북, 인스타그램 등)를 활용하여 홍보글 게시
현수막	ㅇㅇ시 건강가정지원센터/주민센터 앞에 프로그램 홍보 현수막 설치

1 홍보지 사례들은 2018년에서 2022년까지 창원대학교 사회복지학과(2023년 이전 가족복지학과) 가족생활교육 수업에서 학생들이 만든 홍보지를 동의를 얻어 수록하였음. 홍보지에 있는 기관명, 강사명, 실시 기간 등은 모두 학습을 위해 가명 또는 임의로 작성된 것임.

② 성공하는 가족 이야기

홍보매체	'성공하는 가족 이야기' 홍보방법
홈페이지/SNS	기관 홈페이지 및 SNS(페이스북, 인스타그램 등)를 활용하여 홍보글 게시
현수막	가족센터/주민센터 앞에 프로그램 홍보 현수막 설치

③ 빈틈없는 빈둥지기

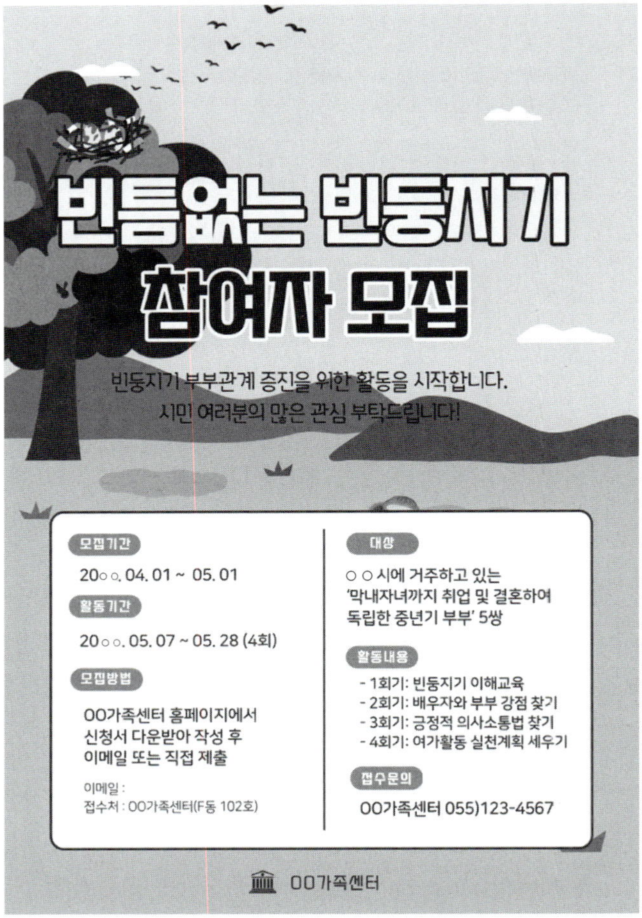

대상	'빈틈없는 빈둥지기' 홍보방법	홍보매체
지역사회	① 지역신문(○○시보)에 홍보 글 게시	지역신문
	② ○○구청 홍보지 내 홍보 글 게시 및 구청 홈페이지 내 배너 홍보글 게시	지역 홍보지
	③ 지역 라디오 홍보 안내 멘트 송출	지역 라디오
	④ 맘카페, 기관 공식 인스타그램, 블로그를 통해 홍보글 게시	기관 SNS
기관 내	① 기관 홈페이지 공지사항 및 팝업 창을 통해 홍보글 게시	인터넷
	② 기관 내 게시판에 홍보물 부착	–

④ 우리 사이 엄지엄지척!

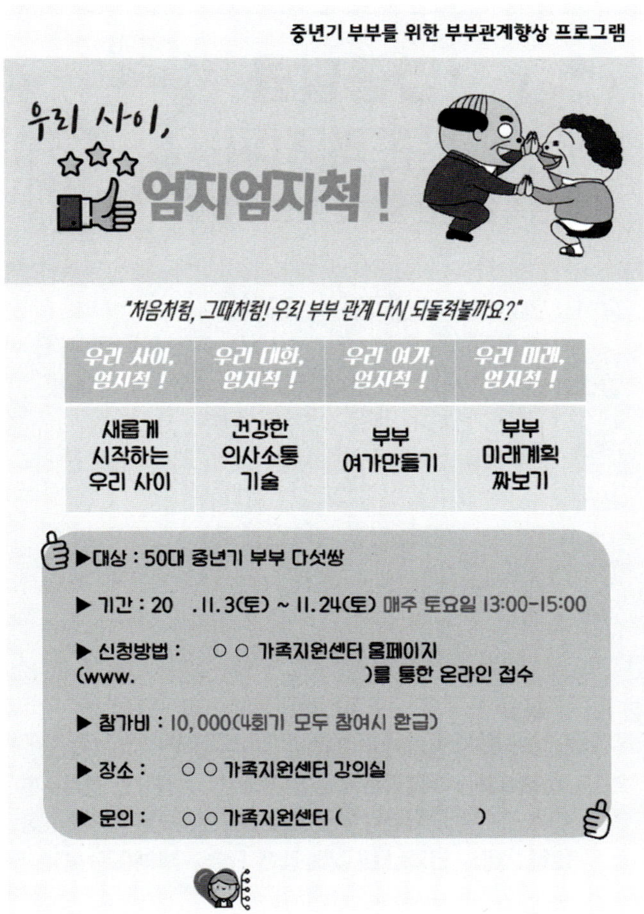

홍보매체	'우리 사이 엄지엄지척!' 홍보방법
인터넷카페	50대가 자주 이용하는 인터넷카페에 홍보 게시글 게재
홈페이지/SNS	기관 · 타 기관 홈페이지 및 SNS(페이스북, 인스타그램, 카카오스토리 등)를 활용하여 홍보글 게시
현수막	센터 앞/동주민센터 앞에 프로그램 홍보 현수막 설치
아파트 게시판	센터 주변 아파트에 협조공문 발송 및 게시판에 홍보지 부착
센터 내 홍보지 부착	센터 내 홍보지 부착

⑤ 알콩달콩 신혼 레시피

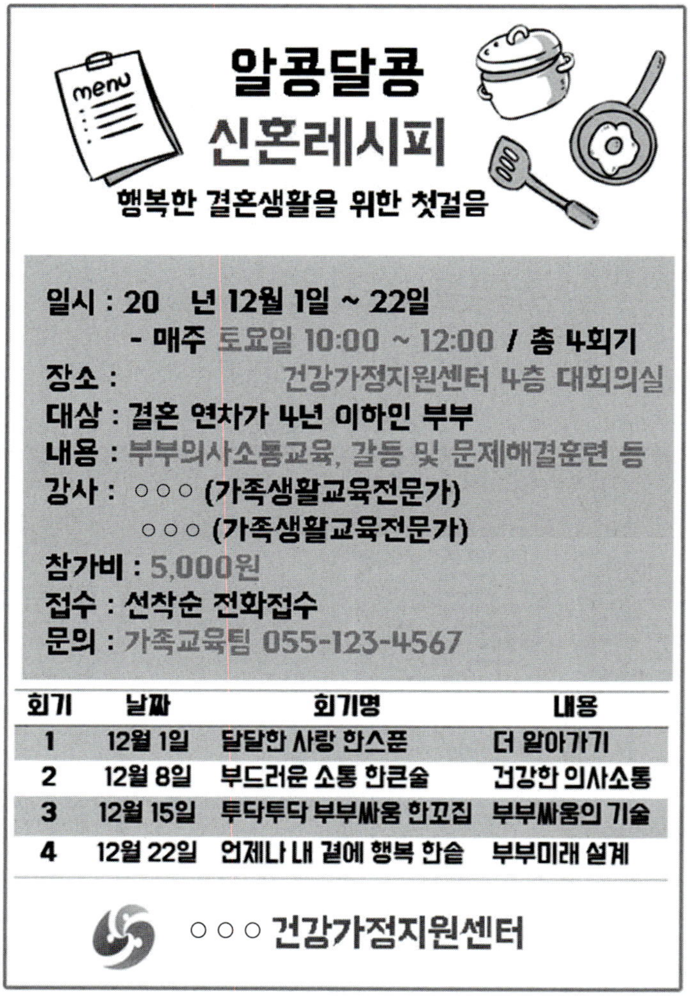

홍보매체	'알콩달콩 신혼 레시피' 홍보방법
인터넷카페	네이버 지역카페 및 밴드에 홍보글 게시
홈페이지/SNS	기관 홈페이지 및 SNS(페이스북, 인스타그램, 블로그 등)를 활용하여 홍보글 게시
현수막	센터 정문에 프로그램 홍보 현수막 설치
홍보지	면대면 홍보지 배부, 지역 관내 홍보물 부착(아파트, 관공서 게시판)

⑥ 영양갱

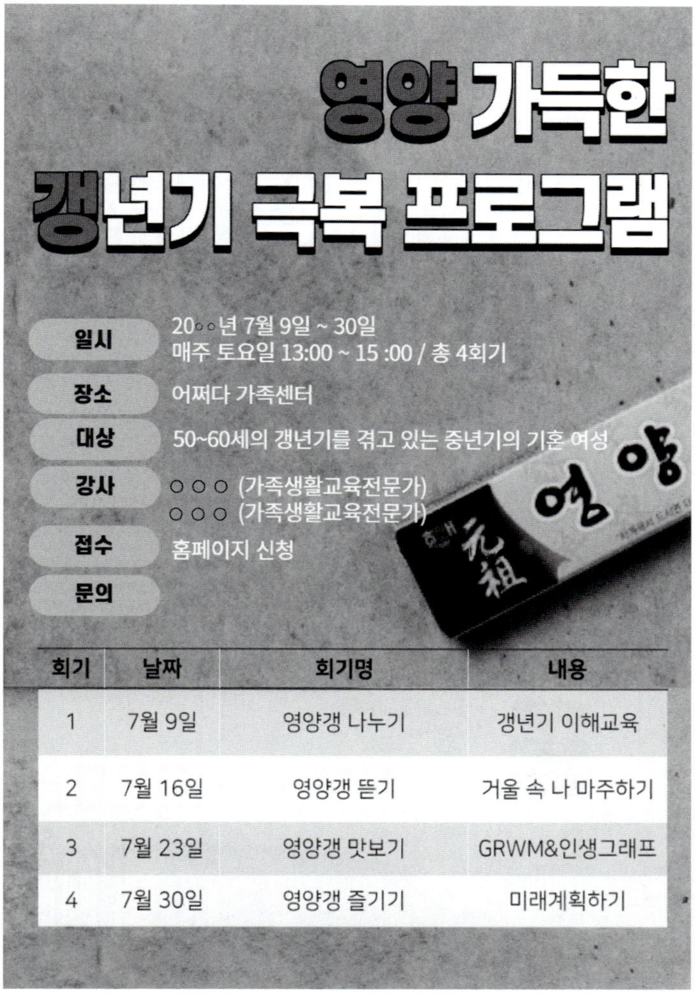

홍보매체	'영양갱' 홍보방법
인터넷카페	네이버 지역카페 및 밴드에 홍보글 게시
홈페이지/SNS	기관 홈페이지 및 SNS(페이스북, 인스타그램, 블로그 등)를 활용하여 홍보글 게시
현수막	센터 정문에 프로그램 홍보 현수막 설치
홍보지	면대면 홍보지 배부, 지역 관내 홍보물 부착(아파트, 관공서 게시판)

⑦ 백신주사

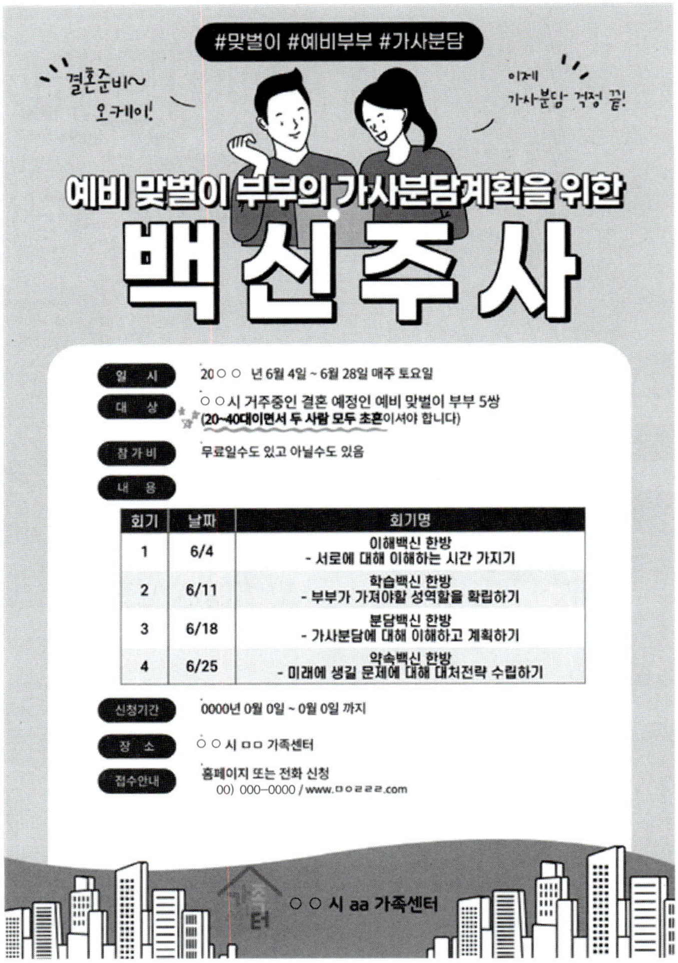

홍보매체	'백신주사' 홍보방법
네이버 지역카페	네이버 맘카페에 홍보
기관 내 매체 활용	본 기관 홈페이지 내 홍보, 기관 운영 SNS 활용
지역사회 네트워크 활용	○○시청 홈페이지를 통해 홍보 등등
인쇄물	팸플릿, 전단지, 포스터 등 지역주민 대상 홍보물 배부

⑧ 이야기

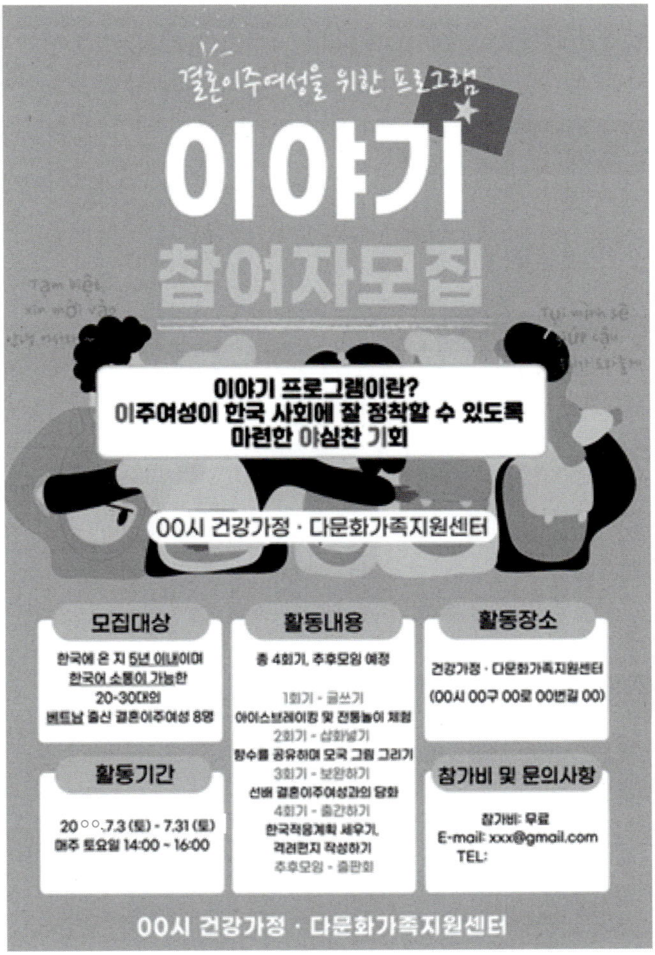

홍보매체	'이야기' 홍보방법
우편물 홍보지	• 프로그램 홍보지를 홈페이지에 기재한다. • 출입국 외국인 관리 사무소와 연계해서 프로그램 대상자 기준에 적합한 대상자를 찾는다.
홍보지 홈페이지 커뮤니티	• 프로그램 홍보지를 홈페이지에 기재한다. • 한국이주여성커뮤니티를 통해서 한국에 원활하게 정착한 베트남 결혼이주여성을 찾는다.

활 동

우리 팀의 가족생활교육 프로그램 홍보지를 만들어 보고, 어떻게 홍보할 것인지 홍보 방법을 구상해 봅시다.

CHAPTER **06**

가족생활교육 프로그램 실행

1. 프로그램 실행 계획 수립

가족생활교육 프로그램의 실행이란 목표를 달성하기 위하여 계획된 프로그램을 실제로 전개하는 것을 말한다(김영숙 외, 2002). 가족생활교육 프로그램의 실행 계획 수립을 위해 고려해야 할 요소는 다음과 같다(김영숙 외, 2002; 김진화, 2001; 한국청소년개발원, 1997).

1) what : 무엇을 해야 하는가?

프로그램 종류명(분야별), 프로그램의 제목, 기본적으로 포함해야 할 내용(프로그램 순서의 윤곽)을 고려해야 한다.

2) why : 왜 해야 하는가?

프로그램이 필요한 이유, 프로그램이 제공하는 가치를 명확히 하면서, 프로그램의 목적은 무엇인가, 프로그램의 주제와 주안점 등을 고려한다. 프로그램의 최종 목표, 프로그램을 통해 기대되는 결과를 명확히 하고, 구체적이고 측정 가능한 프로그램의 목표를 설정한다. 설정된 목표는 현실적이고 달성 가능한 것이어야 한다.

3) when : 언제 해야 하는가?

프로그램의 시작과 종료 시기를 명확히 설정하고, 각 단계별 일정을 구체적으로 수립하여 프로그램 진행 상황을 관리한다. 또한 각 단계별 마감일을 설정하여 진행 상황을 관리하며, 예상치 못한 상황에 대비한 비상 계획을 수립해야 한다.

4) where : 어디서 해야 하는가?

프로그램의 내용과 참여자의 특성에 맞게 프로그램을 진행할 장소를 선정하고, 프로그램 진행에 필요한 시설 및 장비를 점검하고 준비한다. 실행 장소는 지정된 날에 사용할 수 있는가, 실행 장소의 시설 및 설비는 적절한가, 책상과 의자 배치가 적절하고 충분한가, 명찰 준비와 장소의 표시는 되어 있는가 등을 점검해야 한다. 또한 우천 시나 급변한 사항을 대비한 제2후보지도 생각해 놓아야 한다.

5) who : 누가 하는가?

프로그램 운영에 필요한 인력을 파악하고 역할을 분담해야 한다. 각 담당자의 역할과 책임을 명확하게 정의하고 이를 문서화하여 모든 참여자가 공유할 수 있도록 한다. 각 역할 간의 연계성을 고려하여 효율적인 협업이 이루어질 수 있도록 하며, 프로그램 진행 상황에 따라 역할 분담을 재검토하고 필요한 경우 조정한다. 역할담당자들 간에 효과적인 소통을 위한 채널을 구축하고, 정기적인 회의를 통해 정보를 공유하고 문제를 해결해 나간다.

프로그램을 기획하고 운영할 담당자에 대한 교육 및 훈련도 필요하며, 필요한 경우에는 자원봉사자를 모집하고 역할을 분담할 수 있다. 그리고 프로그램의 질을 높이고자 프로그램 내용에 적합한 전문성을 갖춘 외부 전문가 인력을 확보해야 한다.

6) for whom : 누구를 위해서 하는가?

프로그램의 주 대상을 명확히 설정하고 대상의 연령, 성별, 관심사 등 특성을 정확히 파악하여 프로그램을 설계하며, 참여자의 편의를 고려하여 프로그램을 운영해야 한다. 또한 대상자의 요구와 필요를 충족시킬 수 있는 프로그램 내용을 설계해야 하고, 대상자의 참여를 유도하기 위한 전략도 수립해야 한다.

가족생활교육의 대상은 개인과 가족이다. 그래서 가족생활교육이 실행될 때 교육 대상은 두 명으로 구성된 이자관계(부부, 어머니/아버지 그리고 딸/아들로 조합된 모자집단, 모녀집단, 부녀집단, 부자집단 등이 있음)에서 출발하여, 이자관계가 확산되면서 기법에 따라 3~4명, 6명 내외, 10~15명으로 재구성된다(신라대학교 가족상담센터, 2007).

7) how : 어떻게 실행해야 하는가?

프로그램을 진행하는 방법을 결정해야 한다. 강의, 토론, 실습, 체험 등 다양한 학습 방법을 활용하여 참여도를 높여야 한다. 프로그램에 필요한 자료(교재, PPT 등)를 개발하고, 프로그램의 효과를 평가하기 위한 방법도 설정해 놓는다.

한편 변화에 대한 대응으로 예상치 못한 상황에 유연하게 대처할 수 있는 계획을 수립해야 한다. 필요에 따라 계획을 수정하고 개선할 수 있는 유연성을 가져야 한다. 변화에 잘 대응하기 위해서 프로그램 진행 중 위험 요소를 지속적으로 모니터링하고 필요한 조치를 취해야 한다.

성공적인 프로그램 실행을 위해서는 이러한 요소들을 종합적으로 고려하고, 지속적인 관리와 개선을 통해 프로그램의 질을 향상시켜야 한다.

2. 프로그램 실행 지도 원리

프로그램 실행은 단순히 계획을 실행하는 것을 넘어, 예상치 못한 상황에 유연하게 대처하고 지속적으로 개선해 나가는 과정이라고 할 수 있다. 프로그램 실행 지도는 프로그램이 계획대로 원활하게 진행되도록 돕는 중요한 역할을 한다.

효과적인 프로그램 실행을 위해서는 다음과 같은 지도 원리들을 고려해야 한다.

① 자발성의 원리

참여자가 자발적으로 활동에 적극 참여하도록 다양한 동기 부여 전략을 활용한다.

참여자들의 의사가 존중받고 자율적으로 활동할 수 있는 환경을 조성해야 하고, 다양한 활동 중에서 참여자들이 스스로 선택할 수 있는 기회를 제공한다.

② 개별화의 원리

참여자 각자의 욕구와 능력에 알맞은 활동기회를 마련한다. 참여자 개개인의 특성과 필요에 맞는 맞춤형 프로그램을 설계하고, 소규모 그룹 활동을 통해 개별 참여자에게 집중적인 지도를 제공한다. 다양한 학습 자료를 활용하여 참여자의 학습 스타일을 고려한다.

③ 사회화의 원리

프로그램에서 학습한 내용을 실생활에 적용할 수 있도록 돕는다. 다양한 배경을 가진 참여자들 간의 상호 교류를 통해 사회적 역량을 강화하고 공동체 의식을 형성하게 한다.

④ 통합성의 원리

모든 프로그램 활동이 전체적인 목표 달성을 위해 유기적으로 연결되어야 한다. 지적, 정서적, 사회적 등 다양한 영역 간의 연계를 통해 발달을 도모한다. 단기적인 성과뿐만 아니라 장기적인 발달을 고려하여 프로그램을 설계한다.

⑤ 직관의 원리(경험의 원리)

참여자들이 직접 경험하고 체험할 수 있는 활동을 제공하고, 실제적인 문제를 해결하는 과정을 통해, 또 시각, 청각, 촉각 등 다양한 감각을 활용하면서 학습 효과를 높인다.

⑥ 목적의 원리

프로그램의 목표를 구체적이고 측정 가능하도록 설정하여 목표 달성을 위한 구체적인 전략을 수립하고 실행한다. 프로그램의 진행 상황을 정기적으로 평가하고 목표 달성도를 확인한다.

결론적으로, 프로그램 실행 지도 원리는 프로그램의 성공적인 운영을 위한 필수적인 요소이다. 이러한 지도 원리들을 바탕으로 프로그램을 설계하고 실행한다면, 참여자들의 만족도를 높이고 프로그램의 목표를 효과적으로 달성할 수 있을 것이다.

한편 존 켈러(John Keller)는 플로리다 대학교에서 학습자의 동기를 교육 설계와 직접 연결하여 학습 경험을 극대화할 수 있다고 제안하며 ARCS 모델을 개발했다. ARCS 모델은 1980년대부터 교육 분야에서 널리 활용되기 시작했으며, 다양한 교육 환경에서 학습자의 동기를 높이는 효과적인 방법으로 인정받고 있다.

ARCS는 다음과 같다(윤관식, 2020).

- Attention(주의력) : 학습자가 학습 내용에 흥미를 느끼고 집중하도록 유도하는 것이다. 예상치 못한 질문, 시각 자료, 실험 등을 통해 학습자의 호기심을 자극하고, 학습 내용과 관련된 실생활의 예시를 제시하여 학습자의 흥미를 유발한다. 시각, 청각, 촉각 등 다양한 감각을 활용하여 학습에 대한 몰입도를 높인다.
- Relevance(관련성) : 학습을 통해 얻을 수 있는 결과를 구체적으로 제시하여 학습의 중요성을 강조한다. 또한 학습 내용이 실생활 문제 해결에 어떻게 도움이 되는지 설명하여 학습 내용이 학습자의 삶이나 목표와 관련이 있다는 것을 인식시킨다. 이와 같이 학습자가 추구하는 목표와 학습 내용을 연결하여 학습 동기를 부여한다.
- Confidence(자신감) : 학습자가 성공할 수 있다는 자신감을 심어주는 것이다. 쉬운 문제부터 시작하여 성공 경험(작은 성공 경험)을 쌓도록 한다. 긍정적인 피드백을 통해 학습자의 노력을 인정하고 칭찬하여 자신감을 갖게 한다.
- Satisfaction(만족감) : 학습 성과에 따른 적절한 보상을 제공하여 성취감을 느끼도록 한다. 다른 참여자와의 협력 학습을 통해 서로에게 긍정적인 영향을 주고받도록 한다. 자기평가 기회를 제공하여 학습 성과를 스스로 평가하고 개선점을 찾도록 한다.

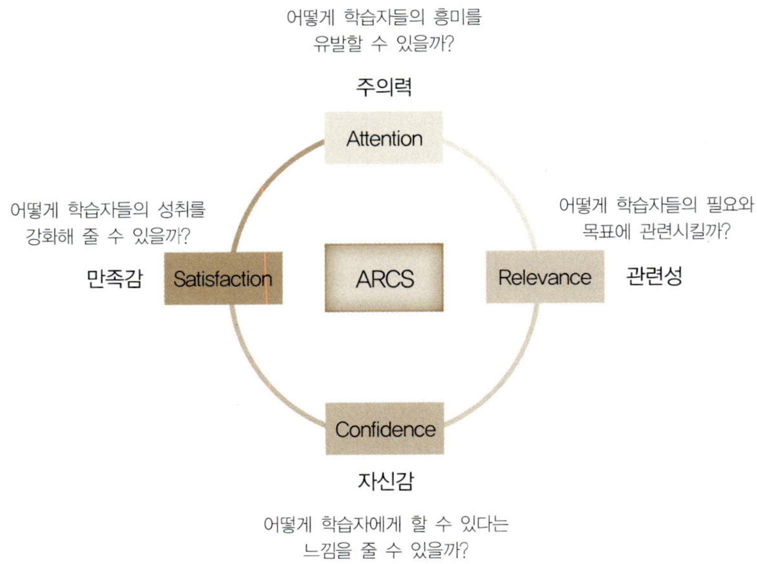

|그림 6-1| 존 켈러(John Keller)의 ARCS 모델

3. 프로그램 실행의 단계

프로그램 실행은 일반적으로 도입, 전개, 종결의 세 단계로 나누어 진행되나, 경우에 따라서는 집단의 첫 회기를 시작하기에 앞서서 예비 집단 회기를 갖기도 한다.

〈예비 집단 회기〉

가족생활교육을 실시할 때 예비 집단 회기를 두기도 한다. 예비 집단 회기란 집단의 첫 회기를 시작하기에 앞서 가족생활교육사가 참여를 희망하는 참여자들과 함께 모임을 갖는 것을 말한다.

실 례

자녀의 올바른 인터넷 사용지도를 위한 부모교육 프로그램(류경희, 2009)에서는 가족생활교육 프로그램을 실시하기에 앞서서 예비 집단 회기를 거쳤다. 예비 집단 회기를 거친 이유는 첫째, 프로그램을 개발하고, 교육의 효과성 검증을 위해 시범 실시되는 것임을 밝혀서, 참여자들이 교육 전과 후의 효과성 평가에 참여해야 한다는 점을 알리기 위함이다. 둘째, 교육 프로그램은 치료가 아닌 예방 차원의 프로그램으로 현재 자녀가 인터넷 과의존 상태이거나 치료가 필요한 경우에는 본 프로그램을 통해 효과를 보기가 어렵기에 상담으로 연결하기 위함이다. 셋째, 참여자들에게 교육을 통해 무엇을 얻기를 원하고 어떻게 자신의 목표를 달성할 것인지에 대해 미리 생각해 보도록 하는 시간을 갖기 위함이다. 넷째, 집단의 효율성을 높이기 위해서 참여자들은 자신이 참석하게 될 집단이 자신에게 적절한지, 그 교육 내용이 자신에게 정말 필요한 것인지 등을 다시 한 번 생각해 보게 함으로써 집단 참여를 최종 결정하게 하기 위함이다.

프로그램 실행 단계를 일반적으로 크게 도입, 전개, 종결 3단계로 구분할 수 있으며, 각 단계별 특징과 어떤 프로그램에서나 일반적으로 적용될 수 있는 각 단계별 주요 활동을 살펴보면 다음과 같다(류경희, 2009).

1) 도입 단계

(1) 프로그램의 목적 및 개요 소개

참여자들의 관심을 유발하고, 프로그램에 대한 기대감을 높이며, 프로그램의 목적과 내용을 소개하는 단계이다. 참여자들이 교육에 대해 기대하고 있는 것을 표현하도록 그들의 용기를 북돋워 줄 필요가 있다.

(2) 집단 운영방법 소개

교육 프로그램이 운영되는 방식을 소개해 준다. 토론 방식이나 활동에 관하여 설명해 줌으로써 참여자들이 긴장감과 불안감을 해소하는 동시에 자연스럽게 집단에 적응하며 참여자의 역할을 담당하는 데 용이하도록 돕기 위함이다.

한편 이러한 설명을 듣고 집단에 참여하기를 포기하는 참여자가 나타날 수 있는데, 이런 경우 가족생활교육사는 그 참여자와 개인 면담을 통해 중도 포기를 결정하게 된 이유를 들어본다.

(3) 집단 규칙의 설정

프로그램 진행 시 지켜야 할 규칙과 예절을 안내하는 기본 규칙 정하기 활동을 한다. 이러한 규칙 정하기 활동은 집단 과정의 촉진을 도모해 준다.

◈ **집단 규칙 정하기** ◈

나는 "○○○○○" 프로그램에 참여하면서 다음 사항을 성실히 지킬 것을 약속합니다.

1. 본 프로그램에 끝까지 참여하고 지각하거나 결석하지 않는다.
2. 참여자들과의 약속을 잘 지킨다.
3. 다른 사람의 비밀을 누설하거나 이용하지 않는다.
4. 다른 참여자들의 생각을 존중하고 욕설이나 폭력을 행사하지 않는다.
5. 우리 집단이 잘 화합하도록 적극적으로 협조한다.
6.
7.
8.

이름 :

20○○년 월 일

집단에서 지켜야 하는 규칙에 서약하도록 하는 서약서를 작성하게 하기도 한다.

서 약 서

나는 ○○○○교육프로그램에 참가하기를 신청하고,
다음 사항에 대하여 서약합니다.

1. 다른 가족들의 경험담을 우리 가족의 경험과 비슷하거나 다르거나 열린 마음으로 경청하겠습니다.
2. 우리는 실수를 통해서 배우기 때문에 우리 자신을 용서하겠습니다.
3. 서로 서로 격려하겠습니다.
4. 변화에는 시간과 끈기가 요구되기 때문에 인내심을 갖겠습니다.
5. 가능한 한 자주, 그러나 간결하게 의견을 발표하겠습니다.
6. 이 집단에서 이야기한 내용은 비밀을 지키겠습니다.
7. 핸드폰을 진동으로 해 놓거나 꺼 놓겠습니다.

년 월 일

참 가 자 : (인)

(4) 교육 참여 기대에 대한 희망 서약서

교육에 참여하면서 자신은 어떤 모습으로 변화해 있을 것이라 기대하는지 생각해 보고 스스로에게 다짐하는 희망 서약서를 작성해 보게 한다.

나의 희망 서약서

〈○○○○○○○○〉 프로그램에 참여하고 나서 나는……

____

____

____

____

____

____

____

…이러한 모습으로 변화해 있을 것입니다.

년 월 일

참 가 자 (인)

(5) 서로 소개하고 인사 나누기

참여자들 간에 서로 소개하고 인사를 나누는 시간을 갖는다. 가족생활교육사는 공감적 이해, 수용적 존중, 긍정적 어조 등을 통해 참여자들과 신뢰관계를 형성하는 데 초점을 맞춘다.

① **각자 소개하기** : 참여자들이 일정한 순서 없이 자발적으로 자신을 소개하는 방법
② **이름 쌓기** : 첫 번째 참여자가 자신에 대해 소개를 하면 다음 참여자는 첫 번째 참여자의 이름을 말하고 나서 자신을 소개하는 방법

③ **둘만의 대화** : 참여자들이 둘씩 짝을 지어 교육 참여 동기, 교육에서 얻고자 하는 점 등에 대해 이야기를 나누되 다른 참여자들과 차례로 짝을 바꾸어 가며 소개하는 방법

④ **돌아가며 소개하기** : 참여자 모두가 일어선 상태에서 차례대로 소개하는 방법

자기 소개하기(류경희, 2009)

부모로서 자신을 다른 사람에게 한마디로 소개한다면 뭐라고 할 수 있을지, 자신의 특징을 가장 잘 나타내는 말을 떠올려 본다. 형용사여도 좋고, 명사여도 좋다. 다 정해졌으면 두꺼운 도화지로 삼각대를 만들어 자신을 소개할 말을 적고, 자신의 자리 앞에 놓아 여러 사람들이 볼 수 있도록 한다.

돌아가면서 자신을 소개하며, 한 사람씩 소개가 끝날 때마다 다른 사람들은 더 궁금한 부분에 대해 질문을 던지면서 서로를 잘 알아나간다.

______________________________ 엄마(아빠)

예 싱싱한 엄마 – 나이 들어서 결혼하여 아이를 늦게 낳다 보니 아이에게 늘 싱싱한 엄마로 살고 싶어서 싱싱한 엄마라고 정했습니다.

(6) 모둠 이름, 구성원 역할 정하기

프로그램에 따라서 참여 인원이 많은 경우에는 효과적인 집단 활동을 위해 모둠을 만들어 모둠 활동을 할 수도 있다. 참여자들이 자기소개를 한 후에 모둠을 구성하도록 하고, 모둠 구성원 간에 서로 토의하여 모둠 이름을 정한다. 또한 구성원들 중에서 이끔이, 기록이, 지킴이, 칭찬이 역할 등 각자 해야 하는 역할을 정할 수도 있다.

(7) 신뢰로운 분위기 조성

현재 어떤 경험을 하고 있는가를 적극 표현함으로써 참여자들이 자기를 개방하는 법을 모방하도록 시범을 보이고, 참여자의 부정적인 측면보다는 강점에 초점을 맞춤으로써 자기표현과 수용을 위한 자신감을 심어주어 참여 동기를 높이도록 한다.

(8) 참여자의 긍정적인 면 부각시키기

긍정적 어조를 사용하여 참여자의 긍정적인 면을 부각시키는 노력은 집단 내에 안전하고 신뢰로운 분위기를 조성할 수 있을 뿐만 아니라 집단의 응집력을 높이는 매우 중요한 역할을 한다.

(9) 참여자의 기대 표현 돕기

가족생활교육사는 교육의 목적에 부합되는 기대에 대해서 적극적으로 강화해 주고 교육의 목적에 부합하지 않은 기대에 대해서는 수정, 조정할 수 있도록 설명해 준다.

(10) 참여자의 참여 촉진

참여자의 소극적 참여와 태도는 다른 참여자들의 적극적 참여와 자기 개방에 부정적인 영향을 줄 수 있으므로 적극적으로 개입하여 집단 참여를 할 수 있도록 돕는다. 참여자 소개를 위한 활동 등 다양한 활동을 통해 모든 참여자가 적어도 한 마디 이상 자신의 의사를 표현할 수 있도록 돕는다. 참여자들의 참여를 유도하는 다양한 집단 활동들 속에서 참여자들은 편안함을 느낄 수 있어야 하고, 참여할 수 있는 자연스러운 기회를 제공받아야 한다.

(11) 첫 회기의 종결

프로그램의 첫 회기를 종결하면서 가족생활교육사는 첫 회기에 대해 요약, 정리하고 집단의 목적에 관하여 재차 언급하며, 다음 회기의 목표나 기대에 대해 서로 의견을 나눌 수 있다.

이와 같이 도입 단계의 특성과 주요 활동을 정리해 보면, 도입 단계에서는 참여자들의 첫인상이 중요하므로, 흥미로운 활동과 분위기 조성에 신경 써야 한다. 친밀한 분위기를 형성하고, 공지사항은 미리 알려주어 혼돈이 없도록 하며, 비형식적 활동을 통하여 프로그램에 대한 부담감이나 불안을 제거해 주어야 한다.

주요 활동으로는 프로그램의 전체적인 개요, 목표, 일정, 참여 방법 등을 설명하는 오리엔테이션, 참여자 간의 어색함을 해소하고 친밀감을 형성하는 아이스 브레이크 활동, 프로그램 참여의 중요성과 기대 효과를 강조하여 참여자들의 동기를 높이는 동기 부여 활동 등을 들 수 있다.

〈가족생활교육사가 도입 단계에서 범하기 쉬운 실수들〉

도입 단계에서 가족생활교육사는 다음과 같은 실수에 조심하여야 한다.
첫 번째 실수는 지나치게 형식적이고 틀에 얽매여 경직되게 집단을 시작하는 것이다. 긴장한 나머지 집단 규준에 한계에 대해 지나치게 상세하고 장황하게 설명하느라 참여자들이 강의에 참석한 것과 같은 느낌을 갖게 되는 잘못을 범하기도 한다. 그 결과 참여자들은 시작부터 지루함을 느낄 수 있다.
두 번째 실수는 일정한 형식 없이 산만하게 집단을 시작하는 것이다. 이는 부정적인 인상을 주게 되어 신뢰감 형성에 걸림돌이 되기도 한다.
세 번째 실수는 참여자들에게 집단 참여를 무리하게 종용하는 것이다. 이는 참여자들이 미처 준비되지 않은 상태에서 강한 압박감을 느끼게 되어 집단의 역동과 성과에도 부정적인 영향을 미칠 수 있다.

2) 전개 단계

계획에 의해 구체적인 지도활동을 진행하는 실제 활동 중심의 과정이다. 프로그램의 주요 내용을 전달하고, 참여자들의 활발한 참여를 유도하며, 학습 목표를 달성하는 단계이다. 다양한 학습 방법을 활용하여 참여자들의 지루함을 해소하고, 지속적인 참여를 유도해야 한다.

(1) 참여자들의 상호작용과 응집력 증가

전개 단계에서는 참여자들의 상호작용과 집단의 응집력이 증가되는 단계이다. 가족생활교육사는 참여자의 행동이나 생각을 다른 집단원의 관심사와 연결시키는 데 통찰력을 발휘해야 한다. 비슷한 생각, 의견을 가지고 있는 참여자들을 연결해 줌으로써 서로 공감대를 형성하고 보다 풍부한 생각이나 의견을 표출하도록 할 수 있다. 참여자들의 공동 관심사에 주의하여 연결시켜 주는 것은 참여자들의 상호작용과 집단의 응집력을 증가시키는 효과를 거둘 수 있다.

(2) 원활한 자기 개방과 피드백 교환

전개 단계에서 참여자들은 원활한 자기 개방과 피드백 교환을 통해 집단에 대한 자신감이 높아지고, 서로에 대해 더 잘 알고 이해하며 서로 돕게 된다. 자신들이 처한 인생의 문제와 상황에 대해 더 책임 있는 행동을 취하는 방법을 상호작용에 의해 배우게 된다. 이때 참여자 개개인의 다양성은 격려되고 개인과 문화적 차이가 존중되어야 한다.

(3) 적극적 집단 참여

전개 단계에서는 참여자들이 집단 참여의 목적을 달성하기 위해 각자에게 수반되는 책임을 공유하며 집단에 적극적으로 참여하게 된다. 이때 참여자들이 자신들의 문제를 해결하기 위해서 어떤 행동을 할 것인가를 결정하는 데 스스로 책임이 있다는 점을 기꺼이 수용하게 하여야 한다. 참여자들은 점점 집단에 소속감을 느끼게 되는데, 소외된 참여자가 있다면 적극적인 참여를 유도해야 한다.

(4) 회기 간의 지속성

참여자들이 회기와 회기 사이에도 행동상의 변화를 위해 적극적으로 노력하도록 해야 한다. 집단은 매 회기마다 새롭게 출발할 필요가 없고 지난 회기의 작업이 자연스럽게 이어질 때 매우 생산적이다.

(5) 실천 가능한 과제 부여

참여자들에게 실천 가능한 과제가 주어지고 그 실천 결과와 변화를 구체적으로 나누는 가운데 가장 많은 통찰과 행동 변화가 일어나는 시기다.

(6) 전개 단계에서의 매 회기 종결

전개 단계의 매 회기 종결에서는 참여자에게 다른 참여자들과의 관계를 통해 깨달은 바와 행동 변화, 프로그램 참여를 통해 얻게 된 점, 기타 소감 등을 나누며, 집단 회기에 대해 평가하는 시간을 갖는다.

가족생활교육사는 집단 회기의 종결 단계에서 참여자 개개인이 계획하고 있는 행동 변화의 목표를 정리해 주고, 실현 가능한 방법을 강구해 보도록 적극적으로 격려하고 지지해 준다. 또한 참여자들이 내린 결정을 명료하게 하며, 다음 회기까지의 실천 목표와 계획을 구체화하는 작업을 하게 된다. 만일 이 과정에서 비현실적인 점이 있다면 참여자들의 다양한 실천 목표와 실행 계획을 함께 정리해 봄으로써 비현실적인 목표를 자연스럽게 수정하고, 더 명료하고 실천 가능한 목표와 실행 계획을 수립하도록 돕는다.

(7) 전개 단계에서의 주요 활동

프로그램의 주요 내용을 다양한 방법(강의, 토론, 실습 등)을 활용하여 전달하고, 참여자들이 직접 참여하고 경험하는 활동을 통해 학습 효과를 높인다. 또한 참여자들의 활동에 대한 피드백을 제공하여 학습을 돕고 동기를 부여하며, 중간 평가를 통해 프로그램의 진행 상황을 점검하고 필요한 부분을 수정한다.

한편 전개 단계에서는 교육 과정에 부정적인 영향을 주거나 참여자들의 성장을 저해하는 경우가 발생할 수도 있다. 즉, 어떤 참여자가 혼자서 많은 시간을 할애하며 질문 공세를 퍼부을 때, 부정확한 사실을 말할 때, 잡담을 늘어놓거나 교육의 목적과 무관한 이야기를 장황하게 할 때 등등의 경우 가족생활교육사는 직접 개입하여 참여자의 말을 중지시킬 수도 있다. 그러나 이때는 참여자의 인격을 존중하면서 비생산적인 행동을 막아야 하며 이는 가족생활교육사의 고도의 순발력과 민감성을 요구한다.

3) 종결 단계

프로그램의 성과를 정리하고, 참여자들의 만족도를 높이며, 후속 활동을 계획하는 단계이다. 참여자들이 경험한 내용을 총괄 조직하고 결론짓는 총 정리 과정이며, 실행한 프로그램에 대한 결과를 기록, 정리, 요약해 두어야 한다. 프로그램의 성과를 명확하게 제시해야 하고, 참여자들의 성장을 격려하여 만족감을 높여야 한다.

(1) 프로그램 참여 경험의 통합

프로그램 참여에서의 경험과 새로운 학습 내용을 통합, 정리하여 실생활에 어떻게 적용할 것인가를 모색하고 결정하는 시점이다. 가족생활교육사는 참여자들의 실천 가능성을 높이기 위해 실천해 본 새로운 행동에 대해 피드백을 교환하게 하며, 학습한 내용을 실생활에 적용하고 더욱 자주 실천하게 하는 방법을 강구하도록 돕는다.

(2) 집단 경험의 평가

마지막 회기인 종결 단계에서는 프로그램에 대한 평가서가 작성되고 후속 교육이 있다면 추수 집단에 대한 안내가 포함된다. 매 소회기 종결에서 다루는 것처럼 마지막 회기에서는 프로그램 전체 참여 과정을 통찰해 보면서 오랜 기간에 걸쳐 시간과 비용을 투자해 교육을 받음으로써 배운 점, 깨달은 점, 도움이 되었던 부분, 행동 변화, 기타 소감 등등을 나누며, 전체 집단 회기에 대해 평가하는 시간을 갖는다.

(3) 비밀보장의 중요성 강조

가족생활교육사는 프로그램을 마무리하면서 참여자들에게 비밀보장의 중요성을 재차 강조할 필요가 있다. 집단 내에서 거론된 참여자들의 사적인 정보가 다른 사람들에게 공개되는 경우가 종종 발생하기 때문이다. 그러므로 집단 경험을 나누는 데서 다른 참여자들의 신상에 대해 상세하게 언급하거나 거론하지 않도록 강조한다.

(4) 참여자들의 성장 격려하기

가족생활교육사는 마지막 종결 회기에서 참여자들의 성장을 격려하는 활동을 통해 어떤 긍정적인 변화가 일어났는지를 참여자들이 스스로 확인하고, 참여자들 간에 지지, 격려 활동이 일어나도록 돕는다.

다음은 류경희(2009)의 자녀의 올바른 인터넷 사용 지도를 위한 부모교육 프로그램인 〈인터넷! 통하는 부모, 즐기는 아이〉 프로그램의 종결 단계에서 이루어진 참여자들의 성장을 격려한 활동을 사례로 제시한다.

〈부모로서 변화된 나 소개하기 : 명함 만들기(류경희, 2009)〉

1) 프로그램에 참여하면서 앞으로 어떤 부모가 되고 싶다는 생각을 하게 되었는지, 또는 부모로서 어떻게 긍정적으로 변화하고 있는지를 각자 생각해 보는 시간을 준다.
2) 어떤 부모가 되고 싶은지 또는 이미 어떻게 변화되어 가고 있는지를 잘 나타내 주는 글을 생각해 보고 자신의 명함을 만들어 본다.
3) 1회기 모임에서 자신을 형용사나 명사로 ________ 엄마 또는 ________ 아빠로 소개한 것과 비교해서 살펴보고, 어떤 공통점과 차이점이 있는지 각자 생각해 본다.
4) 명함지를 각자에게 나누어 주고 참여자 수만큼 자신의 명함을 만들도록 하고, 다 만들어지면 다른 사람들에게 자신을 소개하면서 명함을 나누어 준다.
5) 명함을 나누어 주면서 그동안 함께 참여하면서 고마웠던 점이나 배울 수 있었던 점, 상대방의 장점 등을 최소한 한 가지씩 이야기해 주면서 마지막 인사를 나누도록 한다.

부모 명함 만들기

예

♡♥♥♥♥♥♥♥♥♥♥♥♥♥♥♥♥♥♥♥♥♥♥♥♥♥♥♥♥

사랑을 끊임없이 나눠주는,
사랑 만점의 엄마

○○○

♥♥♥♥♥♥♥♥♥♥♥♥♥♥♥♥♥♥♥♥♥♥♥♥♥♥♥♥♡

♡♥♥♥♥♥♥♥♥♥♥♥♥♥♥♥♥♥♥♥♥♥♥♥♥♥♥♥♥

함께 즐거운 추억을 만들어가는
매력 만점의 아빠

○○○

♥♥♥♥♥♥♥♥♥♥♥♥♥♥♥♥♥♥♥♥♥♥♥♥♥♥♥♥♡

나의 명함

그 밖에 주요 활동으로는 프로그램의 목표 달성 여부를 평가하고, 참여자들의 만족도를 조사한다. 각 회기별 프로그램의 내용에 대한 만족도, 교육 프로그램의 구성에 대한 만족도, 프로그램에 참여하면서 각 회기별 목표 달성 정도를 측정하는 설문지를 만들어 종결 단계에서 활용할 수 있다. 또한 개방형 질문으로 프로그램의 장점, 프로그램을 개선하기 위해서 바라는 점, 소감 등을 기입하게 할 수 있다.

소감 나누기 및 평가하기의 사례를 제시하면 다음과 같다(류경희, 2009).

♣ 본 프로그램에 참가하여 느낀 점에 대해 솔직하게 응답하여 주시면 감사하겠습니다.

1. 각 회기별 프로그램의 내용에 대한 당신의 만족 정도를 표시해 주십시오.

항 목	매우 불만족	다소 불만족	보통	다소 만족	매우 만족
1회기 : 인터넷! 너 어느 별에서 왔니?	1	2	3	4	5
2회기 : 인터넷 세대의 내 자녀 바라보기 '그럼에도 불구하고'	1	2	3	4	5
3회기 : 부모인 내 자신 용납하기 '오죽하면'	1	2	3	4	5
4회기 : 부모의 사랑백신으로 치유하기 '더 성숙한 내가'	1	2	3	4	5
5회기 : 건강한 인터넷 사용! 가족원 간, 다른 가족과 협동하기	1	2	3	4	5

2. 본 교육 프로그램의 구성에 대한 당신의 만족도는 어떠합니까?

항 목	매우 불만족	다소 불만족	보통	다소 만족	매우 만족
1. 전반적인 교육의 내용	1	2	3	4	5
2. 전반적인 교육의 총 시간	1	2	3	4	5
3. 각 회기별 교육의 소요시간	1	2	3	4	5
4. 교육 진행자	1	2	3	4	5
5. 교육의 진행방법	1	2	3	4	5
6. 전반적인 교육에 대한 만족감	1	2	3	4	5

3. 이 프로그램의 장점에 대해 적어 주십시오.
4. 이 프로그램을 개선하기 위해서 바라는 점이 있다면 적어 주십시오.
5. 마지막으로 하고 싶은 말을 적어 주십시오.

♣ 다음은 여러분들이 이번 부모교육 프로그램에 참여하면서 도움받은 정도를 알고자 하는 것입니다. 자신의 생각을 가장 잘 표현하는 칸에 ∨표 하여 주십시오.

도움받은 내용		전혀 도움이 되지 않았다	별로 도움이 되지 않았다	반반이다	대체로 도움이 되었다	매우 도움이 되었다
1회기	1. 우리 자녀가 인터넷 세상에서 주도적으로 살아가도록 돕는 부모의 역할이 매우 중요함을 인식하는 데 도움이 되었다.	1	2	3	4	5
	2. 올바른 인터넷 사용 습관이 왜 필요한지 이해하는 데 도움이 되었다.	1	2	3	4	5
2회기	1. 인터넷을 올바르게 사용하지 못함으로 인해 우리 자녀에게 생겨날 수 있는 해로운 점을 이해하는 데 도움이 되었다.	1	2	3	4	5
	2. 인터넷 세대인 자녀를 긍정적인 관점에서 새롭게 바라보는 데 도움이 되었다.	1	2	3	4	5
	3. 자녀의 인터넷 사용의 의도와 변화를 가능하게 하는 긍정적인 자원을 인식하는 데 도움이 되었다.	1	2	3	4	5

3회기	1. 자녀에게 자신은 어떤 부모의 모습인가 생각해 보는 데 도움이 되었다.	1	2	3	4	5
	2. 인터넷 사용 지도에 있어서 바람직한 부모 유형을 학습하는 데 도움이 되었다.	1	2	3	4	5
	3. 자녀에게 자신은 경청과 공감을 통해 좋은 관계를 맺고 있는 부모인지 생각해 보는 데 도움이 되었다.	1	2	3	4	5
	4. 부모로서 자신의 모습을 수용하고 인정하는 데 도움이 되었다.	1	2	3	4	5
4회기	1. 자녀의 올바른 인터넷 사용 지도를 위해서는 부모의 관심과 사랑이 매우 필요함을 인식하는 데 도움이 되었다.	1	2	3	4	5
	2. 부모-자녀 간의 힘겨루기에서 벗어나 협동할 수 있는 좋은 관계 형성 방법을 학습하는 데 도움이 되었다.	1	2	3	4	5
	3. 자녀의 올바른 인터넷 사용을 위한 효과적인 대처 및 지도방법을 익히는 데 도움이 되었다.	1	2	3	4	5
	4. 자녀와 협동하여 올바른 인터넷 사용 계획을 세워보도록 하는 데 도움이 되었다.	1	2	3	4	5
5회기	1. 자녀의 올바른 인터넷 사용을 위해 가족원 간의 협동뿐만이 아니라, 다른 가족 간의 협동이 중요함을 인식하는 데 도움이 되었다.	1	2	3	4	5
	2. 올바른 인터넷 사용지도를 할 수 있는 변화된 부모의 모습을 다짐해 보는 데 도움이 되었다.	1	2	3	4	5

또한 프로그램의 결과를 참여자들과 공유하고 앞으로의 발전 방향을 모색하며, 참여자들과 프로그램에 대한 소감을 나누는 시간을 갖는다. 프로그램 이후에도 지속적인 학습이나 활동을 이어갈 수 있도록 후속 활동을 계획할 수도 있다.

한편 프로그램의 종류와 목적에 따라 각 단계의 비중과 활동 내용은 달라질 수 있다. 예를 들어, 단기간의 교육 프로그램은 전개 단계에 집중하는 반면, 장기 교육 프로그램은 각 단계별로 충분한 시간을 할애하여 진행될 수 있다.

4. 다양한 실행방법의 필요성

가족생활교육의 학습활동은 가르친다는 의미보다는 서로의 경험을 나누며 서로 배우는 형식에 초점을 두게 되었고(Doherty, 2003), 프로그램이 보다 집단 역동성을 살려내면서 다양한 가족주제들을 전달하는 교육, 교수방법의 개발이 필요하게 되었다(신라대학교 가족상담센터, 2007).

또한 가족이 주도적으로 참여할 수 있도록 학습자 중심의 개방적이고 유희적인 교육방법의 도입을 요구받고 있다. 특히 가족단위로 공동 작업을 수행하고 그 결과 가족유대감과 공동체 의식을 활성화해 나가도록 의도된 프로그램에서는 학습자 중심의 활동이 더욱 필요하다(이기숙, 2005).

가족생활교육 프로그램은 가족집단이 내부적 · 외부적 위기에 견딜 수 있는 '힘(능력)'을 가지도록 교육되어야 하고(NCFR, 1968), 이 힘(능력)의 배양이 곧 교육의 효과(프로그램의 결과이자 목표 달성)라고 볼 때 교육의 효과는 어떻게 가르치느냐라는 학습방법, 즉 교수기법과 깊은 관련이 있다(Clarke & Bredehoft, 2003).

|그림 6-2|는 클라크와 브레드호프트(Clarke & Bredehoft, 2003)의 가족생활교육 계획 모델(The Planning Wheel Model)로, 이 그림에서 '어떻게 가르치느냐'(학습방법)가 '프로그램의 실행'과 '프로그램의 효과'와 가장 활발히 상호작용을 하는 위치에 있음을 알 수 있다.

또한 교육의 효과는 학습방법에서 사용된 매체와 관계가 깊다. |그림 6-3|은 다양한 교육매체의 활용에 따라 교육의 효과성이 달라짐을 도식화한 것으로, 교육의 효과성은 듣고, 보고 또 주도적으로 참여하는 활동을 통해 높아짐을 알 수 있다(송창식, 2002).

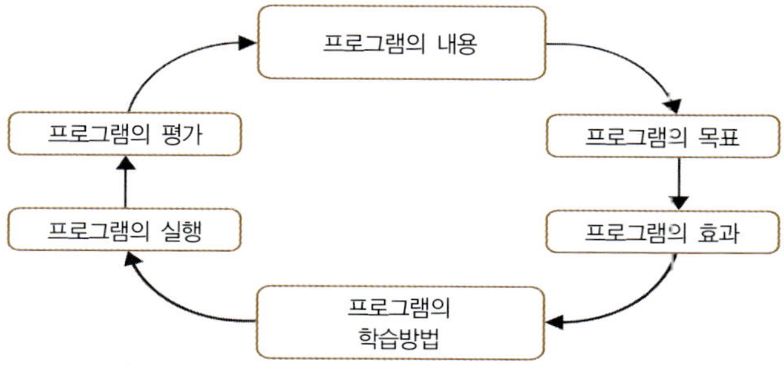

|그림 6-2| 가족생활교육 계획 모델

출처 : Clarke & Bredehoft(2003).

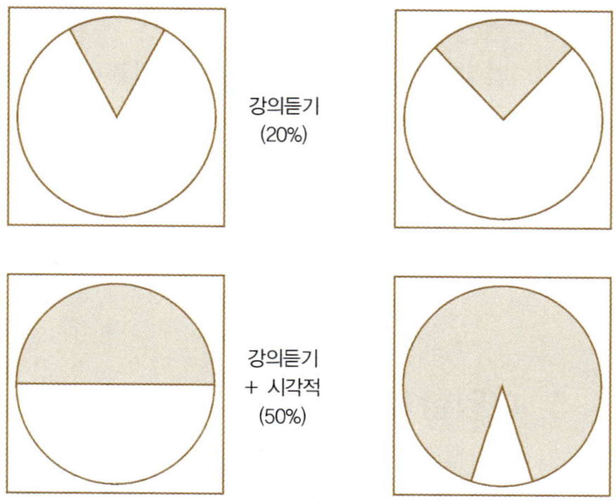

|그림 6-3| 교육매체 활용에 따른 교육효과성

출처 : 송창식(2002).

특히 가족생활교육에서 교육대상자들은 거의 성인들이다. 성인 중심 학습에서 학습자의 경험을 중시하고 학습자의 자기주도성, 자율성을 존중하는 참여 학습형(한국교육학회 사회교육연구회, 1988), 협동적 학습형(김용현, 2004)이 강조되고 있기에 가족생활교육의 효과를 증진시키기 위해서는 다양한 실행방법의 활용이 필요하다.

〈표 6-1〉 프로그램 실시방법의 분류

분류기준	실시방법
듣는 것을 주로 하는 방법	• 강의법(강의, 강연, 설명 등) • 문답법(심포지엄 등) • 청각법(라디오 청취, 음악 감상 등)
말하는 것을 주로 하는 방법	• 발표법(발표, 보고 등) • 토의법(포럼 등)
보는 것을 주로 하는 방법	• 관찰법(관찰, 조사 등) • 시청법(TV 시청 등) • 견학법(견학, 관람 등)
읽기를 주로 하는 방법	• 독서법(독서, 신문이나 잡지의 열람 등)
쓰기를 주로 하는 방법	• 기록법(기록, 작문, 묘사 등)

실천을 주로 하는 방법	• 극화법(역할극, 연극 등) • 실습법(실험, 실습, 사육, 재배, 레크리에이션 등) • 구성법(그림, 작곡, 작품 제작 등) • 연주법(노래, 악기 연주 등)
혼합에 의한 방법	위의 여섯 가지 방법을 상황에 따라 적절하게 혼합하여 전개하는 방법

출처 : 한국청소년개발원(2005).

5. 다양한 실행방법의 유형

가족생활교육 프로그램 실행방법으로 강의법, 토의법, 비대면 가족생활교육 실시 방법으로 인터넷 매체 학습법 등을 살펴보면 다음과 같다(김순기 외, 2021; 부산양덕초등학교, 1999; 신승인 외, 2022; 이기원 외, 2022).

1) 강의법

특정 태도나 가치를 고취하기 위해 설득력 있는 지도 활동 및 기본적인 지식 전달이 필요할 때, 새로운 정보, 자료, 개념을 설명하거나 그 요소 하나하나를 체계적으로 설명하고자 할 때 효과적인 방법이다. 강의법은 특정 분야의 전문가를 초빙하여 심층적인 내용을 전달해야 할 때 활용될 수 있는 방법이며, 강의 중간에 질문을 하거나 간단한 활동을 통해 참여자들의 집중도를 높일 수 있듯이 강의와 다른 방법을 병행하여 활용할 수 있다.

(1) 강의법의 특징

① 강사가 주도적으로 정보를 전달하는 방식이다.
② 이론적 배경, 연구 결과 등을 체계적으로 전달할 수 있다.
③ 짧은 시간 안에 효율적으로 많은 양의 정보를 전달할 수 있다.

(2) 강의법의 장점

① 참가자들이 명확하고 일관된 정보를 얻을 수 있다.
② 짧은 시간 안에 많은 내용을 다룰 수 있다.

③ 전문가의 지식을 통해 참가자들의 이해를 높일 수 있다.

(3) 강의법의 단점

① 참여자의 능동적인 참여를 유도하기 어려울 수 있다.
② 일방적인 정보 전달로 참여자의 다양한 의견을 수렴하기 어렵다.

2) 토의법

집단 사고를 통하여 합리적인 결론을 이끌어 내는 방법으로 타인으로부터 새로운 정보를 획득하고 배울 수 있는 기회를 제공한다. 소규모 그룹으로 나누어 각자의 경험과 생각을 공유하는 활동으로 진행할 수 있고, 질문을 제시하고 참여자들이 자유롭게 의견을 나누는 시간으로 활용할 수 있다.

토의법을 활용하기 위해서는 토론을 통해 무엇을 얻고 싶은지 명확한 목표가 설정되어 있어야 한다. 또한 참여자들이 편안하게 의견을 개진할 수 있는 분위기를 조성해야 하며, 다른 사람의 의견을 존중하고 경청하는 자세가 필요하다. 비판적인 의견을 제시하되, 개인을 공격하지 않고 내용에 집중하는 건설적인 비판의 분위기도 조성되어 있어야 한다. 그리고 토론을 원활하게 진행하고 참여자들의 의견을 조율할 수 있는 숙련된 사회자가 필요하다.

(1) 토의법의 특징

① 참여자들이 서로의 의견을 교환하고 토론하는 방식이다.
② 참여자들의 능동적인 참여를 이끌어 낼 수 있다.
③ 참여자들의 다양한 경험과 생각을 공유할 수 있다.

(2) 토의법의 장점

① **소속감, 유대감** : 집단 속에서의 수용감, 소속감 또는 유대 의식이 생긴다.
② **다양한 해결 방안 모색** : 문제 상황에 대한 다양한 해결 방안을 모색할 수 있다.
③ **의사전달 능력** : 다른 사람의 의견을 경청하고 존중하며, 자신의 생각을 효과적으로 전달하는 능력을 키울 수 있다.

④ **다양한 관점 공유** : 개인의 생각에 국한되지 않고 다양한 사람들의 의견을 수렴하여 문제를 폭넓게 바라볼 수 있어서 다양한 관점을 공유할 수 있다.

⑤ **새로운 해결책 모색** : 자유로운 분위기에서 독창적인 아이디어를 공유하고 새로운 해결책을 모색할 수 있다.

⑥ **공동체 의식 함양** : 함께 문제를 해결하는 과정을 통해 협동심을 배우고, 공동체 의식을 함양할 수 있다.

⑦ **합의된 것을 따르는 책임감** : 토론 과정에서 타협과 합의, 합의된 것을 따르는 책임감 등을 배울 수 있다.

⑧ **탐구하는 능력** : 토론을 통해 스스로 몰입도를 높이고, 학습, 탐구하는 능력을 키울 수 있다.

(3) 토의법의 단점

① 충분한 토론을 위해서는 상대적으로 많은 시간이 필요하다.

② 토론 주제가 어긋나거나 특정 참여자에게 집중될 수 있다.

③ 다양한 의견이 충돌할 경우 합의점을 찾기 어려울 수 있다.

④ 사전 준비가 충분하지 않으면 토론이 지지부진해질 수 있다.

⑤ 일부 참여자는 소극적인 태도를 보일 수 있다.

(4) 토의법의 유형

① 원탁 토의

원탁 토의는 참여자 모두가 원탁에 둘러앉아 동등한 위치에서 자유롭게 의견을 교환하며 문제를 해결해 나간다는 것에서 붙여진 이름이다.

원탁 토의는 딱딱한 분위기 대신 편안한 분위기에서 누구나 자유롭게 의견을 개진할 수 있으며, 다양한 의견을 수렴하여 창의적인 해결책을 도출할 수 있다. 참여자 모두 토론에 적극적으로 참여하도록 유도하며, 여러 사람이 다양한 관점에서 문제를 바라보고 합리적인 결론을 도출할 수 있다. 그러나 모든 참여자의 의견을 충분히 수렴하기 위해서는 많은 시간이 소요될 수 있고, 다수 의견에 소수 의견이 묵살될 수도 있으며, 다양한 의견이 충돌할 경우 결론 도출이 어려울 수 있다는 단점도 있다.

사 례 원탁 토의

"책은 화두를 제공하고 사라져버려야 합니다. 책을 매개로 우리는 얘기해야 합니다. 논쟁하고 공감하고 소통하며 힐링이 되는 자리가 됩시다." 파주시 '야(夜)한 토론회 현장. 이날의 진행자로 나선 유범상 교수(한국방송통신대학교 행정학과)가 참석자들을 향해 강단에 섰다.

"자, 토론에서 지켜야 할 에티켓, 따라 합시다! 상대방을 존중합니다. 경청합니다. 솔직하게 얘기합니다. 차이를 인정합니다." 유 교수의 선창에 참석자들이 힘차게 따라 외쳤다. 그리고 박수와 함께 시작된 본격적인 토론. 100명이 넘는 사람들이 10여 명씩 조를 이뤄 원탁에 둘러앉았다. 테이블에 마주 앉은 사람들은 나이 지긋한 어르신에서부터 중장년층, 대학생, 청소년 등에 이르기까지 연령층이 다양했다. 이날의 토론 주제는 힐링과 소통. '푸른 눈 갈색 눈(윌리암 피터스)'과 '까매서 안 더워(박채란)'란 2권의 책을 읽고 토론하고 발표하는 시간으로 진행됐다. 이날 이곳에 자리한 참석자들은 나이와 직업의 벽을 넘어 자신의 개인적인 경험과 생각을 허심탄회하게 내놓는 모습들을 보였다. 때로는 유쾌하게 때로는 진지하게 진행된 이날의 토론회는 늦은 저녁부터 밤 10시까지 이어졌다.

'야한 토론회'는 통상적인 '인문학 살리기'의 프로그램과는 차별된 모습을 띠고 있다. 기존에 많이 볼 수 있었던 인문학 프로그램이 강사가 일방적으로 이야기를 내놓는 강좌 중심이었던 것에 반해 야한 토론회는 사람들이 직접 참여해 책을 매개로 자신의 생각과 이야기를 사람들 앞에 꺼내놓고 주도적으로 프로그램을 이끌고 있다.

출처 : 지역내일(2014. 6. 8). 밤까지 이어지는 토론의 열기 속으로.

② 교호적 집단 토의

각 소집단은 동일한 주제를 놓고 토의하며, 구성원 간에 일련번호를 붙여 일정한 시간마다 차례대로 1명씩을 옆의 다른 소집단에 방출하며 토의를 해 나간다.

③ 버즈(buzz) 집단 토의

버즈 집단 토의, 또는 윙윙 토의라고도 불리는 이 토론 방식은 짧은 시간 안에 많은 사람들이 참여하여 다양한 의견을 공유하고 아이디어를 얻는 데 효과적이다. 특히 큰 그룹 토론에서 개인의 참여를 극대화하고 다양한 관점을 수렴하고자 할 때 활용된다. 2명씩 짝 집단이 토의를 마친 후 다른 짝 집단을 만나 4명의 새 집단을 만들어 토의하고, 각 4명의 집단이 다시 모여 8명의 새 집단을 만들어 토의하는 방식으로 눈덩이 토의라고도 한다.

④ 휘시 보울(fish bowl) 집단 토의

두 집단으로 나누어 한 집단이 안에, 다른 집단이 밖에 원 모양으로 앉게 한 다음, 우선적으로 안에 있는 집단이 토의를 하는 방법이다.

휘시 보울(fish bowl) 집단토의는 마치 어항 속의 물고기가 어항 밖에서 잘 보이듯이, 내부의 소규모 집단의 토론을 외부의 관찰자들이 지켜보면서 참여할 수 있도록 하는 방식의 토론이다. 내부 토론 그룹은 주어진 주제에 대해 깊이 있게 토론하는 소규모 그룹이며, 외부 관찰 그룹은 내부 그룹의 토론을 관찰하고, 필요에 따라 토론에 참여할 수 있는 그룹이다. 외부 관찰자들은 토론에 참여하고 싶을 때 언제든지 내부 그룹에 합류하거나 다른 관찰자와 자리를 바꿀 수 있다.

휘시 보울 토의의 진행 과정은 첫째, 토론할 주제를 명확하게 정하고 참여자들에게 충분히 설명한다. 둘째, 내부 토론 그룹과 외부 관찰 그룹으로 나누는데, 내부 그룹은 4~5명 정도로 구성하는 것이 좋다. 셋째, 내부 그룹에서 자유롭게 토론을 진행하며, 외부 관찰자들은 토론 과정을 관찰하고 메모하거나 질문을 준비한다. 넷째, 일정 시간이 지나면 내부 그룹과 외부 관찰 그룹의 역할을 교체한다. 다섯째, 각 그룹의 대표가 토론 결과를 전체 참여자들에게 발표하고 전체적인 결론을 도출한다.

휘시 보울 토의의 장점은 첫째, 내부와 외부의 다양한 관점을 통해 주제에 대한 이해를 넓힐 수 있다. 둘째, 외부 관찰자들이 자유롭게 토론에 참여할 수 있어 토론이 더욱 활발하게 진행된다. 셋째, 관찰을 통해 다른 사람들의 의견을 듣고 자신의 생각을 정리하는 과정에서 학습 효과가 높아진다. 넷째, 처음에는 소극적이었던 사람도 관찰을 통해 자신감을 얻고 토론에 참여할 수 있다.

⑤ 허들 그룹(huddle group) 토의

허들 그룹(huddle group)은 소규모 집단 토론 방식 중 하나로, 참여자들이 짧은 시간 안에 주어진 주제에 대해 깊이 있게 토론하고 아이디어를 공유하는 활동이다. 마치 미식축구 선수들이 경기 중 잠시 모여 전략을 논의하는 모습과 비슷하다 하여 '허들'이라는 이름이 붙여졌다. 일반적으로 4~6명 정도의 소규모 그룹으로 구성되어 참여자 간의 활발한 의견 교환을 촉진한다. 형식적인 규칙보다는 자유로운 분위기 속에서 참여자들이 자신의 생각을 솔직하게 표현하도록 장려하며, 짧은 시간 안에 다양한 관점에서 아이디어를 생성하고 문제 해결 방안을 모색하는 데 효과적이다.

⑥ 월드카페

월드카페는 마치 카페와 같이 편안한 분위기에서 다수의 참여자가 자유롭게 의견을 나누며 창의적인 아이디어를 도출하는 토론 방식이다. 특히 다양한 사람들의 생각을 종합하여 문제 해결이나 새로운 아이디어를 얻고 싶을 때 효과적이다.

월드카페 진행 방법은 다음과 같다.

- 1단계 : 토론하고자 하는 주제를 명확하게 정하고, 이에 대한 파생질문을 3~5개 정도 개방형 질문으로 준비한다. 하나의 주제에 집중하는 것이 아니라 여러 개의 관련된 질문을 통해 다각적인 시각에서 문제를 바라본다.
- 2단계 : 각 테이블마다 하나의 질문을 배정하고, 참여자들을 4~6명씩 소규모 그룹으로 나누어 앉게 한다. 각 테이블에는 질문과 함께 종이와 필기도구를 준비한다.
- 3단계 : 1차 토론으로 각 테이블에 배정된 질문에 대해 자유롭게 토의하고, 기록자를 맡은 참여자는 수렴된 의견을 정리해 놓는다. 각 테이블마다 다른 질문이 제시되어 참가자들은 자신이 관심 있는 주제를 선택하여 토론에 참여할 수 있다.
- 4단계 : 일정 시간이 지나면 모든 참여자가 다른 테이블로 이동하여 새로운 질문에 대해 2차 토론을 한다. 이전 테이블에서 나온 의견을 참고하여 새로운 아이디어를 추가하거나 기존 아이디어를 발전시킬 수 있다. 이 과정을 2~3회 반복한다.
- 5단계 : 각 테이블의 기록자는 자신이 속했던 모든 테이블의 의견을 종합하여 발표한다. 전체 참여자들이 함께 발표된 내용을 바탕으로 토론 주제에 대한 결론을 도출한다.

월드카페의 장점은 다수의 참여자가 각기 다른 관점에서 의견을 제시하여 풍부한 아이디어를 얻을 수 있다는 점, 참여자가 여러 개의 테이블을 순회하며 각 테이블에 제시된 질문에 대해 자유로운 분위기에서 토의하고, 아이디어를 공유, 발전시키면서 창의적인 해결책을 찾을 수 있다는 점, 소규모 그룹 토론을 통해 모든 참여자가 적극적으로 토론에 참여할 수 있다는 점에 있다.

⑦ 신호등 토론(대집단 토론)

신호등에 사용되는 초록(찬성 의미), 빨강(반대 의미), 노랑(잘 모름, 판단 유보, 다른 의견) 세 가지 색깔의 카드만으로 자신의 의사를 표현하는 활동이다. 수시로 카드를 들어 자신의 의사를 표현하는 활동을 통해 참여자들이 활발하게 의견을 나누는데 도움이 된다. 가벼운 게임식 토론으로 신호등 색깔에 따라 자신의 의견을 발표하게 한다. 논제가 찬반 의견으로 나뉘는 것일수록 참여자들에게 호기심을 불러일으킨다.

토의 방식은 1단계, 참가자 모두에게 빨강, 초록, 노란색의 종이카드를 한 조씩 배부한다. 2단계, 진행자가 제기하는 질문에 대하여 자신의 의견이 찬성일 경우에는 초록, 반대일 경우에는 빨강, 판단이 서지 않아 잘 모르는 경우에는 노랑 카드를 들어 보이도록 참가자에게 설명한다. 3단계, 노란색 카드를 들고 있는 참가자의 의견도 주의 깊게 들어볼 필요가 있고, 모든 참가자에게 골고루 의견 발표 기회를 충분히 주어야 한다. 질문은 쟁점이 있는 질문이 좋으나 좋고 나쁨의 단순한 의견을 묻는 것도 가능하다.

지도자는 교육 목적에 적합하도록 미리 준비한 신호등 토론용 질문들을 가지고 하나씩 참가자에게 질문을 던진다. 질문에 대하여 참가자들이 의견별로 카드를 들어 보이면, 지도자는 찬성, 반대의 의견을 표시한 사람을 균형 있게 지목하며 질문을 던진다. 예를 들어, 찬성한다는 초록 카드를 들고 있는 참가자에게 "ㅇㅇ는 찬성한다는 초록색 카드를 들었는데, 왜 찬성하는지 그 이유를 설명해 주세요."

3) e-learning 활용법

가족생활교육에서는 새로운 교육 공학적 매체의 다양한 활용이 가능하다. 비대면으로 이루어지는 e-learning은 컴퓨터와 인터넷을 기반으로 이루어지는 학습이고, 학습(learning)과 인터넷의 융합(convergence)이라고 할 수 있다. 면대면 접촉방식을 꺼리고 비대면 교육을 원하는 참여자에게는 인터넷을 통해 프로그램 접근 가능성을 높일 수 있기에 인터넷 매체를 활용한 실시방법도 고려해 보아야 한다.

e-learning은 인터넷 네트워크 기술을 사용하여 학습을 디자인하고 전달하는 것을 의미한다(Learnframe, 2000, 김수현, 2006 재인용). e-learning으로 다양한 형태의 가족생활 교육 콘텐츠 전달과 이를 학습하는 교육 수혜자의 경험을 관리할 수 있으며, 수혜자와 콘텐츠 개발자 그리고 전문가 사이의 네트워크화된 커뮤니티를 구성할 수 있다. e-learning은 시간과 공간의 제약 없이 온라인 환경에서 다양한 학습 자료를 활용하여 학습 목표를 달성하게 한다.

(1) e-learning의 특징

① 시간과 공간의 제약이 없어 언제 어디서든 원하는 학습을 할 수 있다.
② 텍스트, 이미지, 동영상, 시뮬레이션 등 다양한 형태의 학습 자료를 제공한다.
③ 강사와 학습자 간의 실시간 소통이나 토론이 가능하다.
④ 학습자의 수준과 속도에 맞춰 학습 내용과 방식을 조절할 수 있다.

(2) e-learning의 장점

① **학습 접근성 향상** : 시간과 공간의 제약 없이 누구나 학습할 수 있다.
② **다양한 콘텐츠를 활용하여 학습 효율성 증대** : 영상, 음성, 텍스트 등 다양한 형태의 콘텐츠를 통해 흥미로운 학습 경험을 제공한다.
③ **비용 절감** : 오프라인 교육에 비해 비용이 저렴하다.

(3) e-learning의 단점

① 인터넷 환경에 의존하다 보니 인터넷 연결 상태에 따라 학습이 원활하지 않을 수 있다.
② 오프라인 학습에 비해 대면 상호작용이 부족할 수 있다.
③ 자기 주도적인 학습 능력이 더욱 요구된다.

(4) e-learning의 유형

① 온라인 강의 : 전문 강사의 강의를 실시간 또는 녹화 방식으로 제공

- **양육 상담** : 자녀의 발달 단계별 특징과 효과적인 양육 방법에 대한 전문가 강의
- **부부 관계 개선** : 건강한 부부 관계를 위한 소통법, 갈등 해결 방법 등을 배우는 프로그램
- **가족 대화법** : 가족 구성원 간의 효과적인 대화 방법을 익히고, 서로를 이해하는 시간을 갖는 프로그램
- **가족 놀이** : 온라인으로 함께 즐길 수 있는 다양한 놀이 활동을 통해 가족 간의 유대감을 강화하는 프로그램

② 웹 세미나 : 다수의 학습자가 동시에 참여하여 질의응답을 할 수 있는 양방향 소통 방식

③ 온라인 커뮤니티를 활용 : 학습자들이 자유롭게 소통하고 정보를 공유하는 온라인 커뮤니티를 운영

- **가족 카페** : 비슷한 고민을 가진 부모들이 모여 정보를 공유하고 서로를 지지하는 온라인 커뮤니티
- **가족 스터디 그룹** : 특정 주제를 중심으로 함께 학습하고 토론하는 스터디 그룹
- **가족 챌린지** : 가족 구성원 모두가 함께 참여할 수 있는 미션을 수행하며 목표를 달성하는 프로그램

④ 모바일 앱 활용 : 스마트폰을 활용하여 언제 어디서든 학습할 수 있는 모바일 앱을 제공

- **가족 일기 앱** : 가족 구성원들의 일상을 기록하고 공유하며 소통을 증진시키는 앱
- **가족 게임 앱** : 함께 즐길 수 있는 다양한 게임을 통해 가족 간의 유대감을 강화하는 앱
- **가족 건강 관리 앱** : 가족 건강을 위한 다양한 정보와 프로그램을 제공하는 앱

나를 위한 기억저장소 '해마 일기'

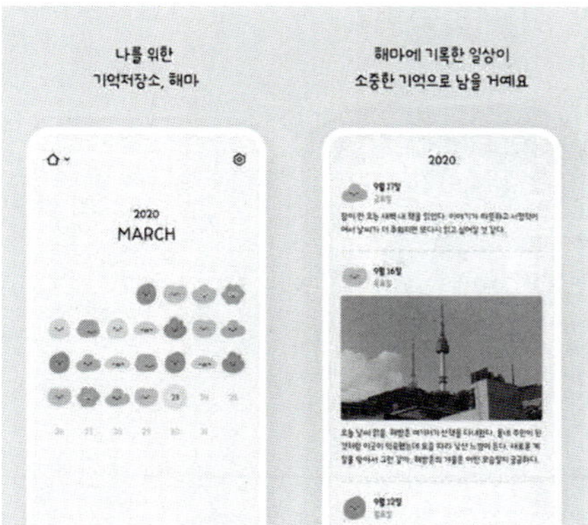

안드로이드 전용 앱으로 간단히 그날의 느낌(스티커)을 고르고, 생각을 적어준다. 무엇인가 자세히 기록하는 것이 귀찮은 사람에게 안성맞춤이다. 하루에 하나만 쓸 수 있고, 비밀번호 설정 기능과 PDF 저장 기능이 있어 백업을 하기도 좋다.

이미지 출처 : 해마 일기 어플.

⑤ 온라인 게임 활용

가족이 함께 즐길 수 있는 온라인 게임을 통해 함께 문제를 해결하고 성취감을 공유할 수 있다. 또한 VR/AR 기반 프로그램을 활용하여 가상현실 체험, 증강현실 놀이를 통해 학습 내용을 습득할 수 있도록 할 수 있다.

- **온라인 보드 게임** : 가족 구성원들이 함께 협력하여 문제를 해결하거나 목표를 달성하는 과정에서 자연스럽게 소통하고 관계를 형성
- **가상현실 체험** : 가상현실 공간에서 함께 여행을 떠나거나 게임을 즐기며 특별한 추억을 만들 수 있는 프로그램
- **증강 현실 놀이** : 현실 공간에 가상의 콘텐츠를 더하여 함께 놀이를 즐기는 프로그램

출처 : 중랑구 공식블로그(https://blog.naver.com/jung_nang_gu/223305829332?photoView=1).

⑥ 다양한 온라인 플랫폼 활용 : Zoom, Google Meet 등 다양한 온라인 플랫폼을 활용하여 최적의 학습 환경을 제공

가족과 함께하는 온라인 어린이 요리 교실

올바른 식습관 형성을 위해 가정에서 부모와 함께 다양한 식재료를 가지고 요리를 해보는 프로그램이다. 앱을 활용한 비대면 온라인 방식으로 매월 1회 실시간으로 진행된다.

출처 : 한국시민기자협회 뉴스포털1(2023. 6. 30). 가족과 함께하는 온라인 어린이 요리교실 참여자 모집.

6. 프로그램 실행 시 유의할 점

프로그램 실행 시 지도자로서 유의할 점은 다음과 같다.

① 프로그램 실시를 위해서는 다양한 실시 방법을 고려한다. 강의, 토론, 다양한 시청각 매체의 활용 등 다양한 실시 방법을 모색하여 참여자의 관심과 흥미를 높이고, 참여 동기를 이끌어 낼 필요가 있다.

② 집단 구성원 중 다른 배경을 가져서 소외될 가능성이 있는 사람을 배려하여 소외감을 느끼지 않도록 한다.

③ 참여자 집단 구성원 중에 하위그룹이 생성되지 않도록 골고루 섞이도록 자리를 배치한다.

④ 가족생활교육사가 참여자들보다는 주도권을 가지고 지도자 역할을 하여야 한다.

⑤ 진행 과정에서 이론만 너무 많이 준비하지 말고 주변의 실제 사례를 준비하여 적절히 활용할 수 있어야 한다.

⑥ 참여자가 지금보다 나아지려고 참석함에 용기를 주고 희망적으로 나아질 것이라는 기대를 갖도록 한다.

⑦ 지도자 자신이 너무 잘난 점을 노출하지 않도록 한다. 자신을 솔직하게 내보여 참여자들이 자신감을 갖도록 한다.

⑧ 가족생활교육사는 참여자들과 눈높이를 맞추어 함께 호흡하는 겸허한 자세를 보인다.

7. 가족생활교육 실행 과정에서 발생할 수 있는 여러 상황들

가족생활교육 실행 과정에서 발생할 수 있는 여러 상황들을 고려해야 한다(정현숙, 2017).

① 적합하지 않은 참여 대상자가 참여하게 된 경우

예 신혼부부 성교육 프로그램에 결혼 20년 된 부부가 참석
재혼 부부를 위한 교육에 딸이 재혼한 친정어머니 대신에 참석

프로그램 홍보 과정에서 참여 대상자를 명확히 하였음에도 불구하고 프로그램 실시 당일에 참여 대상자로 적합하지 않은 참여자가 집단에 들어와 있다면 가족생활교육사로서 많이 당황하게 된다. 이런 경우 참여한 이들의 욕구를 살펴서 이들의 관점도 포함될 수 있도록 융통성 있게 프로그램을 조절하여 운영하거나, 대상자로서 적합하지 않음을 사전에 미리 알리지 못해 이들이 참석하게 된 부분에 양해를 구하고 참여가 어려움을 알린다.

② 집단이 교육자의 능력에 벗어나는 질문을 할 경우

예 법률 전문가가 아닌 가족생활교육사에게 이혼에 대한 구체적인 법률 정보를 물어봄

가족생활교육사를 전문가로 인식하기 때문에 지도자의 능력 밖의 질문을 하기도 한다. 이때는 모르는 것은 솔직히 인정하고 관련 자료를 추후 보내주거나 참고할 수 있는 방법을 알려주는 것이 좋다.

③ 집단의 자기노출 수준이 통제할 수 없는 수준인 경우

예 이혼, 재혼 집단의 경우 관계에서의 서러움 등 미해결된 감정 보따리를 지나치게 풀어 놓음

일반 부모교육이나 부부관계 향상 교육에서 개인의 사생활이 노출되는 경우 상대적으로 강도가 약한 다른 사람들의 경험이 묻혀버리거나, 지나친 자기 노출로 인해 감정의 홍수로 통제 불능상태가 되어 더 힘든 마음을 경험하게 될 수도 있다. 따라서 자기노출 수준이 눈에 띄게 높을 때는 지도자가 이에 적절히 개입하여 적당한 선에서 자기노출을 중지시키거나 개별적인 상담으로 연계하는 것이 바람직하다.

④ 지도자에 대한 선입견과 관심이 있을 경우

예 1박 2일 부부교육 상황에서 부부 지도자를 지나치게 관찰하고 평가함

부부가 가족생활교육사로서 지도자 역할을 할 때 참여자가 지도자들의 부부관계에 지나친 관심과 흥미를 가지고 일거수일투족을 관찰하고 평가하는 경우가 있다.

이때에는 프로그램 진행 과정에서 집단과 한 약속을 상기시키고 지키도록 요청하여야 하며, 지나친 관심과 평가로 지도자의 사생활권이 침해되어서는 안 된다는 점을 분명히 알려주어야 한다.

⑤ 집단 내의 갈등에 직면하는 경우

집단에서 문제를 개인이 잘못 이해한 데서 발생하는 갈등의 경우에는 참여자들의 눈높이에 맞춰서 접근하여 참여자들의 지각을 명확히 해준다. 또한 수행해야 할 행동에 대해 개인이 동의하지 못할 때는 의견 차이를 조정하거나 토의를 통해 대안을 찾는 등 참여자들이 자신의 문제 인식을 명확히 하도록 해야 한다.

또한 참여자들 간의 갈등으로 한 참여자가 다른 참여자로부터 공격을 받는 상황에서는 개개인의 의견을 존중하고 타인을 공격하지 않는다는 집단의 규칙을 다시 한 번 명확히 알려주고 지키도록 요청한다.

⑥ 프로그램이 제 시간에 시작되지 못하여 약속된 교육 시간을 넘겨서 끝마치게 되는 경우

가족생활교육 프로그램이 제 시간에 시작하고 끝나는 것은 평가의 기준이 될 정도로 매우 중요한 문제이다. 그러나 사정에 따라 제 시간에 시작되지 못하여 끝나는 시간이 지연되는 경우에는 신속히 참여자들에게 양해를 구하고 비록 시작은 늦어져도 제 시간에 끝나도록 융통성 있게 운영하여야 한다.

⑦ 가족생활교육사의 가치나 교육내용이 집단 구성원들의 가치와 맞지 않는 경우

효과적인 가족생활교육사가 되기 위해서는 자신이 어떠한 가치와 신념을 가지고 있는지 명확히 아는 것이 중요하다. 집단 구성원들이 지도자와 다른 가치를 가지고 있다 할지라도 항상 존중하여야 한다. 그러나 종교적 교리와 같이 지도자 자신의 특정 가치관과 어긋나 다루기가 어려운 경우에는 아예 그러한 주제를 다루지 않거나, 다루는 주제가 집단 구성원에게 맞는지 점검하는 것이 좋다.

CHAPTER **07**

가족생활교육 프로그램 평가

프로그램이 성공적으로 운영되어 온 요인들이 무엇인지, 프로그램의 목표에 맞게 성공적으로 수행하기 위해서 어떠한 요소가 중요했는지를 규명해 내는 작업은 앞으로의 프로그램의 성공적인 개발과 운영을 위해서 매우 중요한 노력이다. 이러한 성공적 요인은 프로그램 평가 작업을 통해 밝혀낼 수 있고, 이를 토대로 앞으로의 프로그램을 개발, 운영하는 데 있어 중요한 역할을 담당할 수 있을 것이다.

1. 프로그램 평가의 개념 및 목적

프로그램 평가란 프로그램을 운영하는 기관의 할당된 자원을 가지고 목적과 목표를 얼마나 효과적으로 달성했는가를 객관적으로 증명하는 것이다.

평가를 하는 목적은 다음과 같다(김영숙 외, 2002; 김상곤 외, 2015).

첫째, 평가는 프로그램을 운영하는 기관의 책무이고, 평가를 통해 목표 달성 여부, 자원 활용 효율성, 서비스 질 등을 객관적으로 입증함으로써 지역사회 구성원들에게 책임감 있는 모습을 보여주기 위함이다.

둘째, 평가 결과를 공개함으로써 프로그램 운영 기관의 활동에 대한 투명성을 확보하고, 지역사회의 신뢰를 얻기 위함이다.

셋째, 평가 결과를 바탕으로 프로그램의 문제점을 개선하고, 더욱 효과적인 프로그램으로 개선하기 위함이다. 평가는 현재와 미래의 프로그램 설계에 관한 의사결정의 활성화에 기여한다. 따라서 평가를 바탕으로 프로그램의 중단, 축소, 유지, 확대 등의 여부를 결정하게 된다.

넷째, 평가를 통해 불필요한 예산 낭비를 줄이고, 자원을 효율적으로 배분할 수 있게 하기 위함이다. 평가를 통해 보다 효율적인 자원의 활용이 가능하며 자원 확보를 위한 기관의 능력을 강화할 수 있다.

다섯째, 평가를 통해 프로그램의 효과성을 검증하고 이론과 기법을 개발하기 위함이다. 전문가들의 역량과 기술이 서비스의 효과성을 좌우하는 특징이 있기(김경희, 2000) 때문에 가족생활교육사의 역량강화로 프로그램 개발과 평가의 능력을 확보할 필요가 있다.

프로그램 평가를 통해 비로소 대상자들에게 어떤 변화가 나타났는가를 알 수 있다. 동시에 평가에서 얻은 피드백은 프로그램의 투입, 과정, 산출, 성과에 관한 중요한 의사결정을 위한 근거자료를 확보하게 하고 궁극적으로 프로그램의 수정과 보완 또는 축소와 확대 등과 같은 의사결정에 도움을 준다(신라대학교 가족상담센터, 2009). 결론적으로, 프로그램 평가는 프로그램의 성공적인 운영을 위한 필수적인 과정이다.

2. 프로그램 평가 시 고려되어야 할 점

프로그램 평가 시 고려되어야 할 점은 노력성, 효과성, 효율성, 적합성, 공평성 등을 들 수 있다.

첫째, 노력성은 얼마나 많은 활동을 했고 서비스를 제공했는가이다. 노력성은 몇 회의 서비스를 제공했는지, 참여 인원은 얼마나 되는지, 서비스의 다양성, 활동의 질, 참여자의 적극성 등을 통해 파악할 수 있다. 서비스 제공 횟수나 참여인원과 같이 양적인 지표만 가지고 단순히 평가한다면 노력성을 제대로 평가하였다고 할 수 없다. 양적 지표에서는 많은 활동을 했더라도 질적 지표에서 참여자의 적극성이 떨어지고 서비스가 다양하게 제공되지 못했으며 활동의 질이 떨어진다면, 양적 지표에서 아무리 높게 평가되어도 결국 참여자의 만족도는 낮아져서 노력성은 낮게 평가될 수밖에 없다. 프로그램에 대한 참여자의 만족도는 프로그램의 성공 여부를 판단하는 중요한 지표이다. 따라서 노력성의 평가에서는 양적 지표와 질적 지표를 모두 고려하여 평가하여야 한다.

둘째, 효과성은 프로그램이 의도했던 목표를 달성했는가이다. 효과성을 평가하기 위해서 프로그램 목표 달성 정도를 사전–사후 검사로 객관적으로 측정할 수 있다. 지식이나 태도 변화와 같이 프로그램 참여 과정 중에 나타나는 변화는 프로그램 실시 전과 후에 검사 척도를 통해 효과성을 바로 파악할 수 있지만, 프로그램 종료 후에 일정 기간이 지나고 나서 측정되는 행동 변화나 삶의 질 향상과 같은 장기간의 효과는 바로 그 효과성을 측정하기 어렵다. 그래서 장기 효과의 측정은 프로그램 종료 후 일정 기간이 지나고 나서 참여자들과 추수 모임을 가지면서 이루어지기도 한다. 프로그램의 효과가 단기적으로 그치지 않고 지속될 수 있도록 하는 방안을 모색하는 것이 중요하다.

셋째, 효율성은 최소의 자원으로 최대의 성과를 달성했는가이다. 투입된 비용 대비 산출된 성과가 좋았는지 비용 효과성을 따져보고, 목표 달성에 소요된 시간은 효율적이였는지 살펴본다. 단순히 비용 절감뿐만 아니라 효율성을 위하여 최소한의 자원으로 최대의 효과를 창출할 수 있는 방안을 모색한다.

넷째, 적합성은 요구에 비해 성과의 정도는 적합한가이다. 요구 분석을 통해 나온 대상 집단의 요구와 기대에 프로그램이 부합하였는지, 지역사회의 특성을 고려한 프로그램인지 등을 살펴보면서 적합성을 평가한다. 즉, 적합성 평가를 통해 프로그램이 대상 집단의 실제적인 문제 해결에 기여하고 있는지 확인하는 것이다.

다섯째, 공평성은 서비스가 지역별·연령별·성별·소득별로 공평하게 분배되었는가이다. 프로그램의 혜택이 특정 집단에 편중되지 않고 모든 참여자에게 공정하게 제공되는지를 평가한다. 접근성이 어렵고 혜택을 공정하게 분배받기 어려운 소외 계층이나 취약 계층에 대한 배려가 필요하며, 프로그램 참여 기회를 확대하기 위한 노력이 필요하다.

한편 던칸과 갓가드(Duncan & Goddard, 2005)는 가족생활교육의 질을 평가할 때 고려해야 할 요소 중 하나로서 이론적 기반을 강조하였다. 이론적 근거를 바탕으로 프로그램을 개발하고 평가함으로써 프로그램을 성공적으로 운영할 수 있다. 프로그램의 목표, 활동, 예상되는 결과는 탄탄한 이론적 근거를 바탕으로 이루어져야 하고, 프로그램은 이론적 근거를 바탕으로 설계되어야 목표 달성에 대한 확신을 높일 수 있으며, 프로그램의 효과도 이론적 모델을 통해 객관적으로 평가할 수 있고 개선점을 도출할 수 있다. 이론적 지식은 가족생활교육 전문가의 전문성을 확보하는 데도 중요하며, 이론적 지식을 바탕으로 문제를 분석하고 해결책을 제시할 수 있는 능력을 갖추어야 함을 시사해 주고 있다.

3. 프로그램 평가의 내용

일반적으로 가족생활교육 프로그램의 평가에 대한 내용으로는 프로그램 자체에 대한 평가, 효과성에 대한 평가, 교육 실시자에 대한 평가가 있다(김선남, 1990).

첫째, 프로그램 자체에 대한 평가이다. 프로그램 전체 목적, 단계별 목표, 활동별 목표가 명확하고, 대상자의 특성과 필요에 맞게 설계되었는지 평가한다. 즉, 프로그램이 참여자의 문제를 해결하고 목표를 달성하기 위한 적절한 내용과 방법으로 구성되었는지, 교육 내용이 최신 이론과 연구 결과를 반영하고 있는지, 교육 내용이 참여자들의 이해 수준에 맞고 실생활에 적용 가능한지 등을 평가한다. 또한 강의, 토론, 역할극 등 다양한 교육 방법을 활용하여 참여자들의 흥미를 유발하고 학습 효과를 높였는지, 교육 자료가 시각적으로 매력적이고 내용이 명확하며, 참여자들의 이해를 돕는지 등을 평가한다.

둘째, 프로그램 효과에 대한 평가이다. 참여자가 프로그램 목적의 방향으로 변화된 정도가 그 프로그램의 효과를 설명해 주는 것으로서, 프로그램 참여 전후의 지식, 태도, 행동 변화를 측정하여 프로그램의 효과를 평가한다. 예를 들어, 부부관계 만족도 향상 프로그램인 경우 참여 후 참여자들의 부부관계에 대한 만족도가 사전검사에 비해 사후검사에 더 높아졌는지 등을 통해 변화 효과를 평가한다.

셋째, 교육 실시자에 대한 평가이다. 교육자로서 프로그램의 목적 달성을 위하여 적절하게 노력하였는지, 교육내용에 대한 전문성, 교육방법에 대한 숙련도, 참여자와의 소통 능력, 프로그램을 계획하고 운영하는 능력 등 총체적 차원에서 평가한다. 앞으로는 다양한 문화적 배경을 가진 참여자들과 소통할 수 있는 능력, 온라인 교육 환경을 활용할 수 있는 능력 등이 교육자에게 더욱 요구될 것이다.

4. 프로그램 평가 모형

1) 타일러(Tyler)의 평가 모형

타일러(Tyler)의 평가 모형은 목표성취지향 평가이다. 타일러는 교육과정과 수업을 계획할 때 네 가지의 질문을 고려해야 한다고 하였다(Tyler, 2024).

질문 1. 달성해야 할 교육목표가 무엇인가?

타일러의 교육과정 개발모형에서 가장 중요시되는 것은 교육목표의 설정이다. 교육과정 개발 과정에서 교육목표는 가장 먼저 결정되어야 하며 후속 절차의 기준이 된다. 교육목표는 학습자에 대한 분석, 사회의 요구에 대한 조사, 그리고 전문가의 제언으로부터 도출된다. 설정된 교육목표가 학습자에게 적절한 것인지, 추구할 가치가 있는 것인지를 따져본 후에 최종적인 교육목표가 설정된다. 교육목표는 교육 과정을 통해 학습자가 무엇을 알고, 할 수 있게 될지를 명확히 해야 하기에 구체적이고 측정 가능해야 한다.

질문 2. 목표를 달성하기 위하여 어떤 학습경험을 제공해야 하는가?

설정된 목표를 달성하기 위해 강의, 토론, 프로젝트 등 다양한 학습 경험을 선정해야 한다.

질문 3. 학습경험을 효과적으로 조직하는 방법은 무엇인가?

선정된 학습경험을 효과적으로 조직하여 학습목표 달성에 기여하도록 해야 한다.

질문 4. 목표가 달성되었는지를 어떻게 알 수 있는가?

설정된 교육목표가 얼마나 달성되었는지 평가하는 단계이다. 평가 결과는 다음 교육과정 개선을 위한 자료로 활용된다.

이상의 각 물음들은 교육목표의 설정, 학습경험의 선정, 학습경험의 조직, 학습성과의 평가로 요약할 수 있다. 이것은 타일러가 말하는 교육과정의 네 가지 기본 구성요소이며, 이 네 가지 요소는 순차적으로 이루어진다. 즉, 교육목표가 가장 먼저 설정되어야 하고, 이 목표에 따라 적절한 학습경험이 선정되고 조직되어야 하며, 마지막으로 평가가 이루어져야 한다.

타일러에 의하면 교육과정과 수업은 하나의 과정이며, 그의 교육과정 개발 모형은 합리적 모형, 목표중심 모형, 평가중심 모형 등으로 불린다. 목표달성에 가장 도움이 될 만한 활동과 조직의 종류를 선택하고, 선정 · 조직된 학습경험이 어떤 결과를 낳는가를 평가함으로써 효과적인 학습이 이루어지기 위한 단계를 제시하였다.

타일러 모형의 장점은 논리적이고 체계적인 절차를 따라 교육과정을 개발할 수 있다는 점, 교육목표를 명확하게 설정하고 이를 달성하기 위한 학습경험을 구체적으로 제시한다는 점, 평가 기준이 명확하여 객관적인 평가가 가능한 점, 교육과정의 효과를 극대화할 수 있는 효율성이 있다는 점이다.

그러나 타일러 모형은 다음과 같은 점에서 비판을 받는다(소경희, 2024; Tyler, 2024).

첫째, 교육과정 개발 과정이 네 가지 요소(교육목표 설정, 학습경험 선정, 학습경험 조직, 학습성과 평가)의 순차적인 혹은 단계적인 과정으로 이루어진다고 가정하고 있는데, 실제 교육과정 개발 과정은 상당히 복잡하고 다양하며 개발과정에서 네 가지 요소들은 서로 영향을 주고받는 관계에 있다는 점이 간과되고 있다.

둘째, 교육과정 개발 기준, 절차 혹은 방법에만 관심을 둠으로써 교육내용에 대해서는 직접적인 답을 제공하지 못하고 있다.

셋째, 교육목표의 효율적인 달성에만 초점을 둠으로써 개발 과정에 개입될 수 있는 눈에 보이지 않는 측면이나 그 결과로 나타나게 될 잠재적 측면에는 관심이 없다.

넷째, 목표 중심의 특성상 학습자의 흥미나 창의성을 충분히 고려하지 못할 수 있고, 눈으로 드러나지 않는 감정, 태도 변화 등의 평가가 어려울 수 있다.

다섯째, 교육과정의 모든 측면, 교육과정 개발에 영향을 미치는 다양한 사회적 및 문화적 요인, 그리고 의도하지 않은 부수적인 효과 등은 평가하지 못한다.

여섯째, 단기적인 성과에 초점을 맞추고 있어서 장기적인 관점에서의 학습 발달을 설명하기에는 미약하다.

2) 포사백과 캐리(Posavac & Carey)의 평가 모형

포사백과 캐리(Posavac & Carey)의 목표지향 평가는 목적 및 목표의 성취된 정도를 측정하는 점에서 타일러 모형과 유사하지만, 타일러 모형을 발전시켜 목표 설정뿐만 아니라, 평가 과정에서 다양한 요소를 고려한 더욱 포괄적인 평가 모형을 제시한다.

참여자들이 실제로 성취한 목표수준은 그 프로그램의 효과성을 판단하는 기준이 되는 반면, 성취되지 못한 목표는 프로그램의 부적합성을 나타내는 기준이 된다. 목표지향 평가는 프로그램이나 정책의 목표 달성 여부를 평가하는 체계적인 접근 방식이다. 즉, 프로그램 시작 전에 설정된 목표를 기준으로 실제 결과를 비교하여 프로그램의 효과성을 판단한다.

타일러 모형은 평가 방법이 주로 성취도 검사이고, 교육과정의 효과성 평가에 목적을 두고 있지만, 포사백과 캐리 모형은 성취도 검사, 설문 조사, 관찰 등 다양한 평가방법을 활용하여 포괄적인 평가가 가능하고, 평가 결과를 바탕으로 교육과정을 지속적으로 개선할 수 있다는 강점이 있다. 그러나 복잡한 평가 절차로 인해 시간과 자원이 많이 소요될 수 있다는 단점을 가지고 있다(Posavac & Carey, 1997).

3) 월센(Worthen)과 샌더스(Sanders)의 평가 모형

월센(Worthen)과 샌더스(Sanders)의 평가 모형은 전문적 심의평가 모형으로 전문가들의 경험적 판단을 중요시하는 평가 모형이다. 이 평가 모형은 평가의 효율성과 신뢰성을 높이기 위해 교육과정의 설계와 실행을 심의하는 과정에서 전문가들이 중요한 역할을 한다. 특정 분야의 전문가의 의견을 중시하여 그 전문적 식견을 바탕으로 프로그램의 장점이나 가치를 판단하는 평가적 접근방법으로, 전문가의 판단 자체를 평가결과로 간주하는 접근방법이다. 전문성에 대한 권위와 신뢰성을 인정하는 동시에 절차방법이 실용적이라는 이유로 널리 이용되고 있다.

교육과정의 목표나 내용, 평가 기준 등 여러 측면에서 전문가들의 판단이 반영되기에 평가가 단순히 수치적 결과를 도출하는 것이 아니라, 교육적 개선을 위한 심의적 접근을 의미한다.

전문적 심의평가 과정은 1단계, 교육과정의 목표를 설정하고 이를 평가할 기준을 마련한다. 2단계, 평가에 필요한 기준을 전문가들이 협의하여 설정한다. 3단계, 학습자의 성과와 교육과정에서의 데이터를 수집한다. 4단계, 전문가들이 수집된 데이터를 기반으로 평가하고, 교육과정 개선을 위한 의사결정을 내린다.

전문적 심의평가 모형은 전문가들의 판단에 따라 교육과정의 특정 상황에 맞춘 맞춤형 평가가 가능하여 교육의 질적 향상을 도울 수 있다. 또한 다양한 전문가들의 의견이 반영되므로 평가가 보다 균형 잡히고 심도 있게 이루어질 수 있다. 그리고 각기 다른 교육 상황에 따라 유연하게 적용할 수 있는 특성을 지니고 있다는 장점이 있다.

그러나 전문가들의 경험과 판단에 의존하는 만큼 평가 결과가 주관적일 수 있다는 점, 전문가들이 심의 과정에 많은 시간을 투자해야 하므로 시간과 자원이 많이 소모될 수 있다는 단점이 있다(Worthen & Sanders, 1973).

사 례 : 평가 방법

다음은 2007년 중앙건강가정지원센터의 신규개발프로그램 공모사업의 일환으로 수행되었던 부모교육 프로그램인 <청소년기 자녀를 둔 부모교육 프로그램-금성 자녀와 통하는 화성 부모> 개발을 위한 예비연구(김순옥 외, 2008)에서 사용된 평가방법 사례이다.

본 프로그램에서는 가족생활교육 평가모델 중에서 **양적인 평가방법으로 목표지향 평가 모델을, 질적인 평가방법으로 전문가 견해 모델**을 참고로 하였다. 본 프로그램에서는 참여자들에게 평가 설문지를 통해 프로그램 각 회기의 목표를 달성하는 데 어느 정도 도움을 받았는지 '매우 그렇지 않다' 1점에서 '매우 그렇다' 5점까지의 5점 리커트 척도로 측정하게 하였다. 그러나 이러한 목표지향 평가 모델은 프로그램을 통하여 참여자로 하여금 성취 정도를 살펴보는 것으로, 행동으로 표현되지 않거나 측정하기 어려운 경험이나 태도 및 감정 변화 등과 같은 중요한 경험과정을 평가하기 어렵다는 제한점이 있다.

또한 본 프로그램에서는 프로그램 개발자 및 교육자 5명, 시범교육을 관찰하였던 중앙건강가정지원센터와 고양시 건강가정지원센터의 실무진 6명 그리고 매 회기 모니터 요원이었던 가족생활교육 현장 전문가 1명으로 구성된 전문가 집단이 매 회기 진행 후와 시범교육을 모두 마친 후에 평가회의를 열어 전문가 식견을 바탕으로 프로그램 구성 및 실행과정을 평가하고, 최종 프로그램 개선 의사결정을 위한 평가를 하도록 하였다.

이와 같이 본 연구에서는 평가 시 목표지향 평가 모델과 전문가 견해 모델을 바탕으로 프로그램 성취도 평가, 프로그램 구성 및 실행과정 평가, 최종 프로그램 개선 의사결정을 위한 평가를 하였고, 이를 프로그램의 질, 효율성을 판단하고, 프로그램 개선 의사결정을 위한 준거 틀로 삼았다.

프로그램 성취도 평가를 위해서는 참여자에게 프로그램을 모두 마친 후에 설문지를 구성하여 각 회기별 프로그램 만족도, 각 회기별로 목표 성취 정도에 대해 평가하도록 하였다. 각 회기별 프로그램 만족도는 참여자에게 프로그램에 만족하였는지를 '매우 그렇지 않다' 1점에서 '매우 그렇다' 5점까지의 5점 리커트 척도로 측정하도록 하였고, 각 회기별 목표 성취 정도는 각 회기 목표를 달성하는 데 어느 정도 도움을 받았는지를 '매우 그렇지 않다' 1점에서 '매우 그렇다' 5점까지의 5점 리커트 척도로 측정하게 하였다. 또한 설문지에 개방형 질문으로 프로그램을 통해 어떤 점에서 도움을 받았는지 구체적으로 기입하게 하였다.

프로그램 구성 및 실행과정에서의 평가를 위해서는 참여자에게 프로그램을 다 마친 후에 설문지를 구성하여 교육 내용, 교육 소요시간, 교육 진행자에 대한 만족도, 교육의 진행방법 등 전반적인 프로그램 구성을 평가하게 하였으며, 평가척도는 '매우 불만족' 1점에서 '매우 만족' 5점까지의 5점 리커트 척도로 측정하였다. 프로그램 개발 및 교육자 5명, 시범교육을 관찰하였던 중앙건강가정지원센터와 고양시 건강가정지원센터의 실무진 각각 3명 그리고 가족생활교육 현장 전문가 모니터 요원 1명으로 구성된 전문가 집단에게는 각 회기 진행 후와 시범교육을 다 마친 후에 전체 진행 관련 점검 등 실행 과정을 평가하게 하였다.

마지막으로 프로그램 개선 의사결정을 위한 평가를 위해서는 전문가 집단에게 각 회기 진행 후와 시범교육을 다 마친 후에 평가 회의를 열어, 각 회기별로 최종 프로그램 개발을 위한 의사결정을 하도록 하였다.

5. 프로그램 평가 유형

1) 과정평가/성과평가

(1) 과정평가

과정평가(process evaluation)는 프로그램 목적의 달성 과정을 평가하는 것이다. 프로그램 운영에서 얼마나 적절한 자원이 투입되었는지, 프로그램 운영 과정은 계획대로 충실하게 수행되었는지, 프로그램이나 서비스의 운영상의 문제점은 없었는지를 평가한다. 프로그램 일정표에 설정된 진행과정의 시기별 공정표를 작성하여 체크해 볼 수 있다. 평가에서 많은 문제점과 한계를 찾아내고 개선사항을 도출할수록 과정평가의 성과는 성공적이라고 볼 수 있다.

〈표 7-1〉 프로그램 진행 과정의 예

구 분		일정	진행내용	수행인력	준비사항
준비 단계	사업계획	2월	• 지역사회 여건 및 현황 조사 • 작년도 프로그램 실시를 통한 개선사항 및 피드백 반영 • 세부 프로그램 계획서 작성	1명	세부 프로그램 계획서
	사업 명료화	2월	• 프로그램 내용 논의 • 프로그램 방향 명료화(목표와 대상자, 프로그램 내용에 대한 명료화) • 지역자원 활용 계획	3명	세부 프로그램 계획서
	대상자 모집 및 선정	3월	• 일정표와 프로그램 홍보(인터넷 및 SNS 홍보, ㅇㅇ시청 서면 홍보) • 신청자 접수(구글폼 신청서를 통한 선착순 접수) • 안내 문자메시지 발송	1명	문자 홍보문
	프로그램 일정 확정	3월	• 세부 일정 및 장소 확정	4명	신청서
	안전점검	3~4월	• 안전관리 매뉴얼 숙지 • 프로그램 참여자 안내	4명	안전관리 매뉴얼 안전관리 점검표
진행 단계	활동 진행	3~4월	• 활동(예 부부교육, 여가문화체험) • 안전관리 매뉴얼 준수하여 프로그램 진행	4명	프로그램 진행 출석부 사진 만족도
종결 단계	평가 및 결과보고	5월	• 사업에 대한 평가회의 : 성과 및 개선사항 도출 • 결과보고서	3명	종결보고서

(2) 성과평가

성과평가(outcome evaluation)는 프로그램의 효과성 및 효율성을 입증하기 위해 실시하는 평가이다. 목표를 달성하기 위한 실적이 충분히 산출되었는지, 참여자에게서 변화(change)가 나타났는지 등을 평가한다. 프로그램을 통해 참여자가 변화했는지에 관심을 가지고, 심리검사, 설문조사와 같은 양적 자료를 주로 활용하지만, 심층면접을 통해 질적 평가를 하기도 한다. 성과평가를 계획할 시에는 평가지표, 측정도구, 평가방법 등을 구체적으로 제시해야 한다.

〈표 7-2〉 성과평가의 예

프로그램명	성과목표	평가지표	평가방법	측정도구
맞벌이 부부 관계향상 프로그램	1) 부부교육을 통한 부부간의 의사소통 역량 강화	부부간의 의사소통 만족도 척도 3% 향상	• 양적 평가 : 단일집단전후비교설계, 설문/만족도 조사 • 질적 평가 : 심층면접, 현장관찰, 문서 및 사진자료 분석	• 양적 평가 측정 도구 : 만족도검사지, 사전사후검사지 • 질적 평가 측정 도구 : 기록지, 현장노트, 소감문 및 활동사진 등
	2) 여가 시간 활용을 통한 부부간 친밀감 향상	부부친밀감 척도 3% 향상		

2) 양적 평가/질적 평가

(1) 양적 평가

양적 평가(quantitative evaluation)는 프로그램 평가를 위해 구조화된 측정 방식을 이용하여 모든 평가 대상을 수량화하기 때문에 통계분석에 의하여 결과를 해석할 수 있다. 양적 평가의 가장 큰 장점은 자료의 객관성이 높고 그로 인해 평가결과에 대한 신뢰를 얻기가 수월하다는 점이다. 양적 평가 방법은 객관적인 가시적 평가결과의 증빙자료를 수반할 수 있고, 자료가 수량화되어 있는 경우 가능하다.

(2) 질적 평가

질적 평가(qualitative evaluation)는 심층면접이나 관찰방법을 활용하여 참여자들의 행동의 변화를 주관적으로 평가한다. 질적 평가는 양적 자료로 밝혀낼 수 없는 복잡한 프로그램의 상황적 배경에 관한 통찰력을 준다. 질적 평가는 양적 평가에 비해 시간과 비용이 많이 소모되므로 프로그램 참가자가 소수일 때 효율적이다. 이 방법은 많은 대상을 조사하거나 평가하기 어렵고, 효과성 평가와 같이 프로그램의 성과를 정확히 측정하는 데 한계가 있다(김순기 외 2021; 김영숙 외, 2002).

3) 진단평가/형성평가/총합평가

(1) 진단평가

진단평가(diagnostic assessment)는 참여자의 출발점 행동을 진단하여 효율적인 지도

전략을 수립하기 위한 평가이다. 프로그램 계획 및 실시 이전 또는 실시 중에 이루어지는 진단과 교정 목적의 평가이다. 참여자의 출발점 행동을 진단하여 효율적인 지도 전략을 수립할 수 있다. 몇 개의 하위 프로그램으로 구분하여 운영하고자 할 때는 참여자의 능력, 욕구, 희망, 흥미 등의 개인차를 파악하여 참여자들을 합리적으로 분류하여 배치할 수 있다.

(2) 형성평가

형성평가(formative assessment)는 프로그램 실행 도중에 참여자들의 진전에 대한 피드백을 주고, 지도활동을 개선하기 위하여 실시하는 평가이다. 참여자들의 진전에 대한 피드백을 주게 되면 자신감, 만족감을 얻게 되어 보다 적극적으로 후속활동에 임할 수 있다. 학습의 성취나 수업과정에서의 개선 사항이나 결함을 찾아내어 그것을 보완하기 위해 실시한다.

(3) 총합평가

총합평가(summative assessment)는 설정된 목적과 목표의 달성도를 종합적으로 판정하기 위하여 프로그램 실행 후에 실시하는 평가이다. 프로그램의 종결과 더불어 최종적으로 이루어지는 판정 목적의 평가로, 프로그램을 계속 수행할 것인가 또는 종료할 것인가에 대한 의사결정을 위해 사용된다. 총합평가를 함으로써 참여자의 성취에 대한 피드백을 제공할 수 있고, 후속 프로그램에 있어서 참여자의 성공 정도를 예언하고 집단 간 성과를 비교할 수 있다(김순기 외 2021; 김영숙 외, 2002; 정현숙, 2017).

4) 효과성 평가/효율성 평가

(1) 효과성 평가

효과성 평가(effectiveness evaluation)는 프로그램들이 주어진 목적과 목표를 얼마나 성취했는지, 그러한 결과가 프로그램의 개입에 의해 발생한 것인지 판단하는 데 중점을 둔다. 프로그램 각 단계의 종료 시 또는 프로그램 수행 전과 후에 실시한다. 교육자는 목표에 대한 학습자의 변화 정도를 관찰하여 평가하고, 학습자는 각 단계 종료 시 자기보고 자료를 통해 평가한다. 일반적으로 프로그램 실시 전과 실시 후에 설문지를 사용하여 사전, 사후 평가를 하고 프로그램 종료 후 면접을 통하여 질적 평가를 한다.

(2) 효율성 평가

효율성 평가(efficiency evaluation)는 비용-성과 분석을 통해 동일한 목표를 가진 프로그램에 드는 비용을 각각 비교하여 최소비용으로 최대효과를 내는 프로그램이 가장 효율적이라는 판단을 하는 것이다. 비용-성과 분석은 모든 비용과 성과를 정확하게 측정하기 어려울 수 있다는 점, 단기적인 효과만 측정하고 장기적인 효과는 측정하기 어려울 수 있다는 점, 질적 요소를 반영하지 않고 정량적인 지표만으로는 프로그램의 모든 효과를 평가하기 어렵다는 점에서 한계가 있다(김순기 외 2021; 정현숙, 2017).

6. 평가의 절차

1) 1단계 : 평가목적을 결정하기

프로그램 평가의 첫 단추는 과정평가와 성과평가 중 어떤 평가를 해야 할지 정하는 것이다.

2) 2단계 : 평가지표 선정하기

평가를 통해 성과가 얼마나 있는지를 판단하기 위해서는 어떤 기준이 필요한데, 그 기준으로 지표(indicator)를 사용한다. 성과는 눈으로 볼 수 없지만, 지표는 눈으로 볼 수 있어서 성과가 있음을 확인하는 항목이다. 하나의 성과를 평가하기 위해 여러 개의 지표를 사용할 수 있고 그중에서 가장 중요하게 선정된 성과지표를 핵심성과지표라 한다.

지표에는 정량지표와 정성지표가 있다. 정량지표는 신뢰도가 높은 장점이 있는 반면에 단순한 객관적 사실만 조사한다는 단점이 있다. 예를 들어, 프로그램 참가 인원 수, 프로그램 실시 횟수, 후원 금액 등이 있다. 정성지표는 인간 변화를 깊이 있게 조사 가능하다는 장점이 있는 반면, 신뢰도가 낮다는 단점이 있다. 예를 들어, 자아존중감 검사 점수, 프로그램 만족도 점수 등이 있다.

3) 3단계 : 평가에 대해 설계하기

프로그램 평가 설계는 프로그램의 효과를 정확하게 측정하기 위한 청사진과 같다. 무엇을 측정할 것인지, 어떤 평가 방법을 사용할 것인지, 자료 수집을 어떤 방법으로 할 것인지 등을 구체적으로 계획하는 과정이다.

평가 설계		평가도구 (자료수집방법)	평가종류
실험설계	단일집단전후비교설계	표준화척도 비표준화척도 수치세기*	양적 평가
비실험설계	목표 대비 실적 평가	수치세기	
	설문/만족도 조사	설문지	
	심층면접	기록지/녹취록	질적 평가
	현장관찰	현장노트	
	문서 및 사진	소감문, 활동사진	

* 수치세기 : 실적을 세는 것을 뜻한다. 예를 들어, 프로그램 참여자 수, 서비스 제공 횟수, 서비스 참여 시간 등과 같이 프로그램의 산출물(output)을 숫자로 측정하는 것을 의미하며, 가장 손쉽게 측정할 수 있는 방법이다.

|그림 7-1| 프로그램 평가에서 주로 활용하는 평가 설계와 평가도구

4) 4단계 : 자료를 분석하기

양적 평가를 할 경우에는 통계분석을 하고, 질적 평가를 할 경우에는 질적 연구 방법을 활용해서 질적 분석을 한다. 대부분의 양적 평가에서는 빈도, 비율, 평균계산과 같이 비교적 단순한 분석을 주로 사용하지만, 질적 평가에서는 질적 자료에 대해 심층적으로 해석한 결과를 제시한다.

5) 5단계 : 보고서 작성하기

결과 보고서란 프로그램을 종결한 이후 작성하는 문서로서 프로그램의 성과를 명확하게 기술하는 것이 가장 중요하다. 평가 보고서의 대략적인 구성은 다음과 같다.

(1) 서론

프로그램의 목표, 대상, 기간 등을 간략하게 소개하고, 평가 목적을 명확하게 제시한다. 그리고 평가가 이루어진 기간을 명시한다.

(2) 평가 설계

사용된 평가 방법, 설문조사, 면접, 관찰 등의 방법을 기술하고, 데이터를 어떻게 수집했는지 구체적으로 설명한다.

(3) 결과 분석

객관성을 위해 주관적인 판단보다는 객관적인 데이터를 바탕으로 분석하고 결론을 도출한다. 설문지를 활용한 양적 평가를 하였다면 수치화된 데이터를 바탕으로 프로그램의 성과를 분석하고, 표나 그래프 등을 활용하여 시각적으로 제시한다. 심층면접이나 관찰, 소감문 등의 질적 평가를 하였다면 얻은 질적 데이터를 분석하고 주요 내용을 제시한다. 분석 결과를 바탕으로 최종 프로그램의 성과를 해석하고, 예상했던 결과와 비교한다.

(4) 결론 및 제언

프로그램의 전체적인 성과를 요약하고, 목표 달성 여부를 판단한다. 프로그램의 성공에 기여한 성공요인, 문제점, 개선방안, 앞으로의 실행 계획 등을 제시한다. 더 나아가 향후 프로그램 운영 방향을 제시한다.

결과 보고서 작성 시에는 보고서의 내용이 평가 목적에 부합하는지 확인하고, 객관성을 유지하면서 명확하고 간결하게 정리하여 가독성을 높여야 한다. 표, 그래프 등 시각자료를 활용하여 이해를 돕고, 결론과 제언이 서로 모순되지 않도록 일관성을 유지하면서 작성해야 한다.

예 시

- 프로그램 : 흡연 청소년을 위한 금연 프로그램
- 평가 목적 : 프로그램 참여 후 청소년 흡연량 변화와 금연에 대한 자기조절 신념과 자기 효능감 변화를 측정
- 평가 방법 : 설문조사(흡연양상 설문지, 금연에 대한 자기조절 신념, 금연 자기효능감에 대한 사전-사후 검사를 실시)와 면접(프로그램 만족도 및 효과성에 대한 심층 면접)
- 결과 : 프로그램 참여 후 흡연량 감소와 금연에 대한 자기조절 신념과 자기 효능감 척도 점수가 유의미하게 증가했으며, 면접 결과 참가자들이 프로그램에 만족하고 도움이 되었다고 응답하였고, 지속적인 금연을 위해 추후 프로그램에 대한 요구가 있었음
- 결론 : 프로그램이 청소년의 흡연량 감소와 금연에 대한 자기조절 신념과 자기 효능감 증가에 효과가 있었음. 지속적인 금연을 위해 추후 프로그램 개발이 필요함
- 제언 : 프로그램의 홍보를 강화하고, 금연 프로그램의 효과가 지속되기 위해서는 추후 교육과 같이 지속적인 개입이 이루어져야 할 필요성이 있기에 재교육 및 강화 교육 프로그램을 개발해야 함

PART **03**

집단 활동 기법과 프로그램 사례

제3부에서는 가족생활교육 프로그램 실행 단계에서 활용할 수 있는 집단 활동 기법을 소개한다. 가족생활교육은 집단을 대상으로 하는 교육이며, 다양한 실시방법들 중에서도 집단 활동 기법들은 참여자들의 참여 동기 유발, 집단에 대한 신뢰감과 응집력, 집단원들 간의 활발한 상호작용, 집단 활동을 통한 문제 해결력의 향상 등에 많은 영향을 미친다.

또한 학생들이 프로그램 제안서를 작성할 때 집단 활동 기법들을 많이 활용하고 있는데, 전체 회기 중에서 한 회기를 선택하여 가족생활교육사로서 시연을 해보는 기회는 매우 필요하다. 프로그램 시연을 위해 시연 매뉴얼과 시연 PPT 등을 작성해 보고 시연을 위한 준비를 할 수 있도록 사례를 제시한다.

마지막으로는 우리 학생들의 작품들인 가족생활교육 프로그램 제안서들을 소개하였다. 특히 한국가족관계학회에서 주최하는 가족생활교육 프로그램 공모전에 당선되었던 3편의 프로그램들도 소개한다.

CHAPTER **08**

집단 활동 기법

1. 가족생활교육에서의 집단 활동

집단 활동(group activity)이란 참여자 중심으로 활동성, 시각성이 의도적으로 가미되어 집단역학(group dynamics)이 더욱 풍부할 것이라고 기대되는 소집단 활동을 말한다(Forsyth, 2001).

가족생활교육에서의 집단은 첫째, 가족발달주기별로 구분한 부부 집단, 즉 영유아를 가진 부부, 학동기 자녀를 가진 부부, 청소년기 자녀를 가진 부부, 진수기(중년기) 부부, 노년기 부부 집단, 둘째, 성별, 가족발달주기별로 분류한 집단, 예를 들면 청소년기 자녀를 가진 어머니 집단과 아버지 집단, 중년기의 여성 집단과 남성 집단을 들 수 있다. 셋째, 결혼 여부로 구분한 미혼, 기혼 집단, 넷째, 성별과 결혼 여부를 고려하지 않은 다양한 연령층의 성인집단, 다섯째, 가족 내 이자관계로 구성된 집단, 예를 들면 부부, 부자, 모자, 모녀, 부녀 집단 등이 있다. 여섯째, 조손집단으로 조부모와 손자녀로 구성된 집단, 일곱째, 재혼으로 인한 계부모-자녀 집단, 즉 계모와 자녀, 계부와 자녀, 계자녀들의 집단 등이 가능하다. 여덟째, 특수한 가족문제(폭력, 성적 문제, 중독 등)를 가진 집단 등이 있다(신라대학교 가족상담센터, 2009).

가족생활교육 프로그램은 이와 같은 집단을 대상으로 하는 교육이다. 집단교육의 원리에 의하면 집단 활동에는 자발성, 자기주도성, 상호성, 현실성, 다양성, 능률성, 참여성, 유희성을 생성할 수 있는 학습방법이 적용되어야 하고(한국교육학회 사회교육연구회, 1988), 특히 자발적 소집단일수록 집단교육의 원리는 잘 적용된다(박노열, 1997). 따라서 가족생활교육 프로그램에서는 집단 활동 기법 중 학습자가 학습공간에서 움직이면서(집단 유동성), 상호성을 가진 공동의 작업을 수행하며(참여형 주도성, 상호성), 재미있게 활동할 수 있는(유희성) 여러 기법을 프로그램 실행 단계별로 적용할 수 있다(이기숙, 2005).

가족생활교육에서 집단 활동의 효과는 다음과 같다(송창식, 2001; Forsyth, 2001). 첫째, 협동적 집단 활동을 통해 다른 사람을 이해하고 해석하는 방법과 감정에 적절히 대처하는 방법을 배운다. 둘째, 집단 활동을 통해 구성원 간의 강한 유대감이 생긴다. 셋째, 집단 활동은 가치관과 태도 변화에 효과적이다. 넷째, 집단 역동을 통해 표현력, 의사소통 능력, 대화기술, 창의적 사고 능력이 향상된다.

그러나 반대로 학습자의 적극적 참여태도가 반드시 필요하며, 집단을 하위조직으로 분산-통합시키는 기술이 가족생활교육사에게 요구된다는 점에서 어려움은 있다.

따라서 가족생활교육 프로그램에 집단 역동성을 창출하는 집단 활동 기법을 적용하게 되면 교육의 효과는 높을 것이기에(신라대학교 가족상담센터, 2009), 가족생활교육의 도입, 전개, 종결 단계에서 활용할 수 있는 집단 활동 기법을 소개하고자 한다(경기도 시 · 군 청소년 상담실 편, 1999; 이기숙, 2005; 장경원 · 고수일, 2014).

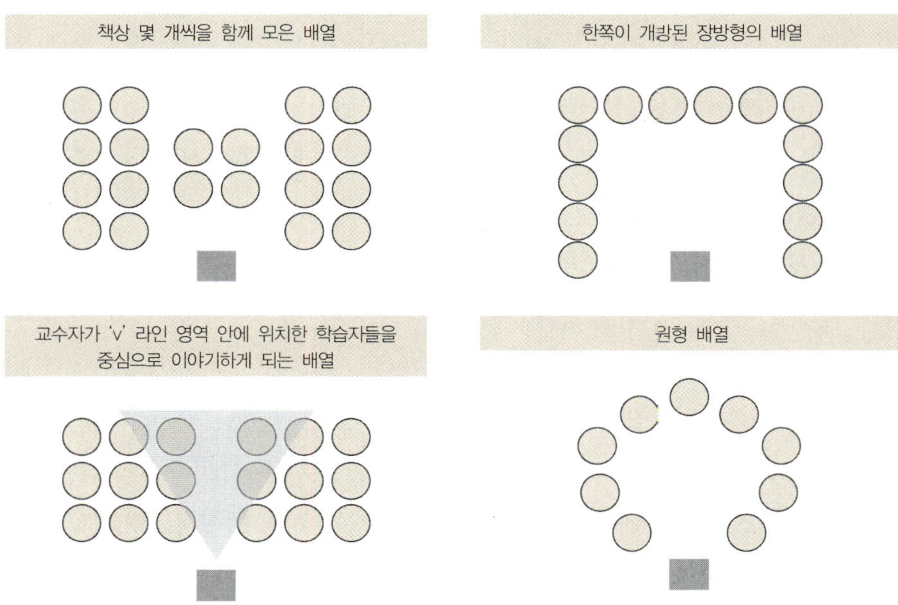

|그림 8-1| 집단학습에서 효과적 의사소통을 위한 강의실 배치

2. 가족생활교육 도입 단계의 집단 활동 기법

아이스 브레이크(Ice-Break)는 '마음 열기'로, 어떤 강좌나 교육이 시작될 때 대부분 처음 만난 참여자가 경험하는 서먹한 분위기를 얼음을 깨는 것처럼 깨고 활기찬 분위기를 만들기 위한 활동이다. 가족생활교육 프로그램은 참여자의 적극적인 참여를 바탕으로 원활하게 진행될 수 있기 때문에 참여자들이 서로 친근하고 편안함을 느끼는 것이 중요하다. 따라서 프로그램 활동을 시작하기 전에 게임이나 짧은 활동 등과 같이 가벼운 아이스 브레이크 활동을 하면 어색함 해소, 참여 유도, 소통 증진, 팀워크 형성 등의 교육의 효과를 높일 수 있다.

일반적으로 팀원들이 서로 잘 모르는 경우, 팀원들 대부분이 자유로운 토의에 익숙하지 않은 경우, 분위기가 경직되어 있거나 가라앉은 경우와 같이 구성원들이 자유롭게 자신의 의견을 이야기하는 것이 어색하고 부자연스러울 때 아이스 브레이크를 권장한다.

아이스 브레이크 활동 선택 시에는 참가자들의 성격과 연령에 맞는 활동인지, 활동에 할애할 수 있는 시간이 있는지, 아이스 브레이크를 통해 달성하고자 하는 목표는 무엇인지, 참가자들이 편안하게 참여할 수 있는 분위기가 만들어져 있는지 등을 고려해야 한다.

아이스 브레이크의 원칙으로는 가벼운 동작으로 할 수 있는 것을 선택하기, 최대 5분이 넘지 않도록 하기, 참석자들의 나이, 분위기, 성격 특성에 어울리는 것을 선택하기, 가능하면 프로그램 주제와 연관시키기 등이 있다.

아이스 브레이크 활동을 효과적으로 활용하기 위해서는 참가자들이 지루해하지 않도록 다양한 활동을 준비해야 한다. 모든 참가자가 활동에 적극적으로 참여할 수 있도록 유도하고, 칭찬과 격려를 통해 긍정적인 분위기를 조성해야 한다. 또한 활동 후 간단한 피드백 시간을 통해 참가자들의 의견을 수렴해야 한다. 아이스 브레이크 활동은 그냥 단순한 게임이 아니라 사람들 사이의 관계를 형성하고 소통을 활성화하는 중요한 도구로 집단 활동에서 활용되어야 한다.

다음은 가족생활교육 초기 단계에서 활용할 수 있는 집단 활동으로 다양한 아이스 브레이크 활동을 소개한다(경기도 시 · 군 청소년 상담실 편, 1999; 장경원 · 고수일, 2014).

1) 자기소개를 위한 네임텐트 만들기

첫 회기의 아이스 브레이크 활동으로는 자기소개가 적절하다. 자기소개는 가장 간단한 아이스 브레이크 방법이기도 하고, 팀 중심의 활동이 이루어지기 전 팀원들이 서로를 소개하고 알기 위해 수행해야 하는 가장 기본적인 단계이다. 자기소개는 지도자와 참여자, 전체 참여자들, 팀 구성원들 간에 모두 이루어질 수 있도록 한다.

포럼이나 세미나에서 흔히 볼 수 있는 발표자 명패를 A4용지를 사용해서 쉽게 만들 수 있다. 텐트 모양을 하고 있기 때문에 네임텐트(name tent)라 하며, 많은 워크숍에서 활용하고 있다. 네임텐트는 접힌 선대로 다시 펼칠 수 있으므로, 수업이 끝나면 교재 사이에 넣어 보관하여 다음 수업 시간에도 다시 사용할 수 있다. 또한 지도자와 참여자가 서로의 이름을 기억하는 데 유용하다.

네임텐트 만드는 법은 다음과 같다.

① A4용지를 3등분한 후 지지대 역할을 할 수 있도록 한쪽 끝을 조금 접는다.

② 접힌 선을 이용하여 그림처럼 삼각형의 텐트 모양을 만든다.

③ 앞면의 중앙에 자신의 이름을 쓰고, 네 귀퉁이에는 자신을 소개할 수 있는 내용을 쓴다. 지도자 혹은 팀 리더는 자기소개에 필요한 내용을 작성하도록 안내한다.

④ 네임텐트가 완성되면 다른 사람이 잘 볼 수 있도록 네임텐트를 책상 위에 올려놓고, 돌아가며 자기소개를 한다.

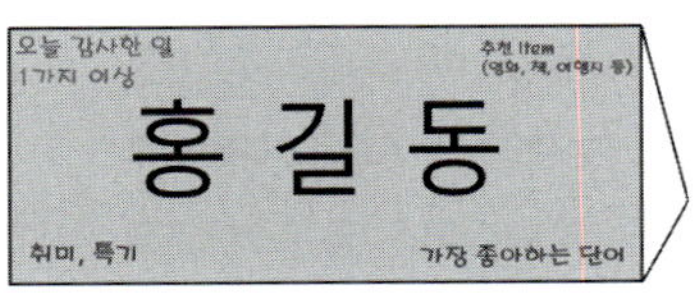

2) 5분 인터뷰

① 목표

처음 만난 참여자들이 서로를 알아나가기 위한 게임으로 적극적인 태도와 자신의 생각을 재정립해 볼 수 있는 활동이다.

② 준비물

인터뷰 예시문, 메모지, 필기도구

▶ 인터뷰 예시문

- 당신이 성취하고자 하는 인생의 목표는?
- 가장 존경하는 인물은 누구이며 그 이유는?
- 가장 가보고 싶은 나라는 어디이며 그 이유는?
- 가장 해보고 싶은 일은 무엇이며 그 이유는?
- 경제적, 시간적 여유가 있다면, 주말에 가장 하고 싶은 일 두 가지는? 그 이유는?
- 바람직한 부모와 교사의 모습은?
- 학교 성적에 대한 당신의 의견은?
- 지금까지 경험 중에서 가장 의미 있고 좋았던 것은?
- 당신의 이성관 또는 결혼관은?
- 인간관계에서 가장 중요한 것은?

③ 활동내용

- 인터뷰 예시문을 읽고 약 5분간 자신의 생각을 정리해 본다.
- 집단원 중 한 명이 먼저 인터뷰에 응하고 나머지는 기자가 되어 궁금한 것을 질문한다.
- 진지하게 질문에 응하고 기자들은 답변내용 중에 자신과 공통점, 비슷한 점, 차이점 등을 메모하여 토론할 때 자료로 쓴다.
- 인터뷰가 끝나면 기자들은 “인터뷰에 응해주셔서 감사합니다”라는 말로 마감하고 다음 차례로 넘어간다.

④ 주의사항

- 인터뷰를 원하지 않을 때는 이를 허용해도 좋으나 기자로 활동하도록 하고 소감 발표 때는 참여하여 이야기를 나누도록 한다.
- 인터뷰를 하지 않아서 후회하는 표정을 짓는 사람이 있으면 진행 중에라도 인터뷰하는 기회를 주도록 한다.

3) 공통분모 게임

어떤 크기의 집단에도 적용할 수 있는 아이스 브레이킹 기법 중의 하나이다. 참가자들에게 1-2-3, 1-2-3 등과 같이 3까지 번호를 매기도록 한다. 만약 집단 크기가 매우 작다면 반대편에서 한 사람씩 나와 둘이 짝이 되게 한다. 가능하면 모르는 사람끼리 작업하도록 한다. 2명이나 3명으로 자리를 잡았을 때 그들에게 몇 분 동안 세 가지 공통점을 찾도록 한다.

공통점은 "우리 셋 모두가 안경을 끼고 있군요" 등과 같이 분명하거나 관찰할 수 있는 것으로 하지 않도록 한다. 예를 들어, 그들 셋 모두가 노래를 즐겨 부르거나 피아노를 배우고 있을 수 있다. TV의 드라마 시청을 싫어하거나 산책을 좋아할 수 있다. 이와 같이 공통점을 찾기 위해 많은 대화를 나누어야 한다. 노출된 유사점과 차이점에 관심이 있을 뿐만 아니라 그들이 공통적으로 가지고 있는 것을 찾는 동안에 동지애가 생긴다. 일정한 시간이 지난 후 공통점을 발표하도록 한다. 이 게임은 매번 3명을 바꾸거나 아니면 집단에 다른 사람을 넣어서 여러 번 할 수도 있다. 그러나 집단에 사람이 많으면 실행하기 어렵기 때문에 너무 큰 규모의 집단보다는 소규모의 집단에서 사용하는 것이 더욱 좋다.

활동지

우리 함께 찾아보아요

번호	이 름	공통점	다른 점
1			
2			
3			
4			

5			
6			
7			
8			
9			
10			

4) 나만이 가진 특징

나만이 가지고 있는 특징들 중 남이 잘 모르는 특징, 장기, 경험, 신체적 특징 등을 5가지씩 적는다. 이때 적은 내용을 다른 사람에게 보여주지 않도록 한다.

모든 사람이 자기만의 특징을 적었으면 이번에는 한 사람씩 돌아가면서 5가지 특징 중에서 첫 번째 특징을 소개한다. 첫 번째 사람이 "나는 오른쪽 귀에 점이 2개 있다"라고 했는데 집단 구성원들 중에 두 사람이 귀에 점이 있다면 그 두 사람은 오른손을 들면서 "나도"라고 크게 외친다. 그러면 특징을 소개한 사람은 손을 든 사람 수만큼 벌점(2점)을 받게 되어 2점을 자기 종이에 적어 놓는다. 자기 종이에 적혀 있지 않은 내용이라도 소개하고 싶으면 해도 된다. 그리고 다른 사람이 소개하는 특징이 자기 종이에 적혀 있지 않더라도 자기에게 해당되면 손을 들 수 있다.

벌점이 가장 적은 사람에게는 '희귀상'을 주고 가장 많은 벌점을 받은 사람에게는 '두리뭉실상'을 주어보자. 이 놀이는 자기 특징을 자랑하려는 데 목적이 있다기보다는 그 과정을 통하여 자신을 노출시킴으로써 서로를 이해하고 편안한 마음을 갖도록 하는 데 목적이 있다.

활동지

나만의 특징

나만이 가진 특징, 남들이 모르는 자신만의 비밀, 장기, 경험 등을 다섯 가지 정도 적어봅시다.

1.

2.

3.

4.

5.

벌점 :

5) 이런 사람을 찾습니다

모임에 참가한 사람들을 일일이 찾아다니면서 다음의 질문 사항에 해당하는 사람들을 신속히 발견하여 사인을 받아낸다. 가장 먼저 완성하여 진행자에게 가져오는 사람에게는 보너스로 1점을 준다. 진행자는 참가 인원수가 많은 경우에 적당히 그룹을 나누어 진행하도록 한다. 인원수가 많을 경우, 한 가지 항목에 대해 한 명 이상의 사인을 받아오도록 해도 좋다.

활동지

이런 사람을 찾고 있어요

내가 찾고 싶은 사람에 대해 이야기해 보고 활동지 빈칸에 어떤 사람을 찾고 싶은지 개인적으로 적어봅시다. 참여자들 중에 자신이 찾고 싶은 사람의 특징을 가진 사람을 찾아봅시다.

이런 사람을 찾고 있어요	참여자 이름(또는 별칭)
자신이 노래를 잘한다고 생각하는 사람	
금연하고 있는 사람	
우리의 모임에서 칭찬을 잘 해줄 자신이 있는 사람	
남자 형제가 3명 이상인 사람	
아침 식사를 하지 않은 사람	
오늘 감사한 일 3가지 이야기할 수 있는 사람	
우리 집단에서 가장 이야기를 잘 할 것 같은 사람	
우리 집단에서 생일이 가장 빠른 사람	
우리 집단에서 요리를 잘 할 것 같은 사람	

3. 가족생활교육 전개 단계의 집단 활동 기법

1) 웜 업(Warm-up)

교육의 전개 단계에서 활용할 수 있는 집단 활동 기법으로 웜 업(Warm-up) 활동을 들 수 있다. 웜 업은 초기 단계에서 어색함을 깨뜨리기 위해 하는 아이스 브레이크 활동과 비슷하지만, 교육의 중간 단계에 접어들었을 때 사용하는 효과적인 기법이다.

프로그램에서 웜 업 활동은 참가자들의 집중력을 높이고 분위기를 조성하며, 프로그램의 목표를 달성하는 데 중요한 역할을 한다. 마치 운동 전 스트레칭처럼 웜 업 활동은 참가자들의 마음을 프로그램에 집중시키고, 서로 간의 친밀감을 높여주는 역할을 한다.

가족생활교육 전개 단계에서는 참여자들에게 프로그램에 대한 흥미와 기대감을 한층 높여 적극적인 참여를 유도해야 하고, 참여자들에게 프로그램 주제에 대한 집중력을 높이고 교육 효과를 증대시켜야 한다. 또한 참여자들 간의 상호작용을 활성화하여 도움을 주고받는 협력적인 관계를 형성해 나가야 한다.

전개 단계의 프로그램 매 소회기에서 다루고 있는 프로그램 주제와 목표는 무엇인지, 참여자의 연령, 성별, 관심사 등은 어떠한지, 웜 업에 할애할 수 있는 시간이 있는지, 모든 참여자가 적극적으로 참여할 수 있는 활동인지, 웜 업 활동과 본 프로그램의 내용을 연결하여 연관성을 높일 수 있는지 등을 고려하여 웜 업 활동을 선택해야 한다.

웜 업 활동은 전개 단계의 소회기 프로그램에서 성공적인 시작을 위한 필수적인 요소라 할 수 있으며, 다양한 웜 업 활동을 활용하여 참가자들의 참여를 유도하고, 프로그램의 목표 달성에 기여할 수 있도록 해야 한다.

웜 업 활동에서 참여자들은 서로 편안하게 이야기를 나누면서 단순한 잡담이 아닌 교육으로 연장될 수 있는 중요한 활동에 참여하게 되는 것이며, 가족생활교육 프로그램처럼 일정 기간 정기적으로 교육에 참여하는 참여자 집단을 대상으로 매 교육회기의 시작 부분에서 사용하면 유용하다. 다음은 다양한 웜 업 활동의 예이다(경기도 시 · 군 청소년 상담실 편, 1999; 장경원 · 고수일, 2014).

(1) 공 주고받기

원으로 둘러앉아 한 사람이 궁금한 사람에게 공을 던져 질문을 하면 공을 받은 사람은 이에 답변한다. 답변이 끝난 사람은 다시 다른 사람에게 공을 던져 똑같은 식으로 어떤 질문도 가능하다. '무슨 색을 좋아하세요?', '남자/여자 친구가 있으세요?', '오늘 아침 식사는 뭘 하셨나요?' 등등 가벼운 질문으로부터 '최근에 가장 힘들었던 일은?', '자신의 성격은?' 같이 심각한 질문까지 할 수 있으며, 공이 오가면서 긴장도 풀리고 서로를 알 기회도 되며 많은 정보를 얻을 수 있는 활동이다. 처음 몇 번 오가는 내용들이 집단의 분위기를 만들어 가는 데 큰 영향을 미치기 때문에 시범이 되는 질문은 특히 중요하다. 이때 가장 많은 공을 받은 사람과 공이 가장 적게 간 사람에게 질문하고 피드백을 나눈다.

(2) 꽝! 꽈광!

전원이 원 대형으로 앉는다. 지도자는 이리저리 돌아다니다가 갑자기 한 사람에게 "꽝!" 하고 외치면 그 사람은 재빨리 "꽈광!" 하고 외쳐야 하는데, 이때 어물어물하거나 "어머나!" 하는 식으로 대답하면 잡힌다. 이와 반대로 지도자가 "꽈광!" 하면 지명된 사람은 "꽝!" 해야 한다. 좀 더 복잡하게 하는 경우, 지도자가 "꽝! 꽈광!" 하면 "꽈광! 꽝!" 하고 "꽝! 꽝!" 하면 "꽈광! 꽈광!"으로 대응한다.

이 활동을 좀 더 변형하여 다음과 같이 활용해도 좋다.

- 인원수만큼의 의자를 준비하여 전원이 원형으로 앉는다.
- 지도자는 돌아다니다가 갑자기 한 사람에게 "꽝!" 하고 외치면 그 사람은 재빨리 "꽈광!"이라고 외친다. 이때 빨리 대답하지 못하거나 우물쭈물하면 그 사람이 지도자가 된다.
- 지도자가 한 사람에게 "꽈광!"이라고 외치면 그 사람 좌 · 우에 앉은 사람이 "꽝!"이라고 외친다.
- 지도자가 "펑!"이라고 외치면 전원이 만세 하듯이 양팔을 들어 올리면서 "펑!"이라고 외친다.
- 지도자는 꽝, 꽈광, 펑을 연속해서 말할 수 있고, 셋 중 몇 가지만 골라서 외칠 수 있고, 순서를 바꾸어 외칠 수도 있다.

이 변형된 활동은 집중력을 증진시킬 수 있고, 지도자 역할을 하게 함으로써 주목을 이끌어 자존감을 향상시킬 수 있다. 그러나 이해하기 쉽게 설명해 주어야 하며, 꽝, 꽈광이 발음하기 어려우므로 쉬운 단어 또는 교육 주제와 관련된 단어로 바꾸어 사용하는 것도 좋다.

(3) 퀴즈로 풀어봅시다

두 사람이 짝을 이룬 뒤 종이에 지도자의 질문을 듣고 자신의 짝은 어떨 것 같은지 상상을 해서 답을 하도록 한다. 문제 풀기가 끝나면 마주보고 앉아서 각자 대답한 내용과 그 이유를 설명하고 서로에 대해 좀 더 알 수 있는 기회를 갖는다. 대상과 연령에 따라 질문 내용을 달리하는 것이 좋다.

예 내 짝이 좋아하는 색깔은?
내 짝이 좋아하는 음식은?
내 짝이 좋아하는 가수는?
내 짝은 화가 났을 때 어떻게 할까?
내 짝의 허리 사이즈는?
내 짝은 형제 중 몇째일까?
내 짝의 몸무게는?
내 짝의 잠버릇은?
내 짝이 좋아하는 계절은?

(4) 이야기 잇기

원형으로 둘러앉고 술래를 정한다. 술래가 먼저 30자 이내의 말을 하면 옆에 앉은 사람들이 이 말을 받아서 계속 이야기를 엮어 가는 말 잇기 놀이이다.

소재는 프로그램 주제와 연관 지어 다양하게 할 수도 있으며 이야기가 엉뚱하게 전개되는 과정에서 배꼽 잡는 일이 벌어질 수도 있다. 네 사람이 한 가지 이야기를 꾸미는 것이 적당하며 다섯 번째 사람이 다시 술래가 되어 다른 소재로 넘어가서 계속 이야기 잇기를 이어간다.

예를 한 가지 들어보면, 술래가 “나는 어제 저녁, 남편과 함께 창경궁 산책을 했어", 왼쪽에 앉은 사람은 이 말을 받아서 "나는 너무 행복해서 창경궁이 마치 나의 정원인 것처럼 더욱더 예뻐 보이고 편안해졌지", 그러면 옆 사람이 "그런데 남편이 팔짱을 끼고 있던 손을 풀어서 내 손을 꽉 잡는 거 있지?", 네 번째 사람이 이 말을 받아서 "화장지 있어? 나 화장실 가고파".

(5) 나를 변화시켜 봐요

2열 종대로 서서 두 사람씩 마주 볼 수 있도록 선다. 자기 짝의 겉모습을 잘 관찰하도록 한 뒤 돌아서서 상대방이 보지 못하는 상황에서 자신의 겉모습 중에서 한 가지를 변화시킨다. 변화시키기가 끝나면 다시 뒤돌아서서 각자 바꾼 것이 무엇인지를 찾아내고 알아맞히는 놀이이다. 짝을 바꿔서 가지 수를 더해갈 수도 있고, 변화된 것을 찾으면서 서로에 대한 관심을 더욱 높일 수 있다.

이 게임을 통해 변화시키는 것이 어려운지, 맞히는 것이 어려운지 상호 간에 피드백을 받고 또한 변화된 부분을 바로 맞혀 주었을 때와 그렇지 못했을 때 마음이 어떠했는지 나눈다. 그리고 겉모습을 변화시키는 것도 이렇게 어려운데 내면을 변화시키는 것은 더욱 어렵다는 점, 그래서 우리의 내면을 변화시키기 위해서는 더욱더 노력이 필요하다는 점을 깨달으며 작은 변화도 소중함을 알게 하는 활동으로 활용할 수 있다.

한편 이 활동을 다음과 같이 변형하여 사용해 보아도 좋다.

① 심판을 정하고, 두 팀으로 나눈다.

② 각 팀에서는 변화된 모습을 맞힐 사람(★)을 정한다.

③ ★는 앞으로 나온다.

④ ★를 제외한 각 팀 구성원(☆)은, 상대 팀 ★와 마주보고 일렬로 선다.

⑤ 심판이 정한 시간에 따라

- ★는 상대 팀 ☆를 관찰한 뒤 뒤돌아선다.
- ☆는 자신의 겉모습 중 하나를 바꾼다.

⑥ ★는 다시 뒤돌아서서 상대 팀 ☆의 바뀐 모습을 모두 맞힌다.

- ☆가 5명이면 5개를 다 맞혀야 한다.

⑦ 먼저 다 맞힌 팀이 승리한다.

2) 웜 업(Warm-up)을 넘어서 어떤 의도적인 목표를 가지고 하는 집단 활동들

(1) 나와 같은 것을 찾으세요

① 목표

참여자는 자신이 왜 그것을 선택했는지를 설명하면서 다른 사람의 의견을 받아들이는 태도와 다른 사람에게 자신의 의견을 말하는 훈련을 하게 된다. 자신이 선택한 물건을 설명하는 과정과 다른 사람으로부터 듣게 되는 피드백으로 인하여 자신에 대한 인식도를 증가시킨다.

② 준비물

지도자는 주변에서 흔히 볼 수 있는 다양한 물건들을 준비해 올 수도 있다. 또한 참여자에게 자신이 가지고 있는 물건들을 어떤 것이든 1~3개 정도씩 내어놓아 달라고 한다.

③ 활동방법

- 지도자는 참여자들 가운데에 있는 책상 위에 여러 물건들을 둥글게 늘어놓는다. 또는 참여자들에게 각자 가지고 있는 소지품을 1~3개씩 내어놓아 달라고 요청한다.
- 돌아가면서 각 사람은 자신의 모습과 똑같은 물건을 고르고 왜 그것이 자신과 같은지 설명한다.
- 순서대로 자신의 의견을 이야기하고 다른 사람들은 그에게 피드백을 준다.
- 만약에 집단원 간에 서로 잘 아는 사이라면 두 명씩 짝을 지어서 상대방과 맞는 물건을 골라서 그 이유를 설명하는 것도 좋다.

④ 주의사항

- 자존감이 높은 사람은 자신이 고른 물건에 대해서 긍정적인 표현을 하지만 자존감이 낮은 사람은 무엇을 고르든지 부정적인 표현을 하게 될 것이다. 부정적인

설명을 할 때 지도자는 다른 사람들에게 그 물건이 가지고 있는 다른 특징을 발표하도록 한다.

- 지도자는 참여자가 가지고 있는 부정적인 자신에 관한 인식이 있다면 다른 각도에서 볼 수 있도록 피드백을 한다. 집단 구성원들 간에도 서로 긍정적인 피드백을 주도록 유도한다.

(2) 만나보고 싶은 사람과의 대화

① 목표

상대방의 가치관과 관련된 많은 경험이나 사건들에 대해서 대화를 함으로써 참여자들끼리 서로 이해하고 수용하는 분위기를 형성한다.

② 준비물

대화를 위한 예시문(1인당 1매), 메모지, 필기도구

▶ 대화를 위한 예시문

- 만일 나이를 마음대로 선택할 수 있다면 어떤 나이가 되고 싶으십니까? 그 이유는?
- 살아가는 데 개인의 생활신조가 있다면 그것은 무엇입니까? 그 이유는?
- 자신의 성격 중 가장 자랑스럽게 여기고 있는 것은 무엇입니까? 그 이유는?
- 가장 기억에 남는 책이나 영화 또는 연극이 있다면 무엇입니까? 그 이유는?
- 어떤 일을 선택할 때 가장 어려운 점은 무엇입니까? 그 이유는?
- 가장 좋아하는 것은?
- 가장 싫어하는 것은?

③ 진행절차

- 구성원이 둥글게 앉은 후 대각선으로 마주보고 앉은 사람과 짝을 지어 둘씩 앉도록 다시 자리를 정한다.
- 대화 예시문을 1인당 한 부씩 나누어 가진다.
- 둘씩 짝이 되어 서로 상대방을 "가장 만나보고 싶었던 사람"이라고 간주하고 대화 예시문의 내용을 참조하여 약 10분간 대화를 나눈다. 이때 대화 예시문의 내

용은 꼭 정해진 것이 아니므로 그 외의 내용 중에도 서로 궁금한 것이 있거나 대화를 하고 싶은 것이 있다면 10분 정도 대화를 계속한다.

- 서로 충분한 대화가 되어 상대방을 알고 이해했다고 생각되면 짝을 바꾸어 같은 방식으로 대화를 나눈다.
- 시간이 허락하는 범위 내에서 가능한 한 많은 성원들과 대화를 나누어 봄으로써 상대방의 가치관을 통해 상대방을 알고 이해할 수 있는 계기를 많이 가진다.
- 대화를 마친 후 둥글게 앉아서 대화를 나눈 소감을 이야기한다.

④ 유의사항

- 대화를 위한 질문의 예시문은 말문을 열도록, 단지 하나의 예시적 형태로 주어진 것이므로 그 외의 사항을 자유롭고 융통성 있게 만들어도 좋다.
- 둘씩 짝을 지어 대화를 나눌 때 상대방을 평소에 '가장 만나보고 싶었던 사람'이라고 생각하도록 함으로써 호기심을 자극하여 정해진 시간 내에 보다 많은 사람과 친숙해질 수 있도록 노력해야 한다.
- 듣는 입장은 새로운 내용이지만 말을 하는 쪽의 입장은 같은 말을 여러 번 반복하는 것인 만큼 싫증이 나기 쉽다. 그러므로 질문에 대한 답변도 재치 있게 변형할 수 있음을 미리 알려주는 것이 좋다.

(3) 나에게 영향을 준 사람들

① 목표

지금까지 쉽게 말하지 않았던 지난날의 갈등과 불안, 그리고 기쁨을 '사람'을 중심으로 해서 이야기 나눔으로써 정서적으로 정화를 이루고 상호 이해를 깊이 한다.

② 준비물

16절 도화지, 사인펜

③ 활동 방법

- 참여자들에게 종이와 연필을 나누어 준 다음 그 종이 위에 현재 자기가 존재하도록 영향을 준 사건이나 사람을 생각나는 대로 표현하게 한다.

- 자기 자신을 종이의 중앙에 표시한다.
- 생각나는 사람이나 사건을 동그라미로 나타낸다. 영향을 크게 미쳤으면 동그라미를 크게, 작게 미쳤으면 작게, 자신과 가깝다고 생각되면 가깝게, 멀다고 생각되면 멀게 그린다.
- 다 그리고 나면 그림을 참여자들에게 보이면서 설명하게 한다.

④ 주의사항

영향을 준 사람 수는 일정하게 정한다. 10명 정도가 적당하나, 시간적 여유가 부족할 때는 7명 정도로 줄여서 나타낸다.

(4) 나의 갈등 회상기

① 목표

과거의 갈등 상황과 이에 대한 해결방안을 회상하여 자신의 갈등 상황에 대해 인식함으로써 자기 성장을 하도록 하는 데 목표가 있다.

② 준비물

종이, 필기도구

③ 진행절차

- 집단 전체에서 지난 몇 주 동안에 겪었던 대인 간의 갈등을 회상하도록 한다.
- 이들 갈등은 친구나 부모, 형제, 여자친구 혹은 남자친구, 선생님 등과의 갈등일지도 모른다.
- 종이에 이들 갈등 중 가장 심각했던 것들을 5개만 적도록 한다.
- 이들 갈등을 해소하기 위해서 사용했던 전략들을 각 해당 모든 상황에 적도록 한다.
- 이들 갈등 해소 전략을 사용한 결과에 대한 느낌을 각 갈등 상황에 기록하도록 한다.
- 이들 결과를 가지고 느꼈던 점이나 현재에 느끼고 있는 점을 다른 참여자들과 같이 나누도록 한다.

(5) 슬펐던 일 기뻤던 일 나누기

① 목표

최근에 있었던 일 가운데서 기뻤던 일과 슬펐던 일을 나눔으로써 자신의 감정을 정화하고 타인에 대한 이해를 깊게 한다.

② 활동내용

- 눈을 감고 최근에 있었던 일 가운데 기뻤던 일과 슬펐던 일을 잠시 생각해 본다.
- 눈을 뜨고 기뻤던 일을 돌아가면서 말한다.

예 "지난 일요일에 가족과 모처럼 외식을 했어요. 따뜻한 칼국수를 먹으면서 내 마음도 따뜻해지고 편안해졌어요. 이런 소소한 일상이 행복인 것 같아요. 행복이 뭐 별다른 걸까요."
"오래전부터 갖고 싶던 오디오를 구입했습니다. 기분이 좋습니다."
"반 아이가 가출을 해서 몹시 걱정했는데 어제 돌아왔습니다. 일단 마음이 놓이고 다시 잘해 볼 수 있다는 희망이 생겨서 좋습니다."

- 이런 방법으로 계속해서 서너 바퀴를 돌린다. 이때 기뻤던 일이 생각나지 않는 사람은 억지로 말하려 들지 말고, 옆 사람에게 차례를 넘기도록 한다. 이야기가 충분히 나왔다고 생각되면, 주제를 바꾸어 슬펐던 일을 이야기 나누도록 한다.
- 이때 듣는 사람은 경청을 해서 말하는 사람의 감정을 공감할 수 있도록 노력하고 공감할 때는 간단한 반응을 하는 것도 좋다. 활동 후에 느낀 점을 서로 발표한다.

③ 주의사항

- 이야기 나누는 동안 서로 시선을 맞추도록 한다.
- 자신이 감당하기 어려운 비밀은 공개하지 않는 것이 좋다.
- 비교적 현재에 가까운 일들을 구체적으로 짧게 이야기하도록 한다.
- 이야기가 길어지면 지루해지기 쉬우므로 사실 설명을 간단하게 하도록 지도자가 늘 신경을 써야 한다.

3) 액션 러닝 집단 활동 기법

액션 러닝은 소규모로 구성된 한 집단이 실질적인 문제를 해결하는 과정을 통해 학습이 이루어지며(Marquardt, 1999), 문제해결 과정에 대한 성찰을 통해 학습하도록 지원하는 교육방식이다(봉현철, 2000). 즉, 지도자가 문제 해결을 주도하는 것이 아니라 문제의 상황에 있는 참여자들이 과제 해결을 위해 모여서 스스로 협력하여 해결안을 도출하는 과정에서 질문과 성찰을 통해 학습하고 실행하게 되는 것이다.

액션 러닝 집단 활동 기법으로 명목집단법과 브레인스토밍을 소개하면 다음과 같다(장경원 · 고수일, 2014).

(1) 명목집단법

팀 활동에서 이루어지는 모든 의사결정과 아이디어 도출은 명목집단법(NGT : Nominal Group Technique) 방식이 효과적이다. 명목집단법은 집단 구성원으로부터 아이디어나 정보를 모으는 구조화된 절차로 집단의 모든 구성원이 다른 구성원의 영향을 받지 않고 자신의 아이디어를 표현할 수 있는 방법이다. 다른 사람과 이야기하지 않고 각자 작업하는 동안은 명목상으로는 집단이지만 실제로는 개인적으로 작업하고 있기 때문에 명목집단법이라고 부른다(Bartunek & Murninghan, 1984).

명목집단법은 집단에서 토의를 하기 전에 토의에 참가한 참가자 개개인이 침묵 속에서 다른 사람과 이야기하지 않고 토의 주제에 대한 자신의 생각을 포스트잇에 정리할 수 있도록 시간을 부여한다.

명목집단법은 정제된 단어와 문장을 사용하여 토의 시간을 절약할 수 있고, 모든 구성원의 적극적인 참가를 유도할 수 있으며, 창의적 아이디어를 촉진하고, 타인의 의견 경청이 가능하며, 아이디어 분류 및 정리가 가능하다는 등의 효과를 가지고 있다.

일반적인 토의에서는 일부 소수자가 토의를 주도하고 대부분의 참가자들이 침묵을 지키는 상황이 종종 발생한다. 명목집단법을 실시할 경우 전원이 아이디어를 제시하면서 토의에 참가할 수 있기 때문에 쉽게 아이디어를 정리할 수 있다.

명목집단법 활용법은 다음과 같다(최정임 · 장경원, 2010).

첫째, 사회자는 토의 주제가 무엇인지 명확히 안내한다.

둘째, 주제에 대한 자신의 의견이나 아이디어를 각자 포스트잇에 적는다. 이때 아이디어를 생각해서 적을 수 있도록 3~5분 정도의 시간을 주며, 이 시간에는 서로 상의하거나 떠들지 않는다. 아이디어를 작성할 때는 가독성과 이동성을 높일 수 있도록 다음의 사항을 따른다. 포스트잇 한 장에는 한 가지의 개념, 단어, 아이디어만 적는다. 모두가 볼 수 있도록 네임펜, 컬러펜 등을 사용하여 굵은 글씨로 적는다. 모두가 잘 읽을 수 있도록 인쇄체로 크게 적는다. 팀별, 주제별로 색깔을 구분할 필요가 있을 때는 색깔을 구분하여 적는다.

셋째, 각각의 의견이 적힌 포스트잇을 직접 벽이나 큰 종이에 붙인다. 이때 특정 의견이 누구의 것인지 밝히지 않는다.

넷째, 비슷한 내용끼리는 합치면서 내용별로 분류한다. 이때, 팀 리더는 나열된 아이디어 중 뜻을 이해하기 어려운 것은 제안자의 설명을 들어 명료하게 조정한다. 기록된 모든 의견을 공유하며 논의한다.

다섯째, 제안된 아이디어들에 우선순위를 묻는 투표를 하여 최종적으로 가장 많이 점수를 얻은 것을 선택한다. 투표 시 팀원들은 가장 바람직한 아이디어가 적힌 포스트잇에 스티커를 붙이거나 도형을 그려 투표를 한다.

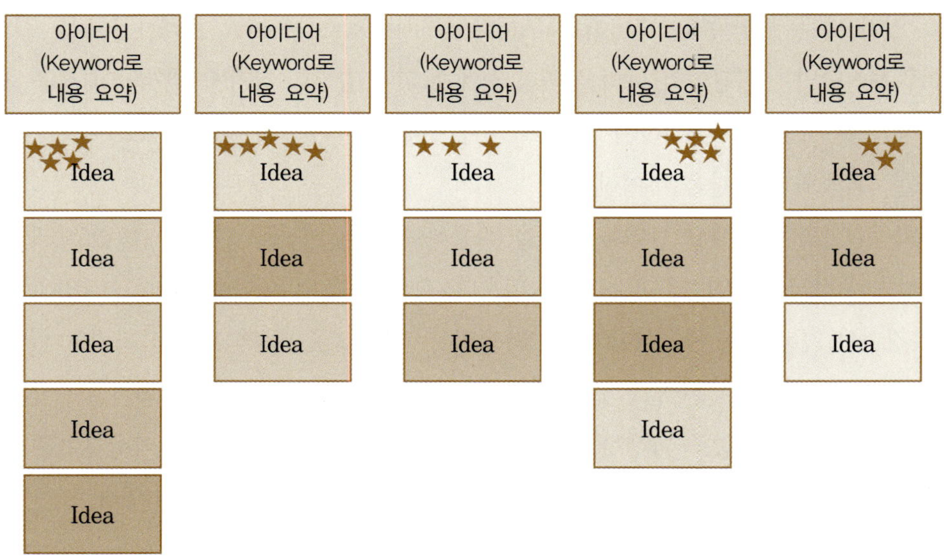

|그림 8-2| 아이디어 도출 및 정리하기

출처 : 장경원 · 고수일(2014).

(2) 브레인스토밍(brainstorming)

브레인스토밍은 기존의 사고방식이나 개념에서 벗어나 자유롭게 사고하며 아이디어나 의견을 내는 교육 방법이다. 브레인스토밍은 1930년 오스본(Osborn)이 제안한 창의적인 아이디어를 생산하기 위한 학습도구이자 회의 기법으로, 3인 이상이 모여 하나의 주제에 대해서 자유롭게 의견을 제시하는 기법이다(Osborn, 1963). 브레인스토밍은 아이디어를 생성하는 여러 활동들 중 가장 기본적인 기법으로, 두뇌를 뜻하는 'brain'과 폭풍을 뜻하는 'storm'의 결합으로 이루어져 '머릿속에서 새로운 생각들이 폭풍처럼 일어난다'는 의미이다.

브레인스토밍은 집단 사고를 가능하게 하며 풍부한 아이디어 리스트를 얻을 수 있기 때문에 아이디어 생성을 위해 등장한 다른 도구들에 비해 자주 그리고 쉽게 사용된다.

① 브레인스토밍의 원칙

- 자유분방하게 아이디어나 의견을 낸다.
- 타인의 아이디어나 의견을 비판하지 않는다.
- 질보다 양 위주의 많은 아이디어나 의견을 권장한다.
- 타인의 아이디어나 의견을 조합하여 새로운 아이디어나 의견을 창출한다.
- 벨이 울리면 발언을 중지한다.
- 엉뚱하고 역동적인 아이디어를 환영한다.
- 다른 사람의 의견에 덧붙여 첨언하는 것은 무방하다.
- 진행자는 가능하면 부정적인 말이나 비판적 피드백으로 자유로운 사고를 제한하지 않도록 한다.
- 생각에 대한 판단은 나중에 하며, 특히 타인이 의견을 말하는 순간에는 절대로 이를 평가하지 않는다.

② 브레인스토밍의 5단계

- 1단계 : 과제를 정한다.
- 2단계 : 진행자와 기록자를 정한다.

- 3단계 : 진행자의 주도 아래 차례로 아이디어를 낸다.
- 4단계 : 토의 기록을 참여자들에게 제시하고 보충 · 분석한다.
- 5단계 : 아이디어나 의견을 구체화시킨다.

③ 브레인스토밍이 효과적인 상황

- 집단 구성원의 창의성과 상호 자극을 최대한 허용하고자 할 때
- 과거의 패턴에서 벗어나 새로운 가능성을 탐색할 때
- 어떤 행동의 과정이나 결과에 대한 예측을 하고자 할 때
- 어떤 문제에서 간과되는 부분을 최소화하고자 할 때
- 집단 구성원의 의견을 수렴하여 집단의 주요 방침이나 정책을 변경하고자 할 때
- 아무런 제한 없이 역동적인 아이디어를 찾고자 할 때

4. 가족생활교육 종결 단계의 집단 활동 기법

가족생활교육 프로그램의 종결 단계는 모든 프로그램들에서 일반적으로 전체 프로그램의 내용을 정리하고, 프로그램을 통해 변화된 교육효과를 측정하며, 참여자들 간에 소감을 나누면서 서로의 성장과 변화를 지지, 격려해 주는 단계이다.

종결 단계에서 활용될 수 있는 집단 활동 기법을 소개하면 다음과 같다.

1) 나에게 상장 주기

① 목표

- 자신의 장점을 발견하고 사랑하는 마음을 가진다.
- 서로의 꿈과 미래상을 이해한다.
- 미래의 자신의 모습을 구체적으로 그려보며 그것의 실현을 위해 노력하는 동기를 제공한다.

② 활동내용

- 자신이 미래에 되고 싶은 것, 자신이 미래에 인정받고 싶은 분야, 이를 이룰 수 있다고 생각하는 시기를 생각해 보도록 한다.

- 자신에게 주는 상장의 문구를 작성한다.
- 자신이 존경하는 인물을 자신에게 상장을 주는 이로 쓰고, 자신이 상장을 받을 시기를 적는다.
- 돌아가며 자신이 스스로에게 주는 상장의 내용을 읽고 나머지 참여자들은 상장 낭독이 끝난 후 박수와 격려를 보내준다.
- 참여자들이 받고 싶은 상장의 내용을 중심으로 서로의 꿈과 이를 이루기 위한 노력, 참여자들 서로가 해 줄 수 있는 도움의 내용을 이야기한다.

③ 주의사항

- 지도자는 상장 내용에 대해 진지하게 듣고 집단원들이 가진 포부와 꿈에 대해 서로 지지해 줄 수 있는 분위기를 만드는 것이 중요하다.
- 스스로 자신이 받을 상장의 내용을 낭독하는 것을 어려워하는 집단원의 경우 다른 집단 성원이 대신 낭독하게 하거나 지도자가 낭독해 줄 수 있다.

상 장

성 명 ____________________

위의 사람은

____

____

____

____

년 월 일

상장 주는 이 ____________________

2) 내가 자랑스러운 일

① 목표

프로그램에 참여하면서 자신의 성공 감정을 인식하고 자신이 독특한 존재임을 깨닫는다.

② 준비물

내가 했던 자랑스러운 일 목록지

③ 활동내용

- 워크북 내용을 주제로 집단원들과 브레인스토밍을 한다. 집단원들에게 '내가 했던 자랑스러운 일'에 대해 목록을 작성하도록 한다. 자신을 자랑하려고 하는 활동이 아닌 실제로 집단원들이 경험한 성공경험을 위주로 작성하도록 돕는다.
- 이 시간 동안 가능한 한 많은 것을 생각하도록 하고 생각한 것들을 가능한 한 많이 적도록 한다. 여백이 충분치 못하면 뒷면을 사용하도록 한다.
- 집단원들이 목록을 다 작성하고 나면 서로 자신의 것을 나눈다. 이때, 집단원들이 원한다면 가장 자랑스럽게 생각되는 항목에 표시를 할 수도 있다.
- 느낌을 나눈다.

3) 자신감 회복하기

① 목표

- 성공사례를 회상함으로써 자신의 능력을 재체험하도록 한다.
- 타인이 인정하지 않더라도 사소한 자신의 장점을 인식하도록 한다.
- 자신의 특성을 다른 관점에서 살펴보도록 하여 독특한 장점을 인식하도록 한다.

② 활동내용

- 과거의 경험 중에서 자신의 노력에 의해서 어려움을 극복한 사례를 살펴보도록 유도하여 자신의 능력을 자체 경험하도록 한다.

- 자신의 신체적인 조건, 대인관계의 특징, 가족 환경적 요인 등에서 자신의 장점을 찾아보고 그것을 발표하는 과정을 통해서 미처 인식하지 못했던 장점을 확인하고 자랑해 보도록 한다.
- 자신들의 행동 특징을 다른 관점에서 보도록 인도하여 자신의 능력, 특징을 인식하도록 한다.
- 앞에서 살펴본 장점은 앞으로 어떤 일들을 하는 데 유용한지 탐색한다.
- 자신의 자신감을 감소시키는 자기 독백어를 탐색하고 이를 대신할 수 있는 대체어를 찾아보게 하고 연습시킨다.

활 동

가족생활교육 도입, 전개, 종결 단계에서 활용할 수 있는 집단 활동 기법들 중 하나를 선택하여 팀별로 지도자와 참여자를 정하고 시연을 해봅시다.

CHAPTER **09**

프로그램 시연

가족생활교육 프로그램 제안서를 작성하였다면 실제 프로그램의 총 회기 중 한 회기를 선택하여 시연 매뉴얼을 작성해 보고 실제 상황처럼 시연해 보는 경험은 실행능력 함양을 위해서도 매우 필요하다.

프로그램 총 회기 중에서 한 회기를 정하여 시연을 위한 매뉴얼, PPT를 작성해 본다. 그리고 시연을 통해 팀별로 발표한 팀에게 피드백(패들렛을 이용한 피드백)을 주고, 발표한 팀은 자기 성찰 보고서를 작성해 보자. 성찰 과정을 통해서 통찰력을 얻게 되고, 서로의 경험으로부터 학습하는 방법을 배우고 긴밀한 유대관계를 구축하게 된다.

제9장에서는 프로그램 시연을 위한 매뉴얼 사례와 시연 PPT 사례 등을 제시한다.

매뉴얼 사례는 제10장에서 소개된 결혼준비교육 프로그램인 〈백신주사 : 백년만년 신혼처럼 서로의 주인공이 되는 사이〉의 총 4회기 중 1회기 프로그램 〈이해 백신 한 방〉 매뉴얼이다.

시연 PPT 사례는 제10장에서 소개한 중년기 가족교육 프로그램인 〈우리 사이, 엄지엄지척!〉에서 마지막 4회기인 〈우리 미래, 엄지척!〉 시연 PPT이다. 또한 이 프로그램의 프로그램 과제 수행 보고서 사례를 제시하였다.

1. 프로그램 매뉴얼 사례[1]

1) 도입(20분)

① 인사 및 출석체크

② 프로그램 소개

- **목적** : 결혼 예정인 맞벌이 부부가 본 프로그램을 통해 서로를 이해하고 결혼 후 겪을 수 있는 일-가정 양립의 문제를 사전에 예방하며 더불어 동등하고 평등한 가사분담에 대한 인식개선을 목적으로 한다.
- **1회기 목표** : 예비 맞벌이 부부가 '내가 측정하는 나와 상대방의 욕구 강도 프로파일'을 통해 평상시 제대로 알지 못했던 자신과 상대방의 욕구를 파악하고 이해한다.

③ 개인정보 동의서 및 서약서 작성

1 2022년 창원대학교 사회복지학과(2023년 이전 가족복지학과) 가족생활교육 수강생 심채원, 강성욱, 김성운, 곽다은, 서하나, 손혜민 학생팀의 프로그램으로 동의를 구하고 수록함.

개인정보 제공 및 활용 동의서

ㅇㅇ센터에서는 '예비 맞벌이부부를 위한 백신주사' 프로그램 진행에 있어 [개인정보보호법]에 의거하여 개인정보 수집, 이용에 관한 동의를 받고 있으며, 아래와 같은 목적으로 개인정보를 수집하여 처리하고자 합니다.

<table>
<tr><td rowspan="4">개인정보의 수집 및 이용목적</td><td>개인정보 및 고유 식별정보 수집 항목</td></tr>
<tr><td>1. 신청자정보
– 인적사항(성명, 생년월일, 주소, 전화번호) 등 신청서·제출서류 기재사항
2. 가족정보
– 인적사항(가족관계, 성명, 생년월일, 직업, 동거여부) 등</td></tr>
<tr><td>개인정보 및 고유 식별정보 이용 목적</td></tr>
<tr><td>1. 가족에 대한 서비스 정보 제공
2. 건강가정·다문화가족지원센터의 각종 서비스 안내 및 제공
3. 서비스 이용자의 개인 식별 및 서비스 이용에 따른 이력관리</td></tr>
<tr><td>개인정보 제3자 동의</td><td>1. 개인정보를 제공받는 자
– 지자체, 여성가족부, 한국건강가정진흥원, 타 건강가정·다문화가족지원센터
※ 기타 제공되는 협력기관이나 법인 등이 있을 경우 기재
2. 제공받는 자의 이용 목적
– 서비스 이용자의 개인 식별 및 서비스 이용에 따른 이력관리
3. 수집 항목
– 성명, 성별, 생년월일, 주소, 연락처(핸드폰번호), 이메일, 가족관계 등
4. 제공받는 자의 보유·이용 기간 – 준영구</td></tr>
<tr><td>개인정보의 보유 및 이용기간</td><td>■ 개인정보·고유 식별정보의 보유 및 이용 기간
– 사업위탁기관 : 신청서 제출일로부터 ★년 ※자료이용 ★년, 자료보관(기관 내부) ★년
– 사업수탁기관 : 신청서 제출일로부터 ★년 ※자료이용 ★년, 자료보관(기관 내부) ★년</td></tr>
<tr><td>동의거부 권리</td><td>■ 위 개인정보 수집·이용 동의를 거부할 수 있으며, 다만 동의를 거부할 경우 ㅇㅇ시 가족센터 가입 및 서비스 이용이 제한될 수 있습니다.</td></tr>
<tr><td colspan="2">1. 개인정보 수집 동의 ☐ 예 ☐ 아니요
2. 개인정보 제3자 제공 동의 ☐ 예 ☐ 아니요

개인정보보호법 및 관련 법규에 의거, 상기 개인정보를 수집·이용 및 제공하는 것에 동의합니다.

20 년 월 일
대표자 서명 : (인)
ㅇㅇ시 ㅁㅁ가족센터 귀하</td></tr>
</table>

참고 : 서울 금천구 가족센터 공동육아나눔터 가족품앗이 활동 시 〈개인정보 제공 및 활용 동의서〉 참조.

서 약 서

본인은 □□ 가족센터 프로그램 참여자로서
다음과 같이 성실히 준수할 것임을 서약합니다

1. 본 프로그램의 진행을 위한 교육 및 활동프로그램에 적극적으로 임하겠습니다.
2. 본인은 프로그램에 참여한 다른 참여자에게 물질적, 정신적 피해를 가하는 행위를 하지 않겠습니다.
3. 참여자들과의 토론과 대화를 지속하되, 그 속에서 알게 된 참여자의 비밀은 반드시 지키겠습니다.
4. 참여자들 간 관계 형성을 위해 열린 마음으로 참여하겠습니다.
5. 프로그램 참여 중 문제 발생 시, 임의로 처리하지 않고 담당자와 상의하겠습니다.

나는 절차들을 준수하지 않을 경우
향후 본 기관의 타 프로그램 참여가 제한될 수 있음에 동의합니다.

년 월 일

이름 :

참고 : 서울시 강서구 가족센터 〈1인 가구 상담 멘토링〉 서약서 참조.

④ 사전검사 실시

- 사전 · 사후검사지
- 결혼소통검사[2]

(출처 : 서울시 가족센터 홈페이지 https://familyseoul.or.kr/wedding_survey)

2 2020년 서울시가족센터와 서울대학교 산학협력단이 함께 연구하여 개발한 문항으로 이현숙(2003), Nendrick et al.(1998), Stanley et al.(1994; 2004)의 척도를 활용한 결혼소통검사지 사용

2) 활동(60분)

(1) 라포 형성하기(20분)

① 활동 1 : 커플 팻말 만들기

- 프로그램을 진행할 동안 예비 맞벌이 부부(커플)가 사용할 팀 이름을 정한다.
- 예비 맞벌이 부부만의 팀 이름과 그렇게 정한 이유를 소개하며 부부들끼리 이야기를 나누는 시간을 가진다.

② 활동 2 : 나의 배우자를 소개합니다.

- 예비 맞벌이 부부가 〈활동지 1〉을 이용하여 서로의 배우자를 소개하는 시간을 가진다.

활동지 1

나의 배우자를 소개합니다.

〈나의 배우자가 좋아하는 것과 좋아하지 않는 것〉

1. ________________________________

2. ________________________________

3. ________________________________

〈나의 배우자가 원하고 추구하는 것(욕구)〉

1. ________________________________

2. ________________________________

3. ________________________________

〈나의 배우자의 성향〉

1. ______________________________

2. ______________________________

3. ______________________________

(2) 나와 상대방의 욕구 파악하기(40분)

① 활동 3 : 우리 모두는 어떻게 같고 어떻게 다른가?

• 결혼을 계획하고 있는 커플들을 서로에 대해 충분히 알고 있다고 생각하고 결혼을 준비하지만 자신의 관점에서 상대방을 파악하는 경우가 많고 상대방이 어떤 것을 원하는지, 자신의 미래 배우자가 어떤 욕구를 가지고 있는지는 제대로 알고 있지 못하는 경우가 많다. 따라서 '우리 모두는 어떻게 같고 어떻게 다른가?' 활동에서는 '내가 측정하는 나와 상대방의 욕구강도 프로파일'을 활용해 본인의 욕구를 파악함과 더불어 상대방에 대해 어느 정도로 알고 있는지 확인한다.
자신의 욕구와 본인이 알고 있는 상대방의 욕구를 생각하며 〈활동지 2〉에 점수를 적고 평균을 구한다.
평균을 구한 뒤 자신이 알고 있는 상대방의 욕구가 맞는지 확인하고 제대로 알고 있는 것에 대해 칭찬하고 잘못 알고 있는 것에 대해 정정하며 이야기를 나눈다.

활동지 2

내가 측정하는 나와 상대방의 욕구강도 프로파일

생존의 욕구	• 돈이나 물건을 절약하는가(/) • 돈으로 살 수 있는 것에 각별한 만족을 느끼는가(/) • 자신의 건강유지에 관심을 갖고 있는가(/) • 균형잡힌 식생활을 하려고 노력하는가(/) • 성적인 관심을 많이 지니고 있는가(/) • 매사에 보수적인 편인가(/) • 안정된 미래를 위해 저축하거나 투자하는가(/) • 부득이한 경우가 아니면 모험을 피하고 싶은가(/) • 외모를 단정하게 가꾸는 데 관심이 있는가(/) • 쓸 수 있는 물건은 버리지 않고 간직하는가(/)	(/)
사랑과 소속의 욕구	• 나는 사랑과 친근감을 친근감을 많이 필요로 하는가(/) • 다른 사람의 복지에 관심이 있는가(/) • 타인을 위한 일에 시간을 내는가(/) • 장거리 여행 때 옆자리의 사람에게 말을 거는가(/) • 사람들과 함께 있는 것을 좋아하는가(/) • 아는 사람과는 가깝고 친밀하게 지내는가(/) • 상대방이 내게 관심을 가져주기 바라는가(/) • 다른 사람이 나를 좋아해 주기 바라는가(/) • 다른 사람들에게 친절하게 대하는가(/) • 상대방이 나의 모든 것을 좋아해 주기 바라는가(/)	(/)
힘과 성취의 욕구	• 내가 하는 가사나 직업에 대해 사람들로부터 인정받고 싶은가(/) • 다른 사람에게 충고나 조언을 잘 하는가(/) • 다른 사람에게 무엇을 하라고 잘 지시하는가(/) • 경제적으로 남보다 잘 살고 싶은가(/) • 사람들에게 칭찬 듣는 것을 좋아하는가(/) • 내 밑에서 일하는 사람이 문제가 있을 때 쉽게 해고하는가(/) • 내 분야에서 탁월한 사람이 되고 싶은가(/) • 어떤 집단에서든 지도자가 되고 싶은가(/) • 자신을 가치 있는 인간이라고 느끼는가(/) • 내 성취와 재능을 자랑스럽게 여기는가(/)	(/)
자유의 욕구	• 사람들이 내게 어떻게 하라고 지시하는 것이 싫은가(/) • 내가 원하지 않는 일을 하라고 하면 참기 어려운가(/) • 다른 사람에게 어떻게 살아야 한다고 강요하면 안 된다고 믿는가(/) • 누구나 다 인생을 살고 싶은 대로 살 권리가 있다고 믿는가(/) • 인간의 자유로운 선택능력을 믿는가(/) • 내가 하고 싶은 일을 하고 싶은 때 하고 싶은가(/) • 누가 무어라고 해도 내 방식대로 살고 싶은가(/)	(/)

	• 인간은 모두 자유롭다고 믿는가(/) • 상대방의 자유를 구속하고 싶은 생각이 없는가(/) • 나는 열린 마음을 지니고 있다고 믿는가(/)	
즐거움의 욕구	• 큰 소리로 웃기 좋아하는가(/) • 유머를 사용하거나 듣는 것이 즐거운가(/) • 나 자신에 대해서도 웃을 때가 있는가(/) • 뭐든지 유익하고 새로운 것을 배우는 것이 즐거운가(/) • 흥미 있는 게임이나 놀이를 좋아하는가(/) • 여행하기를 좋아하는가(/) • 독서하기를 좋아하는가(/) • 영화 보러 가기를 좋아하는가(/) • 음악 감상하기를 좋아하는가(/) • 새로운 방식으로 일하거나 생각해 보는 것이 즐거운가(/)	(/)

점수의 평균을 내어서 나와 상대방의 욕구강도 프로파일을 적어본다.

나 (- - - -)

상대방 (- - - -)

1은 아주 낮음, 2는 평균 이하, 3은 평균, 4는 평균 이상, 5는 매우 높음을 나타낸다.

출처 : 윌리엄 글래서(2013).

② 활동 4 : 나의 배우자를 제대로 소개합니다, 우리의 결혼 로망 빙고 진행

- 상대방과 오랜 시간 함께했고 결혼을 약속했음에도 평소에 잘 깨닫지 못하고 자신의 관점에서 상대방을 파악한 경우가 있다는 것을 앞선 활동을 통해 확인했을 것이다. 따라서 이번 활동은 '우리 모두는 어떻게 같고 어떻게 다른가?' 활동을 통해 새롭게 발견한 나와 상대방의 욕구, 관심사를 바탕으로 〈활동지 3〉을 다시 작성한다.
- 예비 맞벌이 부부가 〈활동지 3〉을 작성한 뒤 함께 나와 자신의 배우자를 제대로 소개한다.
- 그 후 부부가 상의하여 정한 결혼 로망 〈활동지 4〉와 제시된 로망들을 4×4 빙고판 〈활동지 5〉에 적고 진행한다. 먼저 3빙고가 나오는 순서로 순위를 정한다.

활동지 3

나의 배우자를 '제대로' 소개합니다

〈나의 배우자가 좋아하는 것과 좋아하지 않는 것〉

1. ______________________________

2. ______________________________

3. ______________________________

〈나의 배우자가 원하고 추구하는 것(욕구)〉

1. ______________________________

2. ______________________________

3. ______________________________

〈나의 배우자의 성향(성격)〉

1. ______________________________

2. ______________________________

3. ______________________________

활동지 4

결혼 로망

우리가 꿈꾸는 결혼 생활은요~

1.

2.

3.

4.

5.

6.

7.

활동지 5

로망 빙고

예시

부부모임 나가기, 주말에 같이 등산 가기, 일주일에 2번 이상 같이 산책 가기, 주말 저녁 함께 먹기, 같이 해외여행 가기, 일 나가기 전에 배웅 허그하기, 같이 주말 예배 가기, 스트레스 받는 상황이 생기면 같이 노래방 가기, 아이가 입학할 때마다 가족 사진 찍으러 가기, 자기 전에 "사랑해" 하기

3) 종결(10분)

① 프로그램 소감

- 프로그램을 마무리한 후 느낀 점을 다른 참가자와 공유한다.
- 참가자들의 참여하는 태도에 대해 칭찬하며 격려한다.

② 과제 부여

〈이해 노트〉에 자신이 상대방에 대해 새롭게 알게 된 점이나 몰랐던 장점을 매일 1개 이상 찾아 적어오도록 한다.

〈이해 노트 속지〉

상대방의 새로운 점(장점)

③ 1회기 프로그램 내용 요약 및 2회기 프로그램 설명

- 1회기 프로그램 내용의 요약과 다음 회기는 성역할 태도에 관한 회기임을 알려준다.

2. 시연 PPT 사례[3]

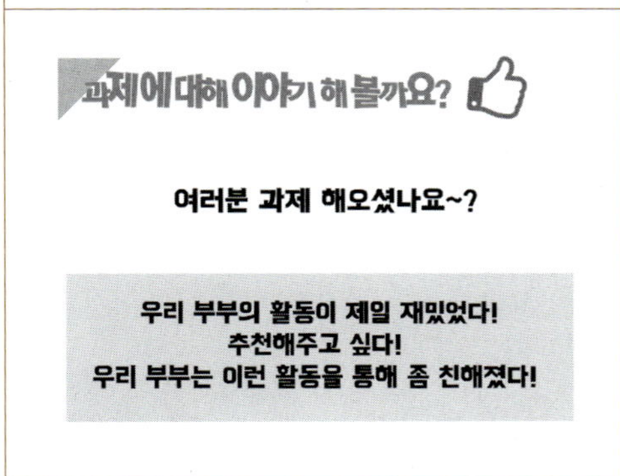

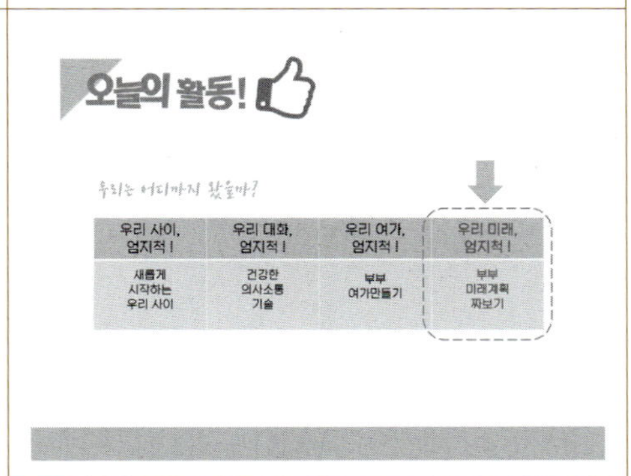

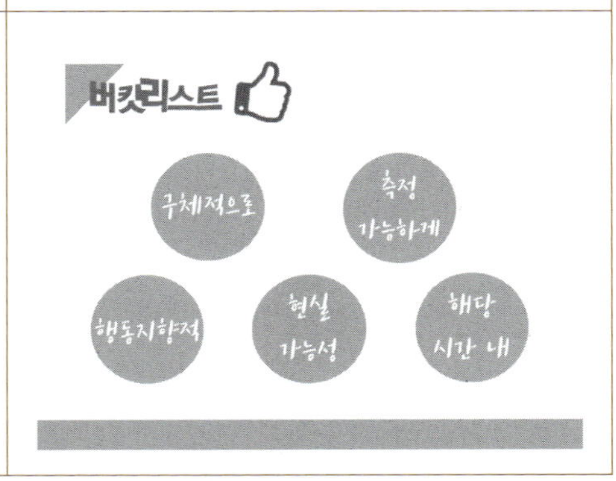

3 2018년 창원대학교 사회복지학과(2023년 이전 가족복지학과) 가족생활교육 수강생 백승주, 김희진, 박동휘, 박주현 학생팀의 〈시연 PPT 사례〉로 동의를 구하고 수록함

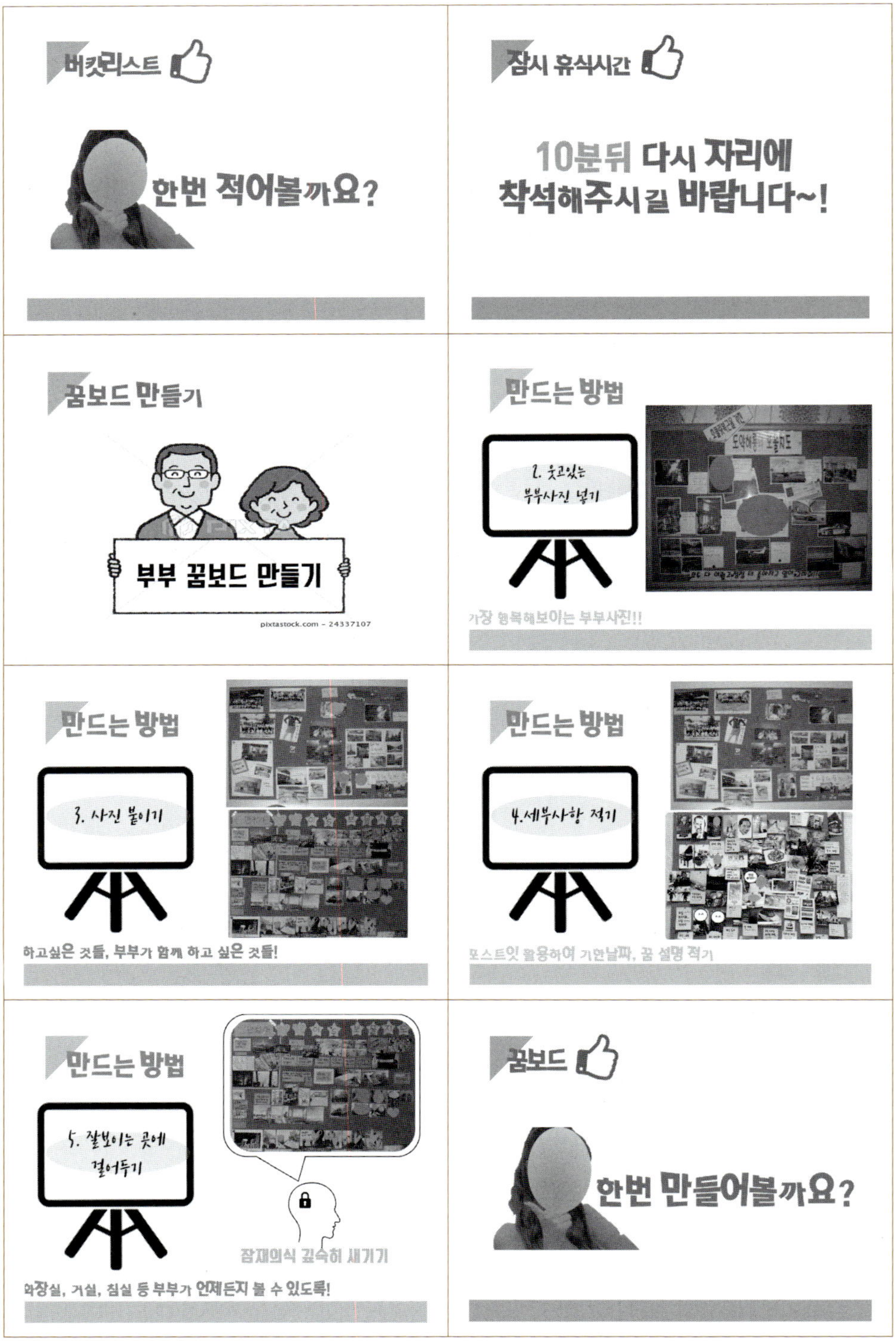
버킷리스트
한번 적어볼까요?
잠시 휴식시간
10분뒤 다시 자리에
착석해주시길 바랍니다~!
꿈보드 만들기
부부 꿈보드 만들기
pixtastock.com - 24337107
만드는 방법
2. 웃고있는 부부사진 넣기
가장 행복해보이는 부부사진!!
만드는 방법
3. 사진 붙이기
하고싶은 것들, 부부가 함께 하고 싶은 것들!
만드는 방법
4.세부사항 적기
포스트잇 활용하여 기한날짜, 꿈 설명 적기
만드는 방법
5. 잘보이는 곳에 걸어두기
잠재의식 깊숙히 새기기
화장실, 거실, 침실 등 부부가 언제든지 볼 수 있도록!
꿈보드
한번 만들어볼까요?

꿈보드
한번 자랑해봅시다!

프로그램 마무리
결혼 만족도 검사
한 번 해보셨죠~?
체크 후 ▶ 합산 !

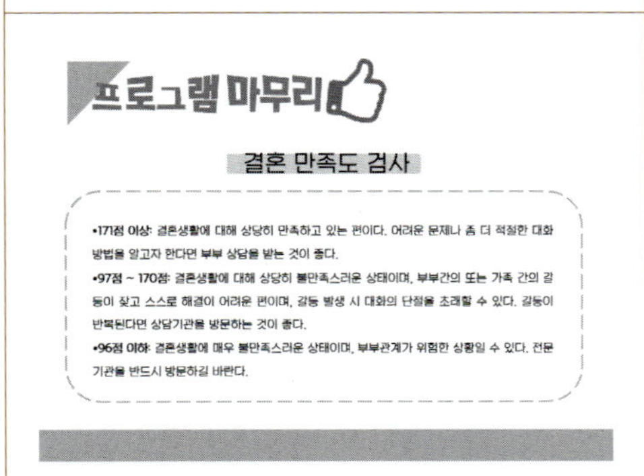
프로그램 마무리
결혼 만족도 검사
•171점 이상: 결혼생활에 대해 상당히 만족하고 있는 편이다. 어려운 문제나 좀 더 적절한 대화 방법을 알고자 한다면 부부 상담을 받는 것이 좋다.
•97점 ~ 170점: 결혼생활에 대해 상당히 불만족스러운 상태이며, 부부간의 또는 가족 간의 갈등이 잦고 스스로 해결이 어려운 편이며, 갈등 발생 시 대화의 단절을 초래할 수 있다. 갈등이 반복된다면 상담기관을 방문하는 것이 좋다.
•96점 이하: 결혼생활에 매우 불만족스러운 상태이며, 부부관계가 위험한 상황일 수 있다. 전문기관을 반드시 방문하길 바란다.

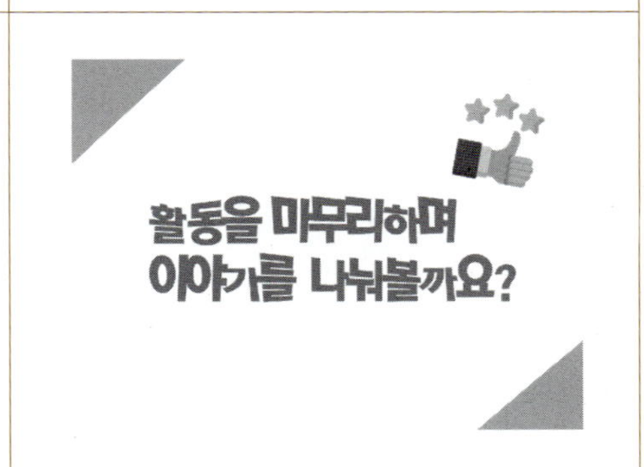
활동을 마무리하며
이야기를 나눠볼까요?

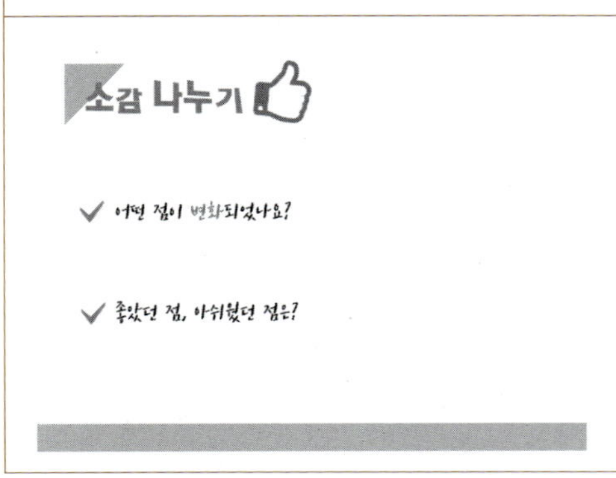
소감 나누기
✓ 어떤 점이 변화되었나요?
✓ 좋았던 점, 아쉬웠던 점은?

우리 사이,
엄지엄지 척 !
저희는 앞으로 여러분의
부부관계가 증진되기를 응원합니다!

〈시연과정〉[4]

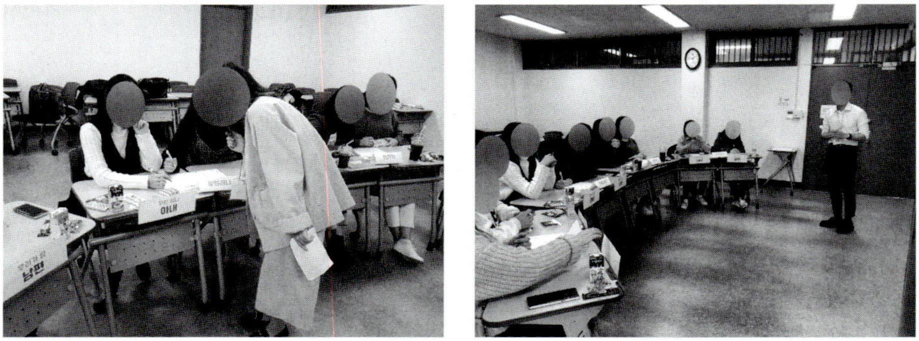

〈시연 참가자들 활동 결과물〉

4 2018년 창원대학교 사회복지학과(2023년 이전 가족복지학과) 가족생활교육 수강생 백승주, 김희진, 박동휘, 박주현 학생팀의 〈시연 과정 사진들〉로 동의를 구하고 수록함

〈우리 사이, 엄지엄지척!〉 프로그램 과제 수행 보고서[5]

1. 과제 수행방법 및 과정

본 프로그램을 개발하기 위해서 다양한 논문을 살펴보며, 중년기 부부관계 향상을 위한 프로그램 개발의 필요성과 중요성에 대해 정립하였다. 이후에는 현재 지역사회의 사회복지기관들이 수행하고 있는 중년기 부부를 대상으로 한 다양한 프로그램들을 참고하여 개선해야 하는 점과 지속되어야 하는 점을 고려하여 프로그램 내용을 구성하였다.

프로그램을 구성하면서 가장 중요한 것은 본 프로그램을 통해 이루고자 하는 목표를 설정하는 것이었기 때문에 목표에 대한 정확성과 수행 가능성을 고려하여 정립하였다. 그 이후에는 정립한 목표에 적절한 내용과 시간 및 대상자의 특성을 고려하여 내용을 구성하였다. 프로그램을 구성하는 과정에서는 팀원들과의 주 2회(화요일, 목요일) 회의를 통해 팀원들의 창의적인 아이디어들이 반영되도록 노력하였고, 팀원들과 의견을 조율하며 구성된 내용들을 주 1회(목요일) 주기적으로 교수님에게 점검받고 다른 팀들과 함께 공유함으로써 계획 프로그램의 개선점에 대해서 이야기하고, 이를 바탕으로 프로그램을 수정하는 과정을 거쳐 프로그램의 구체성과 체계성을 높이고자 하였다.

프로그램 개발이 완성된 이후에는 다른 팀원들과 함께 각 팀이 기획한 프로그램을 직접 시연을 해봄으로써 팀원들이 참여자를 대상으로 직접 실행하여 팀원들의 역량을 개발할 수 있었고, 프로그램에 대한 개발 가능성에 대해 점검하였다. 또한 프로그램의 실현 가능성과 구체성을 다시 한 번 되짚어보면서 프로그램의 완성도를 높였다.

2. 수행 결과

여러 과정을 통하여 중년기 부부를 위한 부부관계 향상 프로그램인 〈우리 사이, 엄지엄지척!〉 개발을 완료하였다. 〈우리 사이, 엄지엄지척!〉 프로그램은 자녀들의 독립으로 빈둥지시기를 맞이해 건강한 부부관계를 유지하고 싶은 50대 중년기 부부 5쌍을 대상으로 총 4회기로 진행되는 프로그램이다. 프로그램 개발을 완료한 후 시연을 해보는 과제에 있어 마지막 회기인 4회기를 시연하였다.

완성한 〈우리 사이, 엄지엄지척!〉은 중년 부부는 서로의 의사소통 방식을 이해하고, 건강한 의사소통 기술을 습득 · 활용하며, 부부가 함께 여가활동을 찾고, 미래설계를 통해 중년 부부의 관계 향상을 돕는 프로그램이다.

---

5 2018년 창원대학교 사회복지학과(2023년 이전 가족복지학과) 가족생활교육 수강생 백승주, 김희진, 박동휘, 박주현 학생팀의 〈프로그램 과제 수행 보고서〉로 동의를 구하고 수록함

그 자세한 내용으로는 첫 번째로, 의사소통 척도를 활용하여 현재 부부간 의사소통 방식을 점검하고, 의사소통 교육을 통해 부부관계에서 효과적인 의사소통의 필요성을 학습하여 프로그램을 통해 부부간의 의사소통 방식을 이해하는 것이 있다. 두 번째로는, 참여자가 부부 의사소통에 대한 개념과 기술을 학습하고, 그 내용을 바탕으로 배우자와의 실습에서 적용해 보아 부부가 건강한 의사소통 기술을 학습하고 적용해 볼 수 있다. 세 번째로, 중년기 여가의 중요성을 교육하고, 취미활동 카드 활동을 통해 부부가 함께할 수 있는 여가활동을 찾아보고, 그중 하나의 여가활동을 함께 실천해 봄으로써 중년기 부부의 건강한 여가문화 생활을 실천하게 할 수 있다. 네 번째로, 부부가 함께 버킷리스트를 작성하고 그를 바탕으로 꿈 보드를 만들어 보며 부부의 미래를 계획할 수 있다.

이러한 프로그램 개발을 바탕으로 4회기를 시연하였는데, 많은 연습을 통해 프로그램을 매끄럽게 진행할 수 있었고 참여자들의 참여를 이끌 수 있었다. 또한 프로그램은 화기애애한 분위기로 계속해서 진행되었으며, 꿈 보드 만들기에 대한 참여자들의 높은 만족도를 얻을 수 있었다. 또한 프로그램에 대한 마무리 동영상까지 시청하고, 수료증을 수료해 프로그램 마무리를 유연하게 잘할 수 있었고 참여자들과 교수님과의 피드백 시간에 그러한 부분에서 좋은 평가를 받을 수 있었다.

3. 기대효과 및 개선방향

본 프로그램의 기대효과는 다음과 같다. 첫째, 의사소통 척도를 활용하여 부부간 의사소통 방식을 점검하고, 의사소통의 기술에 대한 교육을 통해서 건강한 의사소통을 학습할 수 있다. 둘째, '취미활동 카드 뽑기'라는 활동을 통해 함께할 수 있는 여가활동을 찾음으로써 중년기 부부의 건강한 여가활동을 정립할 수 있다. 셋째, 자신의 버킷리스트와 이를 통한 부부의 꿈 보드 만들기를 통해서 부부가 함께 미래를 설계할 수 있다. 넷째, 이러한 활동들을 통해서 부부가 함께 중년기 부부에게 위기가 될 수 있는 부적절한 의사소통과 여가활동의 부재를 해소함으로써 부부관계 만족도를 향상시킬 수 있다.

더 나은 방향으로 프로그램이 발전하기 위한 개선방향은 다음과 같다.

첫 번째로, 참여자들이 본 프로그램에 참여한 이후에도 지속적인 발전을 위한 노력을 하여야 한다. 이를 위해서는 프로그램을 통해 개설된 '네이버 밴드'의 지속적인 관리를 통해서 프로그램 참여자들 간의 소통과 부부관계 향상의 지속적인 발전이 이루어져야 한다. 밴드를 통한 부부들 간의 소통을 통해 프로그램을 통해 설계했던 부부들의 미래 계획의 실천을 공유함으로써 프로그램이 끝난 이후에도 실천이 이루어지도록 한다.

두 번째로, 후속 프로그램을 위해 프로그램 내용을 개선하는 것이 필요하다. 부부의 의사소통 방법에 대한 교육에서 다양한 교육영상을 활용하여 대상자들에게 교육 내용이 더 쉽게 다가갈 수 있도록 개선하는 것이 필요하다. 또한 본 프로그램에서의 결과물을 후속 프로그램에 활용하는 것이 필요하다. 결과물들을 예시로 보여줌으로써 대상자들의 참여를 이끌고 활동내용에 더욱 쉽게 다가올 수 있도록 개선하는 방향으로 나아가야 한다.

3. 패들렛을 활용한 피드백

패들렛(Padlet)은 어떤 주제에 대한 서로의 의견을 공유하며 온라인 토론을 하거나, 사진, 문서, 뉴스 기사 등 다양한 형태의 자료를 시각적으로 공유하는 데 매우 편리한 소프트웨어로 누구나 무료로 사용이 가능하다.

수업 내에서 사용하고자 한다면 토의, 토론 수업, 조사 학습, 프로젝트 발표 수업 등 다양한 수업 활동에 적용해 볼 수 있다. 담벼락을 생성하면 자유롭게 의견을 남기고 댓글을 달아 의사소통이 가능하며 사진과 파일, URL 주소를 공유할 수 있어 여러 형식의 파일을 공유하며 의견을 나누기에 적합하다. 자유로운 토론이나 그룹별 구분, 찬성 VS 반대 등 여러 유형으로 담벼락을 생성해 활용하기 좋다.

패들렛 만들기로 들어가면 담벼락, 캔버스, 스트림, 그리드, 셸프, 백채널, 지도, 타임라인의 여덟 가지 템플릿을 선택할 수 있다. 생성과 동시에 오른쪽에는 설정 창이 뜨는데 패들렛의 제목과 간략한 설명, 해당 패들렛의 링크 주소, 배경화면과 색상, 글꼴 등을 수정할 수 있다. 언제든 오른쪽 상단의 설정 버튼으로 재수정이 가능하므로 수업의 성격이나 개인의 취향에 맞게 디자인하면 된다.

이렇게 진행되는 패들렛 활동은 학생들을 참여시키고, 서로가 소통할 수 있는 학습 공간이 된다. 무엇보다 자료 공유 형태가 시각적으로 한눈에 들어오기 때문에 사용하는 데 매우 편리하다(이수진, 2020).

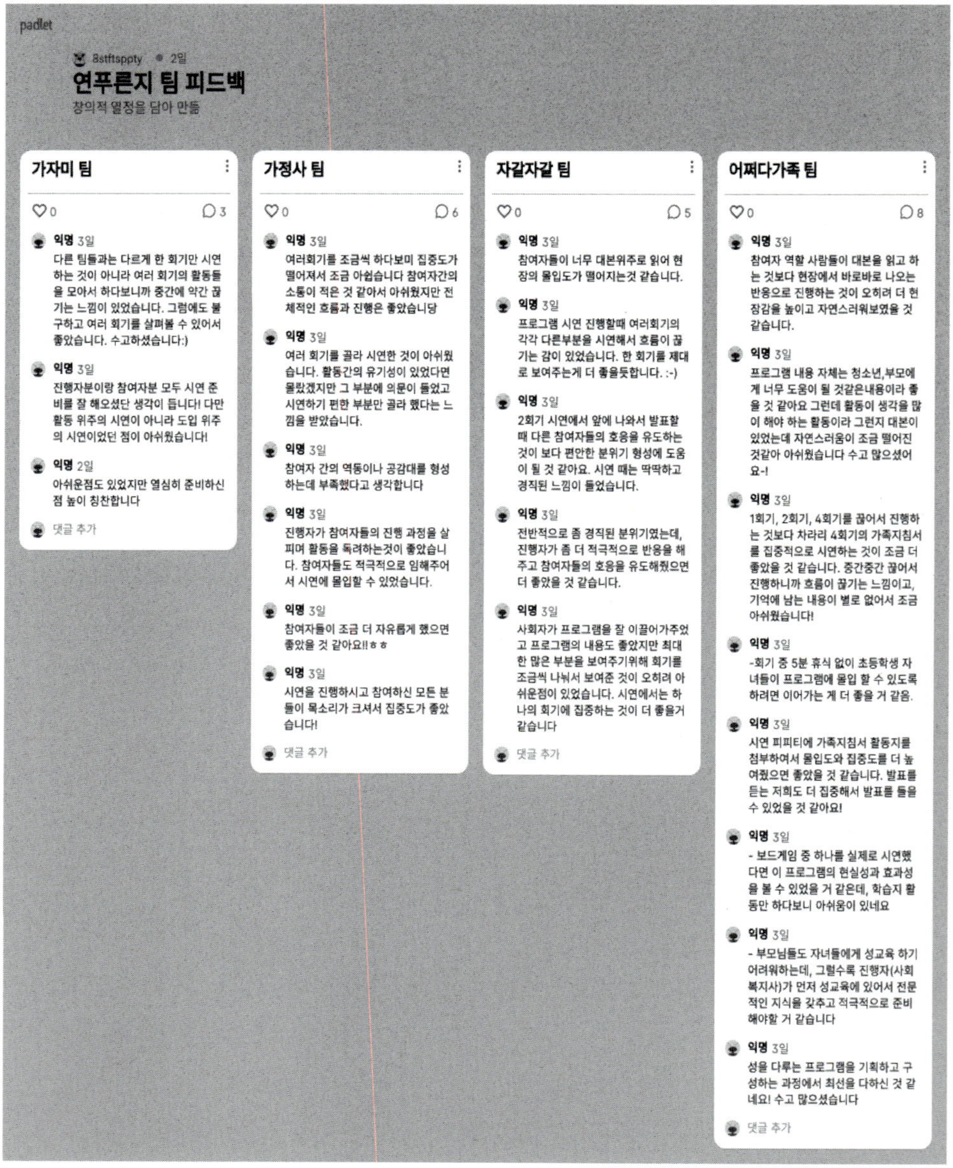

|그림 9-1| 패들렛을 이용한 피드백 사례

〈표 9-1〉 프레젠테이션 피드백

프로그램명 : 지도자 성명 :

영 역	구 분	아주 좋았다	좋았다	보통이다	좋지 않았다	아주 좋지 않았다
내용 및 방법	교육내용에 대한 명확한 안내 및 설명	5	4	3	2	1
	적절한 교육방법 활용	5	4	3	2	1
	참여자 수준에 맞는 교육내용 제시	5	4	3	2	1
	적합한 교육도구, 활동지 등 사용	5	4	3	2	1
	교육내용에 대한 충분한 지식	5	4	3	2	1
	강의 시간과 활동시간의 적절한 분배	5	4	3	2	1
태도 및 언어	풍부한 언어의 사용	5	4	3	2	1
	언어적 표현의 명확성	5	4	3	2	1
	적당한 목소리 톤과 강약 조절	5	4	3	2	1
	참여자를 존중하고 배려하는 태도	5	4	3	2	1
참여자와의 유대능력	참여자를 주제에 참여시킴	5	4	3	2	1
	참여자와의 자연스러운 상호작용	5	4	3	2	1
	참여자의 응답에 재치 있게 반응	5	4	3	2	1
전문가적 모습	전문가적인 매력적인 모습	5	4	3	2	1
	전문가적인 열성적인 태도	5	4	3	2	1
	실례를 활용한 유연한 전문가적 진행	5	4	3	2	1
	전문가적인 편안한 진행 모습	5	4	3	2	1
전반적인 평가	프로그램 시연에서 잘한 점 : 프로그램 시연에서 개선할 점 :					

〈표 9-2〉 성찰 보고서 양식

성찰 보고서

학번 (   )   이름 (   )

1. 어떤 과정을 통해 무엇을 배우고 느꼈는가?

2. 학습한 것을 어디에 적용해 볼 수 있는가?

3. 배운 것을 나의 일, 생활, 공부에 어떻게 적용할 것인가?

4. 나와 우리 팀원의 기여도는 어떠했는가?

출처 : 장경원 · 고수일(2014).

CHAPTER 10

우리들의 빛나는 프로그램

1. 공모전 수상 프로그램들

이혼 부자 가정의 가족기능 향상 프로그램

1) 프로그램명

위(We)대한 짝꿍[1]

2) 프로그램의 목적

가족의 건강한 기능에 대한 인식을 바탕으로 가족원의 친밀감을 향상하고, 의사소통 기술을 습득하며 가족 내의 규칙을 형성함으로써 이혼 부자 가정의 가족기능 향상을 도모한다.

3) 프로그램의 목표

- 라포 형성과 가족기능 이해하기
- 서로의 환경자원에 대한 공유, 부-자 간의 친밀감과 유대감 향상시키기
- 효과적인 의사소통 인지 및 기술 습득하기

1 2015년 창원대학교 사회복지학과(2023년 이전 가족복지학과) 가족생활교육 수강생 이슬기, 박다은, 우연희 학생팀의 프로그램으로 동의를 구하고 수록함. 2015년 한국가족관계학회 주최 〈가족생활교육 프로그램 공모전〉 최우수상 수상 프로그램임

- 가족 규칙 형성 및 가족 규칙에 대한 동기 부여하기
- 부–자 가정의 긍정적인 미래상 정립하기

4) 대 상

이혼한 지 3년 이내의 초등학생 자녀를 둔 부자 가정 5가구

5) 전체 프로그램 개요

회기	회기명	목 표	활동내용
1회기	위(We)대한 출발!	라포 형성과 가족기능 이해하기	1. 우리 가족 소개 및 가족 애칭 정하기 2. 가족기능의 정의와 요인에 대한 설명 3. 건강한 가족 트리 만들기
2회기	위(We)대한 친구!	서로의 환경자원에 대한 공유, 부–자 간의 친밀감과 유대감 향상시키기	1. 아이와 아빠의 주변 환경에 대한 그림 그리기(긍정적인 주변 환경 자원 찾아보기) 2. 부자간에 있었던 긍정적, 부정적 경험을 그림으로 나타내기
3회기	위(We)대한 소통!	효과적인 의사소통 인지 및 기술 습득하기	1. 관계를 단절시키는 의사소통/효과적인 의사소통 방법 알아보기 2. 부자간의 상호작용에 대한 동영상을 통해 I-message 방법 소개 3. I-message 활용하기 4. 칭찬 릴레이
4회기	위(We)대한 규칙!	가족 규칙 형성 및 가족 규칙에 대한 동기 부여하기	1. 가족 규칙에 대한 이해 2. 가족 규칙이 자신에게 미친 영향 인식 및 새로운 가족 규칙 만들기
5회기	위(We)대한 짝꿍!	부–자 가정의 긍정적인 미래상 정립하기	1. 부자 가정 관련 동영상 시청하기 2. 가족 앨범 만들기 3. 프로그램 참여 소감 말하기 4. 자조모임 형성

6) 각 회기별 세부 추진 계획표

(1) 1회기 : 위(We)대한 출발!

단계	교육내용	준비물
도입 (20분)	1. 전체 프로그램 소개 및 강사 소개 2. 친밀감 형성을 위한 레크리에이션 진행 3. 서약서 작성 4. 사전 조사지 작성 – 최희진 · 유영주의 '한국형 가족기능 척도'를 사용하여 검사한다.	이름표 서약서 필기도구 사전 조사지
활동 (80분)	<강의 및 활동> 1. 우리 가족 소개 및 가족 애칭 정하기 – 가족의 장점을 살린 애칭을 지어보고, 다른 사람들에게 애칭 소개와 함께 우리 가족을 소개한다. 2. 가족기능의 정의와 요인에 대한 설명 – 가족기능이 무엇인지 설명하고, 하위요인인 정서적 지지, 친밀감, 의사소통, 가족 규칙에 대해 설명한다. – 우리 가족 스스로가 구조적으로 다른 가족과 차이가 있을 뿐 충분히 기능적이며, 행복할 수 있다는 인식을 심어준다. 3. 건강한 가족 트리 만들기 – 기능적인 가족이 되기 위해 활용할 수 있는 우리의 긍정적 자원을 찾아본다. 서로 상대방의 강점을 찾고, 부자가 함께 우리 가족 강점을 찾아서 나뭇잎 모양 포스트잇에 적어 나무 기둥(종이 인쇄물)에 붙인다. – 완성한 건강한 가족 트리를 부자가 함께 참여자들에게 소개한다.	유인물 다과
종결 (20분)	1. 자유롭게 오늘 활동에 대한 소감 나누기 2. 다음 시간에 할 주제에 대해 알려주기	

(2) 2회기 : 위(We)대한 친구!

단계	교육내용	준비물
도입 (15분)	1. 가족 간에 있었던 한 주간의 일에 대한 이야기 나누기 2. 프로그램 내용 안내	이름표
활동 (95분)	<활동> 1. 아이와 아빠의 주변 환경에 대한 그림 그리기 – 부–자가 서로의 주변 환경에 대해서 그림을 그리고 공유한다. – 아버지는 자녀가 속한 환경이 어떠한지 알아보고 긍정적인 영향을 주었던 관계망은 무엇인지 알아본다.	도화지 색연필 사인펜 다과

	– 자녀는 아버지가 속한 환경이 어떠한지 알아보고 이해한다. – 서로의 관계망을 앞으로 어떻게 긍정적인 자원으로 활용할 수 있을지 이야기한다. 2. 부자간에 있었던 긍정적, 부정적 경험을 그림으로 그리기 – 그림을 통해 부–자 간의 감정을 이야기하고, 서로의 입장을 공유한다. – 만약 다음에 똑같은 일이 발생하면 어떻게 대처할지에 대해 나눈다. – 부정적 경험 그림은 찢어서 불만을 털어버리는 시간을 갖게 한다.	
종결 (10분)	1. 자유롭게 오늘 활동에 대한 소감 나누기 2. 다음 시간에 할 주제에 대해 알려주기	

(3) 3회기 : 위(We)대한 소통!

단계	교육내용	준비물
도입 (15분)	1. 가족 간에 있었던 한 주간의 일에 대한 이야기 나누기 2. 프로그램 내용 안내	이름표
활동 (95분)	<강의 및 활동> 1. 관계를 단절시키는 의사소통/효과적인 의사소통 방법 알아보기 2. 부자간의 상호작용에 대한 동영상을 통해 I-message 방법 소개 3. I-message 활용하기 – 평소 충돌이 일어나던 상황, 서로에게 속상했던 상황들을 적어보고, I-message로 표현해 본다. 4. 칭찬 릴레이 – 아버지와 자녀가 각자 서로의 칭찬을 5가지 이상 적어보고, 서로를 바라보며 칭찬 릴레이를 해본다.	A4용지 사인펜 색연필 다과
종결 (10분)	1. 자유롭게 오늘 활동에 대한 소감 나누기 2. 다음 시간에 할 주제에 대해 알려주기 3. 과제 : I-message로 대화해 보고 오기	

(4) 4회기 : 위(We)대한 규칙!

단계	교육내용	준비물
도입 (15분)	1. 가족 간에 있었던 한 주간의 일에 대한 이야기 나누기 – 지난 시간의 과제에 대해서 이야기 나누기 2. 프로그램 내용 안내	이름표

<table>
<tr><td>활동
(95분)</td><td><강의 및 활동>
1. 가족 규칙에 대한 이해
– 가족 규칙이 무엇인지 알아보고, 건강한 가족에서의 규칙은 어떤 특성을 가지고 있는지 이해한다.
<활동>
2. 가족 규칙 만들기
– 현재 우리 가족에 있는 규칙은 무엇인지 알아본다.
– 가족 규칙이 자신에게 미친 영향 인식을 알아보고, 새로운 가족 규칙을 만든다.</td><td>전지
매직
색연필
사인펜
다과</td></tr>
<tr><td>종결
(10분)</td><td>1. 자유롭게 오늘 활동에 대한 소감 나누기
2. 다음 시간에 할 주제에 대해 알려주기
3. 과제 : 새로운 가족 규칙 실천에 옮겨보기</td><td></td></tr>
</table>

(5) 5회기 : 위(We)대한 짝꿍!

<table>
<tr><th>단계</th><th>교육내용</th><th>준비물</th></tr>
<tr><td>도입
(15분)</td><td>1. 가족 간에 있었던 한 주간의 일에 대한 이야기 나누기
– 지난 시간의 과제에 대해서 이야기 나누기
2. 프로그램 내용 안내</td><td>이름표</td></tr>
<tr><td>활동
(90분)</td><td><강의 및 활동>
1. 부자 가정 관련 동영상 시청하기
– 한부모 가정에서 자란 위대한 인물에 대한 영상을 시청하고 나눈다.
2. 가족 앨범 만들기
– 그동안 활동하면서 찍은 사진으로 가족 앨범을 만들어 본다.
3. 긍정적인 미래상 정립
– 프로그램에 참여하면서 부자간에 있었던 변화에 대해서 이야기하고, 가족의 미래에 대한 긍정적인 다짐을 해본다.
4. 자조모임에 대한 안내
– 프로그램이 끝난 이후에 자조모임으로 발전할 수 있도록 한다.</td><td>앨범
활동사진
다과</td></tr>
<tr><td>종결
(15분)</td><td>1. 가족 사진 촬영 및 단체사진 촬영
2. 사후 조사지 작성
– 최희진 · 유영주의 '한국형 가족기능 척도'를 사용하여 검사한다.
3. 기념품(가족화분) 전달
4. 프로그램 참여 소감 및 만족도 조사</td><td>카메라
사후
조사지
기념품
만족도
조사지</td></tr>
</table>

7) 기대효과

이혼 부자 가정 가족기능 향상을 위한 가족생활교육 프로그램 '위(We)대한 짝꿍'은 부자간의 정서적 친밀감과 의사소통을 향상시키며, 가족 내의 건강한 규칙을 통해 이혼 부자 가정의 가족기능 향상을 도모할 수 있을 것이다.

또한 부와 자녀가 함께 프로그램에 참여하는 즐거운 경험을 바탕으로 부자간의 관계 회복 및 온전한 가족으로서의 결속력을 증진시켜 건강한 부자 관계를 형성할 수 있을 것으로 기대된다.

마지막으로 이혼 부자 가정들 간의 긍정적인 관계 유지 및 정보교환을 위한 자조집단을 형성함으로써 아버지의 양육스트레스를 감소시키고 건강한 가족으로 기능할 수 있도록 한다.

중년기 부부를 위한 부부관계 증진 프로그램

1) 프로그램명

빈틈없는 빈둥지기[2]

2) 프로그램의 목적

축소 완료기에 진입하여 부부관계의 재정립이 필요한 중년기 부부가 빈둥지기 극복을 위한 가족생활교육 프로그램에 참가하여 빈둥지기 적응력을 높이고 바람직한 부부관계 형성을 도모한다.

3) 프로그램의 목표

- 중년기 부부가 빈둥지기 교육을 통해 빈둥지기의 정의를 이해한다.

2 2022년 창원대학교 사회복지학과(2023년 이전 가족복지학과) 가족생활교육 수강생 이지원, 이현지, 이홍미, 정재연, 이언주, 최정윤 학생팀의 프로그램으로 동의를 구하고 수록함. 2022년 한국가족관계학회 〈가족생활교육 프로그램 공모전〉 최우수상 수상 프로그램임

- 중년기 부부는 영상을 통한 감정 나누기 활동을 통해 부부관계의 현 심리적 문제를 인식한다.
- 중년기 부부는 지금까지의 부부관계를 되돌아보며 서로의 상호작용을 이해한다.
- 중년기 부부는 상대방의 강점 찾기 활동을 통해 서로를 바라보는 긍정적 시각을 키운다.
- 중년기 부부는 사랑의 언어 검사를 통해 긍정적 의사소통법을 학습한다.
- 중년기 부부는 그들만의 언어 만들기 활동을 통해 변화된 대화방법을 터득하여 실천한다.
- 중년기 부부는 여가활동 교육을 통해 여가의 중요성을 이해한다.
- 중년기 부부는 여가의 다양성 확인을 통해 선호하는 여가를 선정한다.
- 중년기 부부는 여가 주간 일정표 작성을 통해 주기적인 여가활동 실천계획을 수립한다.

4) 대 상

막내자녀까지 취업 및 결혼하여 독립한 중년기 부부 5쌍

5) 전체 프로그램 개요

회기	회기명	목 표	활동내용
1회기	빈둥지 이해하기	– 중년기 부부가 빈둥지기 교육을 통해 빈둥지기의 정의를 이해한다. – 중년기 부부는 영상을 통한 감정 나누기 활동을 통해 부부관계의 현 심리적 문제를 인식한다.	– 사전검사 실시 – 활동 1 : 나의 배우자를 소개합니다. – 활동 2 : 빈둥지기 이해하기 교육 – 활동 3 : 영상을 통한 감정 나누기
2회기	나의 동반자, 귀빈	– 중년기 부부는 지금까지의 부부관계를 되돌아보며 서로의 상호작용을 이해한다. – 중년기 부부는 상대방의 강점 찾기 활동을 통해 서로를 바라보는 긍정의 시각을 키운다.	– 활동 1 : 상대의 강점 찾기 – 활동 2 : 부부의 강점 만들기

3회기	빈정거림 없는 대화, 빛이 나는 대화	- 중년기 부부는 사랑의 언어 검사를 통해 긍정적 의사소통법을 학습한다. - 중년기 부부는 그들만의 언어 만들기 활동을 통해 변화된 대화방법을 터득하여 실천한다.	- 활동 1 : 일상적 대화 역할극 - 활동 2 : 사랑의 언어 검사 - 활동 3 : 변화된 역할 대화극
4회기	우리들만의 빈티지, 여가	- 중년기 부부는 여가활동 교육을 통해 여가의 중요성을 이해한다. - 중년기 부부는 여가의 다양성 확인을 통해 선호하는 여가를 선정한다. - 중년기 부부는 여가 주간 일정표 작성을 통해 주기적인 여가활동 실천 계획을 수립한다.	- 활동 1 : 여가의 중요성 교육 - 활동 2 : 부부간 베스트 여가 뽑기 - 활동 3 : 부부간의 여가 미래설계

6) 각 회기별 세부 추진 계획표

(1) 1회기 : 빈둥지 이해하기

활동 목표			
목표	- 중년기 부부가 빈둥지기 교육을 통해 빈둥지기의 정의를 이해한다. - 중년기 부부는 영상을 통한 감정 나누기 활동을 통해 부부관계의 현 심리적 문제를 인식한다.		
활동 내용			
순서	세부내용		준비물
도입	오리엔테이션 (30분)	1. 출석체크 및 인사 나누기 2. 프로그램 진행순서 내용에 관한 전반적인 소개 3. 개인정보 동의서 및 비밀유지 서약서 작성 4. 사전검사 실시	출석부, 강의 PPT, 개인정보 동의서, 서약서, 사전검사지
전개	나의 배우자를 소개합니다. (20분)	1. 활동 1 : 나의 배우자를 소개합니다. - 라포 형성을 위한 아이스 브레이킹 활동으로, 자신의 배우자를 참여자들에게 소개하는 시간을 가진다. - 배우자에 대해 충분히 소개할 수 있도록 한 사람당 30초 동안 이야기할 수 있도록 타이머를 설정하여 진행한다.	이름표, 타이머
	쉬는 시간(10분)		

	빈둥지기 이해하기 교육 (20분)	2. 활동 2 : 빈둥지기 이해하기 교육 – 빈둥지기가 무엇인지에 대하여 질문함으로써 참여자들이 가지고 있는 빈둥지기 관련 사전 지식을 알아본다. – 빈둥지기 관련 영상을 시청한 후, 영상 시청 소감을 나누고 참여자들과 소통을 이끌어 낸다.	강의 PPT, 동영상 자료
	영상을 통한 감정 나누기 (20분)	3. 활동 3 : 영상을 통한 감정 나누기 – 중년기 부부관계 관련 영상을 보며 '우리의 부부관계'에 대해 생각하고 이야기하는 시간을 가진다. – '꿀 떨어지는 부부의 NOT 6와 GO 6'를 주제로 이야기하고, 우리 부부는 NOT 6와 GO 6 중에 어떤 것을 실천하고 있는지 생각해 본다. – 영상을 시청하며 우리 부부의 현재 상태에 대해 생각해 보고, 영상시청이 끝난 후 배우자와 함께 <활동지 1>을 작성하며 이야기를 나눈다. 이때 우리 부부는 각 6가지 항목 중 어떤 것을 함께 노력해 볼 것인지 의논하여 실천하고 싶은 항목 2가지씩을 선택한다.	강의 PPT, 동영상 자료, 활동지, 필기구
종결	회기 평가 및 마무리 (20분)	1. 1회기 프로그램 참여 소감 공유 2. 다음 회기 프로그램에 대한 설명 3. 단체 SNS 모임인 네이버 밴드 안내 – 네이버 밴드 모임 주소를 안내하고 가입을 유도한다.	–

(2) 2회기 : 나의 동반자, 귀빈

활동 목표			
목표	– 중년기 부부는 지금까지의 부부관계를 되돌아보며 서로의 상호작용을 이해한다. – 중년기 부부는 상대방의 강점 찾기 활동을 통해 서로를 바라보는 긍정의 시각을 키운다.		
활동 내용			
순서	세부내용		준비물
도입	오리엔테이션 (20분)	1. 출석체크 및 인사 나누기 2. 지난 회기 요약 및 2회기 진행순서 내용에 관한 전반적인 소개	출석부, 프로그램 PPT
전개	나, 너 우리의 강점 (80분)	1. 활동 1 : 상대의 강점 찾기(30분) – <활동지 2-1>을 활용하여 배우자의 성격적 · 행동적 강점을 3가지 생각해 본다.	프로그램 PPT, 활동지, 필기구

		- <활동지 2-2>를 활용하여 자신의 경험을 바탕으로 본인의 성격적 · 행동적 약점을 3가지 생각해 본다. - 배우자가 적은 강점과 약점을 살펴본다. 배우자의 강점은 구체화, 약점을 강점으로 바꾸어 <활동지 2-3>에 작성한다.	
		쉬는 시간(10분)	
		2. 활동 2 : 부부의 강점 만들기(40분) - <활동지 2-4>를 활용하여 부부 개인의 강점을 모두 나열해 본다. - <활동지 2-4>를 활용하여 나열된 두 개인의 강점을 합쳐 부부만의 강점을 한 문장으로 표현한다. - 참여자들과 '부부의 강점'을 공유한다.	프로그램 PPT, 활동지, 필기구
종결	회기 평가 및 마무리 (20분)	1. 2회기 프로그램 참여 소감 공유 2. 다음 회기 프로그램에 대한 설명	-

(3) 3회기 : 빈정거림 없는 대화, 빛이 나는 대화

활동 목표			
목표	- 중년기 부부는 사랑의 언어 검사를 통해 긍정적 의사소통법을 학습한다. - 중년기 부부는 그들만의 언어 만들기 활동을 통해 변화된 대화방법을 터득하여 실천한다.		
활동 내용			
순서		세부내용	준비물
도입	오리엔테이션 (10분)	1. 출석체크 및 인사 나누기 2. 지난 회기 요약 및 3회기 진행순서 내용에 관한 전반적인 소개	출석부, 프로그램 PPT
전개	일상적 대화 역할극 (30분)	1. 활동 1 : 일상적 대화 역할극 - 부부 갈등의 요인과 상황에 대한 이야기를 나눠 본다. - 부부가 차례대로 한 쌍씩 앞으로 나와 제비뽑기를 통해 랜덤 갈등상황을 제시받는다. - 배우자 역할이 되어 평소 의사소통 방식대로 역할극을 진행한다. - 배우자의 모습에서 비추어진 나의 의사소통 양상 중 개선해야 할 점을 나누어 본다.	프로그램 PPT, (갈등상황) 제비뽑기, 이름표

	사랑의 언어 검사 (35분)	2. 활동 2 : 사랑의 언어 검사 – 자신과 배우자의 사랑의 의사소통 방식을 알아보기 위한 게리 체프먼의 '5가지 사랑의 언어' 검사에 대해 간단히 설명한다. – 사람은 누구나 자신만의 사랑의 언어를 가지고 있기에 검사를 통해 이를 알아보고자 함을 설명한다. – 부부 모두에게 사랑의 언어 테스트 활동지와 3색 볼펜을 배분하고 검사를 진행하도록 한다. – 검사 후 15분간 쉬는 시간을 가질 것을 알리고 쉬는 시간이 끝나면 결과 해석을 시작할 것을 안내한다.	프로그램 PPT, 사랑의 언어 테스트지, 필기구
		쉬는 시간(15분)	
		– 해설지를 나누어 준 후 진행자는 5가지 사랑의 언어에 대해 설명하고, 어떤 결과가 나왔는지 부부와 소통한다.	프로그램 PPT, 사랑의 언어 테스트지 및 해설지, 필기구
	변화된 대화 역할극 (35분)	3. 활동 3 : 변화된 역할 대화극 – 앞서 진행한 사랑의 언어 검사 결과를 토대로 우리 부부만의 긍정적인 대화법을 만들어 다시 한 번 상황극을 진행한다.	활동지, 필기구
종결	회기 평가 및 마무리 (10분)	1. 3회기 프로그램 참여 소감 공유 2. 다음 회기 프로그램에 대한 설명	–

(4) 4회기 : 우리들만의 빈티지, 여가

활동 목표			
목표	– 중년기 부부는 여가활동 교육을 통해 여가의 중요성을 이해한다. – 중년기 부부는 여가의 다양성 확인을 통해 선호하는 여가를 선정한다. – 중년기 부부는 여가 주간 일정표 작성을 통해 주기적인 여가활동 실천계획을 수립한다.		
활동 내용			
순서	세부내용		준비물
도입	오리엔테이션 (10분)	1. 출석체크 및 인사 나누기 2. 지난 회기 요약 및 4회기 진행순서 내용에 관한 전반적인 소개	출석부, 프로그램 PPT

전개	여가의 중요성 교육 (20분)	1. 활동 1 : 여가의 중요성 교육 – 우리 사회 노년층의 여가 생활수준과 왜 여가 활동을 해야 하는지 간략하게 중요성에 대하여 설명한다.	프로그램 PPT, 여가 교육 영상
	부부간 베스트 여가 뽑기 (20분)	2. 활동 2 : 부부간 베스트 여가 뽑기 – 여가 활동에 관한 PPT를 보며 다양한 여가 활동을 확인한 후 각자가 원하는 여가 활동을 찾고, 부부가 의논하며 부부가 함께 선호하는 베스트 여가 3을 선정한다. – 부부가 선택한 여가 활동과 토론 과정을 짧게 이야기하는 시간을 가진다.	프로그램 PPT, 활동지, 필기구
	쉬는 시간(10분)		
	부부 간의 여가 미래설계 (30분)	3. 활동 3 : 부부간의 여가 미래설계 – 부부가 함께 선정한 베스트 3 여가활동 중 하나를 선택하여 실제로 실행에 옮겨볼 실천계획을 세우며 여가활동 계획표를 작성하는 시간을 가진다.	프로그램 PPT, 활동지, 필기구
종결	회기 평가 및 마무리 (30분)	1. 4회기 프로그램 및 전체 프로그램 참여 소감 공유 및 종결 감정 다루기 – 프로그램을 마무리한 후 느낀 점을 참가자와 공유한다. – 프로그램을 종결하는 과정에서 경험하는 긍정적인 감정, 또는 부정적 감정을 표현하여 성공적인 종결을 가능케 한다. 2. 과제 제시 – 4회기 프로그램에서 작성한 여가 활동 주간 계획표를 실제로 실천하도록 과제를 제시한다. – 실천한 내용을 가족센터 네이버 밴드에 올리도록 안내하며, 활발하게 활동을 한 부부에게 시상을 할 것임을 안내하여 과제 참여를 유도한다. 3. 프로그램 만족도 조사 및 사후검사 실시 4. 전체 사진 촬영 및 종결	프로그램 만족도 조사지, 사후검사지, 필기구

7) 기대효과

- 중년기 부부는 빈둥지기의 특성과 그로 인한 자신과 배우자의 감정적 변화를 이해할 수 있다.
- 중년기 부부는 일상생활 속에서 배우자의 강점을 찾아내는 통찰력을 기를 수 있다.

- 중년기 부부는 서로를 배려하는 긍정적 의사소통을 지속적으로 행할 수 있다.
- 중년기 부부는 함께하는 주기적인 여가활동을 통해 건강한 부부관계를 형성할 수 있다.

갱년기를 겪는 중년 기혼 여성 대상 프로그램

1) 프로그램명

영양갱(영양 가득한 갱년기 극복 프로그램)[3]

2) 프로그램의 목적

갱년기를 경험하는 중년 여성들이 갱년기에 대해 이해하고 건강한 노후생활을 설계함으로써 자존감을 회복하여 갱년기를 극복하는 것을 목적으로 한다.

3) 프로그램의 목표

- 중년기 여성들이 서로에 대한 정보를 탐색하는 과정을 통해 친밀감을 향상시키고 갱년기에 대한 지식을 습득한다.
- 중년기 여성들이 거울치료를 통해 변화한 자신의 모습을 직면한다.
- 중년기 여성들이 'GRWM' 활동과 인생그래프 작성을 통해 자신에 대한 만족도를 높인다.
- 중년기 여성들이 긍정적인 미래를 구체적으로 계획한다.

4) 대 상

50~60세의 갱년기를 겪고 있는 중년기의 기혼 여성 6명

3 2022년 창원대학교 사회복지학과(2023년 이전 가족복지학과) 가족생활교육 수강생 김하영, 김지영, 김한나, 박수지, 박슬기 학생팀의 프로그램으로 동의를 구하고 수록함. 2022년 한국가족관계학회 〈가족생활교육 프로그램 공모전〉 우수상 수상 프로그램임

5) 전체 프로그램 개요

회기	회기명	목 표	활동내용
1회기	영양갱 나누기	중년기 여성들이 서로에 대한 정보를 탐색하는 과정을 통해 친밀감을 향상시키고 갱년기에 대한 지식을 습득한다. – 자기를 소개하는 시간을 가지면서 참여자의 친밀감 및 라포를 형성한다. – 갱년기 증상 및 위험성과 극복의 필요성에 대한 강의를 통해 갱년기에 대해 이해한다. – 대화를 통해 서로가 느끼는 갱년기 증상을 공유함으로써 공감과 위로를 얻는다.	■ 라포형성(공감대 형성) – 자기소개 – 갱년기 증상과 극복 필요성 교육 – 갱년기 증상 및 극복 노력 나누기
2회기	영양갱 뜯기	중년기 여성들이 거울치료를 통해 변화한 자신의 모습을 직면한다.	■ 내 모습 마주하기 – 살면서 들었던 말을 내가 듣고 싶은 말로 바꿔보기 – 거울 속 내가 보는 나(거울치료)
3회기	영양갱 맛보기	중년기 여성들이 'GRWM' 활동과 인생 그래프 작성을 통해 자신에 대한 만족도를 높인다.	■ 아름다운 나 발견하기 – 메이크업 하기 – 인생 사진 남기기 – 인생 그래프 그리기
4회기	영양갱 즐기기	중년기 여성들이 긍정적인 미래를 구체적으로 계획한다. – 제2의 인생 버킷리스트를 작성함으로써 긍정적으로 노후를 바라본다.	■ 내 미래 디자인하기 – 나의 어릴 적 꿈 나누기 – 버킷리스트 작성 후 세부 계획 세우기

6) 각 회기별 세부 추진 계획표

(1) 1회기 : 영양갱 나누기

<table>
<tr><th colspan="3">활동 목표</th></tr>
<tr><td>목표</td><td colspan="2">중년기 여성들이 서로에 대한 정보를 탐색하는 과정을 통해 친밀감을 향상시키고 갱년기에 대한 지식을 습득한다.
- 자기를 소개하는 시간을 가지면서 참여자의 친밀감 및 라포를 형성한다.
- 갱년기 증상 및 위험성과 극복의 필요성에 대한 강의를 통해 갱년기에 대해 이해한다.
- 대화를 통해 서로가 느끼는 갱년기 증상을 공유함으로써 공감과 위로를 얻는다.</td></tr>
<tr><th colspan="3">활동 내용</th></tr>
<tr><th>순서</th><th>세부내용</th><th>준비물</th></tr>
<tr><td>도입
(20분)</td><td>1. 오리엔테이션
- 인사 나누기 및 출석 체크하기
- 프로그램에 대한 전반적인 소개하기
- 개인정보 동의서 및 서약서 작성
- 사전검사 실시</td><td>출석부, 프로그램 PPT, 개인정보 동의서, 서약서, 사전검사지</td></tr>
<tr><td rowspan="2">전개
(50분)</td><td>1. 자기소개하기 (20분)
- 이름, 나이, 사는 곳/고향, 오늘의 TMI 등
- 한 사람씩 앞으로 나와 자기소개를 한다.</td><td>A4용지, 이름표, 필기구, 색연필</td></tr>
<tr><td>2. 갱년기 증상 및 위험성, 갱년기 극복의 필요성 강의/갱년기 증상에 대해 나누기(30분)
1) 영상을 통한 갱년기 이해 교육을 실시한다.
2) 본인의 갱년기 증상에 대해 나누는 시간을 갖는다.
- 강의 후 자신이 겪는 갱년기 증상에 대해 자유롭게 대화한다.
- 갱년기 증상에 따라 어떻게 대처하고 노력했는지 참여자들끼리 공유한다.</td><td>필기구, 강사, 유인물, 강의 PPT</td></tr>
<tr><td>종결
(10분)</td><td>1. 회기 평가 및 마무리
- 프로그램을 마무리하며 소감 나누기
- 다음 회기에 활동에 대한 설명</td><td>-</td></tr>
</table>

(2) 2회기 : 영양갱 뜯기

<table>
<tr><th colspan="3">활동 목표</th></tr>
<tr><td>목표</td><td colspan="2">중년기 여성들이 거울치료를 통해 변화한 자신의 모습을 직면한다.</td></tr>
<tr><th colspan="3">활동 내용</th></tr>
<tr><th>순서</th><th>세부내용</th><th>준비물</th></tr>
<tr><td>도입
(10분)</td><td>1. 오리엔테이션
– 인사 나누기 및 출석 체크하기
– 전 회기 내용 상기시키기
– 2회기 활동내용 안내하기</td><td>출석부, 이름표,
프로그램 PPT</td></tr>
<tr><td rowspan="2">전개
(60분)</td><td>1. 그동안의 나 알아보기(20분)
– 자신이 아내나 어머니의 역할로 들어왔던 말들을 나열해 보고 그 말들을 듣고 싶은 말들로 바꿔본다.</td><td>활동카드,
필기구,
프로그램 PPT</td></tr>
<tr><td>2. 거울 속 내가 보는 나 마주하기(40분)
– 거울에 비친 자신의 모습을 바라보는 시간을 갖는다.
– 활동 1에서 작성했던 듣고 싶었던 말들을 거울 속 자신에게 해주는 시간을 갖는다.
– 참여자들이 서로의 거울이 되어 격려해 주는 말을 나눈다.
– 자신의 거울을 개별적으로 꾸미는 시간을 갖는다.</td><td>영상, 거울, 휴지,
아크릴 물감,
윈도우 마커</td></tr>
<tr><td>종결
(10분)</td><td>1. 회기 평가 및 마무리
– 프로그램을 마무리하며 소감 나누기
– 거울 속 자신에게 마무리 격려 한마디 하기
– 다음 회기에 대한 설명 및 준비물에 대한 안내</td><td>거울</td></tr>
</table>

(3) 3회기 : 영양갱 맛보기

<table>
<tr><th colspan="3">활동 목표</th></tr>
<tr><td>목표</td><td colspan="2">중년기 여성들이 ‘GRWM’ 활동과 인생 그래프 작성을 통해 자신에 대한 만족도를 높인다.</td></tr>
<tr><th colspan="3">활동 내용</th></tr>
<tr><th>순서</th><th>세부내용</th><th>준비물</th></tr>
<tr><td>도입
(15분)</td><td>1. 오리엔테이션
– 인사 나누기 및 출석 체크하기
– 거울 속 자신에게 격려의 한마디 하기
– 3회기 활동내용 안내 및 자원봉사자 소개하기</td><td>출석부,
프로그램 PPT,
이름표, 거울,
자원봉사자</td></tr>
</table>

전개 (65분)	1. GRWM : Get Ready With Me(45분) – 자원봉사자들과 1:1로 매칭하여 메이크업 고민을 공유하고, 메이크업을 받는다. – 인생사진을 남긴다.	화장품, 카메라, 조명, 삼각대, 인화기, 자원봉사자
	2. 인생그래프 작성하기(20분) – 인생주기별 사진을 그래프 형식으로 나열하고 그 시절의 추억을 이야기해 본다. – 활동 1에서 찍은 현재의 사진을 통해 어떤 느낌이 드는지 나누는 시간을 가진다.	활동지, 필기구, 사진
종결 (10분)	1. 회기 평가 및 마무리 – 프로그램을 마무리하며 소감 나누기 – 거울 속 자신에게 마무리 격려 한마디 하기 – 액자와 팁 메모지 증정	거울, 액자, 팁 메모지

(4) 4회기 : 영양갱 즐기기

활동 목표		
목표	중년기 여성들이 긍정적인 미래를 구체적으로 계획한다. – 제2의 인생 버킷리스트를 작성함으로써 긍정적으로 노후를 바라본다.	
활동 내용		
순서	세부내용	준비물
도입 (10분)	1. 오리엔테이션 – 인사 나누기 및 출석 체크하기 – 거울 속 자신에게 격려의 한마디 하기 – 4회기 활동내용 안내하기	출석부, 프로그램 PPT, 이름표, 거울
전개 (60분)	1. 나의 버킷리스트(60분) – 가족에게 집중하느라 하지 못했던 꿈에 대해 이야기한다. – 노후에 이루고 싶은 버킷리스트를 작성한다. – 작성한 버킷리스트 중 하나를 골라 구체적인 실천 계획을 세운다. – 발표 후에 서로 격려해 주는 시간을 가진다.	활동지, 필기구, 색연필, 사인펜
종결 (20분)	1. 회기 평가 및 마무리 – 프로그램을 마무리하며 소감 나누기 – 사후검사 실시 및 만족도 검사 – 수료증 및 상장 전달 – 프로그램 활동 영상을 함께 시청하며 마무리	사후 검사지, 만족도 조사지, 필기구, 수료증, 상장, 거울, 윈도우 마커, 영상

7) 기대효과

- 중년기 여성들이 집단 활동을 통해 갱년기 증상을 공유함으로써 공감과 위로를 얻는다.
- 중년기 여성들이 거울치료를 통해 자신의 모습을 직면함으로써 자기 자신을 소중히 대하는 태도를 형성한다.
- 그동안 가족을 위해 희생한 중년기 여성들이 자신의 생애를 객관적으로 돌아보게 함으로 자신에게 집중할 수 있게 된다.
- 중년기 여성들이 보다 부드럽고 넓은 관점으로 자신의 인생을 바라보고 계획할 수 있는 용기를 얻는다.

2. 결혼준비교육 프로그램

예비 맞벌이 부부를 위한 가사분담 공평성 인식 향상 프로그램

1) 프로그램명

백신주사[4](백년만년 신혼처럼 서로의 주인공이 되는 사이)

2) 프로그램의 목적

결혼 예정인 맞벌이 부부가 본 프로그램을 통해 서로를 이해하고 결혼 후 겪을 수 있는 일-가정 양립의 문제를 사전에 예방하며 더불어 동등하고 평등한 가사분담에 대한 인식 개선을 목적으로 한다.

3) 프로그램의 목표

- 예비 맞벌이 부부가 '내가 측정하는 나와 상대방의 욕구 강도 프로파일'을 통해 평상시 제대로 알지 못했던 자신과 상대방의 욕구를 파악하고 이해한다.

4 2022년 창원대학교 사회복지학과(2023년 이전 가족복지학과) 가족생활교육 수강생 심채원, 강성욱, 김성운, 곽다은, 서하나, 손혜민 학생팀의 프로그램으로 동의를 구하고 수록함

- 예비 맞벌이 부부가 역할극을 통해 전통적인 성역할 태도를 탈피하고 바람직한 성역할 태도를 습득한다.
- 예비 맞벌이 부부의 일-가정 양립을 위한 가사분담 필요성을 알고, 동등한 부부관계를 위해 가사분담 체크리스트를 만들어 본다.
- 예비 맞벌이 부부가 결혼 후 겪을 수 있는 일-가정 양립에 있어 일어날 수 있는 문제들에 대한 대처전략 수립과 다짐리스트 작성을 통해 예비 맞벌이 부부에게 일어날 수 있는 문제들을 생각해 본다.

4) 대 상

결혼 예정인 예비 맞벌이 부부 5쌍(20~40대이면서 두 사람 모두 초혼인 경우만 해당)

5) 전체 프로그램 개요

회기	회기명	목 표	활동내용
1회기	이해백신 한방	예비 맞벌이 부부가 '내가 측정하는 나와 상대방의 욕구 강도 프로파일'을 통해 평상시 제대로 알지 못했던 자신과 상대방의 욕구를 파악하고 이해한다.	- 커플 팻말 만들기 - 나의 배우자 소개하기 - 나와 상대방의 욕구 파악하기 - 나의 배우자를 제대로 소개합니다. - 예비 부부만의 로망 빙고 진행
2회기	학습백신 한방	예비 맞벌이 부부가 역할극을 통해 전통적인 성역할 태도를 탈피하고 바람직한 성역할 태도를 습득한다.	- 결혼고사(가사분담 영역) 검사하기 - 전통적인 성역할 태도에 대한 대본을 읽고 역할극 해보기 - 앞선 대본을 바람직한 성역할 태도로 바꿔본 후 역할극 해보기
3회기	분담백신 한방	예비 맞벌이 부부의 일-가정 양립을 위한 가사분담 필요성을 알고, 동등한 부부관계를 위해 가사분담 체크리스트를 만들어 본다.	- 가사분담의 필요성 알리는 영상 시청 - 가사분담 젠가 게임 - 체크리스트 다른 부부들과 공유하고 의견 나누기
4회기	약속백신 한방	예비 맞벌이 부부가 결혼 후 겪을 수 있는 일-가정 양립에 있어 일어날 수 있는 문제들에 대한 대처전략 수립과 다짐리스트 작성을 통해 예비 맞벌이 부부에게 일어날 수 있는 문제들을 생각해 본다.	- 1, 2, 3회기 활동을 바탕으로 맞벌이 부부의 갈등 원인 세 가지에 대해 논의하기 - 예비부부가 함께 하는 가족규칙 정하기 - 다짐 서약서 작성하기 - 다른 부부들과 공유하고 의견 나누기

6) 각 회기별 세부 추진 계획표

(1) 1회기 : 이해백신 한방

단계	교육내용	준비물
목표	예비 맞벌이 부부가 '내가 측정하는 나와 상대방의 욕구 강도 프로파일'을 통해 평상시 제대로 알지 못했던 자신과 상대방의 욕구를 파악하고 이해한다.	
도입 (20분)	〈오리엔테이션〉 1. 출석 체크 및 인사하기 2. 프로그램 진행순서 및 내용에 관한 전반적인 소개 3. 개인정보 동의서 및 서약서 작성 4. 사전검사(결혼소통점수)	출석부, 개인정보 동의서 및 서약서, 필기구
활동 (60분)	〈활동〉 1. 커플 팻말 만들기 2. 나의 배우자를 소개합니다. – 자신이 생각하는 미래 배우자 소개하기 3. 나와 상대방의 욕구 파악하기 – 내가 측정하는 나와 상대방의 욕구 강도 프로파일을 통해 자신과 상대방의 욕구 파악하기 4. 나의 배우자를 제대로 소개합니다. – 새롭게 알게 된 상대방의 욕구를 바탕으로 나의 배우자 제대로 소개하기 5. 예비 부부만의 로망 빙고 진행	자체 제작 활동지, 내가 측정하는 나와 상대방의 욕구 강도 프로파일, 필기구
종결 (10분)	〈회기 평가 및 마무리〉 1. 1회기 프로그램 참여 소감 나누기 2. 과제 부여 : 이해 노트에 새롭게 알게 된 상대방의 장점 매일 1개씩 적기 3. 1회기 프로그램 내용 요약 및 2회기 프로그램 설명	이해 노트, 필기구

(2) 2회기 : 학습백신 한방

단계	교육내용	준비물
목표	예비 맞벌이 부부가 역할극을 통해 전통적인 성역할 태도를 탈피하고 바람직한 성역할 태도를 습득한다.	

도입 (15분)	〈오리엔테이션〉 1. 출석 체크 및 인사 나누기 2. 과제 체크 : 새롭게 알게 된 상대방의 장점 매일 1개씩 잘 적었는지 확인하기 3. 2회기 프로그램 설명	출석부, PPT
활동 (60분)	〈활동〉 1. 결혼고사(가사분담 영역) 검사하기 2. 전통적인 성역할 태도에 대한 대본을 읽고 역할극 해보기 3. 앞선 대본을 바람직한 성역할 태도로 바꿔본 후 역할극 해보기	검사지, 전통적 성역할 태도 대본, 필기구
종결 (15분)	〈회기 평가 및 마무리〉 1. 역할극 및 2회기 프로그램 참여 소감 나누기 2. 2회기 프로그램 내용 요약 및 3회기 프로그램 설명	

(3) 3회기 : 분담백신 한방

단계	교육내용	준비물
목표	예비 맞벌이 부부의 일-가정 양립을 위한 가사분담 필요성을 알고, 동등한 부부관계를 위해 가사분담 체크리스트를 만들어 본다.	
도입 (10분)	〈오리엔테이션〉 1. 출석 체크 및 인사 나누기 2. 3회기 프로그램 설명	출석부, PPT
활동 (70분)	〈활동〉 1. 가사분담의 필요성 알리는 영상 시청하기(20분) 2. 가사분담 젠가 게임(30분) – 젠가 게임(15분)(게임 통해 나온 질문으로 체크리스트 채우기) – (시간 지나 하지 못한) 남은 체크리스트 채우고 어떤 영역의 가사분담이 필요할지 더 추가해 보기(15분) 3. 체크리스트 다른 부부들과 공유하고 의견 나누기(20분)	젠가, 가사분담 체크리스트
종결 (10분)	〈회기 평가 및 마무리〉 1. 3회기 프로그램 참여 소감 나누기 2. 과제 부여 : 가사분담 체크리스트를 토대로 일주일 동안 수행하게 하기 3. 3회기 프로그램 내용 요약 및 4회기 프로그램 설명	이해 노트

(4) 4회기 : 약속백신 한방

단계	교육내용	준비물
목표	예비 맞벌이 부부가 결혼 후 겪을 수 있는 일-가정 양립에 있어 일어날 수 있는 문제들에 대한 대처전략 수립과 다짐리스트 작성을 통해 예비 맞벌이 부부에게 일어날 수 있는 문제들을 생각해 본다.	
도입 (10분)	〈오리엔테이션〉 1. 출석 체크 및 인사 나누기 2. 과제 체크 : 가사분담 체크리스트를 얼마나 잘 수행했는지 확인하기 3. 4회기 프로그램 설명	출석부, PPT, 가사분담 체크리스트
활동 (70분)	〈활동〉 1. 1, 2, 3 회기 활동을 바탕으로 맞벌이 부부의 갈등 원인 세 가지에 대해 논의하기(30분) - 세 가지 틀 ① 가계소득 관리 ② 자녀양육(육아휴직, 경력단절 등) ③ 의사소통(대화법) 2. 예비부부가 함께 하는 가족 규칙 정하기(20분) 3. 다짐 서약서 작성하기(5분) 4. 다른 부부들과 공유하고 의견 나누기(15분)	다짐 서약서, 필기구, 종이
종결 (30분)	〈회기 평가 및 마무리〉 1. 프로그램 전체 진행 단계 설명하기(어떻게 진행되었는지)(5분) 2. 수료증 수여/참여한 예비부부들에게 각각의 타이틀 부여(10분) 3. 전체적인 프로그램 참여 소감 공유하기/사후검사(결혼소통점수)(15분)	수료증, 필기구

7) 기대효과

가사분담과 관련된 갈등상황에 대처할 수 있는 능력을 길러 맞벌이 부부의 가족 건강성을 향상하고 가족 관계에서의 스트레스를 해소할 수 있다.

예비 맞벌이 부부가 본인과 상대방을 이해하고 바람직한 성역할 태도를 확립함으로써 동등한 관계가 되고 이러한 관계가 결혼까지 지속되어 평등한 부부관계, 가족 관계가 형성된다.

성역할 태도, 가사분담 필요성을 알고 결혼 후 겪을 수 있는 갈등 상황에 대해 이야기해 보고 부부가 가족 규칙을 만들어 봄으로써 일-가정 양립에 대한 문제를 사전에 예방할 수 있다.

예비부부가 결혼 후 발생할 수 있는 문제들에 대해서 대화하는 시간을 가짐으로써 본인과 배우자의 의사소통 능력을 향상시킬 수 있다.

3. 부부교육 프로그램

신혼기 부부를 위한 부부관계 향상 프로그램

1) 프로그램명

알콩달콩 신혼 레시피[5]

2) 프로그램의 목적

신혼기 부부들이 부부교육 프로그램 '신혼 레시피'를 통해 의사소통 능력과 갈등 및 문제해결 능력을 향상시킴으로써 건강한 가정을 이루고, 신혼기 부부의 관계 향상을 도모하는 것을 목적으로 한다.

3) 프로그램의 목표

- 신혼기 부부들이 서로에 대한 정보를 탐색하는 과정을 통해 서로에 대한 긍정적 감정 및 친밀감을 향상한다.
- 신혼기 부부들이 의사소통 훈련을 통해 건강한 대화법을 배운다.
- 신혼기 부부들이 갈등해결 프로그램을 통해 문제해결 능력을 배운다.
- 신혼기 부부들이 함께 미래를 설계함으로써 긍정적인 미래상을 세운다.

5 2018년 창원대학교 사회복지학과(2023년 이전 가족복지학과) 가족생활교육 수강생 박지숙, 하혜림, 김선미, 이지영 학생팀의 프로그램으로 동의를 구하고 수록함

4) 대 상

결혼 4년 이내의 부부 5쌍(총 10명)

5) 전체 프로그램 개요

회기	회기명	목 표	활동내용
1회기	달달한 사랑 한 스푼	신혼기 부부들이 서로에 대한 정보를 탐색하는 과정을 통해 서로에 대한 긍정적 감정 및 친밀감을 향상시킨다. – 애정지도 만들기 활동을 통해 부부가 서로에 대해 더 이해하는 시간을 가지고, 배우자와 더 친숙해질 수 있는 방법을 탐색하고 발전한다. – 달콤한 내 남편/아내 활동을 통해 서로에 대한 긍정적인 감정과 잠재되어 있는 강점을 끌어내어 확인한다.	■ 더 알아가기 – 3분 부부 레시피로 부부 소개하기 – 애정지도 만들기 – 배우자의 숨은 장점 찾기
2회기	부드러운 소통 한 큰 술	신혼기 부부들이 의사소통 훈련을 통해 건강한 대화법을 배운다. – 사티어의 의사소통 유형 검사지를 통해 의사소통 유형을 파악한다. – 삼그대화법을 활용한 부부 소통 규칙을 통해 부부의 대화법을 학습한다.	■ 건강한 의사소통 – 서로의 의사소통 유형 파악하기 – '삼그대화법'을 통한 효과적인 대화법 – 부부 소통 레시피 만들기
3회기	투닥투닥 부부싸움 한 꼬집	신혼기 부부들이 갈등해결 프로그램을 통해 문제해결 능력을 향상시킨다. – 서로의 대화습관과 부부관계에 미친 긍정적, 부정적 영향을 탐색한다. – 건강한 의사소통 방법을 적용하여 부부의 갈등을 건강하게 다루는 방법을 찾는다. – 역할극을 통해 부부의 갈등 상황을 효과적으로 해결하는 능력을 향상시킨다.	■ 부부싸움의 기술 – 부부의 갈등 상황 들여다보기 – 드라마 속 주인공 되어보기 – 역지사지 역할극
4회기	언제나 내 곁에 행복 한 솥	신혼기 부부들이 함께 미래를 설계함으로써 긍정적인 미래상을 세운다. – 미래의 배우자 그리기를 통해 미래 생활에 대한 서로의 바람을 확인한다.	■ 부부의 미래 설계 – 미래의 배우자 그리기 – 미래설계표 작성하기 – 미래의 배우자에게 편지쓰기

		- 미래의 여러 시점에 대한 계획을 세우고, 미래 설계표를 작성한다. - 편지를 통해 현재의 감정을 솔직하게 표현하고, 서로가 느끼는 부부의 미래상을 확인한다.	및 타임캡슐 만들기

6) 각 회기별 세부 추진 계획표

(1) 1회기 : 달달한 사랑 한 스푼

활동 목표			
목표	신혼기 부부들이 서로에 대한 정보를 탐색하는 과정을 통해 서로에 대한 긍정적 감정 및 친밀감을 향상시킨다. - 애정지도 만들기 활동을 통해 부부가 서로에 대해 더 이해하는 시간을 가지고, 배우자와 더 친숙해질 수 있는 방법을 탐색하고 발전한다. - 달콤한 내 남편/아내 활동을 통해 서로에 대한 긍정적인 감정과 잠재되어 있는 강점을 끌어내어 확인한다.		
활동 내용			
순서	세부내용		준비물
도입	오리엔테이션 (20분)	1. 인사 나누기 및 출석체크하기 2. 프로그램 소개 - 프로그램에 대한 전반적인 소개하기 3. 개인정보 동의서 및 서약서 작성 4. 사전검사 실시	출석부, 프로그램 PPT, 개인정보 동의서, 서약서, 사전검사지
전개	라포 형성하기 (20분)	1. 활동 1 : 3분 부부 레시피 - 다른 참가자들에게 간단하게 자기소개를 하고, 만남에서 결혼까지의 과정을 소개한다. 2. 활동 2 : 별칭 정하기 - 프로그램을 진행할 동안 부부가 사용할 별칭을 서로에게 지어준다. - 정해진 별칭을 이름표로 만들어 옷에 부착한다. - 별칭과 그 의미를 다른 참가자들과 나눈다.	A4용지, 이름표, 색연필
	쉬는 시간(10분)		

	부부간 심리적 정보 알아가기 (30분)	3. 활동 3 : 애정지도 만들기 – 마인드맵 기법을 활용해 본인이 배우자에 대해 어느 정도로 정확하게 알고 있는지 확인한다. – 만들고 나서 서로에 대한 정보가 맞는지 확인하고, 잘못된 정보에 대해서는 정정한다. 4. 활동 4 : 달콤한 내 남편/아내 – 애정지도 만들기 활동을 통해 새롭게 알게 된 점이나 평소에 간과하고 있었던 사실을 토대로 서로의 장점 다섯 가지를 찾아본다. – 다른 참가자들과 서로의 장점을 나눈다.	활동지, 필기구, 색연필, 사인펜, 프로그램 PPT
종결	회기 평가 및 마무리 (10분)	1. 프로그램 소감 – 프로그램을 마무리한 후 느낀 점을 참가자와 공유한다. 2. 다음 회기에 대한 설명	–

(2) 2회기 : 부드러운 소통 한 큰술

활동 목표			
목표	신혼기 부부들이 의사소통 훈련을 통해 건강한 대화법을 배운다. – 사티어의 의사소통 유형 검사지를 통해 의사소통 유형을 파악한다. – 삼그대화법을 활용한 부부 소통 규칙을 통해 부부의 대화법을 학습한다.		
활동 내용			
순서	세부내용		준비물
도입	오리엔테이션 (10분)	1. 인사 나누기 및 출석체크하기 2. 2회기 활동내용 주제 및 목표 안내	출석부, 프로그램 PPT
전개	부부의 소통유형 이해하기 (30분)	1. 활동 1 : 의사소통 유형 검사 – 사티어의 의사소통 유형 검사를 실시한다. – 사티어의 의사소통 유형 검사지를 활용하여 자신의 의사소통 유형을 파악한다. 2. 강의 1 : 서로의 의사소통 유형 이해하기 – 검사지를 통해 알게 된 유형의 특징을 숙지한다. 3. 활동 2 : 몸으로 표현하기 – 강의를 통해 이해한 자신의 의사소통 유형을 몸으로 포즈를 취해본다. – 활동을 통해 느낀 점을 참여자들과 공유한다.	검사지, 필기구
	쉬는 시간(10분)		

	부부의 소통계획 만들기 (30분)	4. 강의 2 : '삼그대화법' 배우기 – '부부 사이 좋아지는 대화법'을 시청한다. – 동영상을 통해 '삼그대화법'을 이해한다. – '삼그대화법'을 활용한 대화를 나누어 본다. 5. 활동 3 : 소통 레시피 – 부부가 대화하기 편한 장소와 시간을 고민한다. – '삼그대화법'을 활용한 부부 사이의 대화를 위한 규칙을 정한다. – 정해진 규칙을 다른 참가자 앞에서 읽으며 지킬 것을 약속한다.	활동지, 필기구, 노트북
종결	회기 평가 및 마무리 (10분)	1. 프로그램 소감 – 프로그램을 마무리한 후 느낀 점을 참가자와 공유한다. 2. 다음 회기에 대한 설명	–

(3) 3회기 : 투닥투닥 부부싸움 한 꼬집

활동 목표			
목표	신혼기 부부들이 갈등해결 프로그램을 통해 문제해결 능력을 향상시킨다. – 서로의 대화습관과 부부관계에 미친 긍정적, 부정적 영향을 탐색한다. – 건강한 의사소통 방법을 적용하여 부부의 갈등을 건강하게 다루는 방법을 찾는다. – 역할극을 통해 부부의 갈등 상황을 효과적으로 해결하는 능력을 향상시킨다.		
활동 내용			
순서	세부내용		준비물
도입	오리엔테이션 (10분)	1. 인사 나누기 및 출석체크하기 2. 지난 시간 내용 정리 3. 3회기 활동내용 주제 및 목표 안내	출석부, 프로그램 PPT
전개	부부간 갈등요인 파악하기 (30분)	1. 활동 1 : 동영상 시청 – 롤러코스터 남녀탐구생활 79화 '첫 부부싸움' 편 동영상을 시청한 후 간단히 소감을 나눠본다. 2. 활동 2 : 갈등 요인 파악 – 부부 갈등의 요인과 상황에 대한 이야기를 나눠본다. – 부부 대화습관 체크리스트와 말하기, 듣기, 갈등 상황에서의 대화 습관을 확인한다. – 활동지를 통해 부부관계에 긍정적 · 부정적 영향을 미친 대화습관을 분류해 본다.	동영상 자료, 활동지, 펜

순서	세부내용		준비물
		– 2회기에서 배웠던 의사소통 방법을 적용시켜 부부관계에 부정적 영향을 미친 대화습관을 긍정적 방향으로 조절하는 방법을 알아본다.	
	쉬는 시간(10분)		
	효과적인 의사소통 방법 적용하기 (30분)	3. 활동 3 : 드라마 속 주인공 되어보기 – 드라마 <아는 와이프>와 <동상이몽 2_너는 내 운명>을 시청하고 두 커플 대화의 차이점을 생각해 본다. – 드라마 속 주인공이 되어 부부간의 갈등 상황에 효과적으로 대처하는 대사로 바꿔본다. 4. 활동 4 : 역할극 – 참여자 부부의 실제 부부 갈등 상황을 재연해 보고, 이를 효과적으로 해결하는 대사로 바꿔본다. – 건강한 의사소통 방법을 적용한 대사로 역할극을 발표한다.	동영상 자료, 활동지, 펜
종결	회기 평가 및 마무리 (10분)	1. 프로그램 소감 – 프로그램을 마무리한 후 느낀 점을 참가자와 공유한다. 2. 다음 회기에 대한 설명	–

(4) 4회기 : 언제나 내 곁에, 행복 한 솥

활동 목표			
목표	신혼기 부부들이 함께 미래를 설계함으로써 긍정적인 미래상을 세운다. – 미래의 배우자 그리기를 통해 미래 생활에 대한 서로의 바람을 확인한다. – 미래의 여러 시점에 대한 계획을 세우고, 미래 설계표를 작성한다. – 편지를 통해 현재의 감정을 솔직하게 표현하고, 서로가 느끼는 부부의 미래상을 확인한다.		
활동 내용			
순서	세부내용		준비물
도입	오리엔테이션 (10분)	1. 인사 나누기 및 출석체크 하기 2. 지난 시간 활동 점검 3. 4회기 활동내용 주제 및 목표 안내	출석부, PPT
전개	미래의 우리 설계하기 (30분)	1. 활동 1 : 미래의 배우자 상상하기 – 사람 모양이 그려진 종이에 각 신체별 특징과 어울리는 질문에 답을 하며 함께하고 싶은 미래의 배우자의 모습을 떠올린다. 2. 활동 2 : 부부 미래 설계표 작성하기	활동지, 펜, 색연필, 사인펜 이름표, 색연필, 사인펜,

		– 부부의 성격과 의사소통 방법 등을 고려하여 생활방식을 조율한다. – 부부의 미래 모습을 상상하며 미래 설계표를 작성한다. – 서로가 이루어야 할 과업을 설정한다.	활동지
	쉬는 시간(10분)		
	미래의 너에게 보내는 편지 (20분)	3. 활동 3 : 미래의 배우자 모습을 상상하고 편지쓰기 – 부부가 의논하여 미래의 한 시점을 정하고 그때 서로에게 하고 싶은 말을 담아본다. – 지금 서로에게 느끼는 감정을 솔직하게 표현하고 미래에 기대되는 점 등 긍정적인 부분을 위주로 편지를 쓴다. – 타임캡슐에 편지를 보관한다.	편지지, 편지봉투, 연필, 지우개, 타임캡슐
종결	회기 평가 및 마무리 (20분)	1. 프로그램 소감 – 프로그램을 마무리한 후 느낀 점을 참가자와 공유한다. – 프로그램을 마치며 그동안의 활동을 돌아보고, 서로가 변화한 점에 대해 이야기를 나누어 보며 긍정적인 변화에 대해 칭찬하는 시간을 가진다. 2. 프로그램 만족도 조사, 사후검사 실시 3. 부부등록증 및 수료증 수여	프로그램 만족도 조사지, 사후검사지, 필기구, 활동동영상, 부부등록증, 수료증, 상장케이스

7) 기대효과

- 애정지도 만들기 및 달콤한 내 남편/아내 활동을 통해 서로에 대한 정보를 탐색하여 긍정적 감정 및 친밀감을 형성할 수 있다.
- 의사소통 유형 파악 및 효과적인 의사소통 방식에 대한 훈련을 통한 건강한 대화법을 정립할 수 있다.
- 갈등 상황을 파악하고 이에 효과적인 의사소통 방식을 접목한 상황극을 진행하여 올바른 부부싸움 기술 습득 및 문제해결 능력을 향상시킬 수 있다.
- 미래 설계표 작성 및 배우자 전신상 그리기 활동을 통한 부부의 긍정적인 미래상을 세우고, 함께하는 미래에 대한 기대감을 가질 수 있다.

4. 부모교육 프로그램

출산을 앞둔 예비부모를 위한 부모 양육효능감 향상 프로그램

1) 프로그램명

예비부모 첫걸음[6]

2) 프로그램의 목적

출산을 앞둔 예비부모를 대상으로 부모됨 준비 교육 프로그램을 통해 부모 양육효능감을 향상시킨다.

3) 프로그램의 목표

- 부모됨의 의미를 정립하고 부부 공동양육의 중요성을 안다.
- 자신 및 배우자 이해를 통해 공동의 양육 방법을 논의한다.
- 부부가 함께 하는 출산 준비 방법을 알고 안정적인 출산을 대비한다.
- 아이의 발달 단계에 따른 아버지, 어머니 역할을 배운다.

4) 대 상

출산을 앞둔 임신 3개월 이상의 예비부모 5쌍

6 2018년 창원대학교 사회복지학과(2023년 이전 가족복지학과) 가족생활교육 수강생 김지은, 김혜주, 석주은, 이지혜 학생팀의 프로그램으로 동의를 구하고 수록함

5) 전체 프로그램 개요

회기	회기명	목 표	활동내용
1회기	마음가짐 한 발짝	– 출산으로 인한 가족의 변화 이해 및 부모됨의 준비 – 부부 공동양육의 중요성을 알고 현실에서 부부 공동양육의 적용점 찾기 – DISC 검사 실시	① 사전 척도 검사 실시 ② 프로그램 OT ③ '나로 말할 것 같으면?' 활동을 통한 친밀감 형성 ④ 부모됨에 대한 교육 ⑤ 역할 가방 활동을 통한 부부 공동육아 필요성 인식 ⑥ DISC 검사
2회기	맞춰가기 두 발짝	– 사전 척도 검사 실시 – 프로그램 OT – '나로 말할 것 같으면?' 활동을 통한 친밀감 형성 – 부모됨에 대한 교육 – 역할 가방 활동을 통한 부부 공동육아 필요성 인식 – DISC 검사	① '한 입으로 말하자!' 게임을 통한 활동 전 워밍업 ② 원가족의 양육방식 파악 ③ 'if 당신이라면?' 활동을 통한 나의 부모유형 예상 ④ DISC 검사를 통해 자신과 배우자의 성향 및 부모유형 파악 ⑤ 배우자와 양육방법 논의
3회기	함께하기 세 발짝	– '한 입으로 말하자!' 게임을 통한 활동 전 워밍업 – 원가족의 양육방식 파악 – 'if 당신이라면?' 활동을 통한 나의 부모유형 예상 – DISC 검사를 통해 자신과 배우자의 성향 및 부모유형 파악 – 배우자와 양육방법 논의	① '태교의 중요성을 담은 뚜아뚜지 TV' 시청을 통한 활동 전 워밍업 ② 부성태교의 필요성 및 임신주기별 주의점 교육 ③ 부부산전체조 및 배 마사지 실습 ④ 임신주기별 아빠, 엄마에게 요구되는 역할리스트 작성
4회기	육아교육 네 발짝	– '태교의 중요성을 담은 뚜아뚜지 TV' 시청을 통한 활동 전 워밍업 – 부성태교의 필요성 및 임신주기별 주의점 교육 – 부부산전체조 및 배 마사지 실습 – 임신주기별 아빠, 엄마에게 요구되는 역할리스트 작성	① '누가누가 알고 있나'를 통한 활동 전 워밍업 ② 아이의 성장 단계별 필요한 부모의 역할과 참고할 수 있는 지원제도 교육 ③ 육아 관련 Q&A 시간을 통해 육아 궁금증 해소 ④ 미래 자녀에게 편지쓰기 및 수료증 수여를 통해 활동 마무리

6) 각 회기별 세부 추진 계획표

(1) 1회기 : 마음가짐 한 발짝

<table>
<tr><th colspan="4">활동 목표</th></tr>
<tr><td colspan="4">1. 출산으로 인한 가족의 변화를 이해하고 부모 되기를 준비하고 계획한다.
2. 부부 공동양육의 중요성을 알고 역할 가방 활동을 통해 현실에서 부부 공동양육의 적용점을 찾는다.
3. DISC 행동유형 검사를 실시한다.</td></tr>
<tr><th colspan="4">활동 내용</th></tr>
<tr><th>순서</th><th>주제</th><th>세부내용</th><th>준비물</th></tr>
<tr><td rowspan="2">도입
(20분)</td><td rowspan="2">오리엔테이션</td><td>1. 사전 척도 검사 및 동의서 작성
2. 프로그램에 대한 OT : 앞으로의 프로그램에 대한 전반적인 설명 및 담당자 소개</td><td rowspan="2">사전척도지
출석부
정보동의서
프로그램
요약집
활동지
필기구</td></tr>
<tr><td>3. 우리의 약속 : 프로그램에 참여하는 자세, 목적에 대하여 이야기해 보고 프로그램 참여 규칙 직접 설정하기</td></tr>
<tr><td rowspan="3">전개
(60분)</td><td>라포 형성하기
(15분)</td><td>1. 나로 말할 것 같으면?
– 각자 자신이 되고 싶은 부모 모습을 표현할 수 있는 별명 짓기
– 이름표에 “별명(이름)” 형식으로 적고 소개</td><td rowspan="3">활동지
필기도구
색연필
사인펜
A4용지
검사지</td></tr>
<tr><td colspan="2">쉬는 시간(10분)</td></tr>
<tr><td>부모됨의
의미 파악 및
자신의
성장과정 공유
(45분)</td><td>2. 강의 1 : 부모됨이란?
– 부모됨의 의미를 알도록 한다.
– 부부 공동육아의 필요성을 숙지하도록 한다.
3. 활동 1 : 내가 생각하는 부모됨이란?
– “부모란 ______________ 이다”
– 부모됨에 대한 척도지 작성 후 토론하기
4. 활동 2 : 역할 가방 활동
– 가정 내에서 남편과 아내의 역할 구분하기
– 각 가족별로 결과를 공유하고 본받을 점과 보완점 배우기
– 부부공동육아의 필요성에 입각하여 수정해 보기
5. DISC 검사 : 2회기 활동을 위한 DISC 검사 설명 및 검사 시행</td></tr>
<tr><td>종결
(10분)</td><td>회기 평가 및
마무리</td><td>1. 소감 나누기 및 만족도 조사
2. 다음 회기 안내</td><td>소감문,
만족도조사지</td></tr>
</table>

(2) 2회기 : 맞춰가기 두 발짝

<table>
<tr><th colspan="4">활동 목표</th></tr>
<tr><td colspan="4">1. DISC 검사 결과를 분석하여 자신 및 배우자를 이해한다.
2. 서로의 양육 방법에 대한 기대를 공유함으로써 부부 공동의 양육 방법을 결정한다.</td></tr>
<tr><th colspan="4">활동 내용</th></tr>
<tr><th>순서</th><th>주제</th><th>세부내용</th><th>준비물</th></tr>
<tr><td rowspan="2">도입
(15분)</td><td rowspan="2">활동 워밍업</td><td>1. 인사하기 & 지난 활동 되짚어보기
– 진행자 소개 및 지난 활동에서 느낀 감정, 이후 달라진 점에 대해 자유롭게 말해보는 시간 가지기</td><td rowspan="2">출석부
활동지</td></tr>
<tr><td>2. “한 입으로 말하자!”
– 배우자를 알아가기 위한 “커플 이구동성 게임”</td></tr>
<tr><td rowspan="3">전개
(65분)</td><td>양육유형 파악
(35분)</td><td>1. 강의 1 : 부모의 양육방식의 중요성
– 원가족의 양육방식은 어떘는지 알아보고, 부모의 양육방식이 세대 간 전이됨을 알도록 한다.
– 부모 양육유형에 대해 알도록 한다.
2. 활동 1 : 나의 부모 유형은?
– “If 당신이라면?”</td><td rowspan="3">활동지
DISC 검사
결과지
색연필
사인펜
참고 자료</td></tr>
<tr><td colspan="2">쉬는 시간(10분)</td></tr>
<tr><td>DISC 결과 분석
및
양육방식 공유
(30분)</td><td>3. DISC 검사 결과 분석
– DISC 검사 결과를 통해 자신과 배우자의 성향 및 부모유형을 파악한다.
4. 활동 2 : 공동 양육방법 논의
– 양육에 대한 서로의 기대를 공유한다.
– 배우자와 함께 자신과 배우자의 부모 양육방법을 공유하여 서로의 양육방법을 이해한다.</td></tr>
<tr><td>종결
(10분)</td><td>회기 평가 및
마무리</td><td>1. 소감 나누기
2. 다음 회기 안내
3. 만족도 조사</td><td>소감문,
만족도조사지</td></tr>
</table>

(3) 3회기 : 함께하기 세 발짝

<table>
<tr><th colspan="4">활동 목표</th></tr>
<tr><td colspan="4">1. 부성태교를 함으로써 태아와 정서적으로 상호작용한다.
2. 출산 준비에 도움 되는 노하우를 학습한다.
3. 임신 주기별 주의해야 할 점을 배우고 원활한 대처능력을 기른다.</td></tr>
<tr><th colspan="4">활동 내용</th></tr>
<tr><th>순서</th><th>주제</th><th>세부내용</th><th>준비물</th></tr>
<tr><td>도입
(10분)</td><td>활동
워밍업</td><td>1. 인사하기 & 지난 활동 되짚어보기
– 진행자 소개하기, 지난 활동에서 느낀 감정, 이후 달라진 점에 대해 자유롭게 말해보는 시간을 가지기
2. 뚜아뚜지 TV 영상 시청
3. 자유롭게 느낀 점 이야기하기</td><td>출석부
PPT</td></tr>
<tr><td rowspan="3">전개
(70분)</td><td>부성태교
중요성 인식 및
방법 익히기
(40분)</td><td>1. 강의 1 : 부성태교의 중요성 인식
– 부성태교의 의미 및 중요성을 알도록 한다.
– 부성태교의 다양한 방법을 알려준다.
2. 활동 1 : 부부 산전 체조 및 임산부 배 마사지 배우기
3. 활동 2 : 부부가 함께하는 출산 호흡법 배우기</td><td rowspan="3">활동지
PPT
필기도구
색연필
사인펜</td></tr>
<tr><td colspan="2">쉬는 시간(10분)</td></tr>
<tr><td>임신주기별
역할 알기
(30분)</td><td>4. 강의 2 : 임신주기별 주의점 알기
– 임신주기별 태아의 변화 알기
– 임신주기별 임산부의 신체적 · 정신적 변화 알기
5. 활동 3 : 임신주기별 아빠의 역할 및 엄마의 역할 표 만들기</td></tr>
<tr><td>종결
(10분)</td><td>회기 평가 및
마무리</td><td>1. 소감 나누기
2. 다음 회기 안내
3. 만족도 조사</td><td>소감문,
만족도조사지</td></tr>
</table>

(4) 4회기 : 육아교육 네 발짝

<table>
<tr><th colspan="4">활동 목표</th></tr>
<tr><td colspan="4">1. 아이의 발달 단계별로 요구되는 부모역할을 학습한다.
2. 육아 관련 궁금증을 해소함으로써 육아상식을 기른다.
3. 출산을 전후로 활용할 수 있는 지원제도를 파악한다.</td></tr>
<tr><th colspan="4">활동 내용</th></tr>
<tr><th>순서</th><th>주제</th><th>세부내용</th><th>준비물</th></tr>
<tr><td>도입
(10분)</td><td>활동 전
워밍업</td><td>1. 지난 활동 되짚어보기
2. 누가누가 알고 있나?
– 3회기에 배웠던 내용 및 간단한 육아 상식을 주제로 한 퀴즈 활동을 통해 복습하는 시간을 가짐과 동시에 흥미를 높이고 전개 활동과 연결되도록 한다.</td><td>출석부
퀴즈자료</td></tr>
<tr><td rowspan="3">전개
(50분)</td><td>아이 성장단계 학습
(20분)</td><td>1. 강의 1 : 영유아기 및 아동기 성장단계 교육
– 영유아기 및 아동기의 성장과정을 학습하고, 단계별로 요구되는 아버지, 어머니로의 역할을 학습한다.
2. 활동 1 : 육아 관련 Q&A time
– 평소 궁금했던, 혹은 강의를 들으면서 궁금했던 양육과정에 관련한 질의응답 시간을 가진다.</td><td rowspan="3">활동지</td></tr>
<tr><td colspan="2">쉬는 시간(10분)</td></tr>
<tr><td>활동 마무리
(30분)</td><td>3. 강의 2 : 출산 및 초기 양육 시기에 활용 가능한 제도 교육
– 현재 시행되고 있는 출산 및 초기 양육 시기의 지원사업 및 제도를 알 수 있도록 한다.
– 아이의 성장단계별 활용 가능한 제도를 찾을 수 있는 홈페이지나 관련 부처에 대해 교육한다.
4. 활동 2 : 미래 자녀에게 편지쓰기
– 아이를 만나기 전 설렘과 지금까지의 교육을 토대로 다진 건강한 부모됨을 바탕으로 아이에게 편지를 써 보는 시간을 가진다.
5. 활동 3 : 수료증 수여
– 활동을 마무리하며 지금까지 활동을 요약하여 설명하고, 2달간 예비부모교육에 참여한 것에 대하여 수료증을 수여한다.</td></tr>
<tr><td>종결
(30분)</td><td>회기 평가 및
마무리</td><td>1. 전체 활동의 피드백
2. 소감문 작성하기
3. 효과성 평가를 위한 사후척도검사하기</td><td>사후척도지
소감문</td></tr>
</table>

7) 기대효과

- 프로그램을 통해 자신과 배우자에 대한 이해를 향상시킬 수 있다.
- 부부 공동 양육의 현실적인 방안을 찾을 수 있다.
- 부부가 함께 출산을 준비함으로써 안정적인 출산을 대비할 수 있다.
- 아이 발달 단계에 대한 부모 역할을 학습할 수 있다.
- 미래 부모로서 부모 양육효능감을 향상시킬 수 있다.

5. 중년기 가족 교육 프로그램

중년기 부부를 위한 부부관계 향상 프로그램

1) 프로그램명

우리 사이, 엄지엄지척![7]

2) 프로그램 목적

자녀가 독립하여 새로운 가족체계에 적응이 필요한 50대 중년기 부부가 의사소통 학습과 부부가 함께할 수 있는 여가 활동을 찾고 미래를 함께 계획함으로써 부부관계를 재정립하고 부부관계 만족도를 향상시킨다.

3) 프로그램의 목표

- 부부간의 의사소통 방식을 이해한다.
- 건강한 의사소통 기술을 학습하고 적용해 본다.
- 부부가 함께 할 수 있는 여가활동을 찾음으로써 중년기 부부의 건강한 여가문화 생활을 실천한다.
- 부부가 함께 버킷리스트와 꿈 보드를 만들며 부부의 미래를 계획한다.

7 2018년 창원대학교 사회복지학과(2023년 이전 가족복지학과) 가족생활교육 수강생 백승주, 김희진, 박동휘, 박주현 학생팀의 프로그램으로 동의를 구하고 수록함

4) 대 상

50대 중년기 부부 5쌍(10명)

5) 전체 프로그램 개요

회기	회기명	목 표	활동내용
1회기	우리 사이, 엄지척!	중년기 부부가 프로그램에 참여함으로써 부부의 의사소통 방식을 이해한다.	- 오리엔테이션 : 부부소개 및 활동 다짐서 작성 - 부부관계 의사소통 필요성 교육 - 자신과 배우자의 의사소통 유형 점검
2회기	우리 대화, 엄지척!	참여자가 의사소통교육에 참여함으로써 건강한 의사소통 기술을 습득하고 활용한다.	- 부부가 함께 말하기와 듣기 교육 안내 - 부부가 함께 말하기와 듣기 실습
3회기	우리 여가, 엄지척!	부부가 함께 할 수 있는 여가활동을 찾음으로써 중년기 부부의 건강한 여가문화 생활을 실천한다.	- 중년기 여가의 필요성 교육 - 취미활동 카드로 부부의 여가 찾기 - 간단한 여가활동 '사진찍기' 체험
4회기	우리 미래, 엄지척!	부부가 함께 버킷리스트를 작성하고 꿈 보드를 만들며 부부의 미래를 계획한다.	- 부부 버킷리스트 작성 - 부부 꿈 보드 작성

6) 각 회기별 세부 추진 계획표

(1) 1회기 : 우리 사이, 엄지척!

활동 목표			
중년기 부부가 프로그램에 참여함으로써 부부의 의사소통 방식을 이해한다.			
1. 의사소통 교육을 통해 부부관계에서 효과적인 의사소통의 필요성을 배운다. 2. 의사소통 척도를 활용하여 현재 부부간 의사소통 방식을 점검한다.			
활동 내용			
순서	주제	세부내용	준비물
도입 (20분)	오리엔테이션	1. 출석확인 및 개인정보 동의서 작성 2. 프로그램에 대한 소개 - 강사 소개 및 프로그램의 필요성, 목적, 진행방식을 소개한다.	출석부 정보동의서 PPT 필기도구

		– 프로그램 진행 시 유의할 점을 설명한다. 3. 결혼 만족도 사전 검사 및 다짐서 작성 – 결혼 만족도 검사 실시 – 프로그램에 참여하는 태도에 대하여 생각해 보고 규칙 정하기	결혼만족도 검사지 다짐서
전개 (90분)	참가자 간의 라포 형성하기	1. 활동 1 : 부부 활동 팀명 정하기 – 각 부부간 활동 팀명을 정하고 이름표를 작성한다. 팀명의 이유를 소개하고, 각 팀별 이번 활동에 대한 다짐 및 기대를 나누며 친밀감을 형성한다. 2. 활동 2 : '나의 배우자만이 가진 특징' 말하기를 통해 부부 소개하기 – 본인의 배우자만이 가지고 있는 경험, 장기 등을 말하며 다른 참가자들에게 배우자를 소개한다.	활동지 스마트폰 PPT 색연필 사인펜 이름표
	쉬는 시간(10분)		
	올바른 의사소통의 중요성에 대한 이해	3. 강의 1 : 부부관계 의사소통의 중요성 설명 4. 활동 3 : 자신과 배우자의 의사소통 만족도 진단 – 부부대화 수준을 측정하기 위하여 'Hawkins, Weisberg & Ray의 부부 의사소통 유형척도'를 활용하여 자신과 배우자의 의사소통 유형을 점검한다. 5. 활동 4 : 진단결과 확인, 발표 – 자신과 배우자의 의사소통 진단결과를 서로 확인하고, 발표를 통해 다른 참가자들과 공유한다. 6. 활동 5 : 이구동성 게임 진행 – 다음 회기에 진행되는 부부 의사소통과 관련된 제시어를 사용하여 '이구동성' 게임을 진행한다.	
종결 (10분)	회기 평가 및 마무리	1. 회기 정리 및 소감 나누기 2. 다음 회기 안내 및 소개	PPT

(2) 2회기 : 우리 대화, 엄지척!

<table>
<tr><th colspan="4">활동 목표</th></tr>
<tr><td colspan="4">참여자가 의사소통교육에 참여함으로써 건강한 의사소통 기술을 습득하고 활용한다.</td></tr>
<tr><td colspan="4">1. 참여자가 부부 의사소통에 대한 개념 기술을 습득한다.
2. 참여자가 학습한 내용을 바탕으로 배우자와의 대화를 향상시키기 위한 통합적인 접근을 돕는다.</td></tr>
<tr><th colspan="4">활동 내용</th></tr>
<tr><th>순서</th><th>주제</th><th>세부내용</th><th>준비물</th></tr>
<tr><td>도입
(10분)</td><td>오리엔테이션</td><td>1. 인사 나누기 및 출석부 작성
2. 지난 시간 내용 정리
3. 프로그램 주제 및 강의일정 안내</td><td>출석부
명찰
PPT</td></tr>
<tr><td rowspan="4">전개
(100분)</td><td>리드게임
(20분)</td><td>1. 게임 설명 : 리드 게임 설명
– 리드 게임 방법을 설명한다.
2. 활동 1 : 리드 게임 활동
– 참여자들이 리드 게임 활동에 참여한다.</td><td></td></tr>
<tr><td>의사소통 기술
교육</td><td>3. 강의 1 : 말하기 기술 교육
– 자각의 수레바퀴를 활용한 말하기 기술을 교육한다.
4. 강의 2 : 듣기 기술 교육
– 자각의 수레바퀴를 활용한 듣기 기술을 교육한다.</td><td>PPT
자각의
수레바퀴</td></tr>
<tr><td colspan="3">쉬는 시간(10분)</td></tr>
<tr><td>의사소통 기술
활용 시연</td><td>5. 활동 2 : 말하기 기술 시연
– 참여자들이 자각을 완전하고 정확하게 표현하기 위해 말하기 기술을 시연해 본다(자각의 수레바퀴).
6. 활동 3 : 듣기 기술 시연
– 참여자들이 문제 해결을 돕는 배우자 이해방법인 듣기 기술을 시연한다(자각의 수레바퀴 및 듣기 주기).</td><td>PPT
자각의
수레바퀴
듣기 주기</td></tr>
<tr><td>종결
(10분)</td><td>회기 평가 및
마무리</td><td>1. 회기 정리 및 소감 나누기
2. 과제부여 및 다음 회기 소개</td><td></td></tr>
</table>

(3) 3회기 : 우리 여가, 엄지척!

<table>
<tr><th colspan="4">활동 목표</th></tr>
<tr><td colspan="4">부부가 함께 할 수 있는 여가활동을 찾음으로써 중년기 부부의 건강한 여가문화 생활을 실천한다.</td></tr>
<tr><td colspan="4">1. 중년기 여가의 필요성 교육을 통해 부부가 함께 하는 여가의 중요성을 깨닫는다.
2. 취미활동 카드 뽑기 활동을 통해 부부가 함께 할 수 있는 여가활동을 찾는다.
3. 여가생활이 될 수 있는 사진찍기라는 하나의 여가활동을 함께 해보는 시간을 가진다.</td></tr>
<tr><th colspan="4">활동 내용</th></tr>
<tr><th>순서</th><th>주제</th><th>세부내용</th><th>준비물</th></tr>
<tr><td>도입
(10분)</td><td>프로그램 전개를 위한 분위기 조성</td><td>1. 인사 나누기 및 출석부 작성
2. 2회기 내용 복습 및 과제점검
3. 3회기 프로그램 주제 안내</td><td>출석부
PPT</td></tr>
<tr><td rowspan="3">전개
(100분)</td><td>여가의 중요성</td><td>1. 강의 1 : 여가의 필요성
- 중년기 여가의 필요성에 대해 교육한다.
2. 활동 1 : 취미활동 카드로 부부가 함께 할 수 있는 취미생활 찾기
- 부부들은 각각, 다양한 취미활동이 그려진 취미활동카드 중 자신이 꼭 해보고 싶은 취미가 그려진 3장의 카드를 선택한다.
- 한 명씩 자신이 고른 카드를 보여주고 무엇이 하고 싶은지, 왜 하고 싶은지 등 자신이 하고 싶은 취미활동 발표한다(자신의 배우자가 무엇을 하고 싶어하는지 파악하기).</td><td>PPT
취미활동
카드
볼펜</td></tr>
<tr><td colspan="3">쉬는 시간(10분)</td></tr>
<tr><td>부부가 함께 간단한 여가생활 체험</td><td>3. 활동 2 : 야외에 나가 사진 찍는 여가활동을 해본다.
- 이 전에 먼저, 부부간 미션포즈를 제시한다.
- 앞서 주어진 미션 사진과 자유사진을 각 부부가 찍는 시간을 가진다.
4. 활동 3 : 부부사진 콘테스트
- 밖에서 찍어온 사진들을 수상하는 시간을 가진다.
- 이때, 모든 부부가 다른 이름의 상을 받는다.</td><td>스마트폰
(카메라)
PPT</td></tr>
<tr><td>종결
(10분)</td><td>교육 내용 요약 및 다음 회기 안내</td><td>1. 회기 정리 및 소감 나누기
2. 과제부여 및 다음 회기 소개</td><td>PPT</td></tr>
</table>

(4) 4회기 : 우리 미래, 엄지척!

<table>
<tr><th colspan="4">활동 목표</th></tr>
<tr><td colspan="4">부부가 함께 버킷리스트를 작성하고 꿈 보드를 만들며 부부의 미래를 계획한다.</td></tr>
<tr><td colspan="4">1. 부부가 함께 꿈 보드를 만든다.
2. 미래의 부부 모습을 그려본다.
3. 부부가 함께 지켜나갈 미래생활설계를 해본다.</td></tr>
<tr><th colspan="4">활동 내용</th></tr>
<tr><th>순서</th><th>주제</th><th>세부내용</th><th>준비물</th></tr>
<tr><td>도입
(10분)</td><td>프로그램
전개를 위한
분위기 조성</td><td>1. 출석확인 및 인사 나누기
– 반가운 인사로 분위기를 환기한다.
2. 3회기 내용 복습 및 과제점검
– 프로그램 관련 대화를 통해 4회기 프로그램 진행 분위기를 조성한다.
3. 4회기 프로그램 주제 안내
– 프로그램 주제 안내 및 준비한다.</td><td>출석부
PPT</td></tr>
<tr><td rowspan="4">전개
(90분)</td><td>부부의 미래
계획</td><td>1. 강의 1 : 버킷리스트의 필요성과 효과 교육
– 버킷리스트의 필요성과 효과에 대한 교육을 한다.
2. 활동 1 : 버킷리스트 작성 및 발표
– 부부는 양식에 맞춰 버킷리스트를 함께 작성한다(3회기에서 찾은 취미활동 참고).
– 부부가 각자의 버킷리스트 10가지씩과 함께 하는 버킷리스트 5가지를 작성한다.</td><td>잡지
여러 사진
버킷리스트 양식
필기도구</td></tr>
<tr><td colspan="3">쉬는 시간(10분)</td></tr>
<tr><td>미래계획의
가시화</td><td>3. 강의 2 : 가시화의 중요성 교육
4. 활동 2 : 꿈 보드 만들기
– 부부는 함께 버킷리스트를 참고하여 제공된 사진 혹은 잡지에서 미래에 이루고 싶은 것, 하고 싶은 것 등을 자유롭게 선택한다.
– 선택한 사진들을 오려서 보드 판에 붙이고 글과 그림 등으로 꾸며 부부 꿈 보드를 완성한다.
– 완성한 꿈 보드를 발표한다.</td><td>PPT
보드 판
가위
색연필, 사인펜</td></tr>
<tr><td>프로그램
마무리</td><td>5. 프로그램 마무리 동영상 시청
6. 프로그램 전반적인 피드백</td><td>PPT
동영상</td></tr>
<tr><td>종결
(20분)</td><td>회기 평가</td><td>1. 결혼만족도 사후 검사
2. 프로그램 만족도 조사 및 회기정리</td><td>프로그램 만족도
조사지 및
결혼만족도 검사</td></tr>
</table>

7) 기대효과

- 중년기 부부들이 건강한 의사소통을 학습할 수 있다.
- 중년기 부부가 함께 할 수 있는 여가활동을 정립할 수 있다.
- 중년 이후의 부부의 미래를 설계할 수 있다.
- 중년기 부부관계 만족도를 향상시킬 수 있다.

6. 은퇴기 가족 교육 프로그램

은퇴 후 5년 이내 부부를 대상으로 한 부부관계 증진을 위한 프로그램

1) 프로그램명

'배우자'를 배우자[8]

2) 프로그램의 목적

본 프로그램은 은퇴 후 5년 이내의 부부가 은퇴 후에 부부가 경험하는 변화에 대한 이해와 부부갈등을 해소할 수 있는 효과적인 의사소통 방법을 습득하고, 은퇴 후 부부관계 변화 중 가사분담을 중심으로 역할을 재조정하며, 은퇴 후 부부의 친밀감 향상을 위해 구체적인 계획을 세움으로써 은퇴 후의 부부관계가 증진되는 것을 목적으로 한다.

3) 프로그램의 목표

- 은퇴 후 부부가 경험하는 변화에 대해 이해한다.
- 은퇴 후 부부관계의 중요성에 대해 인식한다.
- 부부간 갈등을 유발할 수 있는 의사소통 방식을 파악한다.
- 부부간 갈등을 예방 · 해소할 수 있는 의사소통 방식에 대해 탐색한다.

8 2017년 창원대학교 사회복지학과(2023년 이전 가족복지학과) 가족생활교육 수강생 김은미, 변연선, 윤정인, 정유진 학생팀의 프로그램으로 동의를 구하고 수록함

- 은퇴 후 부부의 가사분담에 대한 중요성을 인식한다.
- 은퇴 후 부부간 가사분담 재조정에 대한 계획을 세운다.
- 부부가 정한 규칙을 실천할 수 있도록 다짐한다.

4) 대 상

은퇴 후 5년 이내 부부 6쌍(12명)

5) 전체 프로그램 개요

회기	회기명	목 표	활동내용
1회기	서로에 대해 배우자	– 다양한 활동을 통해 부부간 친밀감이 향상된다. – 은퇴 후 부부가 경험하는 변화에 대해 이해한다. – 은퇴 후 부부관계의 중요성에 대해 인식한다.	① 집단규칙 설정 ② 부부 애칭 정하기 ③ 부부 각시탈 만들기 ④ 부부 가랜드 만들기 ⑤ 결혼 만족도 그래프 그리기 ⑥ 강의(질의응답식), 은퇴 후 부부관계의 변화
2회기	배우자와 소통하자	– 자신의 의사소통 유형 파악한다. – 부부간 갈등을 유발할 수 있는 의사소통 방식을 파악한다. – 부부 간 갈등을 예방 · 해소할 수 있는 의사소통 방식에 대해 탐색한다. – 부부 갈등 해소를 위한 규칙을 정립한다.	① ‘티끌모아 로맨스’ 미션 진행 ② 1회기 과제점검 ③ 2회기 프로그램 주제 및 내용 소개 ④ 쉿! 집중해요! ⑤ 사티어의 의사소통 유형 5가지 ⑥ 효과적인 의사소통 방식을 배우기 ⑦ 효과적인 의사소통 방식으로 시연 ⑧ 약속 정하기
3회기	배우자와 나누자	– 은퇴 후 부부의 가사분담에 대한 중요성을 인식한다. – 은퇴한 부부의 현재 가사분담 역할에 대해 알아보고, 자신이 할 수 있는 역할과 배우자에게 원하는 역할을 합의하여 부부간 가사분담을 재조정한다. – 앞으로 부부의 가사분담에 대해 합의하는 것에 대한 긍정적인 생각을 가지게 된다.	① 2회기 내용 복습 및 과제점검 ② 3회기 프로그램 주제 및 내용 소개 ③ ‘티끌모아 로맨스’ 미션진행 ④ ‘부부 생생퀴즈’ ⑤ ‘부부 생생토크’ ⑥ 가사분담에 대한 인식과 이해 ⑦ 현재 가사분담 알아보기 ⑧ 역할 합의하기 ⑨ 집에 있을 때, 듣고 싶은 말!

4회기	배우자와 꿈꾸자	– '부부 드림리스트' 작성을 통해 앞으로의 부부생활을 기대할 수 있다. – 부부가 정한 규칙을 실천할 수 있도록 다짐한다.	① 3회기 내용 복습 및 과제 점검 ② 4회기 프로그램 주제 및 내용 소개 ③ '티끌모아 로맨스' 미션 진행 ④ 강의, 드림리스트의 중요성 ⑤ 나의 드림리스트 & 부부 드림리스트 작성 ⑥ 부부일기 작성하기 ⑦ 실천 다짐하기 ⑧ 프로그램에 대한 소감 나누기

6) 각 회기별 세부 추진 계획표

(1) 1회기 : 서로에 대해 배우자

활동 목표			
1. 다양한 활동을 통해 부부간 친밀감이 향상된다. 2. 은퇴 후 부부가 경험하는 변화에 대해 이해한다. 3. 은퇴 후 부부관계의 중요성에 대해 인식한다.			
활동 내용			
순서	주제	세부내용	준비물
도입 (10분)	오리엔테이션	1. 전체 프로그램 소개 – 프로그램 목적과 각 회기별 내용을 간략하게 설명한다. – '티끌모아 로맨스' 미션에 대해 설명하고, 미션을 진행한다('티끌모아 로맨스'란 평소에 잘 하지 못한 애정표현을 배우자에게 수행하는 것이다). 2. 집단 규칙 설정 – 회기별 활동을 진행하면서 지켜야 할 규칙을 진행자와 프로그램 참여 인원들이 함께 논의한다(예 부부간 비교하지 않기, 애칭으로 부르기, 과제 충실히 하기, 다른 부부가 발표한 뒤 적극적으로 박수치기, 비밀보장).	다과 빔프로젝터 PPT 제비뽑기 상자 미션지
전개 (70분)	참가자 간 라포 형성 (35분)	1. 활동 1 : 부부 애칭 정하기 – 부부가 애칭을 정하고, 이름표에 작성한다. 2. 활동 2 : 부부 각시탈 만들기 – 과자를 이용하여 배우자의 각시탈을 만든다. – 만든 후 다른 참가자들 앞에서 부부 애칭 및 프로그램 지원동기를 말한다. – 부부 중 한 명은 각시탈을 쓰고, 다른 배우자는 각시탈	이름표 사인펜 가랜드 실 가랜드 집게 각시탈 재료 : 마카로니,

순서	주제	세부내용	준비물
		설명과 함께 배우자를 소개한다. 3. 활동 3 : 부부 가랜드 만들기 – <활동 2> 후 사진을 찍고, 사진 밑에 바라는 부부의 모습을 간단하게 쓴다. – 미리 설치된 부부 가랜드에 사진을 건다.	
	쉬는 시간(5분)		
	은퇴 후 부부의 변화에 대해 이해하기 (30분)	4. 활동 4 : 결혼 만족도 그래프 그리기 – <활동지 1-1> '은퇴 전 · 후 결혼만족도' 그래프를 그리고, 결혼만족도가 가장 높은 시기와 낮은 시기를 알아본다. – 부부별로 자신의 것과 배우자의 것을 비교하여 이야기를 나눈 후 몇 부부만 발표한다. 5. 강의 1(질의응답식) : 은퇴 후 부부관계의 변화 – 여는 질문 : '은퇴' 하면 떠오르는 단어를 질문하여 은퇴에 대한 인식을 확인한다. – 은퇴 후 부부관계의 변화에 대해 <강의자료 1>을 바탕으로 질의응답식 교육을 진행한다.	동그라미 뻥튀기, 계란과자, 이쑤시개, 초콜릿(3색), 젤리
종결 (10분)	회기 평가 및 다음 회기 안내	1. 회기 마무리 – '티끌모아 로맨스' 미션 완료를 확인한다. – 이번 회기에 및 대한 소감을 나눈다. 2. 과제부여 : 배우자가 '가장 많이 사용하는 말이나 말투나 행동'에 대해 생각해 오기 3. 평가지 작성 및 다음 회기 안내	평가지 PPT

(2) 2회기 : 배우자와 소통하자

활동 목표
1. 자신의 의사소통 유형을 파악한다. 2. 부부간 갈등을 유발할 수 있는 의사소통 방식을 파악한다. 3. 부부간 갈등을 예방 · 해소할 수 있는 의사소통 방식에 대해 탐색한다. 4. 부부갈등 해소를 위한 규칙을 정립한다.

활동 내용			
순서	주제	세부내용	준비물
도입 (15분)	복습 및 미션	1. 1회기 내용 복습 – 1회기의 내용에 대해 간단히 복습한다. 2. '티끌모아 로맨스' 미션 진행	다과 빔프로젝터 PPT

	과제점검 및 2회기 소개	3. 1회기 과제 점검 – 긍정적 표현, 부정적 표현 모두 질문 4. 2회기 프로그램 주제 및 내용 소개 – 부부간 하루 대화 시간이나 내용에 대해 질문한다. – 부부간 의사소통의 중요성에 대해 설명한다. – 2회기 프로그램을 간단히 설명한다.	미션지
전개 (65분)	의사소통의 중요성 인식, 부부의 의사소통 유형 파악 (25분)	1. 활동 1 : 쉿! 집중해요! – 부부끼리 등을 맞대고 종이를 접고 찢는 활동을 통해 의사소통의 중요성을 인식한다. 2. 강의 1 : 사티어의 의사소통 유형 5가지 – 사티어의 의사소통 유형 검사(활동지 2-1)를 통해 본인과 배우자의 의사소통 유형을 파악한 후 소감을 나눈다. – 각 의사소통 유형에 대해 <활동지 1-2>와 동영상을 활용해서 학습한다.	활동지 참고자료 PPT 필기도구 사진 매직
	쉬는 시간(10분)		
	부부갈등 해소를 위한 의사소통 방식 학습 (30분)	3. 강의 2 : 효과적인 의사소통 방식을 배우기 – 효과적인 의사소통에 필요한 요소를 <활동지 2-2>를 통해 효과적인 의사소통에 필요한 단어를 부부가 함께 찾아본다(가로세로 단어찾기). – 효과적인 의사소통 방식(공감, 수용, 경청, 나-전달법 등)에 대해 [참고자료]를 활용하여 학습한다. 4. 활동 2 : 효과적인 의사소통 방식으로 시연 – 은퇴 후 발생할 수 있는 갈등의 상황에 대한 동영상을 시청하고 부부끼리 갈등상황에 대한 의사소통 방식을 <활동지 2-3>을 이용해 비효과적인 방식에서 효과적인 방식으로 수정하고 시연해 본다. 5. 활동 3 : 약속 정하기 – 부부의 효과적인 의사소통을 위한 약속을 정한다. – 부부가 찍은 사진에 정한 약속을 적고 가랜드에 사진을 건다(예 식사 후 서로에게 감사인사하기).	
종결 (10분)	2회기 요약 및 3회기 안내	1. 회기정리 및 과제부여 – 본 회기의 내용을 요약 정리한다. – 활동 3에서 정한 규칙을 한 주 동안 시행해 보는 과제를 부여한다. – 만든 규칙 사용해 보기 과제를 부여한다. 2. 평가지 작성 및 다음 회기 안내	평가지

(3) 3회기 : 배우자와 나누자

활동 목표
1. 은퇴 후 부부의 가사분담에 대한 중요성을 인식한다. 2. 은퇴한 부부의 현재 가사분담 역할에 대해 알아보고, 자신이 할 수 있는 역할과 배우자에게 원하는 역할을 합의하여 부부간 가사분담을 재조정한다. 3. 앞으로 부부의 가사분담에 대해 합의하는 것에 대한 긍정적인 생각을 가지게 된다.

활동 내용			
순서	주제	세부내용	준비물
도입 (10분)	과제점검 및 3회기 소개, 미션진행	1. 2회기 내용 복습 및 과제점검 – 2회기의 내용에 대해 간단히 복습한다. – 과제를 통해 느낀 점을 발표한다.	출석부 다과 PPT 미션지
		2. 3회기 프로그램 주제 및 내용 소개 3. '티끌모아 로맨스' 미션 진행	
전개 (70분)	은퇴 후 부부의 가사분담의 필요성과 중요성 인식 (35분)	1. 활동 1 : '부부 생생퀴즈' – 1회기 때 다룬 은퇴 후 부부관계의 변화에 대한 설명을 간략히 하고, 퀴즈 형식으로 진행한다. 2. 활동 2 : '부부 생생토크' – 여는 질문 : 은퇴 후 부부생활의 대부분은 '집'에서 보내게 됨을 강조하는 질문을 한다. – '집에 있을 때, 서로에게 바라는 것이 있다면?'에 대한 답을 포스트잇에 쓴 후, 4절지에 나뉘어 있는 남편 생각 · 아내 생각에 각각 붙인다. 3. 강의 1 : 가사분담에 대한 인식과 이해 – '가사분담'에 대한 은퇴 후 부부의 인식을 설명한다. – 가사노동에 대한 이해 : 가사노동은 모두의 일임을 인식한다. 4. 활동 3 : 현재 가사분담 알아보기 – <활동지 3-1>에 적혀 있는 가사노동의 영역 중 현재 부부가 하고 있는 가사노동을 색칠해 본다. – 색칠된 <활동지 3-1>에 배우자의 색칠된 영역 하나를 골라서 서로에게 구체적으로 칭찬한다.	필기도구 PPT 활동지 두 가지 색 포스트잇 4절지 색연필 폴라로이드
	쉬는 시간(10분)		
	역할합의를 통해 각자 실천할 수 있는 가사영역	5. 활동 4 : 역할 합의하기 – <활동지 3-2>의 가사노동 중 자신이 책임지고 할 수 있는 역할 두 가지와 배우자에게 바라는 역할 한 가지를 정한다.	

	정하기 (25분)	– 부부 상호 간의 생각을 확인하고 최종적으로 합의하여 <활동지 3-3>에 작성한다. 부부별로 발표한다. 6. 활동 5 : 집에 있을 때, 듣고 싶은 말! – 합의를 통해 정한 역할을 수행해 냈을 때, 듣고 싶은 칭찬의 말을 포스트잇에 작성한다. – 찍어놓은 폴라로이드 밑에 응원의 말을 쓰고, 가랜드에 붙인다.	
종결 (10분)	회기 평가 및 다음 회기 안내	1. 회기 마무리 – '티끌모아 로맨스' 미션 완료를 확인한다. – 이번 회기에 대한 소감을 나눈다. 2. 과제부여 : 배우자가 원하는 역할 한 가지씩을 한 주 동안 해오기, 자신이 원하는 역할을 배우자가 해줬을 때 정했던 응원의 말해주기 3. 평가지 작성 및 다음 회기 안내	평가지 PPT

(4) 4회기 : 배우자와 꿈꾸자

활동 목표
1. '부부 드림리스트' 작성을 통해 앞으로의 부부생활을 기대할 수 있다. 2. 부부가 정한 규칙을 실천할 수 있도록 다짐한다.

활동 내용			
순서	**주제**	**세부내용**	**준비물**
도입 (10분)	과제점검 및 4회기 소개, 미션진행	1. 3회기 내용 복습 및 과제점검 – 3회기의 내용에 대해 간단히 복습한다. – 과제를 통해 느낀 점을 발표한다.	출석부 다과 빔프로젝터 PPT
		2. 4회기 프로그램 주제 및 내용 소개 3. '티끌모아 로맨스' 미션 진행	
전개 (75분)	나와 부부의 드림리스트와 부부일기를 작성하여 앞으로의 부부생활 기대하기 (40분)	1. 강의 1 : 드림리스트의 중요성 – 영화 '버킷리스트'를 짧게 보며 나와 부부의 드림리스트를 작성하는 이유와 중요성에 대해 설명한다. 2. 활동 1 : 나의 드림리스트 & 부부 드림리스트 작성 – <활동지 4-1>에서 '나의 드림리스트'를 각자 작성하여, 부부간 서로에게 자신의 드림리스트를 소개한다. – <활동지 4-1>에서 '부부 드림리스트'를 각자 작성한 뒤, 상호 합의하여 완성한다. 부부별로 발표하는	PPT 활동지 필기구(펜, 사인펜, 색연필)

		시간을 가진다(발표 시, 보조자는 가랜드에 넣을 사진을 찍는다). 3. 활동 2 : 부부일기 작성하기 – '부부 드림리스트'를 달성한 상황을 가정하여, 그림·글 등 다양한 형태로 부부일기를 적어본 후, 몇 부부만 발표한다.	
	쉬는 시간(10분)		
	변화 유지 및 실천을 다짐한다. (25분)	4. 활동 3 : 실천 다짐하기 – 지금까지의 활동에서 배운 것을 잘 수행할 것을 약속하는 '서약서'를 작성한 뒤, 부부 1쌍이 대표로 선서 낭독을 한다. – 수료증을 전달하고, 가랜드와 함께 기념사진을 찍는다. 5. 활동 4 : 프로그램에 대한 소감 나누기 – 프로그램 전과 후 변화된 자신 혹은 부부의 모습에 대한 소감을 나눈다. – 그동안의 노력과 성장을 축하하며 큰 박수와 함께 프로그램을 마무리한다.	
종결 (5분)	회기 평가	1. 회기 정리 및 평가지 작성	평가지

7) 기대효과

- 은퇴 후에 부부가 경험하는 변화에 대한 이해를 할 수 있다.
- 은퇴 후 부부관계의 중요성을 인식하고 부부갈등을 해소할 수 있는 효과적인 의사소통 방법을 습득할 수 있다.
- 은퇴 후 가사분담을 중심으로 역할 재조정에 대한 계획을 세울 수 있다.
- 은퇴 후 부부 관계의 증진을 기대해 볼 수 있다.

7. 다문화 가족 교육 프로그램

결혼이주여성 한국 사회 적응 프로그램

1) 프로그램명

이야기(이주여성이 한국 사회에 잘 정착할 수 있도록 마련한 야심찬 기회)[9]

2) 프로그램의 목적

결혼이주여성들이 한국 사회에서 겪은 문화충격과 고향을 방문하지 못해 생긴 향수병에 관해 참가자와 경험자 간에 공유하는 시간을 가져, 안정적인 한국 생활 적응을 지원하고, 이후 가정으로 돌아가 결혼 생활을 잘 유지할 수 있도록 돕는다.

3) 프로그램의 목표

- 모국에 대한 그림을 그리고 추억을 나누며 향수를 공유하는 과정을 통해 참여자 간에 친밀감과 공감대를 형성한다.
- 비슷한 경험을 했던 선배 결혼이주여성 이야기를 통해, 한국 사회에 적응할 수 있다는 자신감을 얻는다.
- 자신에게 충분히 잘하고 있다고 격려하는 과정에서, 한국 사회에 잘 적응하고자 하는 의욕을 가진다.
- 모국에 방문할 계획을 세우며 고국에 대한 그리움을 긍정적인 감정으로 승화한다.

4) 대 상

한국에 온 지 3년 이내이며 20~30대 연령대의 베트남 출신 결혼이주여성 8명

9 2021년 창원대학교 사회복지학과(2023년 이전 가족복지학과) 가족생활교육 수강생 권은혜, 정재환, 허다인, 우세빈 학생팀의 프로그램으로 동의를 구하고 수록함

5) 전체 프로그램 개요

회기	회기명	내 용	준비물
1회기	글쓰기 (전통놀이를 통한 아이스 브레이킹)	참가자들끼리 자기 소개를 하고 두 국가의 비슷한 전통놀이 게임을 한다.	A4용지, 볼펜, 사전검사지, 네트, 제기, 사은품
2회기	삽화 넣기 (모국 그림 그리기)	참가자들끼리 추억의 모국을 그림으로 그려보고 추억의 물건과 함께 소개하는 시간을 가진다.	A4용지, 색연필, 사인펜, 크레파스
3회기	보완하기 (선배 조언 구하기)	선배 결혼이주여성에게 조언을 구하고 긍정적인 미래를 그림으로 표현해 본다.	A4용지, 색연필, 사인펜, 연필, 지우개
4회기	출간하기 (한국 적응 계획 및 격려편지 쓰기)	한국에서 어떻게 적응해 갈 것인지 계획하고 현재의 나에게 응원, 격려하는 시간을 가진다.	A4용지, 엽서, 색연필, 사인펜, 수료증, 그림 액자, 사후검사지

6) 각 회기별 세부 추진 계획표

(1) 1회기 : <글쓰기> 아이스 브레이킹

<table>
<tr><td>활동
목표</td><td colspan="3">자기소개와 한국에서 경험한 일들을 공유하여 대상자 간의 라포 형성하기
– 아이스 브레이킹 활동을 통한 프로그램의 흥미를 유발한다.
– 대상자 간의 관계와 진행자와 참가자 간의 친밀한 관계를 형성한다.</td></tr>
<tr><th>순서</th><th colspan="2">세부내용</th><th>준비물</th></tr>
<tr><td>도입</td><td>오리엔테이션
(20분)</td><td>1. 가족생활교육사와 참가자 간의 인사 및 출석체크하기
2. 프로그램에 대한 전반적인 소개하기
3. 개인정보 동의서 작성하기
4. 한국 적응도 검사하기</td><td>출석부 명단,
프로그램 PPT,
개인정보 동의서,
사전검사지</td></tr>
<tr><td rowspan="2">전개</td><td>자기소개
(20분)</td><td>1. 샘플 질문지에 적혀있는 자기 소개 목록 간략히 작성하기
– 작성한 질문지를 토대로 한 사람씩 돌아가며 자신을 소개한다.</td><td>A4용지, 볼펜,
샘플 질문지</td></tr>
<tr><td colspan="3">쉬는 시간(10분)</td></tr>
</table>

	전통놀이 동영상 시청 (15분)	2. 베트남 전통놀이와 흡사한 우리나라 전통놀이 동영상 시청하기 – 제기차기(베트남 꺼우와 흡사) 하는 방법에 대한 영상을 보여준다. – 꼬리잡기(베트남 롱란과 흡사) 하는 방법에 대한 영상을 보여준다.	동영상
	전통놀이 활동 (40분)	3. 활동 1 : 제기차기(=꺼우) 놀이하기 – 4명씩 2개의 팀으로 나눈다. – 제기를 나눠주고, 연습할 시간을 준다. – 족구처럼 네트로 서로 넘겨가며 게임을 한다. – 총 5판을 하여 승패를 결정한다. 4. 활동 2 : 꼬리잡기(=롱란) 놀이하기 – 2개의 팀이 길게 줄을 서서 몸통을 이룬다. – 각 팀의 머리가 상대편 꼬리를 잡는다. – 총 5판을 하여 승패를 결정한다. – 총점을 계산하여 사은품을 증정한다.	제기, 네트 사은품
종결	정리(5분)	1. 네트를 치우고, 제기를 걷어간다. – 사회복지사는 네트를 치우고, 참가자들은 제기를 걷어서 한 곳에 모아둔다.	
	회기 평가 및 마무리 (10분)	2. 프로그램 소감 나누기 – 요약 · 마무리하며 간단히 느낀 점과 바라는 점을 나눈다. 3. 다음 회기에 대한 설명 및 질의응답 – 2회기를 어떻게 진행할 것인지 간단히 설명하고, 참가자에게 궁금한 부분이 있는지 묻고 질문에 답한다.	

(2) 2회기 : <삽화 넣기> 모국 그림 그리기

<table>
<tr><td>목표</td><td colspan="3">모국에 대한 그림을 그리고 추억을 나누며 향수를 공유하는 과정을 통해 대상자 간 친밀감과 공감대를 만든다.
– 함께 고향을 떠올리고 향수를 나누며 긍정적 감정을 형성한다.</td></tr>
<tr><th>순서</th><th colspan="2">세부내용</th><th>준비물</th></tr>
<tr><td>도입</td><td>오리엔테이션
(15분)</td><td>1. 가족생활교육사와 참가자 간의 인사 및 출석체크하기
2. 프로그램에 대한 전반적인 소개하기</td><td>출석부 명단,
프로그램 PPT,</td></tr>
<tr><td rowspan="3">전개</td><td>모국 그림
그리기
(20분)</td><td>1. 모국 그림 그리기
– 참가자의 추억이 담긴 모국의 한 장면을 자신만의 방식으로 그리는 시간을 가진다.</td><td>A4용지, 색연필,
사인펜, 크레파스</td></tr>
<tr><td colspan="3">쉬는 시간(10분)</td></tr>
<tr><td>그림 및 추억의
물건 소개하기
(35분)</td><td>2. 활동 1 : 자기 및 모국 소개하기
– 한 사람씩 다른 참가자들에게 그림을 보여준다. 자신이 지내던 고향에 대해 소개하며, 이 장소에 대해서 어떤 추억이 있는지 그린 이유를 공유한다.
3. 활동 2 : 추억(혹은 애착)의 물건 소개하기
– 각자가 준비해 온 모국에서의 추억이 담긴 물건을 꺼내어 그린 그림과 관련하여 그 물건에 어떠한 추억이 있는지 에피소드를 나눈다.</td><td>동영상</td></tr>
<tr><td rowspan="2">종결</td><td>정리(10분)</td><td>1. 사용한 그림 도구 및 필기구를 정리한다.
2. 그린 그림을 제출한다(마지막 회기에 액자에 끼워서 나눠주기).
3. 추억의 물건을 각자의 가방에 챙겨 넣는다.</td><td></td></tr>
<tr><td>회기 평가 및
마무리
(10분)</td><td>4. 프로그램 소감 나누기
– 요약 · 마무리하며 간단히 느낀 점과 바라는 점을 나눈다.
5. 다음 회기에 대한 설명 및 질의응답
– 3회기를 어떻게 진행할 것인지 간단히 설명하고, 참가자에게 궁금한 부분이 있는지 묻고 질문에 대해 답한다.</td><td></td></tr>
</table>

(3) 3회기 : <보완하기> 선배의 경험 및 조언을 바탕으로 미래 모습 그리기

<table>
<tr><td>목표</td><td colspan="3">비슷한 경험을 했던 선배 결혼이주여성 이야기를 통해, 한국 사회에 적응할 수 있다는 자신감 얻기
- 선배 결혼이주여성의 과거 이야기를 들으며 공감대를 형성한다.
- 선배 결혼이주여성으로부터 도움이 될 만한 구체적 방법에 관해 조언을 얻는다.
- 긍정적인 미래 모습을 상상하는 과정을 통해 희망적인 감정을 형성한다.
- 자신에게 충분히 잘하고 있다고 격려하는 과정에서, 한국 사회에 잘 정착하고자 하는 의지를 갖는다.</td></tr>
<tr><th>순서</th><th colspan="2">세부내용</th><th>준비물</th></tr>
<tr><td>도입</td><td>결혼이주여성 강사 (선배) 소개 (20분)</td><td>1. 가족생활교육사와 참가자 간의 인사 및 출석체크하기
2. 프로그램에 대해 전반적인 소개하기
3. 한국에 잘 정착한 결혼이주여성 선배 소개하기</td><td>출석부 명단, PPT 자료</td></tr>
<tr><td rowspan="3">전개</td><td>선배의 경험 및 조언 듣기 (40분)</td><td>1. 간단하게 자기소개 하기
2. 한국 적응을 어렵게 했던, 문화충격과 향수 관련 경험 이야기
3. 몇 가지 질의사항에 관해, 경험에 빗대어서 답변 및 조언하기</td><td>A4용지, 색연필, 사인펜</td></tr>
<tr><td colspan="3">쉬는 시간(10분)</td></tr>
<tr><td>미래 내 모습 그리기 (45분)</td><td>4. 활동 1 : 미래의 내 모습 상상하여 그리기
- 참가자에게 A4용지 배부하기
- 그림 샘플을 예시로 보여주며 참고하라고 지시한다.
- 한국생활에 잘 정착한 미래의 내 모습을 상상해 보기
- 미술도구를 사용하여 간단하게 그림으로 표현하기
5. 활동 2 : 그림 소개하기
- '미래의 내 모습 그리기'에서 그렸던 그림을 보여주며 느낀 점을 나누기</td><td>동영상</td></tr>
<tr><td rowspan="2">종결</td><td>정리(5분)</td><td>1. 각자의 그림을 한 곳에 모아서 제출한다.
2. 미술용품을 모아서 바구니에 담는다.</td><td></td></tr>
<tr><td>회기 평가 및 마무리 (10분)</td><td>3. 다음 회기에 대한 설명 및 질의응답
- 4회기에서 무엇을 진행할 것인지 짧게 설명하고, 참가자에게 궁금한 부분이 있는지 묻고 답한다.</td><td></td></tr>
</table>

(4) 4회기 : <출간하기> 한국 적응 계획 및 격려편지 쓰기

<table>
<tr><td>목표</td><td colspan="3">고국에 대한 그리움을 긍정적인 감정으로 승화시키기
– 모국에 방문할 계획을 세우며 고국에 대한 추억을 상기시킨다.
– 프로그램 동안 촬영한 사진들을 통해 프로그램을 돌이켜 보도록 한다.
– 자신을 돌아보는 계기가 되며, 한국 생활 적응에 의욕을 갖는다.</td></tr>
<tr><th>순서</th><th colspan="2">세부내용</th><th>준비물</th></tr>
<tr><td>도입</td><td>프로그램
소개하기
(10분)</td><td>1. 가족생활교육사와 참가자 간의 인사 및 출석체크하기
2. 진행할 프로그램에 대해 전반적으로 소개하기
3. 모국 방문 계획을 세울 종이 배부</td><td>출석부 명단,
A4용지</td></tr>
<tr><td rowspan="3">전개</td><td>한국 적응 계획
작성
(45분)</td><td>1. 활동 1 : 한국 적응 계획 세우기
– 3회기 때 멘토의 조언을 바탕으로, 한국에서 어떻게 적응을 해 나갈 것인지 구체적인 계획을 생각해 본다.
– 계획표 샘플자료를 보여주며 참고해도 좋다고 설명해 준다.
– 각자 자유롭게 계획을 작성하고 꾸미는 시간을 가진다.
2. 활동 2 : 한국 적응 계획 발표하기
– 각자 어떤 방식을 통해 한국 사회에 적응할 것인지 구체적인 계획에 대해 발표하도록 한다.
– 멘토의 조언 중 어떤 것에 영향을 받았는지도 함께 이야기한다.</td><td>PPT 자료</td></tr>
<tr><td colspan="3">쉬는 시간(10분)</td></tr>
<tr><td>격려 편지쓰기
(25분)</td><td>3. 참가자에게 편지지 배부하기
4. 3회기에서 '미래 내 모습 그리기' 활동에서 그렸던 '미래의 나'가 되어 '현재의 나'에게 잘하고 있다는 격려와 응원의 말을 해주기
※ 편지를 지도자에게 제출하면, 기관에서 1년 뒤에 참가자 주소로 편지를 발송한다.</td><td>편지지,
색연필,
필기구</td></tr>
<tr><td rowspan="2">종결</td><td>사후 설문지 및
수료증 배부
(15분)</td><td>1. 한국 적응도 사후 검사지 배부 후 작성하도록 하기
2. 수료증, 그림액자 배부하기
3. 단체 사진 촬영</td><td>사후검사지
및 수료증
그림액자
선물 카메라</td></tr>
<tr><td>프로그램
종결(15분)</td><td>4. 프로그램에 대한 참가자들의 소감 나누기
– 프로그램 "이야기"에 대한 소감을 나누는 시간을 가지면서 프로그램을 종결한다.</td><td></td></tr>
</table>

7) 기대효과

- 참가자 간의 공감대를 형성하면서 친분을 쌓아, 프로그램 사후에도 서로 조언할 지지자 관계를 맺을 수 있다.
- 프로그램 전반적 과정을 통해 한국 문화에 대해 열린 마음으로 수용함으로써 문화적응도를 향상시켜 한국 사회에 잘 정착하도록 도울 수 있다.

부 록

1. 한국가족관계학회 가족생활교육사 자격 규정
2. 학생 활동 평가 양식

1. 한국가족관계학회 가족생활교육사 자격 규정(2022년부터 적용)

제1장 총 칙

제1조(목적) 본 규정은 가족생활교육사 자격을 규정함을 목적으로 한다.

제2조(정의) 가족생활교육사는 본 학회에서 규정하는 필수 교과목을 학부나 대학원 및 학점인정기관에서 이수한 자로서 소정의 자격시험과 자격심사에 통과한 자를 말한다.

제2장 자격규정 및 검정기준 · 검정과목 · 검정방법 · 응시자격

제3조(구분) 본 자격은 다음과 같이 구분한다.

1. 가족생활교육사 2급
2. 가족생활교육사 1급
3. 가족생활교육사전문가

제4조(가족생활교육사 2급)

(업무) 2급 가족생활교육사는 가족생활 전반에 걸쳐 필요한 지식과 기술을 체계적으로 가르치는 일을 수행하며, 가족생활교육사의 교육업무를 수행하는 역할을 수행한다.

(자격) 아래의 자격을 모두 충족한 자를 대상으로 한다.

1. 필수과목을 이수한 자
2. 가족생활교육 관련 학과에서 학사학위를 받은 자
   * 가족생활교육 관련학과란 본 학회의 가족생활교육사 필수교과목 4과목 중 3과목 이상이 해당 학위과정의 전공과목으로 개설되어 있는 학과를 말함
3. 가족생활교육사 2급 자격시험에 합격한 자 또는 가족생활교육 관련학과 석사학위 소지자
4. 가족생활교육 프로그램 30시간 이상 참가한 자
   * 참가의 의미는 프로그램에 집단성원으로 참여하거나 보조강사/주강사로 활동하는 것을 포함하며, 단순 참관은 수련시간으로 인정하지 않음
   * 이를 증명하기 위해 실시기관 혹은 주강사의 직인/서명이 포함된 참가확인증 혹은 보조강사 활동 확인서를 첨부해야 함
   * 참가시간으로 인정되는 가족생활교육 프로그램
     1) 건강가정지원센터와 다문화가족지원센터, 건가 · 다가 통합센터의 프로그램
     2) 본 학회 주관으로 열리는 가족생활교육 프로그램(연중 1~2회 실시함)
5. 본 학회가 주관하는 윤리교육을 이수한 자
   * 윤리교육은 보수교육 횟수에 포함되지 않음

* 본 학회가 주관한 보수교육은 다음을 포함하며 가족상담사와 가족생활교육사의 보수교육은 중복 인정함
  1) 본 학회의 학술대회
  2) 본 학회 주관으로 열리는 교육 및 워크숍

[필수 교과목]

1. 가족학 및 가족관계 관련 과목(2과목) : 가족학, 한국가족론, 가족관계, 부부관계, 결혼과 가족, 가족발달, 건강가족(가정)론, 한국가족생활문화, 가족사회학
2. 인간발달 및 인간의 성 관련 과목(1과목) : 인간발달, 발달이론, 아동발달, 청년발달, 중·노년기 발달, 노년학, 발달이론, 부부의 성, 아동학
3. 가족자원관리 및 가족복지 관련 과목(1과목) : 가정경영, 가족자원관리, 가정경제, 가족법, 가족복지, 가족정책, 가족상담, 아동복지, 노인복지
4. 가족생활교육 관련 과목(1과목) : 가족생활교육, 가족생활교육 프로그램, 부모교육, 부부교육

* 단, 이상의 과목과 유사한 과목은 자격관리위원회의 심의를 거쳐 동일교과목으로 인정할 수 있음

제5조(가족생활교육사 1급)

(업무) 1급 가족생활교육사는 가족생활교육 책임자로서의 역할을 수행하며, 2급 가족생활교육사의 훈련과 평가를 할 수 있다.

(자격) 아래의 자격을 모두 충족한 자를 대상으로 한다.

1. 가족생활교육사 2급 자격증 소지자로 3년 이상 경과된 자(단, 관련학과 석사학위 소지자는 1년 이상 경과된 자)
2. 가족생활교육 프로그램 30시간 이상 참여한 자
   * 참여의 의미는 프로그램에 집단성원으로 참여하거나 보조강사/주강사로 활동하는 것을 포함하며, 단순 참관은 수련시간으로 인정하지 않음
   * 이를 증명하기 위해 실시기관 혹은 주강사의 직인/서명이 포함된 참가 확인증 혹은 보조강사 활동 확인서를 첨부해야 함
   * 참가시간으로 인정되는 가족생활교육 프로그램
     1) 건강가정지원센터와 다문화가족지원센터, 건가·다가 통합센터의 프로그램
     2) 본 학회 주관으로 열리는 가족생활교육 프로그램(연중 1~2회 실시함)
3. 가족생활교육 지도자 경험 15시간 이상 실시
   * 가족생활교육 지도자경험은 실시기관을 한정하지 않고 인정함
   * 이를 증명하기 위해 실시기관의 직인/서명이 포함된 주강사 활동 확인서, 프로그램지, 브로슈어 등의 증빙자료를 첨부해야 함
4. 가족생활교육 슈퍼비전 10시간
5. 본 학회가 주관하는 윤리교육을 이수한 자

* 윤리교육은 보수교육 횟수에 포함되지 않음
* 2급 취득 시에 이수한 윤리교육은 1급 및 전문가 자격취득에도 인정됨
* 윤리교육은 교육시간의 80% 이상 참석 시 인정함
* 본 학회가 주관한 보수교육은 다음을 포함하며 가족상담사와 가족생활교육사의 보수교육은 중복으로 인정함
  1) 본 학회의 학술대회
  2) 본 학회 주관으로 열리는 교육 및 워크샵

제6조(가족생활교육사 전문가)

(업무) 가족생활교육사 전문가는 가족생활교육 책임자로서의 역할을 수행하며, 가족생활교육프로그램의 개발을 위한 전반적인 업무를 담당한다. 또한 2급 또는 1급 가족생활교육사의 훈련과 평가를 할 수 있다.

(자격) 가족생활교육사 전문가는 다음의 1, 2, 3, 4, 5, 6항의 조건을 모두 충족한 자로 하며, 학회 사정에 따라 7항에 해당되는 자를 초빙할 수 있다.

1. 가족생활교육사 1급 자격증 소지자로 석사 학위자는 5년, 박사 학위자는 3년 이상 경과된 자
2. 가족생활교육 프로그램 45시간 이상 참여한 자
   * 참여의 의미는 프로그램에 집단성원으로 참여하거나 보조강사/주강사로 활동하는 것을 포함하며, 단순 참관은 수련시간으로 인정하지 않음
   * 이를 증명하기 위해 실시기관 혹은 주강사의 직인/서명이 포함된 참가확인증 혹은 보조강사 활동 확인서를 첨부해야 함
   * 참가시간으로 인정되는 가족생활교육 프로그램
     1) 건강가정지원센터와 다문화가족지원센터, 건가·다가 통합센터의 프로그램
     2) 본 학회 주관으로 열리는 가족생활교육 프로그램(연중 1~2회 실시함)
3. 가족생활교육 지도자 경험 30시간 이상 실시
   * 가족생활교육 지도자경험은 실시기관을 한정하지 않고 인정함
   * 하며 이를 증명하기 위해 실시기관의 직인/서명이 포함된 주강사 활동 확인서, 프로그램지, 브로슈어 등의 증빙자료를 첨부해야 함
4. 가족생활교육 슈퍼비전 15시간
5. 가족생활교육 슈퍼비전에 대한 슈퍼비전 5시간
6. 본 학회가 주관하는 윤리교육에 1회 참석한 자
   * 윤리교육은 보수교육 횟수에 포함되지 않음
   * 2급 취득 시에 이수한 윤리교육은 1급 및 전문가 자격취득에도 인정됨
   * 윤리교육은 교육시간의 80% 이상 참석 시 인정함
   * 본 학회의 가족생활교육전문가로서, 공신력 있는 타학회(한국상담학회, 한국상담심리학회, 한국가족치료학회 등)의 슈퍼바이저(1급)의 자격증을 소지하고 있는 경우, 자격갱신

을 위한 조건 중 윤리교육이수를 면제

* 본 학회가 주관한 보수교육은 다음을 포함하며 가족상담사와 가족생활교육사의 보수교육은 중복으로 인정함

1) 본 학회의 학술대회
2) 본 학회 주관으로 열리는 교육 및 워크숍

7. 본 학회의 사정에 따라 자격관리위원회의 회의를 거쳐 초빙 가족생활교육사 전문가를 모집할 수 있음

* 초빙 가족생활교육사 전문가는 다음의 1), 2), 3)항을 충족하고, 4)~6)항 중 하나를 충족하는 경우 자격관리위원회의 심의를 거쳐 가족생활교육사 전문가 자격을 부여함

1) 본 학회의 회원이면서 당해 연도의 회비와 자격 전형료를 납부한 자
2) 본 학회가 주관한 가족생활교육사 사례발표회에 1회 이상 발표한 자
3) 본 학회가 주관한 윤리교육에 1회 참석한 자
4) 가족관계 및 관련전공 분야의 대학 전임교원
5) 가족관계 및 가족생활교육 등 과목을 3년 이상 대학에서 강의하고 있는 동 분야 박사학위 소지자
6) 건강가정지원센터, 다문화가족지원센터 혹은 가족생활교육관련 서비스를 제공하는 기관의 장

제7조(검정기준)

1. (사)한국가족관계학회와 (사)한국가족상담교육단체협의회는 가족생활 전반에 걸쳐 필요한 지식과 기술을 체계적으로 교육할 수 있는 업무를 원활하게 수행할 수 있는 직무능력을 갖추고 있는지 유무를 기준으로 하여 등급별 검정기준을 정한다.
2. 가족생활교육사자격증의 등급별 검정기준은 다음과 같다.

[검정기준]

전문가

전문가 수준의 가족생활교육 책임자로서의 역할을 수행하며, 가족생활교육프로그램의 개발을 수행, 평가, 지도할 수 있는 업무를 담당하며, 1급 또는 2급 가족생활교육사를 훈련할 수 있는 능력을 갖춘 최고급 수준

가족생활교육사

1급 : 준전문가 수준의 가족생활교육사로서 가족생활 전반에 걸쳐 필요한 지식과 기술을 체계적으로 가르치는 역할을 수행하며, 2급 가족생활교육사의 훈련과 평가를 할 수 있는 능력을 갖춘 고급 수준

2급 : 가족생활 전반에 걸친 교육을 수행하며, 상위급 가족생활교육사의 교육 업무를 보조하는 역할을 수행할 수 있는 기본 능력을 갖춘 상급 수준

제3장 자격시험 및 자격심사

제8조(자격시험 및 자격심사 시행세칙) 이에 관한 사항은 가족생활교육사 자격시험 및 자격심사 시행세칙을 따른다.

제9조(자격관리 위원) 자격관리위원은 이사회의 추천을 받아 학회장이 위촉하며 자격시험 및 자격심사 업무를 관장한다.

부칙(1996년 10월 1일) 본 규정은 공포된 날(1996년 10월 1일)로부터 시행한다.
부칙(1998년 5월 29일) 본 규정은 1998년 5월 29일부터 시행한다.
부칙(2000년 2월 28일) 본 규정은 2000년 2월 28일부터 시행한다.
부칙(2001년 9월 28일) 본 규정은 2002년 2월 28일부터 시행한다.
부칙(2005년 8월 24일) 본 규정은 2005년 8월 24일부터 시행한다.
부칙(2009년 2월 26일) 본 규정은 2009년 3월 1일부터 시행한다.
부칙(2021년 1월 1일) 본 규정은 2021년 1월 1일부터 시행한다.

〈가족생활교육사 자격시험 및 자격심사 시행세칙〉

제1조 본 학회 가족생활교육사 자격을 취득하기 위하여 다음과 같은 심사를 거쳐야 하며 심사 일자 및 기타 사항은 학회장이 공고한다.

1. 서류심사
2. 필기시험

* 1년에 1회 실시함

* 시험과목

2급 – 인간발달, 가족관계, 가족생활교육

1급 – 가족생활교육프로그램개발 및 평가, 인간발달, 가족관계, 가족생활교육

* 단, 가족생활 교육 관련 분야 전공의 석사학위를 소지한 자는 자격시험을 면제함

* 한 해에 가족상담사와 가족생활교육사 시험을 동시에 응시할 경우, 공통과목은 한 번의 시험으로 인정되지만, 2016년도 이전 두 자격 중 하나의 필기시험에만 응시하여 합격한 경우 다른 자격증의 부분합격으로 인정함

3. 수련심사
4. 면접심사(구술) – 가족생활교육사 전문가만 해당

제2조(응시자격) 응시자격은 제2장 자격규정에 준하며, 서류심사에 통과한 자로 한다.

제3조(심사과정 및 응시서류)

제1항 가족생활교육사 2급을 위한 자격시험에 응시하고자 하는 자는 소정의 응시료와 함께 다음 서류를 제출하고, 시험에 응시해야 한다.

* 윤리교육이 개설되지 아니한 2015년 혹은 그 이전에 자격취득한 사람은 첫 번째 자격갱신 때 윤리교육을 필수로 이수하여야 함

1. 서류심사
   1) 가족생활교육사 2급 서류심사 응시원서(본 학회 소정양식)
   2) 필수 교과목 이수 확인을 위한 성적 증명서(대체과목인 경우 강의계획서도 첨부)
   3) 학위증명서(관련전공 최종학위 증명서)
   4) 해당자에 한해서 석사학위 증명서
   5) 입금영수증
2. 필기시험
   1) 가족생활교육사 2급 필기시험 응시원서(본 학회 소정양식)
   2) 가족생활교육사 2급 서류심사 합격증
   3) 해당자에 한해서 합격 기간이 유효한 부분합격증
   4) 입금영수증
3. 수련심사
   1) 가족생활교육사 2급 수련심사 응시원서(본 학회 소정양식)
   2) 가족생활교육사 2급 필기시험 합격증
   3) 가족생활교육 프로그램 참가확인증
   4) 윤리교육 이수증
   5) 입금영수증

제2항 가족생활교육사 1급 자격심사에 응시하고자 하는 자는 다음 서류를 구비하여 자격심사료와 함께 자격심사를 청구한다.

1. 서류심사
   1) 가족생활교육사 1급 서류심사 응시원서(본 학회 소정양식)
   2) 가족생활교육사 2급 자격증 사본
   3) 해당자에 한해서 석사 학위증명서
   4) 입금영수증
2. 필기시험
   1) 가족생활교육사 1급 필기시험 응시원서(본 학회 소정양식)
   2) 가족생활교육사 1급 서류심사 합격증
   3) 해당자에 한해서 합격 기간이 유효한 부분합격증
   4) 입금영수증
3. 수련심사
   1) 가족생활교육사 1급 수련심사 응시원서(본 학회 소정양식)
   2) 가족생활교육사 1급 필기시험 합격증
   3) 가족생활교육 프로그램 참가확인증

4) 가족생활교육 지도감독 실무 경력 증명서(본 학회 소정양식)
5) 가족생활교육전문가 1인의 추천서
6) 윤리교육 이수증
7) 입금영수증

제4항 가족생활교육사 전문가 자격심사에 응시하고자 하는 자는 다음 서류를 구비하여 자격심사료와 함께 자격심사를 청구한다.

1. 서류심사
   1) 가족생활교육사 전문가 서류심사 응시원서(본 학회 소정양식)
   2) 가족생활교육사 1급 자격증 사본
   3) 해당자에 한해서 석사 학위증명서 또는 박사학위 증명서
   4) 입금영수증
2. 수련심사
   1) 가족생활교육사 전문가 수련심사 응시원서(본 학회 소정양식)
   2) 가족생활교육 프로그램 참가확인증
   3) 가족생활교육 지도감독 실무 경력 증명서(본 학회 소정양식)
   4) 가족생활교육 지도감독에 대한 지도감독 실무 경력 증명서(본 학회 소정양식)
   5) 가족생활교육사 전문가 1인의 추천서
   6) 윤리교육 이수증
   7) 입금영수증
3. 면접심사(구술)
   1) 가족생활교육사 전문가 면접심사 응시원서(본 학회 소정양식)
   2) 가족생활교육사 전문가 수련심사 합격증
   3) 입금영수증

제4조(자격갱신)

제1항 가족생활교육사 2급 자격을 갱신하고자 하는 자는 소정의 심사료와 함께 다음의 서류를 제출하여 심사를 받아야 한다.

1. 가족생활교육사 2급 갱신 응시원서
2. 자격 취득 이후 본 학회가 주관하는 보수교육 및 학술대회, 워크숍 20시간 이상 이수
3. 본 학회에서 주관하는 가족생활교육사 사례세미나에서 사례발표 2회 이상

제2항 가족생활교육사 1급 자격을 갱신하고자 하는 자는 소정의 심사료와 함께 다음의 서류를 제출하여 심사를 받아야 한다.

1. 가족생활교육사 1급 갱신 응시원서
2. 자격 취득 이후 본 학회가 주관하는 보수교육 및 학술대회, 워크샵 20시간 이상 이수
3. 본 학회에서 주관하는 가족생활교육사 사례세미나에서 사례발표 3회 이상

제3항 가족생활교육사 전문가 자격을 갱신하고자 하는 자는 소정의 심사료와 함께 다음의

서류를 제출하여 심사를 받아야 한다.

1. 가족생활교육사 전문가 갱신 응시원서
2. 자격 취득 이후 본 학회가 주관하는 보수교육 및 학술대회, 워크샵 20시간 이상 이수
3. 본 학회에서 주관하는 가족생활교육사 사례세미나에서 슈퍼비전 3회 이상

제5조(유효기간) 가족생활교육사 전문가의 자격유효기간은 5년으로 한다.

* 자격증 유효기간(5년)이 만료된 경우, 자격갱신요건을 충족하면 갱신심사 기간에 갱신이 가능하도록 함

제6조(필기시험 합격 유효기간) 필기시험의 합격 유효기간은 합격일로부터 3년으로 한다. 일부 과목 합격도 3년간 인정한다.

* 한 해에 가족상담사와 가족생활교육사 시험을 동시에 응시할 경우, 공통과목은 한 번의 시험으로 인정되지만, 2016년도 이전 두 자격 중 하나의 필기시험에만 응시하여 합격한 경우 다른 자격증의 부분합격으로 인정함

제7조(윤리) 가족생활교육사 2급, 1급, 가족생활교육사 전문가로 활동하면서 윤리적인 문제가 발생할 경우 자격관리위원회에 제소되며, 위원회는 자격을 박탈할 수 있다.

제8조(부칙) 기타 사항은 자격관리 위원회의 내규를 따른다.

출처 : 한국가족관계학회(http://www.kafr.or.kr/html/sub16.asp).

2. 학생 활동 평가 양식

다음은 상황과 수업 내용에 맞게 수정하여 사용하면 좋은 학생 활동 평가 양식들이다.

팀별 활동 평가

과제명 :

팀 이름 : 학번 : 이름 :

팀 이름	날짜	칭찬하고 싶은 점	개선 및 추가가 필요한 내용	점수(0~10)

출처 : 장경원 · 고수일(2014).

프레젠테이션 평가표

* 각각의 준거에 따라 해당 점수를 기입하세요.
(매우 우수=5, 우수=4, 보통=3, 부족=2, 매우 부족=1)

내 용	자기 평가	동료 평가	교수자 평가
발표에 중요한 내용이 충분히 제시되었다.			
발표 내용이 논리적으로 잘 조직되었다.			
발표 자료가 매력적으로 구성되었다.			
발표 내용이 청중이 이해하기 쉽게 제시되었다.			
발표 내용이 학습에 도움이 되었다.			
발표의 전체적 질(수준)이 적절했다.			

• 발표에서 가장 잘된 부분은 무엇입니까?

• 발표를 향상시키기 위해 제안을 한다면?

• 부가 의견 :

출처 : 장경원 · 고수일(2014).

팀 과제 평가

보고서의 질 : (   ) 점

기능 점수	기 준
9~10	• 내용의 논리적 전개가 매우 우수 • 원인 분석과 해결 방안이 매우 타당성 있음 • 이론과의 연계성이 설득력을 갖춤 • 발표 내용이 학습에 많은 도움이 됨 • 창의적이고 사려 깊은 성찰 • 상당한 노력의 흔적이 보임
7~8	• 내용의 논리적 전개가 우수 • 원인 분석과 해결 방안이 비교적 타당성 있음 • 이론과의 연계성이 인정됨 • 발표 내용이 학습에 다소 도움이 됨 • 기본적인 수준의 성찰 • 노력의 흔적이 보임
5~6	• 내용 전개의 논리성이 부족 • 원인 분석과 해결 방안의 타당성 부족 • 이론과의 연계성이 자연스럽지 않음 • 발표 내용이 학습에 별 도움이 되지 않음 • 제한된 수준의 성찰 • 노력과 성의 다소 부족
1~4	• 어떤 최소 요구 조건에도 부합하지 않음
구체적인 의견	

출처 : 장경원 · 고수일(2014).

보고서 평가표

내 용	자기 평가	동료 평가	교수자 평가
신뢰할 만한 참고문헌이 4개 이상 포함되었다.			
주제가 분명하게 드러났다.			
내용에 대한 설명, 세부 사항, 적절한 예를 포함하고 있다.			
형식에 맞게 작성되었다(예 APA 방식, 문법, 철자, 정확한 표현).			

출처 : Anderson, R. S., & Puckett, J. B.(2003).

팀원 활동 평가표

• 분반 : 팀 이름 : 수업번호 : 이름 :
• 발표일 : 년 월 일

* 다음 항목별로 각 개인의 활동 내용을 평가하세요.
(매우 우수=5, 우수=4, 보통=3, 부족=2, 매우 부족=1)

내 용	팀원 이름				
문제의 해결안을 성공적으로 개발하는 데 공헌하였다.					
팀의 의견을 모으는 데 공헌하였다.					
아이디어 도출 시 좋은 의견을 제시하였다.					
의사결정 시 논리적 의견을 제시하였다.					
과제 수행에 많은 노력을 보였다.					
양질의 정보를 찾아 제공하였다.					
다른 팀원들과 협력하였다.					
리더십을 발휘하였다.					
유용한 피드백으로 다른 팀원들을 격려하였다.					
모임 참석 수준 (참석 100%=5, 1번 불참에 1점씩 감점)					
점수 합계					
전반적인 개인별 공헌도(합계=100%)					

팀원별 세부 공헌 내용	

* 팀원 공헌도 평가는 개별적으로 봉투에 동봉해서 제출하도록 한다. 그렇지 않으면 담합 또는 동료 간에 갈등이 일어날 수 있고 공정한 평가가 이루어지지 않을 수 있다.

출처 : 장경원 · 고수일(2014).

성찰 보고서 양식

성찰 보고서

학번 ( ) 이름 ( )

1. 어떤 과정을 통해 무엇을 배우고 느꼈는가?

2. 학습한 것을 어디에 적용해 볼 수 있는가?

3. 배운 것을 나의 일, 생활, 공부에 어떻게 적용할 것인가?

4. 나와 우리 팀원의 기여도는 어떠했는가?

출처 : 장경원 · 고수일(2014).

참고문헌

제1장

계선자(2015). 가족생활교육의 활성화 방안-서울시 가족학교를 중심으로. 가정과삶의질학회 학술발표대회 자료집, 37-48.

기쁘다 · 성미애 · 이재림(2024). **가족생활교육**. 서울 : 한국방송통신대학교출판문화원.

김순기 · 노명숙 · 박지현 · 배선희 · 송말희 · 송현애 · 오윤자 · 이영자 · 전보영 · 최희진 · 한상금(2021). **가족생활교육**. 경기 : 교문사.

신라대학교 가족상담센터(2007). **행복가족레시피 : 가족생활교육 프로그램 매뉴얼**. 서울 : 창지사.

여성가족부(2011). 가족지원서비스 제고를 위한 가족정책전달체계 통합모델개발. 연구보고 2011-10.

옥선화(1997). '가족 생활교육'교과과정 평가 및 개발 : 미국대학 교과과정분석을 중심으로. **한국가족관계학회지**, 2, 29-50.

유영주 · 김순기 · 노명숙 · 박지현 · 배선희 · 송말희 · 송현애 · 이영자 · 한상금(2021). **변화하는 사회의 가족학**(제2판). 경기 : 교문사.

유영주 · 김순옥 · 김경신(2013). **가족관계학**(제3판). 경기 : 교문사.

유영주 · 오윤자(1990). 가족생활교육 프로그램 개발을 위한 기초 연구. **한국가정관리학회지**, 8, 49-68.

이기숙(2010). **가족생활교육**. 서울 : 신정.

이성희 · 홍달아기 · 한은주 · 조성경 · 왕석순(2024). **가족생활교육론**. 서울 : 창지사.

이재림(2021). 예방과학으로서의 근거기반 가족생활교육. 한국가족관계학회 추계학술대회 자료집.

이정연(1998). 가족생활교육의 본질. **목포대학교 논문집**, 18(1), 305-322.

이진숙(2024). 통계로 보는 여성 : 다양한 가족 현황과 변화하는 가족 가치관. **젠더리뷰** 73호. 한국여성정책연구원, 54-65.

전세경(2016). **가족생활교육**. 경기 : 양서원.

정민자(2001). **가족상담/치료 진단평가서**. 서울 : 양지.

정현숙(2007). 가족생활교육의 다양성과 과제. 가정과삶의질학회 학술발표대회 자료집, 29-41.

______(2021). **가족생활교육**(제2판). 서울 : 신정.

통계청(2024. 7. 16). 인구동향조사.

한국가족관계학회 · 한국가족상담교육단체협의회(2016). 가족생활교육사 실무교육 자료집.

Kim, J. H.(2003). The importance of life long education. *Journal of Humanities and Social Sciences, 1*(9), 121-135.

미국가족관계학회(NCFR : National Council on Family Relations). https://www.ncfr.org/
폴리스 TV(2024. 6. 14). 폴리스 TV(http://www.policetv.co.kr) 2022년 기준 전 세계에서 이혼율이 가장 높은 나라 러시아 4.8 vs. 가장 낮은 나라 스리랑카 0.15.
MBN 뉴스(2024. 11. 15). https://www.mbn.co.kr/news/culture/5072516 [Issue Pick] 이혼 콘텐츠 전성시대

제2장

김순기 · 노명숙 · 박지현 · 배선희 · 송말희 · 송현애 · 오윤자 · 이영자 · 전보영 · 최희진 · 한상금(2021). **가족생활교육**. 경기 : 교문사.
김순옥 · 곽소현 · 노명숙 · 류경희 · 배선희 · 송현애 · 왕석순 · 이광자 · 이현주 · 이화자 · 한상금(2012). **가족상담**. 경기 : 교문사.
김승권 · 양옥경 · 조애저 · 김유경 · 박세경 · 김미희(2004). 다양한 가족의 출현과 사회적 지원체계 구축방안. 한국보건사회연구원.
김용택(2015). **어쩌면 별들이 너의 슬픔을 가져갈지도 몰라**. 경기 : 예담.
김유숙(2024). **가족상담**(제4판). 서울 : 학지사.
김혜숙 · 박주현 · 이영주 · 임상록(2012). **가족상담 및 치료**. 서울 : 신정.
박재범(2020). 2030세대의 양성평등의식, 부모됨의 인식, 출산의식의 구조적 관계분석. **인문사회21, 통권 43호**, 11(6), 2349-2364.
서혜석 · 강희숙 · 이미영 · 고희숙(2013). **가족치료와 상담**. 경기 : 공동체.
유영주(2001). **건강가족연구**. 경기 : 교문사.
유영주 · 김순옥 · 김경신(2013). **가족관계학**(제3판). 경기 : 교문사.
윤숙자 · 김희정(2013). 대학생의 부모-자녀 의사소통정도와 가족탄력성의 관계. **디지털융복합연구**, 11(8), 23-30.
이기숙(2010). **가족생활교육**. 서울 : 신정.
이병임 · 류형선(2017). 대학생의 부모-자녀 간 의사소통과 행복이 창의적 인성에 미치는 영향. **영재와 영재교육**, 16(1), 129-145.
이보라 · 홍승현(2024). 대학생이 지각한 부모와의 의사소통(개방형, 폐쇄형)이 대인관계 유능성에 미치는 영향: 자기효능감의 매개효과. **미래청소년학회지**, 21(1), 75-97.
이선형 · 임춘희(2009). **건강가정론**. 서울 : 학지사.
이성희 · 홍달아기 · 한은주 · 조성경 · 왕석순(2024). **가족생활교육론**. 서울 : 창지사.
이찬민 · 유계숙(2024). 맞벌이 신혼부부의 성평등 의식과 일-가족 공평성이 출산의향에 미치는 영향.

한국가족복지학, 29(1), 75-94.

이현경(2010). 임상장면에서의 가족상담과 치료. 경기 : 양서원.

정문자 · 정혜정 · 이선혜 · 전영주(2012). 가족치료의 이해(제2판). 서울 : 학지사.

최규련(2012). 가족상담 및 치료(제2판). 경기 : 공동체.

최은정 · 김유현 · 김청송(2020). 대학생의 부모-자녀 의사소통과 대인관계유능성의 관계에서 자아존중감과 정서지능의 매개효과. 한국심리학회지 : 건강, 25(5), 1025-1040.

최재천(2017). 숲에서 경영을 가꾸다. 서울 : 메디치미디어.

Adams, N. Bert(1986). *The Family-A Sociological Interpretation*(4th ed.). San Diego : Harcourt Brace Jovanovich Publishers.

Becvar, D., & Becvar, R. J.(2003). *Strategic family : Assessment and intervention*. NY : Norton.

Curran Dolores(1983). *Traits Of A Healthy Family*. Winston Press.

David H.Olson, John DeFrain, & Amy K. Olson(1999). 21세기 가족문화연구소 역(2007). 행복한 결혼 건강한 가족. 서울 : 양서원.

DeFrain, J., & Stinnett, N.(2002) Family Strengths. In J. J. Ponzetti et al.(Eds.), *International encylopedia of Marriage & Family*(2nd ed.). New York : Macmillan Reference Group.

Galvin, K. M., & Brommel, B. J.(1986). 노영주 · 서동인 · 원효정 공역(2001). 가족관계와 의사소통. 서울 : 하우.

Kerr, M. E., & Bowen, M.(1988). 남순현 · 전영주 · 황영훈 공역(2005). 보웬의 가족치료이론. 서울 : 학지사.

McGoldrick, M., & Carter, B.(2015). *The Remarriage Cycle : Divorced Multi-Nuclear and Recoupled Families*. New York : Pearson.

McGoldrick, M., Gerson, R., & Shellenberger, S.(2005). 가계도 : 사정과 개입(이영분 · 김유숙 · 정혜정 공역). 서울 : 학지사.(원저 1999년 출간)

McGoldrick, M., Heiman, M., & Carter, B.(1993). The changing family life cycle : A perspective on normalcy. In F. Walsh(Ed.), *Normal Family Processes*(pp. 405-443). New York : The Guilford.

Mehrabian, A.(1972). *Nonverbal Communication*. Aldine-Atherton, Chicago, Illinois.

__________(1981). *Silent Messages : Implicit Communication of Emotions and Attitudes*(2nd ed.). Wadsworth, Belmont, California.

Michols, M. P., & SchwartZ, R. C.(2005). 김영애 · 김정택 · 송성자 · 심혜숙 · 정문자 · 제석봉 공역(2009). 가족치료 개념과 방법. 서울 : 시그마프레스.

네이버 지식백과 상담학 사전. https://m.terms.naver.com/entry.naver?docId=5673398&cid=62841&categoryId=62841

로앤비. https://www.lawnb.com

제3장

김순기 외(2011). **가족생활교육**. 경기 : 교문사.

김순옥 · 노명숙 · 류경희 · 유현정 · 이영호(2008). 청소년기자녀를 둔 부모교육 프로그램 개발을 위한 예비연구. **대한가정학회지, 46**(8), 37-54.

노명숙 · 김순옥(2011). 학습코칭 부모교육 프로그램 개발과 평가: 학령기 가족을 중심으로. **가정과삶의질연구, 29**(4). 89-107.

사회복지공동모금회(2018). 공동모금회 배분사업 성과측정을 위한 척도집. 서울 : 사회복지공동모금회.

송정아 · 전영자 · 김득성(1998). **가족생활교육론**. 경기 : 교문사.

신라대학교 가족상담센터(2007). **행복가족 레시피 : 가족생활교육 프로그램 매뉴얼**. 서울 : 창지사.

윌리엄 글라써(2013). **결혼의 기술**. 우애령 역. 서울 : 하늘재.

정주석 · 노명숙 · 임진섭 · 전성남(2024). **사회복지 프로그램 개발과 평가**. 서울 : 창지사.

정주은(2014). 성공적 노화를 위한 액션러닝 노인교육프로그램 설계. 동의대학교 대학원 석사학위논문.

한국가족관계학회 편(1998). **가족생활교육 : 이론 및 프로그램**. 서울 : 하우.

한국가족상담교육연구소(2021). **가족생활교육**. 경기 : 교문사.

한국청소년개발원(1994). 프로그램의 개발과 운영. 한국청소년개발원.

Bradshaw, Jonathan(1972). Taxonomy of social need. In McLachlan, Gordon(Ed.), *Problems and progress in medical care : essays on current research*(7th series.)(pp. 71-82). London : Oxford University Press.

D. Bredehoft, & M. Walcheski(2003). Family life education : Intergration theory and practice. National Council on Family Relation, 23-30.

Doherty, W. J.(2000). Family Science and Family Citizenship : Toward a Model of Community Partnership with Families. *Family Relations, 49*(3), 319-325.

Long, Huey B.(1983). *Adult and continuing education : Responding to change*. New York : Teachers College, Columbia University.

Powell, L., & Cassidy, D.(2001). *Family life education : An introduction*. Mountain View, CA : Mayfield.

제4장

류경희(2009). 초등학생 자녀의 인터넷 사용지도를 위한 부모교육 프로그램 개발 및 효과 연구. **대한가정학회지, 47**(8), 53-69.

유영주 · 김순기 · 노명숙 · 박지현 · 배선희 · 송말희 · 송현애 · 이영자 · 한상금(2010). **변화하는 사회의 가족학**. 경기 : 교문사.

이연숙(1998). (성인을 위한) **가족생활교육론**. 서울 : 학지사.

이영민(2016). **아이스 브레이크 101**. 경기 : 김영사.

황성철(2005). **사회복지 프로그램 개발과 평가**. 경기 : 공동체.

C. E. Avery, & M. R. Lee(1964). Family life education : Its Philosophy and purpose. *The Family Life Coordinator, 13*(2), 27-37.

D. Bredehoft, & M. Walcheski(2003). Family life education : Integration theory and practice. *National Council on Family Relation*, 23-30.

Doherty, W. J.(2000). Family Science and Family Citizenship : Toward a Model of Community Partnership with Families. *Family Relations, 49*(3), 319-325.

John Poertner, & Charles A. Rapp(2007). *Textbook of Social Administration-The Consumer-Centered Approach*. New York : Routledge.

M. E. Arcus, J. D. Schvanefeldt, & J. J. Moss(1993). *Handbook of family life education : The practice on family life education*. SAGE Publications.

제5장

기영화(2001). **평생교육 프로그램 개발**. 서울 : 학지사.

김순기 · 노명숙 · 박지현 · 배선희 · 송말희 · 송현애 · 오윤자 · 이영자 · 전보영 · 최희진 · 한상금(2011). **가족생활교육**. 경기 : 교문사.

김영숙 · 김 욱 · 엄기욱 · 오만록 · 정태신(2002). **프로그램 개발과 평가**. 서울 : 교육과학사.

김제선 · 고강호 · 강석주 · 김재원 · 이규태(2015). **사회복지행정론**. 경기 : 양서원.

김진화(2001). **평생교육 프로그램 개발론**. 서울 : 교육과학사.

김진화 · 정지웅(2000). **사회교육 프로그램 개발의 이론과 실제**. 서울 : 교육과학사.

문철수(1999). 인터넷 홈페이지를 활용한 기업 PR 발전 방안 연구. **홍보학연구**, 3, 175-205.

박기순 · 한은경 · 이명천 · 류춘렬 · 문철수(2008). **PR 캠페인**. 경기 : 한울아카데미.

송연주(2000). 매체 환경 변화에 따른 기업 커뮤니케이션 특성 및 전략 연구. 서강대학교 대학원 석사학위논문.

조용하(1996). **신사회교육방법론강의**. 서울 : 교육과학사.

황성철 · 정무성 · 강철희 · 최재성(2012). **사회복지행정론**. 경기 : 정민사.

Lenz, E.(1980). *Creating and marketing programs in continuing education*. McGraw-Holl Company.

국립국어원(2015). 표준국어대사전. https://stdict.korean.go.kr/main/main.do

제6장

김수현(2006). 가족생활교육 프로그램 평가도구의 개발과 적용-부부교육 프로그램을 중심으로. 이화여자대학교 대학원 박사학위논문.

김순기 · 노명숙 · 박지현 · 배선희 · 송말희 · 송현애 · 오윤자 · 이영자 · 전보영 · 최희진 · 한상금

(2021). **가족생활교육**. 경기 : 교문사.
김영숙 · 김 욱 · 엄기욱 · 오만록 · 정태신(2002). **사회복지 프로그램 개발과 평가**. 서울 : 교육과학사.
김용현(2004). **사회 평생교육 방법론**. 서울 : 법원사.
김진화(2001). **평생교육 프로그램 개발론**. 서울 : 교육과학사.
류경희(2009). **인터넷! 통하는 부모, 즐기는 아이**. 경남 : 창원대학교출판부.
부산 양덕초등학교(1999). 열린 토의활동을 통한 문제해결력 기르기. 시범학교운영보고서.
송창식(2001). **새로운 민주시민교육 방법**. 서울 : 백산서당.
신라대학교 가족상담센터(2009). **행복가족 레시피 : 가족생활교육 프로그램 매뉴얼**. 서울 : 창지사.
신승인 · 김미자 · 박수용 · 유선주 · 이소영 · 진규동(2022). **평생교육방법론**. 서울 : 학지사.
윤관식(2020). **수업설계**. 경기 : 양서원.
이기숙(2005). 가족생활교육 실행과정에서 '집단활동기법' 적용의 탐색. **한국가족관계학회지, 10**(2), 93-113.
이기원 · 현영렬 · 한영상 · 김태희 · 최연우 · 이순임(2022). **평생교육방법론**. 경기 : 양성원.
정현숙(2017). **가족생활교육**. 서울 : 신정.
한국교육학회 사회교육연구회(1988). **사회교육방법론**. 서울 : 형설출판사.
한국청소년개발원(1997). **프로그램의 개발과 운영**. 서울 : 인간과 복지.
______________(2005). **청소년 프로그램 개발 및 평가론**. 서울 : 교육과학사.

Clarke, J. I., & Bredehoft, D.(2003). Family life education methodology. In D. Bredehoft & M. Walcheski(Eds.), *Family life education : Integrating theory and practice*. National Council on Family Relation, 131-135.
Doherty, W. J.(2003). Family science and family citizenship : Forward a model of community partnership with families. In D. Bredehoft, & M. Walcheski(Eds.), *Family life education : Integrating theory and practice*. National Council on Family Relation, 23-30.
National Council on Family Relation(1968). Family life education; Principles, plans, procedure : A framework for family life relations. *The Family Coordinator, 17*, 211-214. In Arcus, M. E., J. D. Schvanneveldt & J. J. Moss(1993). *Handbook of family life education* Vol 1. Sage.

중랑구 공식블로그. https://blog.naver.com/jung_nang_gu/223305829332?photoView=1.
지역내일(2014. 6. 8). 밤까지 이어지는 토론의 열기 속으로.
한국시민기자협회 뉴스포털1(2023. 6. 30). 「가족과 함께하는 온라인 어린이 요리교실」 참여자 모집.

제7장

김경희(2000). 사회복지관 사회복지사의 책무성에 영향을 미치는 변인. 서울여자대학교 대학원 박사

학위논문.
김상곤 · 최승희 · 안정선(2015). **사회복지 프로그램 개발과 평가**. 서울 : 학지사.
김선남(1990). 개인, 관계, 전체수준의 계열적 개입을 통한 가족상담의 일모형. 계명대학교 대학원 박사학위논문.
김순기 · 노명숙 · 박지현 · 배선희 · 송말희 · 송현애 · 오윤자 · 이영자 · 전보영 · 최희진 · 한상금(2011). **가족생활교육**. 경기 : 교문사.
김순옥 · 노명숙 · 류경희 · 유현정 · 이영호(2008). 청소년기 자녀를 둔 부모교육 프로그램 개발을 위한 예비연구-금성자녀와 통하는 화성부모. **대한가정학회지, 46**(8), 37-54.
김영숙 · 김 욱 · 엄기욱 · 오만록 · 정태신(2002). **사회복지 프로그램 개발과 평가**. 서울 : 교육과학사.
소경희(2024). **교육과정의 이해**. 경기 : 교육과학사.
신라대학교 가족상담센터(2009). **행복가족 레시피 : 가족생활교육 프로그램 매뉴얼**. 서울 : 창지사.
정현숙(2017). **가족생활교육**. 서울 : 신정.

Duncan, S. F., & Goddard, H. W.(2005). *Family Education-Principles and Practices for Effective Outreach*. London, New Delhi : SAGE Publication.
Posavac, E. J., & Carey, R. G.(1997). *Program evaluation : methods and case studies*. Upper Saddle River, N.J. : Prentice Hall.
Tyler, R. W.(2024). **교육과정과 수업설계의 기본원리**. 이형빈 역. 서울 : 살림터.
Worthen, B. R., & Sanders, J. R.(1973). *Education evaluation : Theory and practice*. Belmont, CA : Wadsworth.

제8장

경기도 시 · 군 청소년상담실 편(1999). 청소년 문제의 이해와 청소년을 위한 집단 상담 프로그램 모음집.
박노열(1997). **사회교육방법론**. 경기 : 형설출판사.
봉현철(2000). 기업교육에서의 액션러닝 개념, 사례, 그리고 한국기업의 과제. 한국인적자원개발학회 2000년도 추계학술발표회 발표논문집.
송창식(2001). **새로운 민주시민교육 방법**. 서울 : 백산서당.
신라대학교 가족상담센터(2009). **행복가족 레시피 : 가족생활교육 프로그램 매뉴얼**. 서울 : 창지사.
이기숙(2005). 가족생활교육 실행과정에서 '집단활동기법' 적용의 탐색. **한국가족관계학회지, 10**(2), 93-113.
장경원 · 고수일(2014) **액션러닝으로 수업하기**. 서울 : 학지사.
최정임 · 장경원(2010). **PBL로 수업하기**. 서울 : 학지사.
한국교육학회 사회교육연구회(1988). **사회교육방법론**. 경기 : 형설출판사.

Bartunek, J. M., & Murnighan, J. K.(1984). The nominal group technique : Expanding the basic procedure and underlying assumptions. *Group and Organization Studies, 9*, 417-432.

Forsyth, D. R.(2001). **집단역학**. 서울대학교 사회심리학 연구실 역. 서울 : 시그마프레스.

Marquardt, M. J.(1999). *Action Learning in action*. Palo Alto, CA : Davies-Black Publishing.

Osborn, A. F.(1963). *Applied imagination : Principles and procedures of creative thinking*(3rd ed.). New York, NY : Charles Scribner's Sons.

제9장

윌리엄 글라써(2013). **결혼의 기술**. 우애령 역. 서울 : 하늘재.

이수진(2020). **온택트, 어떻게 가르칠 것인가?**. 서울 : 비비투.

장경원 · 고수일(2014). **액션러닝으로 수업하기**. 서울 : 학지사.

서울시 가족센터 홈페이지. https://familyseoul.or.kr/wedding_survey

부록

장경원 · 고수일(2014). **액션러닝으로 수업하기**. 서울 : 학지사.

Anderson, R. S., & Puckett, J. B.(2003). Assessing students' problem-solving assignments. In D. S. Knowlton & D. C. Sharp(Eds.), *Problem-based learning in the information age*(pp. 81-87). San Francisco : Jossey-Bass.

한국가족관계학회. http://www.kafr.or.kr/html/sub16.asp

찾아보기

인명

ㄷ

ㄹ

ㅈ

ㅋ

내용

ㄱ

저/자/약/력

■ **류경희**
국립창원대학교 사회복지학과 교수
〈저서〉
공동육아, 이웃이 있는 가족이야기(2004), 인터넷, 통하는 부모 즐기는 아이(2009)
가족상담(2012), 청소년복지론(2016), 심리검사(2020), 상담이론과 실제 제2판(2024)

■ **노명숙**
전주비전대학교 아동복지상담과 교수
〈저서〉
가족상담(2012), 변화하는 사회의 가족학 제2판(2018), 가족복지론(2020), 가족생활교육 제2판(2021), 프로그램 개발과 평가(2024)

■ **한상금**
한국가족상담교육연구소 연구위원
〈저서〉
가족상담(2012), 베이비부머의 노년수업(2014), 변화하는 사회의 가족학 제2판(2018), 가족생활교육 제2판(2021)

가족생활교육

|공저자| 류경희 · 노명숙 · 한상금

|1판 1쇄| 발행 2025년 2월 20일

|발행인| 김동훈
|발행처| 공 동 체

|주소| 경기도 고양시 일산동구 호수로 358-39, 동문타워 I 905호(백석동)
|전화| 031) 814-3000(대표)
|팩스| 031) 814-3100
|홈페이지| www.compub.co.kr
|전자우편| compub@naver.com
|출판등록| 2005년 10월 6일
|등록번호| 제396-2005-36호

|ISBN| 979-11-6725-862-5
정가 22,000원

이 저서는 2023~2024년도 창원대학교 자율연구과제 연구비 지원으로 수행된 연구결과임